博士论文
出版项目

中古中国《法华》譬喻诠释研究

从经典注释到地域实践

A Hermeneutical History of Parables of the
Lotus Sūtra in Medieval China
From Classical Commentaries to Vernacular Practice

林 健 著

中国社会科学出版社

图书在版编目（CIP）数据

中古中国《法华》譬喻诠释研究：从经典注释到地域实践 / 林健著.
—北京：中国社会科学出版社，2022.1
 ISBN 978-7-5203-9381-2

Ⅰ.①中⋯　Ⅱ.①林⋯　Ⅲ.①大乘—佛经②《法华经》—研究　Ⅳ.①B942.1

中国版本图书馆 CIP 数据核字（2021）第 249044 号

出 版 人	赵剑英
责任编辑	韩国茹
责任校对	张爱华
责任印制	张雪娇

出　　版	中国社会科学出版社
社　　址	北京鼓楼西大街甲 158 号
邮　　编	100720
网　　址	http://www.csspw.cn
发 行 部	010-84083685
门 市 部	010-84029450
经　　销	新华书店及其他书店

印刷装订	北京君升印刷有限公司
版　　次	2022 年 1 月第 1 版
印　　次	2022 年 1 月第 1 次印刷

开　　本	710×1000　1/16
印　　张	24
插　　页	8
字　　数	331 千字
定　　价	148.00 元

凡购买中国社会科学出版社图书，如有质量问题请与本社营销中心联系调换
电话：010-84083683
版权所有　侵权必究

出 版 说 明

为进一步加大对哲学社会科学领域青年人才扶持力度，促进优秀青年学者更快更好成长，国家社科基金2019年起设立博士论文出版项目，重点资助学术基础扎实、具有创新意识和发展潜力的青年学者。每年评选一次。2020年经组织申报、专家评审、社会公示，评选出第二批博士论文项目。按照"统一标识、统一封面、统一版式、统一标准"的总体要求，现予出版，以飨读者。

全国哲学社会科学工作办公室

2021年

序

佛教中国化，首先归功于印度佛典的汉译与诠释。在众多的汉译印度佛典里，《法华经》是中国佛教史上最重要的佛经之一，提倡"一佛乘"思想，被天台宗奉为"宗经"，对整个东亚佛教的发展具有全局性的影响。在当代中国佛教里，《法华经》的影响主要表现为该经《普门品》的观音信仰，但在古代，从高僧大德到民间社会，《法华经》的思想、譬喻和修行方法广为流传。

林健同志的这部新著以《法华经》譬喻为核心研究对象，根据各种注疏对这些譬喻的诠释，以及它们在造像记、经变画里的运用，立体地呈现了南北朝隋唐时期《法华经》的教义诠释和信仰实践，形象地表现了《法华经》思想中国化的内涵和特点。譬喻说法，是印度佛教的显著特点。这在《法华经》里表现得十分明显，"三车火宅""长者穷子""化城宝所""良医病子""髻中明珠"等譬喻，早已脍炙人口。

该书首先考察印度佛教对"譬喻"的界定，认为《法华经》譬喻大多可以在更早期的佛教文献里找到源头，而经文的新意来自对这些源头的改造。作者认为，《法华经》对于譬喻的利用，体现了印度早期宗教哲学对"譬喻"的理解：一方面，譬喻有别于直接的字面表达，使之成为开显真理的重要手段；另一方面，强调"解读者"在解释譬喻之"义"时的关键作用。她认为，对譬喻的理解涉及三个基本问题：譬喻的认知结构、不同譬喻之间的联系与整体性、具体譬喻的诠释与呈现。中国历史上的高僧大德，在解释《法华经》时系统地回答了上述问题。"三周说法"是中国佛教解读《法华经》的基本范式，作者依据缜密的考证，解释了这个范式的形成过程。她认为，这与鸠摩罗什译本反复出现"因缘、譬喻、言辞"这样的词汇组合有关。竺道生随后指出了《法华经》前半部分"三说"与"三授记"相对应的结构特征，法云进一步将"上根、中根、下根"三类众生对应于"三周说法"的听众，明确提出"法说""譬说""宿世因缘说"的概念，以这样的解释框架在譬喻及其意义之间建立了特定的联系。这些论述是我们对《法华经》中国化解释最前沿的研究，反映了作者在解读佛经注疏方面具有敏锐的学术洞察力。

  作为一部有着"经王"之称的《法华经》，它在印度也备受关注，世亲著有《法华经论》。这部印度释论译出以后，给中国佛教界提供了理解譬喻关系的新说法，"七种譬喻"和"十种无上"，试图把《法华经》譬喻整合为一个有机整体。作者认为，尽管隋代智𫖮、吉藏已经知晓这些说法，但直到初唐窥基的注释，这种理解才被全面贯彻到对《法华》譬喻的实际解读中。这些譬喻本身脱离了经文原来的脉络，而被赋予独立的理解空间。事实上，在民间信仰实践中出现的造像记、经变画里，这些譬喻常被独立地引用或呈现。信众大多会从自身的处境出发运用《法华》譬喻，与义学注疏的理解方式有所不同，通常不是着眼于《法华经》的整体结构和思想。也就是说，民间的佛教信仰并不完全信守经典的表述，造像或壁画往往有其自身的演义逻辑。作者本科毕业于北大考古文博学院，对图像研究有着独特的兴趣，很好地弥补了哲学系学生研究宗教史的短板。她对造像记、经变画等资料的运用，把《法华经》在古代中国的解释空间从高僧大德的义学世界引向民众信仰的地方实践，完整地呈现了《法华经》对古代中国思想与社会的历史影响。思想史、解释学、考古学和图像学的跨学科融合，给宗教史研究提供了广阔的学术空间。特别是落实到特定经典的解经学研究时，这种跨学科方法表现出明显的理论优势。

2011年，作者考研考入北大哲学系（宗教学系），当时面试的场景仿佛还在昨天，转眼已经博士毕业，并已工作两年余。读博期间，林健同志勤奋刻苦，喜爱理论思考，她还作为哈佛燕京学社的访问学生在哈佛大学留学一年，理论视野、学术领悟有了较大提升，大量研读日本欧美学界《法华经》研究的重要论著。她的这篇博士学位论文得到了评审专家和答辩委员的一致好评，在2019年被评为北京大学优秀博士学位论文，并成功申请到国家社科基金后期资助优秀博士论文。

作为作者的导师，我为林健同志所取得的学术成绩感到高兴，并希望她能继续努力，更充分地吸收国内外同行的前沿研究，深入经典的思想世界，推陈出新，对中国中古佛教思想研究做出更大的学术贡献。

李四龙

2021年12月

摘　　要

　　《妙法莲华经》是印度成立时间最早的大乘经典之一，对东亚佛教产生了深远的影响。丰富多彩的譬喻，堪称此经最为引人注目的内容。本书以南北朝至隋唐为限，讨论中国社会接受和理解《法华》譬喻过程中展现的复杂文化诠释。

　　全书首先考察印度思想文化中通行的对于譬喻的界定和认识方式，以及《法华》譬喻所源自的文化背景及素材，以此作为理解中国诠释的背景和参照（第一章）。然后按照经典传入中国后译经、解经及至渗透进入地域宗教实践和生活的顺序，考察不同语境、不同群体中理解《法华》譬喻的方式。

　　鸠摩罗什译经中的固定套话——"因缘譬喻言辞"，为中国义学注释提供了灵感和基础，由之形成了"三周说法"的解释框架，义学僧人以此来理解"譬喻"的意义及其与其他范畴间的关系——这也成为义学注释理解譬喻最重要的结构性原则（第二章）。以此为基础，注释阐释了经中诸譬喻间的关系及其整体性所在。具体而言，出现了两种解答方式——一种是来自《法华经论》的"七喻""十无上"说；另一种，则遵照"三周说法"的框架，将"三周"中的譬喻一一拆解、相互对应（第三章）。以上对譬喻整体结构及关系的考察，最终落实于对具体譬喻的解释上。以"火宅喻"为例，本书说明，"三周"框架下所规定的"法"与"譬"的转换原则，成为发掘譬喻深意、实现譬喻意义增殖的重要手段（第四章）。

　　义学僧人之外，更广泛的群体和语境中同样展现了对于《法华》

譬喻的理解与应用。通过梳理造像记等一类功德活动记录中对《法华》譬喻的利用，本书考察了这些出自经典的譬喻渗透进入民众宗教生活的具体过程，在此过程中，民众从自身的处境出发，对譬喻进行利用和改造，也展现出有别于经文原典与义学注释的理解方式（第五章）。通过考察《法华经》譬喻在经变图像中的呈现，探讨图像作为有别于文字的载体，在呈现、诠释《法华》譬喻过程中利用的独特逻辑和方式（第六章）。

中国佛教具有显著的分层化特征，经典在传播过程中，可以形成动态、多样的面貌。通过不同群体在不同语境中所生产的不同类型文献的对照，本书力图以《法华》譬喻的接受和诠释作为个案，以点带面地去认识中国社会中千差万别的人群接受佛教经典的真实过程，以及在此过程中所包含的丰富性和复杂性。

关键词：《法华经》；譬喻；注释；造像记；法华经变

Abstract

As one of the earliest Indian Mahāyāna scriptures, the Lotus Sūtra has deeply influenced the development of Buddhism in East Asia. Among all ideas and contents in this scripture, one would never miss "parables" as one of the most attractive essences. It involves a complicated hermeneutical process to receive and understand these parables in a culture totally different from India. To delve into this very process underwent in Chinese society, this book focuses on various materials from the Six Dynasties to the Tang, seeking to reconstruct the complexity and multiplicity within.

The book begins with tracing the parables of the Lotus Sūtra back to their Indian origin, including the normal way to conceptualize and understand "parables" in India during time, and the cultural context and sources from which those parables were derived. This observation works as background information and a good parallel to Chinese hermeneutical works (Chapter 1). And then the hermeneutical history of the parables in China is discussed from perspectives of their translation, doctrinal interpretation, and their application in local religious life.

Starting from the issue of the basic structure of recognition where "parable" as a way of teaching is located, Chapter 2 focuses on the very process within which the hermeneutical structure "Three Rounds of Teaching" in Chinese hermeneutical tradition were evolved from a repeated phrase "causes, examples and words", which was actually an intentional outcome of formalization of phrasing in Kumārajīva's translation. Chapter 3 sees how the relationship between different parables is understood in scholastic commentaries. To seek the continuous and identical intelligibility among parables, two plans are seen in history: one is the schema of "Seven Parables" or "Ten Superiority" which was firstly raised by the Saddharmapuṇḍalīka-upadeśa, and was totally received and utilized in the exegesis by Kui-ji; and the other way is to construct the part-to-part counter-relationship between parables under the structural principle of "Three Rounds of Teachings". All these structural hermeneutical constructions terminate with the interpretation of single parable (Chapter 4). Using the "Parable of Burning House" as an example, this book discusses how a parable is actually interpreted under all those structural principles settled above. It could be observed that the interplay between "dharma" and "parable" in the commentaries, which is determined by the principle of "Three Rounds of Teachings", becomes an indispensable mechanism in the exploration of the "deep meaning" of the sūtra, as well as in the production of new understandings and meanings of parables.

A wider context other than exegeses witnessed the understanding and application of the parables. Chapter 5 scrutinizes the application of parables of the Lotus Sūtra in inscriptions of donors, which are records of local religious practice to generate merit. Through this kind of material, one could observe the way through which ideas from the scripture gradually get penetrated into local people's religious life and contribute to their common sense about "Buddhism". Rather than receive such knowledge passively, members in local society actively utilize and reform the rendering of parables, which shows different approaches to parables from doctrinal commentaries.

Chapter 6 discusses the representation of parables in scriptural tableaux, mainly those remained in murals of Dunhuang. As a totally different way to convey information compared to verbal media, these tableaux show another line of logic which is mainly dominated by visuality to solve problems in the representation and interpretation of the parables.

Chinese Buddhism is stratified in nature, and the pictures of its canons in Chinese society could be dynamic and various. By comparing different materials produced in different contexts and religious practice by different groups, the case of the reception and interpretation of the parables of the Lotus Sūtra could serve as a worthy exemplar through which one could see how Buddhist scriptures were gradually received by various distinctive groups of people in history and the richness and complexity within this very process.

Key Words: the Lotus Sūtra; parables; doctrinal commentaries; inscriptions of donors; scriptural tableaux

目　　录

缩略语一览 ·· （1）

图录 ··· （1）

绪论 ··· （1）

第一章　《法华》譬喻的印度遗产 ···························· （30）
　　第一节　印度文化对"譬喻"的理解 ·························· （30）
　　第二节　《法华》譬喻成立的文化语境 ······················ （50）
　　小　结 ·· （65）

第二章　从"因缘譬喻言辞"到"三周说法"：
　　　　譬喻的认知结构 ····································· （67）
　　第一节　"因缘譬喻言辞" ································· （69）
　　第二节　"三周说法" ····································· （90）
　　小　结 ··· （106）

第三章　《法华》譬喻的开合 ······························· （109）
　　第一节　《法华经论》的"七喻"与中国注释的
　　　　　　再诠释 ··· （110）

第二节　"三周说法"注释传统下的譬喻开合 ………… （136）
　　小　结 ……………………………………………………… （155）

第四章　从"譬"到"法"：譬喻义学诠释的终端 ………… （158）
　　第一节　"火宅喻"的诠释结构 ………………………… （159）
　　第二节　"火宅"诸意象的义理转换 …………………… （168）
　　第三节　"父子关系"的诠释 …………………………… （188）
　　第四节　"三车"与"一车" ……………………………… （211）
　　小　结 ……………………………………………………… （233）

**第五章　譬喻的应用与变形：中古造像记中的《法华》
　　　　　譬喻** …………………………………………………… （236）
　　第一节　北朝造像记中《法华》譬喻的基本情况 ……… （237）
　　第二节　《法华》譬喻在北朝造像记中的呈现方式 …… （245）
　　第三节　隋唐时期譬喻应用的继承与变化 ……………… （259）
　　小　结 ……………………………………………………… （267）

**第六章　譬喻的图像诠释：敦煌经变画中的《法华》
　　　　　譬喻** …………………………………………………… （271）
　　第一节　故事一种：隋代的"火宅喻"图像 …………… （273）
　　第二节　图像中的譬喻开合：唐以来经变画中的
　　　　　　《法华》譬喻 ………………………………………… （282）
　　第三节　譬喻图像的"潜台词"：宗教生活中的
　　　　　　应用 …………………………………………………… （299）
　　小　结 ……………………………………………………… （306）

结　语 ………………………………………………………………… （310）

附　中古时期《法华》重要注释作品简介 …………………（320）

参考文献 ………………………………………………………（325）

索　引 …………………………………………………………（343）

后　记 …………………………………………………………（353）

Contents

Abbreviations ·· (1)

List of Plates ·· (1)

Introduction ·· (1)

Chapter 1 Indian Legacy in the Parables of the Lotus
   Sūtra ·· (30)
   Section 1 Understandings of "parables" in Indian Culture ······ (30)
   Section 2 Cultural context of the parables of the Lotus
             Sūtra ·· (50)
   Summary ·· (65)

Chapter 2 From "Reasons, Examples, Words" to "Three
   Rounds of Preaching": the Cognitive Structure
   of the Parables ·· (67)
   Section 1 "Reasons, examples, words" ·················· (69)
   Section 2 "Three rounds of preaching" ·················· (90)
   Summary ·· (106)

Chapter 3 **The Combination of the Parables of the Lotus Sūtra** ……………………………………………… (109)

    Section 1 The "Seven Parables" in the Saddharmapuṇḍarīka-upadeśa and its reinterpretation in Chinese Commentaries …………………………………………… (110)

    Section 2 The combination of parables within the hermeneutical structure of "three rounds of preaching" ………… (136)

    Summary ……………………………………………………… (155)

Chapter 4 **From "Parable" to "Dharma": the End of Doctrinal Interpretation of Parables** …………… (158)

    Section 1 The hermeneutical structure of the parable of the burning house ……………………………………… (159)

    Section 2 Doctrinal conversion of the images in the parable between the burning house ……………………… (168)

    Section 3 The interpretation of the relationship of "father and son" ……………………………………… (188)

    Section 4 "Three carts" and "one cart" ………………… (211)

    Summary ……………………………………………………… (233)

Chapter 5 **The Application and Transformation of Parables of the Lotus Sūtra in Inscriptions of Donors in Medieval China** ………………………………………… (236)

    Section 1 Basic Information of the parables of the Lotus Sūtra in the inscriptions of donors in the Northern Dynasties ……………………………………………… (237)

Section 2	Forms of rendering the parables in the Northern Dynasties	(245)
Section 3	The continuity and change of applying the parables in Sui and Tang Dynasties	(259)
Summary		(267)

Chapter 6 Visual Interpretation of the Parables of the Lotus Sūtra in Dunhuang Murals .... (271)

Section 1	To tell a story: the image of the parable of burning house in Sui Dynasty	(273)
Section 2	The pictorial combination of parables in the scriptural tableaux in Tang Dynasty	(282)
Section 3	Unspoken words in the image of the parables of the Lotus Sūtra: their application in religious life	(299)
Summary		(306)

Conclusion .... (310)

Appendix A Short Introduction to Important Exegeses of the Lotus Sūtra in Medieval China .... (320)

Bibliography .... (325)

Index .... (343)

Afterword .... (353)

缩略语一览

T. =《大正新修大藏经》，大藏出版株式会社，1988 年。

X. =《卍新纂大日本续藏经》，国书刊行会出版，1975—1989 年。

K. N. = H. Kern and Bunjiu Nanjio, ed., *Saddharmapuṇḍarīka*, Bibliotheca Buddhica X., St. Petersbourg, 1908.

O. = Kashgar Manuscript, in Hirofumi Toda ed., *Saddharmapuṇḍarīkasūtra*: *Central Asian Manuscripts Romanized Text*, Tokushima: Kyoiku shuppan Center, 1983, pp. 1 – 225.

《经疏》=（刘宋）竺道生：《妙法莲花经疏》，X. 27，No. 577。

《义记》=（梁）法云：《妙法莲华经义记》，T. 33，No. 1715。

《玄义》=（隋）智𫖮：《妙法莲华经玄义》，T. 33，No. 1716。

《文句》=（隋）智𫖮：《妙法莲华经文句》，T. 34，No. 1718。

《玄论》=（隋）吉藏：《法华玄论》，T. 34，No. 1720。

《义疏》=（隋）吉藏：《法华义疏》，T. 34，No. 1721。

《玄赞》=（唐）窥基：《妙法莲华经玄赞》，T. 34，No. 1723。

萃 =（清）王昶：《金石萃编》，中国书店 1985 年版。

琼 =（清）陆增祥编：《八琼室金石补正》，上海古籍出版社 2020 年版。

鲁迅 = 鲁迅：《鲁迅辑校石刻手稿》，上海书画出版社 1986 年版。

拓＝北京图书馆金石组编：《北京图书馆藏中国历代石刻拓本汇编》，中州古籍出版社1989年版。

百品＝颜娟英主编：《北朝佛教石刻拓片百品》，"中央研究院"历史语言研究所2008年版。

校注＝毛远明（主编）：《汉魏六朝碑刻校注》，线装书局2008年版。

关中＝魏宏利编：《北朝关中地区造像记整理与研究》，中国社会科学出版社2017年版。

《总录》＝甘肃省古籍文献整理中心：《中国金石总录》（数据库）。

图　　录

图1　莫高窟第420窟　窟顶　南坡　隋
数字敦煌 https：//www. e‑dunhuang. com/cave/10. 0001/0001. 0001. 0420

图2　莫高窟第420窟　窟顶南坡　火宅三车喻情节位置示意图
作者制

图3　莫高窟第419窟　窟顶前部　人字坡　西坡　隋
敦煌研究院编：《敦煌石窟艺术　莫高窟第四二〇窟、第四一九窟（隋）》（江苏美术出版社1996年版）图版165

图4　莫高窟第159窟　南壁　法华经变　中唐
贺世哲主编：《敦煌石窟全集7：法华经图卷》（上海人民出版社2000年版），第94页

图5　莫高窟第159窟　南壁　法华经变内容布局示意图
参考下野玲子《敦煌莫高窟唐代法華経変相図の再検討—第23窟壁画の位置付け—》，《會津八一記念博物館研究紀要》8号，第45—56页

图6　莫高窟第154窟　法华经变　中唐
敦煌研究院编：《敦煌石窟艺术　莫高窟第一五四窟》（江苏美术出版社1994年版）图版48

图 7　莫高窟第 231 窟 法华经变 中唐
敦煌研究院编：《敦煌石窟艺术 莫高窟第一五四窟》图版 149

图 8　莫高窟第 85 窟 法华经变 晚唐
敦煌研究院编：《敦煌石窟艺术 莫高窟第八五窟 附第一九六窟》（江苏美术出版社 1994 年版）图版 36

图 9　莫高窟第 231 窟 法华经变"火宅喻"与涅槃图 中唐
敦煌研究院编：《敦煌石窟艺术 莫高窟第一五四窟》图版 151（截取）

图 10　莫高窟第 61 窟 法华经变"火宅喻"与涅槃图 五代
敦煌研究院编：《敦煌石窟艺术 莫高窟第六一窟》（江苏美术出版社 1995 年版）图版 62（截取）

图 11　莫高窟第 23 窟 药草喻图像 盛唐
数字敦煌 https：//www.e-dunhuang.com/cave/10.0001/0001.0001.0023

图 12　莫高窟第 159 窟 药草喻图像 中唐
贺世哲主编：《敦煌石窟全集 7：法华经图卷》，第 99 页

图 13　莫高窟第 231 窟 药草喻农耕图像 中唐
敦煌研究院编：《敦煌石窟艺术 莫高窟第一五四窟》图版 150（截取）

图 14　莫高窟第 85 窟 药草喻农耕与云雨图像 晚唐
敦煌研究院编：《敦煌石窟艺术 莫高窟第八五窟 附第一九六窟》图版 36（截取）

图 15　上海图书馆藏敦煌写经 上图 063 五代磁青纸金字《妙法莲华经》第二卷卷首
上海图书馆、上海古籍出版社编：《上海图书馆藏敦煌吐鲁番文献（2）》（上海古籍出版社 1999 年版），第 46 页

图 16　苏州瑞光寺塔 唐五代碧纸金书《妙法莲华经》卷首（苏州博物馆藏）
《中国书法》2014 年第 17 期，第 96—97 页

图 17　日本 金刚峰寺 金书《妙法莲华经》卷首（12 世纪）
Tanabe，W. J.，*Paintings of the Lotus Sutra*（New York：Weatherhill，1988），Plate 103

图 18　日本 百济寺 金书《妙法莲华经》卷首（12 世纪）
Tanabe，W. J.，*Paintings of the Lotus Sutra*，Plate 82

绪　　论

一　"《法华》譬喻"作为一个学术问题

《妙法莲华经》（Saddharmapuṇḍarīka‐sūtra）是印度成立时间最早的大乘经典之一，对东亚佛教产生了深远的影响。这部经典最为著名的内容之一，是其中生动形象的譬喻，以至于所谓"法华七喻"几乎成为代表整部经典的标签。尽管如此，这些最为人所熟知的内容，本身反而甚少被专门当作一个严肃的学术问题对待，至多在讨论经典成立史、大乘思想等议题时作为辅助的论据。比起基于抽象概念的理论探讨，这些譬喻似乎显得如此"浅显易懂"，以至于对它们的理解不值得成为问题。然而，这种预设其实很值得反思。正如《法华经》中利用譬喻时常出现的套话——"有智者以譬喻得解其义"，譬喻背后的意义，依赖于"有智者"的解读和发现，从而发挥其完整的意义。如是的表达无疑提示我们要注意理解譬喻过程中作为主体的"解读者"或"接受者"的重要作用。解读者所具备的"智"，是理解譬喻必不可少的一环，这一元素的加入，也使得譬喻意义的产生过程不再机械和单一，而是在与主体的互动中保持着开放和多样性。

甚至无须上溯久远的年代，近代欧洲学者初遇《法华经》时，我们就可以观察到这样的过程：1837年，东印度公司的霍格森（Brian Hodgson）在尼泊尔收集的一批梵文写本到达法国巴黎，送入了梵文学家布奴夫（Eugene Burnouf）手中，在这共计二十四部写本中,包含了首次发现的《法华经》梵文本。与当时西方大多数"东方学家"的偏好一样①,他对这批写本中诸如《八千颂般若经》之类的大乘佛教经典兴致不高。但在此之中,《法华经》却脱颖而出,深深吸引了布奴夫的注意力。在1837年6月5日与霍格森的通信中,他这样记录自己的感受:

> 从四月二十五日开始,我从梵文教授的职位中毫无保留地挤出所有时间投入到这部作品……尽管很多东西对我来说还不清楚,但我理解这部作品的思路,理解作者进行阐述的模式,而且我已经完整地翻译了两章,毫无省略。这是两个寓言(parable),它们丝毫不乏味,相反,这其中展现的佛教徒进行教说的方式非常有趣,非常离散(discursive),非常像苏格拉底式的解释方法。没有不敬的意思(不过你也不是牧师),在整个亚洲,我都未见过如此富有基督教意味的东西。……②

布奴夫当时首先翻译的,是《法华经》中的《譬喻品》和《信解品》,其中包含了"火宅三车喻"与"穷子喻"这两个《法华经》中最为著名的譬喻故事。很有可能,最为吸引布奴夫乃至使他决定

---

① 当时的梵语学者,包含布奴夫、奥登堡(Hermann Oldenberg)、戴维斯(T. W. Rhys Davids)等人,基于以巴利语文献为主导的早期佛典,将佛教构建为一种理想化的、超越历史的思想传统,并将之与同样业已失落的古希腊、罗马文明相比较,认为其后的变化是相对于这种理想状态——他们称之为"纯粹佛教(pure Buddhism)"、"原始佛教(original/primitive Buddhism)"——的"堕落"。详见:Donald S. Lopez, JR.: "Introduction", in Donald S. Lopez, JR. ed., *Curators of the Buddha: The Study of Buddhism under Colonialism*, Chicago: The University of Chicago Press, 1995, pp. 6 - 8. Nathan McGovern, "The Contemporary Study of Buddhism", Michael Jerryson ed., *The Oxford Handbook of Contemporary Buddhism*, Oxford Handbooks Online, 2017.

② Leon Feer, *Papiers d'Eugene Burnouf Conserves a la Biobiotheque Nationale*, Paris: H. Champion, 1899, pp. 157 - 158. 转引自 Donald S. Lopez, Jr., *The Lotus Sūtra: A Biography*, Princeton University Press, 2016. p. 126。

翻译整部经的因素，正在于这些譬喻的存在。①

时至今日，学界对于大乘佛教的认识已经远较 19 世纪更为全面，《法华经》作为大乘佛教最为重要的经典之一亦被一代又一代学者深入研究。尽管如此，布奴夫——这位首位将梵文《法华经》传译于西方的学者——在甫一接触《法华经》时表达的感受却仍然值得思考。一方面，在经文的诸多内容中，譬喻脱颖而出吸引了他的注意——大多数接触过《法华经》的人或许都有过类似的感受，在此意义上，布奴夫的反应具有某种普遍性。另一方面，尽管人们或许很容易设想，譬喻之所以成为《法华经》最吸引人、最受欢迎的内容，可能是由于其易于理解和接受，但仔细考察布奴夫对这些譬喻的理解方式便会发现，对《法华》譬喻的理解并不如一般所设想的那般"容易"。当他解释这些譬喻的有趣之处时，他将苏格拉底、基督教与之相比较，换句话说，这是他用以认识《法华经》譬喻的框架；单单这一点，便已经与大多数亚洲本土的《法华经》阅读者形成了显著的差异。

"譬喻"的内容看似简单，但对其的理解，却包含了复杂的文化解释过程。布奴夫是一个浓缩的个案，帮助我们意识到，当拥有全然不同文化背景的阅读者试图理解《法华经》——这部产生自印度的佛教经典中的譬喻故事时，将会发生何种有趣的解读。这一个案呈现的问题值得推而广之。实际上，当《法华经》最初传入中国时，它所面对的，也是文化背景全然不同的接受者。《牟子理惑论》中即记录了对"譬喻"这种表述方式的质疑：

> 问曰：夫事莫过于诚，说莫过于实。老子除华饰之辞，崇质朴之语。佛经说不指其事，徒广取譬喻。譬喻非道之要，合异为同，非事之妙。虽辞多语博，犹玉屑一车，不以为宝矣。②

---

① Donald S. Lopez, Jr., *The Lotus Sūtra: A Biography*, p. 128.
② （梁）僧祐：《弘明集》，T. 52，No. 2102，第 4 页下。

尽管学界对《理惑论》的成书年代莫衷一是，但这并不影响如是的疑问真实存在于佛教经典在中国的接受过程中。吉藏在《法华义疏》中也指出，中印文化习俗不同，善用譬喻，正是印度区别于中国文化的一大特点：

> 又随风俗演教不同，震旦言多约法，天竺语多引譬类。昔张骞寻河源至大月氏国，见天竺使来而问之曰："彼土风俗其事云何？"使答曰："彼国斗则乘象，言多引譬类。"佛出天竺，随彼风俗，故立譬喻也。①

对于中国读者来说，不仅譬喻故事的内容是陌生的，譬喻这种表达方式也是陌生的——这绝不是说中国本土原本没有"譬喻"，相反，在诸如《庄子》等传统典籍中，譬喻同样发挥着至关重要的作用（《理惑论》的回答也指明了这点，详见第一章）；只不过，佛教经典对于"譬喻"普遍性的、非同寻常的倚重，对中国读者造成了一定冲击，这种冲击促使人们重新审视"譬喻"，思考其意义和价值。无论从任何角度来看，中国的解读者如何发挥在自身文化环境中培养出的智识，去解读这些来自印度的譬喻，其间的过程都值得仔细考察。

不仅如此，考虑到不同阶层、不同地域人群的差异，这一问题就更为复杂。正如许理和等学者所指出的，严格意义上，所谓"中国佛教"未必是同质的整体，而是具备显著的分层化特征。② 尽管学者对此有不同的分层方式和标准，但无论是将之分解为"精英佛教"（Elite Buddhism）与"通俗佛教"（Popular Buddhism）③、"义

---

① （隋）吉藏：《法华义疏》，T. 34，No. 1721，第 511 页下。这里提到的张骞与天竺使的对话，并无正史记载。

② Erik Zürcher, *Buddhism in China: Collected Papers of Erik Zurcher*, Jonathan A. Silk (ed.), Leiden: Brill, 2013, p. 276.

③ Erik Zürcher, *Buddhism in China: Collected Papers of Erik Zurcher*, p. 277.

理性佛教"和"信仰性佛教"①,抑或是"学理佛教"和"民俗佛教"②,都揭示出中国佛教所具备的不同维度和面向。这一方面提示出,当我们探讨"《法华》譬喻在中国被如何接受和解读"时,单一来源的材料和声音未必能够提供足以代表全景的答案,或者说,在不同的群体和语境当中,或许会呈现出多种多样的理解方式。另一方面,借由《法华》譬喻在中国社会传播的个案,我们也可以进一步思考"中国佛教"不同的分层方式与理论模型,在解释佛教史上不同类型事件与现象时的效力与限度。

对中国社会接受和解读《法华经》譬喻这一历史过程的探索和复原,有助于帮助我们认识佛教深入中国社会文化的具体过程,了解来自印度的佛教经典以及经典所承载的话语方式和思维方式究竟如何渗透进入人们的思想世界,并参与塑造其对自身处境的认知。同时,这种历史的借鉴也有助于启发我们思考如何在今日阅读和理解这些佛教经典,使其继续在当代的语境中焕发生命力。

二 如何阅读《法华经》?——学术史回顾

本书的主题是"《法华经》譬喻",在进入这一主题之前,显然有必要首先考虑在学术研究的意义上,究竟如何阅读和理解《法华经》。作为大乘佛教最重要的经典之一,同时也是对东亚社会影响最为深远的佛教经典之一,《法华经》的研究贯穿了现代佛教学术研究的整个历史。《法华经》研究历史上展现出的方法和趋势,实际上也浓缩了佛教学术研究的不同维度。

---

① 方广锠:《我国佛教研究之展望》,《中国社会科学院院报》2003年8月14日第3版。

② 顾伟康:《论中国民俗佛教》,《上海社会科学院学术季刊》1993年第3期;李四龙:《民俗佛教的形成与特征》,《北京大学学报》(哲学社会科学版)1996年第4期。

1. 语言文献学研究[①]

现代意义上的佛教学术研究始于语言文献学研究,而上文提到的布奴夫对《法华经》的翻译代表了这类研究的开端。百余年以来,《法华经》梵文写本的发现和整理,极大地推动了《法华经》乃至整个大乘佛教的研究。石田智宏按照不同时期成果的侧重点和特点,将写本的发现、研究史分为六个阶段:

(1) 19 世纪:尼泊尔写本发现与科恩-南条校订本出版,黎明期

(2) 20 世纪初—1935 年左右:中亚、吉尔吉特写本发现期

(3) 1935—1950 年:对科恩-南条校订本的批判研究时期

(4) 1950—1980 年:写本整理与影印、拉丁转写出版期

(5) 1980—2000 年:再发现时期

(6) 2000 年后:新校订本出版期

梵文《法华经》的研究开始于尼泊尔写本。上文提到的布奴夫对《法华经》的完整法译本"*Le Lotus de La Bonne Loi*"出版于 1852 年,[②] 即是基于霍格森收集的尼泊尔写本。这部著作也标志着现代意义上《法华经》梵文本文献学研究的开端。1884 年《东方圣书》(*The Sacred Books of the East*) 系列第 21 卷,发表了由荷兰学者科恩 (Hendrik Kern) 翻译的首个完整的《法华经》英译本——这也是《东方圣书》收录的为数不多的大乘佛典之一。后来从 1908 年到

[①] 参考塚本启祥《梵文法華経写本の研究》,《法華文化研究》1987 年第 13 期;石田智宏:《法華経の梵語写本発見・研究史概観》,《東洋文化研究所所報》2006 年第 10 期。

[②] Eugene Burnouf, *Le Lotus de La Bonne Loi*, Traduit Du Sanscrit, Accompagne D'Un Commentaire Et de Vingt Et Un Memoires Relatifs Au Buddhisme (new edition), Nabu Press, 2012. 汤山明在一个半世纪后撰文考察了布奴夫进行翻译及研究的背景,见 Akira Yuyama, *Eugene Burnouf: The Background to his Research into the Lotus Sutra*, Tokyo: The International Research Institute for the Advanced Buddhology, Soka University, 2000.

1912 年，科恩与南条文雄合作完成了梵文《法华经》的精校本，分五次发表于圣彼得堡出版的《佛学文库》(Bibliotheca Buddhica)。[1] 此刊本中，南条依据六种尼泊尔系写本，科恩又辅之以喀什本加以校订。尽管受当时文献整理理念的限制，校订本存在许多问题，但总体来说，译本用词精当，至今仍被奉为经典。

20 世纪初以来，伴随西方国家在亚洲的殖民和探险活动，大量有别于尼泊尔系的写本被发现。中亚写本没有保存完整的文本，多为残片。其中，购自喀什的写本涵盖的经文内容最多，但也不到全经的一半。写本大半为当时俄国驻喀什噶尔大使彼得洛夫斯基（N. F. Petrovsky）购入，后分藏于俄国、英国、德国、日本等地。其次分量较大的写本，出土于咔达里克（Khādaliq），由格伦威德尔（A. Grün-Wedel）、勒柯克（Albert von LeCoq）所率领的德国探险队发现（1904—1905，1913—1914），写本时间约 8—9 世纪。此外，还有 1906 年铁提克日木（Farhād-Beg）出土的写本碎片，现保存于大英图书馆，书写时间约 6—7 世纪。同样年代相对较早的还有日本大谷探险队于 1902—1914 年发现收集的写本碎片，约为 5—6 世纪。1931 年，吉尔吉特北部出土大量写本，其中就有《法华经》，与中亚出土的写本有显著差别，与尼泊尔写本的亲缘关系较近，但年代更早。[2]

随着新发现的写本及其相关研究的陆续发表，学者对写本间的关系有了更深入的认识。科恩-南条校订本混杂不同地区写本、没有对其分别予以单独系统考虑的做法，受到了学者的批判。为改善这一情况，有学者对《法华经》梵本进行了新的校订。20 世纪 30

---

[1] H. Kern and Bunyu Nanjio, eds., *Saddharmapuṇḍarīka*, Bibliotheca Buddhica X., St. Petersburg, 1908-1912. 实际上这并非最早的《法华经》英译，在此之前，美国著名思想家梭罗曾根据布奴夫的法译，将《药草喻品》等片段译为英文，但它并非严格基于语言文献的翻译，这里略去不表。

[2] 石田智宏：《法華経の梵語写本発見・研究史概観》，《東洋文化研究所所報》2006 年第 10 期。

年代，荻原云来和土田胜弥以科恩本为基础，参照更早的尼泊尔系写本，刊布了一个校订本。① 50 年代，杜特（Nalingksha Dutt）也刊布了新的版本，② 其中收录了米罗诺夫（N. D. Mironov）对大谷探险队中亚写本的注释，尤其珍贵。以真田有美等学者为代表的日本西域文化研究会成员，也对一些俄藏喀什写本及大谷藏品进行了整理和研究。③

70 年代以来，词典、索引、目录等工具书问世，并大量出版了影印本、拉丁转写本等基础材料。1970 年，汤山明《法华经目录》出版，将对写本系统进行分类的意识提上台面。④ 其后的影印本、拉丁转写本皆受到这种思想的指导。其中比较重要的成果，有渡边照宏对吉尔吉特写本的整理⑤，户田宏文对尼泊尔、中亚喀什写本、铁提克日木写本及数片残片的分别整理，⑥ 邦加德列文（G. M.

---

① U. Wogihara and C. Tsuchida, *Saddharmapundarka - sutra Romanized and Revised Text of the Bibliotheca Buddhica Publication*, Tokyo：Seigo - Kenkyukai, 1934 - 1935.

② Nalingksha Dutt ed., *Saddharmapundarkasutram with N. D. Mironov's Readings from Central Asian MSs.* (= *Bibliotheca Indica*, *CCLXXXVI*), Calcutta, 1953.

③ 真田有美：《西域梵本法華経について》，《西域出土梵本法華経》，京都：本田博士還暦記念梵本法華経刊行會，1949 年，第 22—45 頁。
真田有美：《西域梵本法華経の一寫本に就いて》，《石濱先生古稀記念東洋學論叢》，大阪：石濱先生古稀紀念會，1958 年，第 54—61 頁。
真田有美、清田寂雲：《ペトロフスキー本法華経梵本の研究——序偈でより法師品まで》，《西域文化研究 4・中央アジア古代語文獻》，京都：法藏館，1961 年，第 119—170 頁。

④ Akira Yuyama, *A Bibliography of the Sanskrit Texts of the Saddharmapundarikasutra*, Canberra：Centre of Oriental Studies and Australian National University Press, 1970.

⑤ Shoko Watanabe（渡邊照宏）ed., *Saddharmapundarika Manuscripts Found in Gilgit; Part one - two*, Tokyo：The Reiyukai, 1972 - 1975.

⑥ Toda, Hirofumi ed., *Saddharmapuṇḍarīkasūtra Napalese Manuscript.* (*K'*) (*x - xvii*), Tokushima：Tokushima Daigaku, 1980. *Saddharmapuṇḍarīkasūtra*：*Central Asian Manuscripts Romanized Text*, Tokushima：Kyoiku shuppan Center, 1983. 2006 年，辛岛静志对铁提克日木出土的写本进行了重新转写，并同时刊布图片。Seishi Karashima & Klaus. Wille, eds., *Buddhist Manuscripts from Central Asia. The British Library Sanskrit Fragments*, Vol. I, Tokyo 2006.

Bongard-Levin）等对俄国东方学研究所藏中亚写本的整理①等。当然，学界对各系梵文写本最全面的整理成果，当属立正大学法华经文化研究所编《梵文法华经写本集成》②——如其题目所示，《集成》集合了来自尼泊尔、克什米尔、中亚的梵文《法华经》写本，目前已刊布32种写本影印图像。

80年代以来，学者重新发现、整理了一批战争期间散布于各地的写本。蒋忠新整理的民族文化宫图书馆《法华经》梵文写本，同样属于西藏—尼泊尔系，为70年代汤山明编写目录时所未收入者。③ 1997年刊布整理的旅顺博物馆所藏《法华经》梵文写本，为大谷探险队20世纪初在中亚发掘，曾由米罗诺夫整理，但战争期间一度行踪不明，直至此时才得以重见天日。④ 这组写本也是目前发现的年代最早的中亚写本，具有重要的学术价值。直至近年，学者仍在各地藏品中，零星发现《法华经》写本，并对其进行整理研究。⑤

以此为基础，有关《法华经》的梵—藏—汉、藏—汉、汉—梵等多种类型的索引、词典也陆续问世，如伊藤瑞叡等编《梵文法华

---

① G. M. Bongard‑Levin and M. I. Vorobyeva‑Desyatovskaya, *Indian Texts from Central Asia* (*Central Asian Collection of the Manuscript Fund of the Institute of Oriental Studies, Academy of Sciences, USSR*), *Orientalia Iosephi Tucci Memoriae Dedicata Vol. 1* (= *Serie Orientalia Roma LVI, I*), ed. by G. Gnoli and L. Lanciottied, Roma, 1985.

② 立正大学法華経文化研究所編：《梵文法華経写本集成》(*Sanskrit Manuscripts of Saddharmapuṇḍarīka, Collected from Nepal, Kashmir and Central Asia*)，東京：梵文法華経刊行会，1977—1982年。

③ 蒋忠新编注：《民族文化宫图书馆藏梵文〈妙法莲华经〉写本：拉丁字母转写本》，中国社会科学出版社1988年版。

④ 蒋忠新：《旅順博物館所藏梵文法華経断簡：写真版およびローマ字版》，東京：創価學會，1997年。(蒋忠新：《旅顺博物馆藏梵文法华经残片：影印版及罗马字版》，旅顺博物馆1997年版。)

⑤ 段晴、张志清主编：《中国国家图书馆藏西域文书：梵文、佉卢文卷》，中西书局2013年版，第29—40页；张丽香：《中国人民大学博物馆藏和田新出〈妙法莲华经〉梵文残片二叶》，《西域研究》2017年第3期。

经荻原·土田本总索引》，① 江岛惠教等编《藏梵法华经索引》，② 法华经原典研究会编《汉梵法华经索引》。③ 这其中对汉译《法华经》利用最为充分的，当属辛岛静志的研究成果《正法华经词典》和《妙法莲华经词典》。④ 自 2003 年起，辛岛以连载的方式在《创价大学国际佛教高等研究所年报》上陆续发表了新的《法华经》梵、藏、汉三语对勘，这四期对勘涵盖了相当于罗什译《安乐行品》及《从地涌出品》开头部分的内容。⑤ 连载的第一期开头部分介绍了迄今发现的《法华经》梵文写本的基本信息以及藏译、汉译本情况。他的对勘详细区分了尼泊尔、吉尔吉特、中亚的写本系统，并对重点词汇和语法现象给出了清晰说明。这也是 21 世纪在新的语言文献学基础上，完成的最有代表性的校订本。

2. 《法华经》成立史的相关问题

学者对梵文写本的整理和校订表明，现存《法华经》梵文写本之间存在着显而易见的差异，学者将之分为两大系统：中亚系统以及吉尔吉特—尼泊尔系统。但即使是时间较早的中亚写本系统（最早可追溯至 5、6 世纪），也与最早传译于中国的汉译本存在着几个世纪的差距。不同写本、不同译本之间地域以及年代上的巨大鸿沟，促使学者不断思考这部文献的成立过程，这也成为《法华经》研究中经久不息的话题之一。

---

① 伊藤瑞叡等編：《梵文法華経荻原.土田本總索引》，東京：勉誠社，1993 年。

② Yasunori Ejima（江岛惠教）[et] ed., *Tibetan – Sanskrit Word Index to the Saddharmapundarikasutra* =《藏梵法華経索引》，東京：靈友會，1998 年。

③ 法華経原典研究會編：《漢梵法華経索引》，東京：靈友會，2003 年。

④ 辛岛静志：《正法华经词典》 = *A Glossary of Dharmaraksa's Translation of the Lotus Sutra*，東京：國際佛教高等研究所，創価大學，1998 年。《妙法莲华经词典》 = *A glossary of Kumarajiva's translation of the Lotus Sutra*，東京：國際佛教高等研究所，創価大學，2001 年。

⑤ Seishi Karashima: *A Trilingual Edition of the Lotus Sutra – New Editions of the Sanskrit, Tibetan and Chinese Versions*（1）—（4），《创价大学国际佛教高等研究所年报》，第 6—9 号，2003—2006 年。

1934 年，布施浩岳已经在《法华经成立史》一书中为《法华经》的成立提出了一个比较完整的框架，即"三类、四期"的成立过程。这种划分的主要依据是经文思想内容上的层累变化，如经中提及的"六道"与"十界"的差异，是否提及"书写""经卷"，从佛塔信仰到经卷崇拜地位的变化，等等。[①] 截止到 21 世纪初，根据伊藤瑞叡的统计，关于《法华经》成立的理论已经多达二十八种。[②] 读者可以参看其著作了解这些理论的具体内容和分歧所在。这些不同理论在方向上的最大差异，在于《法华经》究竟是分阶段成立，还是同时成立。提倡后者的代表性人物是胜吕信静（伊藤也同意这种说法），比起强调经文不同部分之间的差异，他更看重《法华经》作为一部经典的同质性，认为各品以及各个说法场景之间存在着有机的联系，并花费大量篇幅论证经文如是品目安排背后的思想意义。[③] 不过，这种理论实质上是在致力于建构经典内部理解上的一贯性，这与经典在历史上究竟是同时形成还是分阶段成立并不必然是一个问题。

尽管关于《法华经》成立的理论如此繁多，布施浩岳提出的框架，至今仍是学界共识，广为学界所接受。当然，后世学者也在其基础上进行了不少修订和改良，这主要体现在两个方面：第一是语言学方面的。随着对写本资料的整理和刊布，以及对不同译本特别是时间早于现存梵本的汉译本更加深入的认识，学者对《法华经》的成立及与此过程相交织的佛典梵语化进程有了更加清晰的认识。例如，20 世纪辛岛静志对《法华经》的汉译本研究表明，汉译本呈现了文本梵语化过程的较早阶段，中亚写本与罗什、法护遵从的原本应该来自同样的源头，而与尼泊尔—吉尔吉特写本的原始版本不同；特别是法护译本所依据的原本，应该比现存任何梵文写本都包

---

① 布施浩岳：《法華経成立史》，東京：大東出版社，1934 年。
② 伊藤瑞叡：《法華経成立論史：法華経成立の基礎的研究》，京都：平樂寺書店，2007 年。
③ 勝呂信静：《法華経の成立と思想》，東京：大東出版社，1993 年。

含了更多的中印度语言形式；另一方面，《添品法华经》与吉尔吉特写本之间的相似性不可忽视。① 在后来的著作中，他还明确《法华经》最早成立的是triṣṭubh（triṣṭubh – jagatī）偈颂。这些偈颂可能是用本地俗语创作的，口耳相传，之后才被改写为梵语；而输洛家体（śloka）格律的时间则要更晚一些。②

第二是思想内容方面的。在布施氏指出的《法华经》不同阶段之间内容变化的基础上，后代学者还指出，最早成立的经文并未表现出对般若思想的认知，观音、阿弥陀佛、普贤以及陀罗尼信仰加入的时间则更晚。③ 除此之外，经过与其他文献和资料的交叉比对，对于《法华经》成立过程中涉及的印度社会文化背景，也有了更清晰的认识。70 年代岩本裕的《印度佛教与法华经》、④ 80 年代塚本启祥的《法华经的成立与背景：印度文化与大乘佛教》⑤，以及他在本世纪重新增补内容、以英文出版的《〈法华经〉的基本要素——宗教、思想、文化的佛教整合》，都属于这类研究。⑥ 除专著以外，专题论文更是不胜枚举，几乎任何一本关于《法华经》的论文集中

---

① Seishi Karashima, *The Textual Study of the Chinese Versions of the Saddharmapuṇḍarīkasūtra: in the Light of the Sanskrit and Tibetan Versions*, Tokyo: The Sankibo Press, 1992. pp. 13, 261, 274.

② Seishi Karashima, "Vehicle (yāna) and Wisdom (jñāna) in the Lotus Sutra—The Origion of the Notion of yāna in Mahāyāna Buddhism", ARIRIAB (=《创价大学国际佛教高等研究所年报》，下同), Vol. XVIII (2015). "The Triṣṭubh – Jagatī Verses in the Saddharmapuṇḍarīka", ARIRIAB, Vol. XVIIII (2016).

③ Seishi Karashima, "Vehicle (yāna) and Wisdom (jñāna) in the Lotus Sutra—The Origion of the Notion of yāna in Mahāyāna Buddhism", ARIRIAB, Vol. XVIII (2015); Yuichi Kajiyama, "The Saddharmapuṇḍarīka and śūnyatā Thought", *Journal of Oriental Studies*, Vol. 10, 2000, pp. 72 – 96.

④ 岩本裕:《インド佛教と法華経》，東京：第三文明社，1974 年。

⑤ 塚本啓祥:《法華経の成立と背景：インド文化と大乘佛教》，東京：佼成出版社，1986 年。

⑥ Keisho Tsukamoto, *Source Elements of the Lotus Sutra—Buddhist Integration of Religion, Thought, and Culture*, Tokyo: Kosei Publishing Company, 2007.

都可以找到这类内容。平冈聪出版于 2012 年的专著《法华经成立的新解释——从佛传解读法华经》代表了这一类研究的最新尝试。该书认为，《法华经》重新利用和塑造了佛传故事的基本情节（作者特别指出其与说一切有部所传佛传的高度重合），从而通过对"佛教史的更新"，创造一种"新的佛教"。①

平冈聪的新解释透露出了这样一种理解《法华经》成立史的方向：这部经典不但是一定历史环境下的产物，更是特定群体有意的"创作"，人们通过它宣告一些新的内容，以达成自身的目的。这与近几十年来大乘佛教研究的成果密切相关。大乘佛教研究的一个重要趋势是，将早期经典解读为作者在特定社会环境下作出修辞性宣言的努力。在此角度下，"大乘"之类的词与其说是业已被广泛接受的定义，不如说更像一个有力的宣传口号。② 有学者认为，至少截止到 6 世纪时，印度的大乘运动相对于主流佛教来说还是处于边缘地位的，③ 这就使得《法华经》这样的早期大乘经典如何利用文学技巧争取权威性和合法性成为一个值得探讨的问题。艾伦·科尔（Alan Cole）在《作为父亲的文本》中对《法华经》的探讨同样是这一方向的一个尝试。他认为，《法华经》这样的早期大乘经典，通过塑造一种类似于父子关系的文本—读者关系，引导人们重新认识传统、支持"大乘经典"，从而将自身树立为新的权威。④ 尽管这二人的研究更像是深受自身主观预设所引导的"解读"，其究竟能多大程度上

---

① 平冈聪：《法華経成立の新解釈—仏伝として法華経を読み解く》，東京：大蔵出版社，2012 年。其汉译本于 2016 年出版，见平冈聪《法华经成立的新解释——从佛传解读法华经》，释惠敏、释洞崧译，法鼓文化 2016 年版。

② Paul Williams, *Mahāyāna Buddhism: The Doctrinal Foundations* (2nd ed.), New York: Routledge, 2008. pp. 3 - 4.

③ Gregory Schopen, "Mahāyāna and the Middle Period in India Buddhism: Through a Chinese Looking - Glass", *Figments and Fragments of Mahāyāna Buddhism in India: More Collected Papers*, Honolulu: University of Hawaii, 2005. pp. 3 - 24.

④ Alan Cole, *Text as Father: Paternal Seductions in Early Mahayana Buddhist Literature*, Berkeley and Los Angeles, California: University of California Press, 2005.

反映历史的真实面貌尚有待商榷，但至少，他们的著作展现了一个值得继续思考和深入发掘的方向。

围绕《法华经》成立史的研究呈现了一种对于经文"历史主义的"阅读方式。既然这部经典是一定历史环境下的产物，是对特定历史情境的回应，那么想要理解它，就要理解它形成时的一切背景，这里的"背景"既涉及语言，也涉及社会制度、思想文化等方方面面。这有可能带来两个方面的影响：一方面，这促使学者对经文进行还原主义式的阅读，追寻经文"原本"的思想面貌[1]——实际上，学者在阐释《法华经》中的概念和思想意涵时，喜欢利用梵本来进行说明，这背后往往隐含着这样的预设；另一方面，这种"逐层还原"的努力，在一定程度上也影响了人们对于经文整体性的认识——关于此经是否分阶段形成的争论，核心正在于此。

3.《法华经》在中国的解读与接受史

《法华经》在中国佛教史中的重要性，很大程度上来自不同社会文化背景中的信众对其反复的解读和实践。在此意义上，在学术研究中除了直接阅读《法华经》，考察中国历史上对《法华经》的阅读和接受同样成为理解《法华经》不可或缺的部分。

相对于历史上的中国注释来说，印度本土对于《法华经》的解说、回应为数不多，但也有学者对此问题予以关注。《大智度论》对于《法华经》的引用，受到了布施浩岳、塚本启祥等学者的注意。[2]胜吕信静、盐入良道、望月海慧等学者还考察整理了散见于印度论

---

[1] 如辛岛静志对"乘"一词原初意义的探讨。Seishi Karashima: "Vehicle (yāna) and Wisdom (jñāna) in the Lotus Sutra—The Origion of the Notion of yāna in Mahāyāna Buddhism", ARIRIAB, Vol. XVIII (2015).

[2] 布施浩岳：《大智度論に見える法華経の理解》，《福井博士頌壽記念東洋思想論集》，福井博士頌壽記念論集刊行会，1960年。塚本啓祥：《大智度論と法華経—成立と翻訳の問題に関連して》，《法華経の中国的展開》，京都：平樂寺書店，1972年。

著中的对于《法华经》的引用和回应。① 阿伯特（T. R. Abbott）于 1985 年发表了关于世亲《法华经论》的研究专著。② 在引言部分，作者对这部作品的署名、汉译版本，以及思想和社会背景进行了考察，并对其中重要概念的含义、与其他作品的关涉给予了辨析，之后，给出了完整的英译。

相比而言，《法华经》对东亚佛教的影响更为可观，因此，也吸引大量学者源源不断地进行研究。对《法华经》的汉译是其进入东亚文化的第一环，在此问题上，中国学者贡献了大量成果。朱庆之对照梵汉偈颂，讨论其梵文源头，以及诗体文韵律内容间的关联。③ 朱冠明、段晴通过对勘两个汉译本和梵文本，对一些语词的使用进行了澄清。④ 曹树明、姜春兰关注了鸠摩罗什译经过程中体现的翻译理论。⑤ 陈源源考察了三种汉译中的人名，讨论译者和时代差异，以及背后语词的历史演变；还通过《妙法莲华经释文》一书，解释经文在音韵方面的研究价值。⑥ 姜南利用梵汉对堪探讨了《法华经》的语法。⑦ 龙国

---

① 勝呂信靜：《インドにおける法華経の注釈的研究》，《法華経の成立と展開》，京都：平樂寺書店，1970 年；鹽入良道：《印度における法華経解釋の一端》，《印度學佛教學研究》，第 4 卷第 2 号，1956 年 3 月；Mochizuki Kaie, "How Did the Indian Masters Read the Lotus Sutra?", *Journal of Indian and Buddhist Sutdies*, Vol. 59, No. 3, March 2011.

② Terry Rae Abbott, *Vasubandhu's Commentary to the Saddharmapundarika – sutra: A Study of its History and Significance*, Ann Arbor, Mich.: University Microfilms International, 1985.

③ 朱庆之：《梵汉法华经中的偈、颂合偈颂（一）（二）》，《汉语史研究集刊》，2000 年、2001 年（第三辑、第四辑）。

④ 朱冠明、段晴：《梵汉本法华经语词札记》，《古汉语研究》2005 年第 2 期。

⑤ 曹树明、姜春兰：《从〈妙法莲华经〉看鸠摩罗什的翻译特征》，《广东海洋大学学报》2008 年第 2 期。

⑥ 陈源源：《同经异译佛经人名管窥——以法华经异译三经为例》，《西南交通大学学报》（社会科学版）2008 年第 3 期；《〈妙法莲华经释文〉音韵研究价值初探》，《江南大学学报》（人文社会科学版）2008 年第 4 期。

⑦ 姜南：《基于梵汉对堪的法华经语法研究》，商务印书馆 2011 年版。

富的专著也涉及同样的议题，但主要聚焦于罗什译本。①

　　对中国《法华经》注释的研究更是成果丰富。菅野博史曾撰文系统介绍日本学界对中国《法华经》注释的研究，其中列举了从20世纪30年代到21世纪初从事这项研究的重要学者及专著，包括佐藤哲英《天台大师的研究》、横超慧日《法华思想的研究》、平井俊荣《法华文句成立研究》《法华玄论注释的研究》，以及菅野博史《中国法华思想的研究》等。② 概括而言，这些著作主要立足于历史文献学研究，在文献版本的整理、翻译和注释，以及各种注疏作品的成立过程和关系等问题上，进行了大量的梳理工作。例如，平井俊荣的研究指出，智𫖮的《法华玄义》《法华文句》在成书过程中部分参考了吉藏的《法华玄论》和《法华义疏》，这些工作的成果在今日已经成为学者继续研究的重要前提。英语世界的研究，有金永厚（Kim Young–Ho）的《竺道生〈法华经疏〉：研究与翻译》，③ 包括道生《法华经疏》的研究及英译、注释三项内容。日本2000年后较大部头的注释研究专著，还有松森秀幸的《唐代天台法华思想的研究》，书中对平井氏的《法华文句》研究进行了再检讨，并对灌顶特别是湛然的法华注释进行了历史文献学和思想史的考察。④

　　中国学者在此方面的成果也有很多。关于道生注释的研究，有涂艳秋的《论竺道生〈妙法莲花经疏〉》。⑤ 对法云的注释研究，有

---

① 龙国富：《妙法莲华经语法研究》，商务印书馆2013年版。

② 菅野博史著，张大柘译：《日本对中国法华经疏的研究》，《世界宗教研究》2000年第2期。

③ Kim Young–Ho, *Tao Sheng's Commentary on the Lotus Sutra: A Study and Translation*, Albany: State University of New York Press, 1990.

④ 松森秀幸：《唐代天台法華思想の研究——荊溪湛然における天台法華経疏の注釈をめぐる諸問題》，京都：法藏館，2016年。

⑤ 涂艳秋：《论竺道生〈妙法莲花经疏〉》，《1994年佛学研究论文集：佛与花》，（台北）佛光文化1996年版，第234—281页。

范姜冠闳的硕士学位论文《光宅法云〈法华经义记〉研究》。① 关于智𫖮的注释，有陈健民《法华经玄义直释》，② 李志夫编《妙法莲华经玄义研究》，③ 朱封鳌关于《妙法莲华经文句》的专题论文及校释，④ 吴汝钧《〈法华玄义〉的哲学与纲领》，⑤ 苏荣焜《法华玄义释译》，⑥ 郭朝顺《天台智𫖮的诠释理论》，⑦ 以及韩焕忠的博士学位论文《天台宗判教研究：对〈法华玄义〉的一种诠释》等。⑧ 关于窥基的《法华玄赞》，有苏昭铭的硕士学位论文《〈法华玄赞〉对〈法华论〉种姓思想的继承与发展》，⑨ 以及黄国清的博士学位论文《窥基〈妙法莲华经玄赞〉研究》。⑩ 这些著作更加注重《法华经》注释的思想史意义的考察，或对某些具体概念和问题进行了进一步澄清，或者关注注释者的诠释原则、框架和方法，对注释中呈现的思想过程进行了更为细致的描摹。

当然，中国社会对《法华经》的回应并不局限于高僧大德的注释，还体现在多种多样的信仰实践当中。这其中，对法华美术的研

---

① 范姜冠闳：《光宅法云〈法华经义记〉研究》，硕士学位论文，"国立政治大学"中国文学系，2014 年。
② 陈健民：《法华经玄义直释》，《曲肱斋丛书（四）》，（台北县）弥勒 1983 年版。
③ 李志夫编：《妙法莲华经玄义研究》，（台北县）中华佛教文献编撰社 1997 年版。
④ 朱封鳌：《〈妙法莲华经文句〉的主要内容和思想》，《中国佛学天台宗发展史》，汉语大词典出版社 1996 年版。朱封鳌校释：《妙法莲华经文句校释》，宗教文化出版社 2001 年版。
⑤ 吴汝钧：《〈法华玄义〉的哲学与纲领》，（台北）文津 2002 年版。
⑥ 苏荣焜：《法华玄义释译》，（台北）慧炬 2002 年版。
⑦ 郭朝顺：《天台智𫖮的诠释理论》，（台北）里仁 2004 年版。
⑧ 韩焕忠：《天台宗判教研究：对〈法华玄义〉的一种诠释》，博士学位论文，中国人民大学，2003 年。
⑨ 苏昭铭：《〈法华玄赞〉对〈法华论〉种姓思想的继承与发展》，硕士学位论文，文化大学哲学研究所，1996 年。
⑩ 黄国清：《窥基〈妙法莲华经玄赞〉研究》，博士学位论文，"中央大学"中国文学研究所，2005 年。

究聚集了最多的学术成果。① 早在 20 世纪 30 年代，松本荣一就在其著作《敦煌画的研究》中利用图文对照的方法，对敦煌法华经变的内容考释、布局安排等基本问题进行了讨论。② 50 年代，有戴维森（J. L. Davidson）基于其博士学位论文而成的《中国艺术中的〈法华经〉》，不过，尽管其题目如此，大部分篇幅其实是在介绍中国佛教艺术的历史背景和整体面貌。③ 60 年代以后，坂轮宣敬等学者也有专题论文，进一步从图像出发对法华艺术进行分析。④ 80 年代以来，中国学者也贡献了丰富的研究成果，特别是贺世哲主编的《敦煌石窟全集·法华经画卷》，图文结合，对敦煌法华艺术的发展历史进行了整体的梳理和呈现。⑤ 进入 21 世纪，除了对图像题材和内容更为细致精确的辨析（如下野玲子的研究⑥）之外，学者还试图从思想史和信仰史的角度诠释这些图像。李静杰《北朝后期法华图像的演变》《敦煌莫高窟北朝隋代洞窟图像构成试论》《北朝隋代佛教图像反映的经典思想》等文，利用出自《法华经》的思想意旨，解释石窟寺遗址中所见的图像配置和构成。⑦ 类似的思路也见于郭祐孟、张

---

① 关于对法华经图像的研究，张元林《北朝—隋时期敦煌法华图像研究》的"研究史回顾"一节全面总结了海内外学界关于《法华经》相关壁画、造像的研究成果。见张元林《北朝—隋时期敦煌法华图像研究》，甘肃教育出版社 2017 年版。

② 松本荣一：《敦煌画の研究》，東方文化学院東京研究所，1937 年，2000 年（复印）。

③ J. LeRoy Davidson, *The Lotus Sutra in Chinese Art: A Study in Buddhist Art to the Year 1000*, New Haven: Yale University Press, 1954.

④ 坂輪宣敬：《中国の石窟における法華経の造型表現について》，《法華経信仰の諸形態》，京都：平樂寺書店，1976 年。

⑤ 贺世哲主编：《敦煌石窟全集·法华经画卷》，上海人民出版社 2000 年版。

⑥ 下野玲子：《敦煌莫高窟第 420 窟法華変相図に関する試論》，《會津八一記念博物館研究紀要》第 6 号，第 39—52 页；《敦煌莫高窟唐代法華経変相図の再検討—第 23 窟壁画の位置付け—》，《會津八一記念博物館研究紀要》8 号，第 45—56 页。

⑦ 李静杰：《北朝后期法华图像的演变》，《艺术学》2004 年第 21 期；《敦煌莫高窟北朝隋代洞窟图像构成试论》，《2005 年云冈国际学术研讨会论文集》，文物出版社 2006 年版，第 365—393 页；《北朝隋代佛教图像反映的经典思想》，《民族艺术》2008 年第 2 期。

元林等人的研究。① 这类研究力图寻找同时代的义学动态与图像呈现之间的契合之处，并努力用前者解释后者。这实际上也反映了学者对于经典、经典的义学注释、图像之间关系的基本预设和认识。与此相对，汪悦进的《塑造法华经》② 则认为，经典对于图像的制造而言，只是一个引入更广阔的"想象世界"的"前言"，而这本专著的基本问题正在于探索这个"想象世界"。这代表了对经典和图像关系的另一种认识。

学者对围绕《法华经》的其他形式的信仰实践也有讨论。这一话题有很多专题论文。圣严法师、圣凯法师均有专文总结以《法华经》为中心的修行方式和信仰形态。③ 方广锠统计整理了敦煌遗书中的《法华经》及有关文献，并指出其与经文倡导的经卷受持信仰之间的关系。④ 关于《法华经》讲经文等的研究，有邵红《妙法莲华经讲经文两种》，⑤ 罗宗涛1972年的博士学位论文《敦煌讲经变文研究》，⑥ 史金波《汉文〈妙法莲华经〉发愿文》，⑦ 徐孟志2004年硕士学位论文《〈法华经讲经文〉与〈法华经〉注疏之比

---

① 郭祐孟：《敦煌隋代法华主题洞窟初探》，《兰州大学学报》（社会科学版）2006年第4期；张元林：《北朝—隋时期敦煌法华图像研究》，甘肃教育出版社2017年版。

② Eugene Y. Wang, *Shaping the Lotus Sutra: Buddhist Visual Culture in Medieval China*, Seattle and London: University of Washington Press, 2005.

③ 释圣严：《中国佛教以〈法华经〉为基础的修行方法》，《中华佛学学报》第七期，1994年7月；圣凯：《论中国早期以〈法华经〉为中心的信仰形态》（上）（下），《法音》2002年第7期、第8期。

④ 方广锠：《敦煌遗书中的〈妙法莲华经〉及有关文献》，《中华佛学学报》1997年第10期。

⑤ 邵红：《妙法莲华经讲经文两种》，《敦煌石室讲经文研究》，台湾大学文学院，1970年，第57—67页。

⑥ 罗宗涛：《敦煌讲经变文研究》，博士学位论文，"国立政治大学"中国文学研究所，1972年。

⑦ 史金波：《汉文〈妙法莲华经〉发愿文》，《西夏佛教史略》，台湾商务印书馆1993年版。

较研究》，① 等等。除此以外，关于反映法华信仰的单件写本、石刻等零星材料的考证辨析，也有很多，对于记录有《法华经》社会信仰实践情况的《弘赞法华传》《法华传记》等文献的专门研究更是数量可观，兹不一一列举。这些研究在考证文字、澄清史实方面做了大量的基础工作，并对材料背后所体现的宗教实践活动和信仰形态有所探索。

集合这一话题的论文集，有70年代出版的《法华经信仰的诸形态》，其中分印度、中国、日本三部分。在中国部分，除了佛教美术中表现的法华信仰之外，还讨论了灵验记、敦煌变文、伪经等不同材料中所体现的法华信仰和相关实践。② 英语世界，则有出版于2009年的《〈法华经〉的解读》，其中除前两篇文章讨论《法华经》本身的思想意涵之外，大部分文章都涉及《法华经》在中国、日本的接受和实践，包括《法华经》对中国僧人舍身行为的影响、在中日宗派教理和修行中的运用，以及在艺术中的表现等。③ 洛佩慈（Donald S. Lopez, Jr.）出版于2016年的《法华经：一部传记》是描绘《法华经》在不同文化中接受史的最新尝试。④ 这部导论性质的小书，时间从经典产生跨越至现代，地域范围涵盖亚洲和欧美，集中展现了其在不同文化背景中激起的重要争论和反响。书中特别花费了将近一半的篇幅考察了《法华经》被西方接受、融入现代语境的过程，这其中也展现了作者对现代佛教学术研究发展历程和背后文化纠葛的思考。

以上按研究的侧重和方向对《法华经》研究进行了基本梳理。

---

① 徐孟志：《〈法华经讲经文〉与〈法华经〉注疏之比较研究》，硕士学位论文，玄奘人文社会学院中国语文研究所，2004年。

② 野村昌耀編：《法華経信仰の諸形態：法華経研究6》，京都：平樂寺書店，1976年。

③ Stephen F. Teiser, Jacqueline I. Stone, eds., *Readings of the Lotus Sūtra*, New York: Columbia University Press, 2009.

④ Donald S. Lopez, Jr., *The Lotus Sūtra: A Biography*, Princeton: Princeton University Press, 2016.

受分类方法的限制，我们在上文无法提及关于《法华经》的综合性研究论文集，它们中的每一部都集中了上文提到的若干种类型的研究。这些论集包括但不限于：平乐寺书店出版的《法华经研究》书系，自1965年的第一部《法华经的思想与文化》开始，保持一定的频率出版，直至2001年，可以说一定程度上网罗了日本《法华经》研究各方面的动态。① 还有平川彰等主编的《法华思想》，对《法华经》的成立史、主要思想议题、注经史等各个方面都有涉及。② 横超慧日、久保继成、高桥智遍等学者，都有关于《法华经》研究的论集。③

历经一个多世纪的《法华经》研究，涵盖了佛教学术研究所能涉及的方方面面。这些研究不仅展示出理解《法华经》所可能利用的方法、资料和视角，即"利用何种方式阅读《法华经》"，也反复提示我们思考究竟应将这部佛教经典"视作什么"。尽管未必能够也

---

① 书系已出版图书包括：
《法華経の思想と文化：法華経研究1》（1965-03-20）
《近代日本の法華仏教：法華経研究2》（1968-03）
《法華経の成立と展開：法華経研究3》（1970-03）
《法華経の中国的展開：法華経研究4》（1972-03-20）
《中世法華仏教の展開：法華経研究5》（1974-12-25）
《法華経信仰の諸形態：法華経研究6》（1976-03）
《近世法華仏教の展開：法華経研究7》（1978-03-20）
《法華経の思想と基盤：法華経研究8》（1980-02）
《法華経の文化と基盤：法華経研究9》（1982-02）
《法華仏教の仏陀論と衆生論：法華経研究10》（1985-09-12）
《本覚思想の源流と展開：法華経研究11》（1991-01-10）
《法華経の受容と展開：法華経研究12》（1993-10-10）
《法華経の思想と展開：法華経研究13》（2001-03-20）

② 平川彰、尾山雄一、高崎直道编：《法华思想》，林保尧译，（台北）佛光文化1998年版。

③ 横超慧日编：《法華思想》，京都：平樂寺書店，1986年。久保继成：《法華経菩薩思想の基礎》，東京：春秋社，1987年。高橋智遍全集刊行委員會编：《高橋智遍全集·第1卷：法華経教義編》（1987）；《高橋智遍全集·第4卷：法華経信行編》（1989）；《高橋智遍全集·第5卷：法華経信行編·續》（1989）；《高橋智遍全集·第10卷：法華経信仰生活編》（1994），鎌倉：師子王學會。渡邊楳雄：《法華経を中心にしての大乘經典の研究》，京都：臨川書店，1989年。

未必需要获得最终答案，但"如何阅读"的问题，仍然值得我们随着研究的不断扩展深入反复审视，从而，我们可以不断从新的研究成果中，获得理解这部经典的全新可能性。

三 "譬喻"为何重要？——西方理论借鉴

为何在《法华经》颇为冗长的文字中，"譬喻"总是显得特别引人注目，甚至成为《法华经》最著名的一个标签？"譬喻"区别于其他文字的特殊性体现在何处，对此应如何认识？在正文第一章中，我们会梳理印度思想传统中对这一问题的解答，但在此之前，首先需要思考的是，"我们"——作为生活在当代的、一定程度上独立于经典传统及其共同体的研究者和旁观者，应该如何理解"譬喻"？

从跨文化的视野来看，《法华经》中那种借助故事情节和形象说明背后深层义理的、被中文称为"譬喻"的文学体裁，在布奴夫致霍格森的信件中首次被翻译为"parable（parabole）"，这件事值得深入思考。布奴夫从这些故事中读出了苏格拉底和基督教的味道是有原因的：在《新约》中，这个词出现了五十多次，尽管也可泛泛地表示比较、谚语、箴言等，但更多时候，是指成型的、富有寓意的故事（"寓言"）。宗教圣典中这类"寓言"的反复出现究竟意味着什么，又应如何理解其在圣典中乃至在整个宗教传统中的意义呢？

以保罗·利科（Paul Ricoeur）为代表的解释学家从圣经中的"parable"出发，对此进行了探讨。利科对"寓言"（parable）的理解与"隐喻"（metaphor）息息相关。他认为"寓言"就是"叙事（narrative）的隐喻化"或者"隐喻的叙事化"，或者，可以直接将二者视作同义词，因为"一个隐喻不仅可以在语词之间发生，也可以在一系列文句间发生——寓言就是语言表达（discourse）的隐喻化"[1]。他的认识并非孤例。其实早在古希腊时，亚里士多德就已经

---

[1] Paul Ricoeur, *Figuring the Sacred: Religion, Narrative and Imagination*, Minneapolis: Fortress Press, 1995, p.161.

将二者进行了类比,①而在20世纪后半叶以来的西方隐喻研究热潮中,以乔治·莱考夫(George Lakoff)等为代表的认知语言学家,将"隐喻"的含义扩大为一种人类普遍而基本的思维方式,在此意义上,寓言作为以一种事物(故事)来理解和经验另一种事物(寓意)的表述方式,当然更可被视为一种标准的隐喻形式。

如此一来,问题就首先变为"如何理解隐喻"。西方对隐喻的系统研究可以追溯至亚里士多德在《诗学》《修辞学》中的讨论,其对隐喻的界定是:"隐喻是对借来之词的使用,或者从种借来用于属,或者从属借来用于种,或者从属借来用于属,或者通过使用类比。"②古罗马修辞学家昆体良同样将隐喻理解为"用一个词去替代另一个词的修辞现象"③。基于这种思路,西方古典修辞学长期以来就将隐喻视为一种基于事物之间相似性的词语替换现象,将其价值限定于审美、修辞领域。这种认识直到20世纪30年代理查兹(I. A. Richards)、布莱克(Max Black)提出隐喻的"互动(interaction)理论"才有所改变。在互动理论中,隐喻被解释为两个主词④的词义作用的结果,它是能够产生新知识和新思想的创造性的过程。⑤

保罗·利科继承了布莱克等人的研究,认为隐喻在语义层面的"张力"是隐喻得以成立的核心。这种"张力"是指对隐喻性表达(metaphorical utterance)的字面解释(literal interpretation)和隐喻性

---

① 罗良清:《西方寓言文体和理论及其现代转型》,中国社会科学出版社2015年版,第5页。

② [古希腊]亚里士多德:《修辞术·亚历山大修辞学·论诗》,颜一和、崔延强译,中国人民大学出版社2003年版,第339页。

③ 转引自束定芳《隐喻学研究》,上海外语教育出版社2000年版,第3页。

④ 互动理论认为,每一隐喻陈述含有两个主词,一个主要主词和一个次要主词,前者相当于一般所谓的"本体",后者相当于"喻体"。见束定芳《试论现代隐喻学的研究目标、方法和任务》,载束定芳主编《隐喻与转喻研究》,上海外语教育出版社2011年版,第4页。

⑤ Max Black, "More about Metaphor", Andrew Ortony ed., *Metaphor and Thought*, Cambridge: Cambridge University Press, 1993, pp. 35–36.

解释（metaphorical interpretation）之间的张力，即，对于一个隐喻性表达，字面解释会显现出语句语义上的悖论和荒谬性，这种字面解释在悖论中自我崩坏；正是这个自我崩坏或转化的过程，对语词施加了一种扭转作用，造成了意义的扩展，有赖于此，我们才能理解那些仅靠字面解释毫无意义之处。① 再具体到叙事性寓言，如果说它有任何特别之处，就在于其"叙事性"。叙事性寓言是"叙事中的叙事"（narratives within a narrative），将一个叙事结构镶嵌在另一个叙事当中，这是隐喻转化的基本框架。② 但与所有隐喻一样，寓言的"寓言性"，仍然在于张力与翻转：通过利用"奇怪的"叙述手法，叙事超越了自身的叙事结构，从而被隐喻化；正是这种叙事的反常，通过打破叙事的日常意义，宣告了其要旨。③

这种张力理论不再需要如传统修辞学一般预设事物之间的相似性先在于隐喻的形成；相反，隐喻"发现"和"创造"了相似性。隐喻的作用可以吉尔伯特·莱尔（Gilbert Ryle）所说的"范畴错误"（category mistake）来说明，即，实际上，这是一种有意的错误，这种错误将本来不应放在一起的事物放在了一起，通过这种明显的误解，创造了一种新的、至今为止未被发现的意义的关联，这种关联在之前的分类系统中是被忽视或不被允许的。一个隐喻是一种即刻的创造、一种语义的创新，这种创新在业已确立的语言中没有现成的地位，只是由于非同寻常的归类或出乎意料的命题才存在。隐喻绝不仅仅是文学的修饰——它创造新的意义。④

在此意义上，隐喻不可翻译，因为它们创造了自己的意义。一

---

① Paul Ricoeur, "Metaphor and Symbol", see *Interpretation Theory: Discourse and the Surplus of Meaning*, Fort Worth, Texas: The Texas Christian University Press, 1976, pp. 45–70.

② Paul Ricoeur, *Figuring the Sacred: Religion, Narrative and Imagination*, p. 149.

③ Paul Ricoeur, *Figuring the Sacred: Religion, Narrative and Imagination*, p. 165.

④ 转引自 Paul Ricoeur, *Figuring the Sacred: Religion, Narrative and Imagination*, p. 165。

个隐喻，告诉了我们关于现实的一些新东西。这里，利科以科学中的"模型"（model）相类比，讨论了隐喻的认识论意义：二者都通过迂回路径来碰触现实，这种迂回使我们舍弃日常的视角以及我们通常用以描述现实的语言，从而，我们可以观察到事物新的联系，获得"比表象更为真实的真实"。在隐喻中，差异和相似性的交互作用引导我们对现实重新进行描述，而这种描述是充满张力的，从而，对于现实的新视野产生了，这种新视野与日常视角（这关联于对语词的日常使用方式）截然不同。隐喻语言运用上的张力，导致对于现实理解上的张力："张力"不仅仅是语词之间的，而且也存在于隐喻性表述的系词中。"是"（is）同时表示"是"（is）与"不是"（is not）。字面上的"是"被逻辑的荒谬性所翻转，被隐喻性的"是"所超越——后者相当于"像是"（is like）。这正是隐喻开显真理的方式：它不告诉我们事情照字面而言意义是什么，而是它们像什么。①

更进一步，利科将"隐喻"视为解释学问题的关键。可以说，"隐喻"凝结了解释学所面临的全部问题。一个隐喻就是一部微缩的作品，文本解释所提出的解释学问题，可以视作给定文本中对隐喻解释的延伸，或者说，隐喻是解释学问题的浓缩。② 这些问题涉及人类语言表达（discourse）的悖论，包括：它既是时间性的事件（event），又是可重复的、保持同一性的意义（meaning）；既针对眼前的单一情况，又作出普遍判断；既是语言行为（"说什么"），又是非语言性行为（"说这话是在做什么"）；既依照语言规则有其意义（sense，"说了什么"），又指涉现实（reference to reality，"说的是什么"），更反映说话人的情况（reference to interlocutors）。③ 正是在隐

---

① Paul Ricoeur, *The Rule of Metaphor*, London and New York: Routledge, 2004, pp. 79 – 86.

② Paul Ricoeur, "Metaphor and the Central Problem of Hermeneutics", *Figuring the Sacred: Religion, Narrative and Imagination*, 1995, pp. 28 – 29.

③ Paul Ricoeur, *Figuring the Sacred: Religion, Narrative and Imagination*, pp. 31 – 35; *Interpretation Theory: Discourse and the Surplus of Meaning*, pp. 8 – 22.

喻中，这些问题以最为直观的方式显现出来。

具体到宗教语境中，利科强调，正是人类的经验以及此前更为古老的宗教呈现形态，使得隐喻具备"具象化"的特征，否则的话，其陈述不过是空无意义的文字。在人类的意图之下，隐喻的"具象化"得以修正传统的宗教呈现方式，同时，隐喻有限的表达也得以超越其叙事而发挥更大作用。解释学的任务，正在于将这些有限的表达与人类的宗教经验以及宗教的呈现方式结合起来。①

20世纪80年代，乔治·莱考夫与马克·琼森（Mark Johnsen）出版《我们赖以生存的隐喻》，从认知语言学的角度将隐喻研究推向高潮。他们的研究，被视为"从基于少数隐喻实例进行概念和理论分析，转向基于丰富的语料进行分析"，② 从而从人类普遍心理认知结构角度出发考察隐喻的作用。他们观察到，隐喻③遍在于人类的日常语言和思想，人的日常概念系统——人通过这一系统思考、行动——在根本上就是隐喻性的。④ 隐喻在作用于认识时，必然会强调一些东西，而遮蔽另一些东西。一个新的隐喻，就是强调了那些我们通常的概念结构中不强调的东西。更具体地说，新隐喻的意义就在于通过其系统性的蕴含，通过强调、弱化、遮蔽的作用来"挑选"经验，从而创造出新类型的相似性——从而，也给予经验以新的紧密连接的一贯结构。⑤ 在其后的研究中，莱考夫进一步将隐喻的作用

---

① Paul Ricoeur, *Figuring the Sacred: Religion, Narrative and Imagination*, pp. 165–166.

② 陈四海：《隐喻、意义与认知：分析哲学视野中的隐喻问题研究》，科学出版社2019年版，前言第Ⅹ页。

③ 需要注意的是，这里所谓的"隐喻"采用更为广义的概念，将换喻、提喻、反语等都包括在内，甚至不少在中文传统中被认为是"一词多义"的现象（如"山'脚'"等），也都被归为隐喻。有学者认为，这实际上将隐喻拓展到了"包括全部的比较在内"，从而"原本被视为隐喻的那些比较反而被边缘化、被忽视了"。见Robert J. Fogelin, *Figuratively Speaking*, Oxford: Oxford University Press, 2011, p. 80.

④ George Lakoff and Mark Johnsen, *Metaphors We Live By*, London: The University of Chicago Press, 2003, p. 4.

⑤ George Lakoff and Mark Johnsen, *Metaphors We Live By*, pp. 152–154.

概括为一种"映射"（mapping）关系，即，从认知角度看，隐喻就是从一个始源域（source domain）映射到一个目标喻（target domain），从而实现不同经验领域之间关系、特性、知识的映射。[①] 无论是认识新事物、新概念，还是人与人之间的交流乃至自我理解的达成，都离不开隐喻的作用。可以说，隐喻在人类的认知结构中，具有无可替代的意义。

我们或许未必全盘接受以上的说法，但至少，这提示我们重新思考以往对"譬喻"问题的一些成见。这些或许是下意识的成见，包括但不限于：认为"譬喻"问题局限于文学、修辞领域，而不涉及思想；认为"思想"先在于譬喻这样的文学形式，后者只是对前者更为"生动"的表达；认为譬喻之间、譬喻与其他文学体裁之间可以互相替换而不会损失任何思想价值，等等。在此基础上，我们可以重新思考，为何经文中的譬喻是重要的？——或许是因为，这些譬喻利用新的语言形式，开启了认识佛教、认识不同教说之间关系的全新方式，而这些新方式靠现成的语言是无法被意识到的；或者说，如果说《法华经》作为新兴的大乘佛教作品展现了任何"新的"思想和潮流，这种"新意"很有可能不在别处，而恰恰就蕴含在这些譬喻故事中。以此为参照，我们可以更好地观察中国中古时期对这些譬喻的解释，考察当时人们解读这些譬喻的方式，以及不同理解发生的实际过程。而这些历史中的实例，又可以反过来帮助我们衡量这些理论，进一步深化对此问题的认识。

四 本书的结构

鉴于本书所关注的解释学问题，以及学力、精力所限，尽管汉译佛典中"譬喻"一词的含义实际上更为广泛（详见正文第一章第一节），但本书的讨论严格限于《法华经》中那些"借此喻彼"的

[①] George Lakoff, "The Contemporary Theory of Metaphor", Andrew Ortony ed., *Metaphor and Thought*, Cambridge: Cambridge University Press, 1993, pp. 202–251.

叙事性"譬喻"即一般所谓"修辞意义上的譬喻"。正文分为六章。作为全文必要的背景，第一章对"源头"印度的情况进行基本的交代。学者关于《法华经》成立史的研究成果，一定程度上使得将这些譬喻置入其形成时的历史语境中理解成为可能。《法华经》中的譬喻并非凭空而生，而是依凭着一定的文化、社会与话语传统。事实上，在原始佛典中，确实存在着一些与《法华经》譬喻相似相关的意象，本章对此进行了基本的概括梳理，将之作为理解这些譬喻必要的文化背景。除此以外，本章还概括梳理了印度思想资源中对譬喻的基本认识，以此与中国的情况形成比较和对照，方便我们更加准确地衡量和定位中国的思想动态。

第二章开始正式进入正题，考察中古中国对于《法华经》譬喻的种种解释实践。这里的"解释"，并不局限于高僧大德书写的经院主义式的义学注释；不同阶层、不同背景的人群，通过种种宗教实践方式，同样展现了自身对于出自经典内容的理解和阐释。本书选择经典注释、造像记和经变图像这三种材料——作为不同类型宗教实践活动存留下来的物质记录——来分析不同身份、不同地域的人群在不同的宗教活动和语境中，所呈现出的对于经典多种多样的理解和应用方式。

第二、三、四章讨论义学注释中对《法华经》譬喻的解读。为了使得梳理更有条理，本书参考了解释学中"解释循环"（hermeneutical circle）的概念（即理解在"部分"与"整体"之间循环往复的辩证运动）来组织全书。[①] 第二章和第三章考察义学注疏中对于譬喻"整体"的理解。其中，第二章考察《法华经》中的"譬

[①] "解释循环"的最早系统说明见于艾斯特（Friedrich Ast）的《语法、解释学和批评的基本元素》（*Basic Elements of Grammar, Hermeneutics, and Criticism*），并经由施莱尔马赫的引用而闻名于世，成为解释学的基本概念。根据艾斯特，理解必然形成于"部分"与"整体"之间辩证关系的语境中："一切理解和知识的基本原则，就是要在部分中发现整体的精神，并且通过整体理解部分。"通过这种循环结构，解释学寻求通过文本自身的内部发展，来提取和阐明文本的内在意义和精神。Gayle L. Ormiston and Alan D. Schirift, eds., *The Hermeneutic Tradition: From Ast to Ricoeur*, Albany: State University of New York Press, 1990, pp. 11 – 12.

喻"是在何种结构、何种意义上被认知,或者更简单地说,"譬喻"在当时人们的思维图景中与哪些范畴并列,与哪些范畴紧密相关。这种认知结构作为一种整体性的原则,影响着对于《法华》譬喻的理解和解读。第三章"譬喻的开合",则主要讨论这些注释对经文中若干譬喻之间整体性和结构性的理解。熟悉《法华经》的人很容易发现,经中的譬喻其实不止一般所谓的"七喻",这就使得如何为譬喻的"整体"划定范围,又如何理解此"整体"中的一贯性及"整体"中各"部分"之间的联系成为一个值得探讨的问题。本章就是考察诸高僧对此问题的理解。第四章着眼"部分",分析诸种注释对于具体譬喻的解释方式。鉴于注释对不同的譬喻皆采取类似的体例和诠释方式,为避免重复,突出问题,这里只选择一个譬喻——"火宅三车喻",来说明义学僧人如何由譬喻挖掘深远佛义,在此过程中,譬喻又如何增进人们对佛教理论问题的认知。

第五章和第六章涉及《法华经》譬喻在宗教实践活动中的应用。前四章理解譬喻所涉及的问题,包括譬喻与其他教说之间、各个譬喻之间的关系,以及个体譬喻的解读等,在后两章仍然存在。按照不同材料出现的时间顺序,第五章首先梳理造像记中对《法华》譬喻的利用。造像记是开窟造像等功德活动的记录,其中对于《法华经》譬喻的引用和重现,反映了经典渗透进民众宗教生活的具体过程,反过来说,这也是民众从自身处境出发对经典内容进行利用和改造的过程。在此过程中,对于具体譬喻的理解方式,也呈现出区别于义学注疏的独特之处。到此为止,对于譬喻的理解方式都是以文字的形式呈现,而第六章则考察《法华经》譬喻在经变画中的呈现方式,这些呈现的背后,同样涉及特定的诠释立场和理解方式,并且,其诠释方式和逻辑与文字有所不同。第五章和第六章所呈现出的对于《法华》譬喻不同的理解方式,可以与前文义学僧人的理解形成有益的对照和补充,帮助我们更加全面地认识中国社会中千差万别的人群接受佛教经典的真实过程,以及此过程中所包含的丰富性和复杂性。

第 一 章

《法华》譬喻的印度遗产

《法华经》产生于印度，经文中丰富生动的譬喻并非凭空产生，而是依托于印度的社会文化背景，依托于此背景下人们的思维与经验。在讨论中国对于这些譬喻的解读之前，对于其"源头"情况作一了解是十分必要的。吉藏称"天竺语多引譬类"①，此说法并非言过其实。无论在印度的宗教、哲学文献，还是在文学作品中，都充斥着大量想象丰富、生动形象的譬喻，《法华经》譬喻的创作，同样植根于这种语境。一方面，印度思想文化中通行的对于譬喻的界定和认识方式，某种程度上决定了《法华》譬喻被书写、构造的方式；另一方面，印度丰富的文学传统以及现实的社会生活经验，也为《法华》譬喻的形成提供了必要的灵感和素材。本章将对这两方面进行探索，希望以此与中国的情况形成有益的对照，帮助我们更好地定位和理解中国在解读《法华》譬喻时发生的变化和发展。

第一节 印度文化对"譬喻"的理解

一 《法华经》"譬喻"一词的使用

汉译佛典中的"譬喻"一词，对应于若干种梵文，其性质不尽

---

① （隋）吉藏：《法华义疏》，T. 34，No. 1721，第 511 页下。

相同。按照后世的标准而言，可分为三种情况：

（1）对应于 upamā, aupamya 等，类似于现代修辞学中的"比喻"。

（2）对应于 dṛṣṭānta, nidarśana, udāharaṇa 等，类似于"例证"；在因明论式中，构成譬喻支的"喻"。

（3）对应于 avadāna（巴利文：apadāna），音译"阿波陀那"，是九分教或十二分教之一。① 记载佛陀及其弟子、居士等圣贤的事迹，常常强调因果业报。②

汉译《法华经》中出现的"譬喻"二字，在梵文用词上未出现第三种情况——即使在《方便品》提到九分教的一个偈颂中，③ 在常规情况下，这里的"譬喻"应为"avadāna"，但经文实际使用的却是"aupamya"。这一现象背后的原因尚不清楚，但不排除如下可能，即作者在概念上并未对这二者进行有意的区分。

尽管除"avadāna"之外的前两种情况在经文中都存在，二者在用法上也并未表现出明显的区分。汉译"譬喻"一词在《法华经》经文中的出现有两种情况：第一是泛泛而言佛"以种种因缘譬喻言辞演说诸法"，此时，使用的是情况（2）中的"dṛṣṭānta""nidarśana"等词（第二章将对此进行详述）。第二，是佛或弟子确实讲述了某一借此喻彼、借事言理的譬喻故事，在指称这一故事时，（1）和（2）都有运用，没有体现出任何区别：例如，在《譬喻品》中，其标题中的"譬喻"使用"aupamya"一词；在正式讲述"火宅三车喻"之前，佛表明将要用"譬喻"说明三乘与一乘的关系

---

① "avadāna"一词，在汉语中不仅可译为"譬喻"，也有"本起""兴起""本末""出曜"甚至"因缘"等译法。见范晶晶《缘起——佛教譬喻文学的流变》，中西书局 2020 年版，第 107—108 页。

② 丁敏：《佛教譬喻文学研究》，《中华佛学研究所论丛》8，台北东初出版社 1996 年版，第 6—11 页。

③ "或说修多罗，伽陀及本事；本生、未曾有，亦说于因缘、譬喻并祇夜、优波提舍经。"（姚秦）鸠摩罗什译：《妙法莲华经》，T. 9, No. 262, 第 7 页下。

("今当复以譬喻更明此义，诸有智者以譬喻得解"①)，使用的是"upamā"一词；② 在说此譬喻终了时，佛作结称"以此譬喻说一佛乘"③，则使用"dṛṣṭānta"一词。④ 类似的情况还有《信解品》，须菩提等弟子表示自己要说一"譬喻"（即后文的"长者穷子喻"）来表明自己的理解（"我等今者乐说譬喻以明斯义"⑤），此处梵文使用的是"udāharaṇa"。⑥ 反过来说，(1) 和 (2) 也都不会在指称其他体裁的故事（如佛或弟子的宿世因缘故事）时出现。

从文字的表达形式来看，《法华经》中的"火宅喻""穷子喻"等被经文以"譬喻"相称的文字，特征极为明显，足以标示其分类范畴。岩本裕曾对这些譬喻的基本形式进行总结。一般梵语文学中的"upamā"以 iva/yathā（"如同"）来表征，这在后来成熟的古典修辞学中被称为"比喻指示语"（upamā-pratipādaka-śabda）。《法华经》中的情况亦是如此。在经文的长行部分，譬喻多以"tad yathāpi nāma（譬如……）+ 动词祈愿语气"的形式展开，在所谓"法华

---

① （姚秦）鸠摩罗什译：《妙法莲华经》，T. 9，No. 262，第 12 页中。

② api tu khalu punaḥ śāriputra **upamyaṃ** te kariṣyāmi asyaivāryasya bhūyasyā mātrayā saṃdarśanārthaṃ | tat kasya heto ḥ | **upamaye** haikatyā vijñapuruṣā bhāṣitasyārtham ājānanti | H. Kern and Bunjiu Nanjio, eds., *Saddharmapuṇḍarīka*, *Bibliotheca Buddhica X.*, St. Petersburg, 1908.（以下简称 K. N.），p. 71.

api tu khalu punaḥ śāradvatīputr (u) **pamā** (ṃ) te kariṣyāmi etasyvārthasya bhūyasau mātrayā san-da (r) śana-heto (ḥ) tat kasya hetor **upamāyā** śāradvatīputra ihkatyā vijñapuruṣā bhāṣitasyārtham ājānaṃti： || Hirofumi Toda ed., *Saddharmapuṇḍarikasūtra*: *Central Asian Manuscripts Romanized Text*, Tokushima: Kyoiku shuppan Center, 1983, pp: 1 – 225.（以下简称 O.）

③ （姚秦）鸠摩罗什译：《妙法莲华经》，T. 9，No. 262，第 14 页下。

④ samāna putrāṇa ha teṣa tat kṣaṇam imena **dṛṣṭāntavareṇa** paṇḍita | vadāmi ekam imu buddhayānaṃ parigṛhṇathā sarvi jinā bhaviṣyatha || 91 || K. N. p. 90

samānayitvā aha teṣata(t)kṣaṇam imena **dṛṣṭāntavareṇa** kolita vadāmi eko aya buddhayānaṃ pratigṛhṇathā sarvi jinā bhaviṣyathā (5) 3 (91) O. p. 48 (95b)

⑤ （姚秦）鸠摩罗什译：《妙法莲华经》，T. 9，No. 262，第 16 页中。

⑥ pratibhāti no bhagavan pratibhāti naḥsugata (×) K. N. p. 101

pratibhāti no bhagava pratibhāti no sugat**odāharaṇa** O. p. 54 (103b)

七喻"中,除第六个譬喻——出自《安乐行品》的"髻珠喻"外,其他几喻皆具备如是形式。当然,如是的表达也可在泛泛举例时使用,如《序品》为解释释迦牟尼佛放光缘由,提到过去日月灯明如来白毫放光故事时,也使用"tad yathāpi nāma"的表达,以过去事项作为说明现在的实例。若细究之,从今日研究者的标准出发,日月灯明佛的故事固然可以算作"例子"(即 dṛṣṭānta,但经文本身并无此说),却不能称为修辞意义上的"比喻"(upamā)。按照岩本氏的解释,汉译中"譬喻"的译语,有可能是作为本质的譬喻,但也可以理解为形式、用法上的譬喻,upamā/aupamya 之译作"譬喻",是前者的情况;dṛṣṭānta 的译语,则属于后者。①

不过,上述所谓对"本质的譬喻"和"形式的譬喻"这二者的区分,实际上是学者从现代的分析视角与分类方式出发做出的回溯式的解释。但正如上文提到的,在《法华经》中,实际上没有发现二者在指称对象时有明确差别。这种行文用法上的混淆,实际上反映了当时的创作者在认识层面上就未对这二者进行清晰有效的区分。这种认识上的混淆,同样值得我们重视,因为这也反映了印度思想发展过程中的一个特定阶段,代表了关于"譬喻"的某种被后代成型理论所淹没的特定认识方式。

需要说明的是,尽管在梵文《法华经》中对于"譬喻"一词的使用较为杂混,但限于本论所关注的问题,本书仅讨论岩本氏所谓的"本质的譬喻",即"火宅喻""穷子喻"等"借此喻彼"的譬喻。关于其他情况,则留待未来研究再做探讨。

二 印度文化中对"譬喻"的理解

《牟子理惑论》记录了佛教传入初期,中国人对于遍布佛经的

---

① 岩本裕:《Saddharmapuṇḍarīka における比喩の形式について》,载金倉圓照编《法華経の成立と展開(法華経研究 III)》,京都:平樂寺書店,1970 年,第 23—31 页。

"譬喻"这种表达方式的质疑：

> 问曰：夫事莫过于诚，说莫过于实。老子除华饰之辞，崇质朴之语。佛经说不指其事，徒广取譬喻。譬喻非道之要，合异为同，非事之妙。虽辞多语博，犹玉屑一车，不以为宝矣。①

这里，疑问者指出了"譬喻"的两点问题：第一，它"不指其事"，也就是说语言并不直接指涉对象，而是借助与所欲对象并不相同的他者来迂回表达；第二，譬喻"合异为同"，即是说在实际不相关、不相同的事物间，构建了关联性和相似性。这两点观察，都直指譬喻的本质特征。疑问者认为，正是由于譬喻的如是特性，使得其说不诚、不实。面对如是质疑，论者的回应方式，简而言之，就是在中国传统文化中寻找"譬喻"的合理性："自诸子谶纬，圣人秘要，莫不引譬取喻，子独恶佛说经牵譬喻耶？"② 不过，这实际上并未正面回答质疑中提出的两点问题。

既然好说譬喻被认为是印度文化的特征，那么唯有回归印度思想文化，方能理解其意义和价值。"不指其事""合异为同"的譬喻，究竟何以具备思想价值呢？

1. 正理学说成型前的"譬喻"

在印度宗教哲学发展的早期，"譬喻"就已经作为重要的说理手段，用以讨论印度哲学中最为根本的形而上学问题。以成立于佛教产生之前的、时间最早的奥义书之一——《大森林奥义书》（Bṛhadāraṇyaka Upaniṣad）（约公元前8—前7世纪到公元前6—前5世纪）为例，其中，智者耶若伏吉耶（Yājñavalkya）向人描述和解释"梵（Brahman）/我（ātman）"时，就不断利用种种譬喻。例如：

---

① （梁）僧祐：《弘明集》，T. 52，No. 2102，第4页下。
② （梁）僧祐：《弘明集》，T. 52，No. 2102，第4页下。

犹如盐块投入水中，在水中融化，再也不能捡起；然而，无论从哪儿取水品尝，都有盐味。同样，这伟大的存在（mahad bhūta，指梵/我）无边无沿，全然是一团知觉。它从那些生物中出现，又随之消失。因此我说，死亡之后没有意识。①

这种阐释并不必然遵循演绎逻辑的规则——毕竟，"梵"或"我"是否真能如"盐"一般具备类似的特性，其实无法证明。重要的是，这一譬喻借助"盐块融水"的具体形象，开启了一种认识"梵/我"与众生关系的特定方式，这种方式若不借助"盐块融水"的形象，是难以获得的。黄宝生总结，在奥义书中，对梵的认知和描述方式有两种，一种是"遮诠"，另一种则是譬喻（包括拟人和比喻）。② 换言之，如果不是利用否定性的语言，而是试图以正面的语言接近"梵"，便只有"譬喻"可以完成。这很容易使人回想起法国哲学家利科对比喻性语言中存在的形而上学张力的讨论，即，在比喻中，系词"是"同时也意味着"不是"（详见绪论）——说"梵如盐"，既是说"梵像是盐"，同时也是在说"梵其实并非盐"。在此意义上，"遮诠"与"譬喻"这两种描述梵的方式在某种程度上殊途同归——"不是这个，不是那个"（neti, neti）与"这就譬如……"（sa yathā）异曲同工，都适合表达印度哲学中超言绝象的"真谛"。

史诗《摩诃婆罗多》中同样不乏这样借助譬喻的教说。如同样是解释"阿特曼"与众生身体的关系：

　　正如抛弃一些旧衣裳，换上另一些新衣裳；
　　"我"抛弃死亡的身体，进入另外的新生的身体。③

---

① 黄宝生译：《奥义书》，商务印书馆2010年版，第47—48页。个别字词参考梵文原文略有改动。
② 黄宝生译：《奥义书》，第6页。
③ 黄宝生译：《梵语文学读本》，中国社会科学出版社2010年版，第34页。

即使时至今日，一般人对于灵魂与身体的设想，其实也仍然无法完全脱离"穿脱衣裳"这样的意象。可见，"身体如衣裳"的譬喻虽然简单，却在基底层面上参与构建了听众对于阿特曼与具体肉身关系的认识。与其说人们先产生了清晰、抽象的认识，再为了"表达生动"而创作譬喻，不如说，正是通过这一个个譬喻，对于"梵/我"的理解才逐渐丰富了起来。

这种依靠譬喻启发和开显真理的方式同样见于早期佛教经典。奥地利梵语学家温特尼茨（Maurice Winternitz）曾对此概括和评论道：

> 佛陀教说的方法也包括以譬喻吸引听众的注意。譬喻当然不是一种论证；但譬喻对听众内心甚至理智的影响远比一千个论证都要深远。佛陀擅长以譬喻装饰其言语，他的弟子亦在这方面追随他。因此在四种阿含中我们都能发现大量的譬喻。至少，这使得对话具备了文学品质与艺术价值。①

虽然温特尼茨也肯定譬喻在教说方面的巨大作用，但他仍然认为这并不算是真正的"论证"，故而其意义也局限于"吸引听众的注意"、使对话具备"文学品质和艺术价值"。这也代表了从文学角度研究譬喻的学者的通行看法。但时至今日，我们可以对此有更进一步的认识。《弥兰陀王问经》（汉译为《那先比丘经》）中对譬喻的使用非常具有启发性。在这部文献中，每当听闻那先比丘的主张而遇到不解之处，弥兰陀王总是要求其作出譬喻（opammaṃ karohī），正是通过这种不断的问答和层层譬喻，佛教的基本教义才得到澄清。例如，在谈到既然无相续之"我"，人死后如何受果报的

---

① Maurice Winternitz, *History of Indian Literature*, *Vol. II*, *Part 1 Buddhist Literature* (*Geschichte der indischen Literatur*, 1908 – 1922), trans. Bhaskara Jha, Delhi: UPASNA Printers, 1987. p. 69.

问题时，那先比丘便以数个譬喻来回答弥兰陀王，这里仅举一例：

> 那先言："譬如人盗他人果蓏，其主得盗果者将至王前白言：是人盗我果。其盗者言：我不盗是人果，是人所种小栽耳，不种果也，我自取果，我何用为盗？我不盗是人果，我不应有罪过。"
> 那先问王言："如是两人共争，谁为直者，谁不直者？"
> 王言："种栽家为直，本造所种，盗者无状，应为有罪。"
> 那先言："盗何用为有罪？"
> 王言："所以盗者有罪，本种栽家所种，从栽根生故上有果耳。"
> 那先言："人生亦譬如是，人今世用是名身作善恶，乃生于后世，今世作善恶者是本也。"①

对于人身前后世受善恶业报的分析，蕴含于"盗贼偷果"这件事的情节分析之中，后者的浅显易懂，仿佛使得前者的难题也迎刃而解。不过同样地，与其说"善恶受报"与"偷果获罪"这两件事之间本来存在着任何可被证明的相似性，不如说这种相似性是作者的"发现"和"创造"，其作用在于启发思考的方向，而不在于提供确定的答案。

值得注意的是，早期佛教经典中，无论是在《阿含经》/《尼柯耶》中，还是在律典中，佛或弟子讲说譬喻之前常常使用这样的表达："正是靠譬喻，有智者了知所说之义"（upamāyapi idhekacce viññū purisā bhāsitassa atthaṃ ājānanti，汉译中作"大智慧者以譬得解""其智者以譬喻得解"，等等，译法不固定）。由此可见，即使在佛或弟子口中，譬喻的意义也远不限于吸引听众、装饰言辞。事实上，这一简单的表达意义深刻。其中涉及了三个因素："譬喻"，

---

① 失译：《那先比丘经》，T. 32，No. 1670B，第 709 页下。

是达成认知的手段；"有智之人"是认知的主体；"所说之义"中的"义"（attha/artha）固然可以泛泛理解为"意义"，但也可理解为要被讨论、认知的目标或对象，联系上下文，其内容往往是一种主张或教义，类似于现代意义上的"命题"。这三者，可以说概括了理解譬喻所涉及的全部。经由"譬喻"而认知"义"，一方面表明后者是前者的最终目标和根本，另一方面也是说后者经由前者而不断丰富；"譬喻"要由"有智者了知"，说明对于譬喻的接受并非毫无门槛，而是需要"发现"其深意的智慧，需要接受方预先在智识上有所准备。譬喻、理解譬喻的主体、譬喻背后的意义之间，形成了循环往复的互动关系，这也正体现了佛教利用譬喻的深刻之处。

为何说只有"有智者"才能了知譬喻呢？这也体现了当时印度文化中的通行看法。史诗《摩诃婆罗多》就已对此有所反映。在《森林篇》（āraṇyaka–parvan）收录的八曲仙人（Aṣṭavakra）故事中（第 132—134 章），国王为了测试八曲的机智和辩才，与他展开了这样的对话：

国王说："知道有六个毂、十二根轴、二十四个关节、三百六十条幅的东西是什么的人，他是真正的智者。"（21）

八曲完全理解了所譬之物的意义，他说："但愿有二十四个关节、六个毂、十二根轴和三百六十条辐的常转不息的车轮保护你！"（22）

……①

在此对话中，出现了一系列连环套式的谜面，这实际上是一系列的譬喻，只有将之作为一个整体看待，才能理解其真正的意义。虽然参与对话的二者都知道自己所真正指称的是"一年"（它有六

---

① 黄宝生译：《摩诃婆罗多》第二卷，中国社会科学出版社 2005 年版，第 263—264 页。

季——六个毂,十二个月——十二根轴,二十四个半月——二十四个关节,三百六十天——三百六十条辐,依太阳——常转不息的车轮而运转),但谁都不将此挑明,或者说,二者就是在刻意追求不直接利用名称来指称对象,并以此考校对方、展现自己的才智。后面还有一系列对话都是如此,二者间对话的机锋就隐藏于譬喻性的表达中,并由此产生了一种猜谜般的乐趣。正是由于八曲拥有对于这种譬喻性语言的敏锐洞见,既能成功地解读对方的譬喻,又能即刻创作新的譬喻予以回应,对话的结尾,国王才承认了他的智慧和辩才。这个例子不仅透露出对譬喻性语言和字面语言两种语言形式进行区分的意识,更重要的是,还隐隐透露出这样一种价值取向,即认为对于前者的运用有较后者更为"高明"之处,前者比后者更能体现智慧和辩才。从这个角度来看,佛教典籍中经常出现的"有智者以譬喻了知所说之义",并非泛泛而言,而是有其特定的文化背景和预设的。

最为关键的是,以上讨论的这一固定套话,也延续到了《法华经》中,如在《譬喻品》佛说"火宅三车喻"之前,同样说"诸有智者以譬喻得解(所说之义)"(upamayehaikatyā vijñapuruṣā bhāṣitasyārtham ājānanti)①。这种套话的沿用明确表明,《法华经》对于譬喻的利用,深深植根、发源于早期佛教的文献和思想传统中。上文提到的《法华经》中未明确区分"upamā"和"dṛṣṭānta"的情况,也可以部分于此找到解释:从形式来看,经文中的譬喻通过构建与世俗境况、事物之间的相似性来说明所欲之义;与此同时,这些从人之常情出发的譬喻,也是"义"之所以能够显明的源泉和依据。这样看来,就没有区分这二者的必要。只有联系以上历史传统和语境,我们才能对《法华》譬喻的意义有更清晰的了解。

---

① (姚秦)鸠摩罗什译:《妙法莲华经》,T. 9, No. 262,第 12 页中。Skt.: K. N. p. 71.

2. 正理学说中的"譬喻"

随着不同思想派别之间的辩论和碰撞，印度本土逐渐衍生出了关于辩论、推理所应遵循的正确规则和方法的学问。在《遮罗伽本集》（Caraka-saṃhitā，约公元前 2 世纪）等文献中，就已经出现了对有效辩论形式的概括（"五支"，后详）。印度本土甚至还发展出以此为专门学问的学派——即六派哲学中的"正理派"（Nyāya）。"正理"一词的字面意义为"那个事物可遵循、追溯的东西"，即规则、方法，顾名思义，该派以论究逻辑规则和方法闻名。当然，"正理"也不仅仅限于这一派，而是可作为普遍的思维方法，适用于任何学说流派。

《正理经》（Nyāya-sūtra）是正理派现存最早的经典，凝聚保留了关于印度正理学说普遍性的理念和认识。传说这部经典由生活于公元前150年至公元50年的乔达摩（Gotama/Gautama）编写，他又被称为恶叉波陀（Akṣapāda，足目）。[1] 按照毗底布善那（S. C. Vidyābhuṣana）的说法，在这位恶叉波陀之前还有一位 Medhatithi Gautama，约生活于公元前5世纪，为正理思想奠定了最初的基础。[2] 当然，这部《正理经》直到3—4世纪仍在增添新的内容。正是在这部经典中，我们可以清晰地看到从逻辑学和认识论角度对于"譬喻"的界定。

与"譬喻"有关的讨论包括两个方面。第一是关于作为例证的"譬喻"（dṛṣṭānta），这也是《正理经》所列"十六句义"中的第五句义。《正理经》对此的定义是："那个普通人和权威者都对其具有相同看法的事情。"[3] 它的作用具体体现在"论式"（avayava）中。《正理经》认为一个有效的逻辑论证由五部分构成：

---

[1] 孙晶：《印度六派哲学》，中国社会科学出版社 2014 年版，第 316 页。

[2] Satish Chandra Vidyābhuṣana, *A History of Indian Logic: Ancient, Mediaeval and Modern Schools*, Delhi: Motilal Banarsidass. Print, 1988. p. 42.

[3] 《正理经》1.1.25. 姚卫群编译：《古印度六派哲学经典》，商务印书馆 2003 年版，第67 页。

论式（分为）宗、因、喻、合、结。

宗是所立的命题。

因是根据喻的相同特性来论证所立（命题）的理由。

根据（喻的）相异（特性）同样（可论证命题）。

（同）喻是一种实例。根据它具有的特性与所立（命题中有关特性）的相同处（可论证命题）。或者（使用）异（喻）。根据（异喻具有的特性与）此（所立命题中有关特性）相反（可论证命题）。

合是一种综合，即根据喻而说所立是这样或不是这样。

结是根据所表明的因再次陈述宗。①

可以看到，在一组完整的论证中，除了要被论证的命题本身，核心的论证过程——因、喻、合都围绕"喻"而展开。② 按照《正理经》的界定，"因"在语义上的作用，是点出"喻"与"所立"之间的相同性（或相反性）；"合"同样是确认这种相同性（或相反性）是否确实成立。这与其对"喻"的定义（"普通人和权威者都对其具有相同看法"）是相顺的，因为在此体系中，"喻"是最无可辩驳、最广受认可的出发点，而论式的展开，则通过与这一基点的比较而完成。例如：

宗：声无常。

因：因其具有被造之性。

喻：（凡是具有被造之性者皆无常，）如瓶。／或：（凡是不具有被造之性者，是常，）如我。

合：声如瓶一样，具有被造之性。／或：声与我不同，具有

---

① 《正理经》1.1.32–39. 姚卫群编译：《古印度六派哲学经典》，第67—68页。

② Satish Chandra Vidyābhuṣana, *A History of Indian Logic: Ancient, Mediaveal and Modern Schools*, p. 302.

被造之性。

　　结：声无常。①

在此例中可以看到，在"瓶"这个实例（"同喻"）中，"被造"的特性和"无常"的特性之间存在着确定无疑的联系，因为关于"瓶"人们的认知是具有共识的。反喻中的情况也是如此，在"我"这一实例上，存在着人们皆承认的"不具有被造之性"与"常"之间的确定关系。通过与实例的比较，"被造"与"无常"之间的联系被推广到新的对象上。这里的关键在于，"声具有被造之性"这一与瓶的相同点，是可以直接被现量（pratyakṣa）所把握的，故而是确定和已知的。下面的例子更直白地说明了这点：

　　宗：山中有火。
　　因：有烟故。
　　喻：（凡有烟处必有火，）如灶。
　　合：此山和灶一样有烟。
　　结：山中有火。②

如果不是现量已经把握到山与"灶"这一喻例的相同性（"有烟"），"灶"作为喻例是无法发挥作用的。只有在相同性确定的前提下，推导才能进行。毗底布善那将此过程总结为："一个个案中发现的表征间的联系，为假设在其他相像的个案中也存在类似的（表征间的）联系提供了原因。"或者更简单地说，这种论证在根本上依靠个案和个案之间的类比而进行。③

---

　　① 例子转引自木村泰贤《梵我思辨：木村泰贤之印度六派哲学》，释依观译，台湾商务印书馆2016年版，第239页。
　　② 木村泰贤：《梵我思辨：木村泰贤之印度六派哲学》，第242页。
　　③ Satish Chandra Vidyābhuṣana, *A History of Indian Logic: Ancient, Mediaeval and Modern Schools*, p. 328.

以上是《正理经》中对于"dṛṣṭānta"的基本界定。本书所关心的是,《法华经》中诸如"火宅喻"等譬喻,虽然在经中也被称为"dṛṣṭānta",但其作用能否放入如是的框架中理解呢?以"三界无安,犹如火宅"一句为例,我们可以将其语义关系分解为下图:

$$
犹如 \begin{cases} 三界 \quad 无安 \\ 火宅 \quad 无安 \end{cases}
$$

"火宅"在这里是否可以视为正理意义上的"实例"呢?首先,按照"普通人与权威者都对其具有相同看法"的标准,着火的宅院具有危险性,这确实是任何人都能达成共识的。从形式上来看,这样的譬喻性表达与正理论式也存在相似之处——二者都使用了比喻指示语"如"(iva);同时,都是基于不同个案间的相似性或共性而构造。不过,二者也存在着明显的区别:正如毗底布善那所指出的,在已知的个案——"喻"中,存在着"表征与表征间的关系",如"瓶"上显露出的被造性与无常性间的关系、"灶"中表现的烟与火之间的关系;但即便我们假设"火宅"为喻例,它也没有牵扯两种表征,其表达不存在通过与喻例的相似性,将喻例中表征间的关系推及其他个案的问题。是为与正理意义上的"喻例"的第一点差异。

其次,更重要的是,尽管表面看来,"三界如火宅"这样的表述基于"三界"与"火宅"之间的相同特性("无安"),这里的相同性却并非可以直接靠现量确认的事实,也没有任何其他的证明。事实上,这种相同性本身就是如是表述带来的结果,而非前提。比照上文五支论式的例子,在直观观察到声确实也是"被造"的前提下,"瓶"这一喻例上体现的"被造"与"无常"间的关系才能推至声音;在直观到山中确实有烟的情况下,"灶"这一喻例上体现的"烟"与"火"之间的确定联系也才能推及山中的情况。实际上,这也是"合"(upanaya)这一论支的作用,它保证"喻"中呈现出的联系确实适用于"宗",这种"保证",在于相似性或相反性靠现量就可判断其实际存在。"三界如火宅"这样的譬喻无法作为正理意义上的论证，问题也在于，在这样的表述中，"合"是无法得到实际确认的。

《正理经》中出现的另一个与"譬喻"有关的概念是所谓"譬喻量"（upamāna），这是正理派所认可的四种知识来源（"量"）之一。"upamāna"这个词在口语中早已使用，公元前7世纪出现于文本，但意义并不固定，包括"相似性""与熟知之物、或无争议之物的比较""暗示"，等等。① 譬喻量最早作为一个术语用以表示一种论证形式，是在憍底利耶（Kautilya）的《实利论》（Arthaśāstra，约公元前4世纪）中，该书提到了一系列合理的术语规范（规则理趣，tantra-yukti），其中就有此项。此外，它在《遮罗伽本集》中也有出现，作为医学诊断中的一个方法或步骤。② 《正理经》在此基础上对其进行了更加规范化的界定，它这样定义"譬喻量"："譬喻量是从熟知事物的相似性来证成所立（论题）的手段。"③ 这听起来似乎可以涵盖"火宅喻"这样的情况，但若考察正理派对"譬喻量"的具体理解，情况则更为复杂。在对反对者的回应中，我们可以发现对"譬喻量"更为详细的解释：

> 譬喻量是根据公认的相似成立的。
> （反对者：）譬喻量与比量无差别，因为（二者都）通过现量使关于未知（物的认识）确立。
> （回答：）当野牛未被感知时，我们看不到譬喻量作为量的意义。
> 譬喻量是根据"与此类似"归纳成立的。因此，并非无

---

① David B. Zilberman, *Analogy in Indian and Western Philosophical Thought*, the Netherlands: Springer, 2006. p. 50.
② David B. Zilberman, *Analogy in Indian and Western Philosophical Thought*, p. 52.
③ 《正理经》1.1.6. 姚卫群编译：《古印度六派哲学经典》，第65页。

差别。①

关于譬喻量的实际应用,一般的印度哲学典籍都举这样一例:某人先前未见过野牛,但听说野牛与家牛相似。后来,他在森林中见到一个类似家牛的动物,根据野牛和家牛相似的知识,确认这个动物就是野牛。结合上引解释,这一实例中对"譬喻量"的应用有两点值得关注:首先,关于譬喻量成立的基础——"公认的相似"。野牛与家牛之间的相似性,确实是"公认的",而实际上,这种公认的相似性是物种本身之间亲缘关系的结果或表征,换言之,以今日的角度来看,我们可以为之寻找到基于经验事实的"科学依据"。但脱离这一实例,"公认的相似"实际上却并不是一个完全清晰的概念。形式上基于"相似性"的表达,有"野牛像家牛"这种情况,但也有"三界如火宅"这样的情况。前者只涉及具体的事物或对象,能够通过直观进行比较,人们对此也比较容易有"公认"的看法;而后者中,"三界"的实际情况却并非任何人都可以直接把握,它与"火宅"之间的相似性是由世尊开示的。但二者能否被视为"公认的相似"呢?如果说由于是"佛说"故而可以得到"公认",这实际上就是"圣言量",而不再与这里讨论的主题相关了;但除此以外,"三界"与"火宅"之间的相似性,便不再可能称得上"公认"。

其次,正理派关于"譬喻量"与"比量"差别的解释也值得注意。"比量"是从现量出发的推理,而"譬喻量"则是先存有关于相似性的认识,然后再在直接感知对象时发挥作用。例如在"野牛"的例子中,若不实际看到野牛,空有"野牛与家牛相似"的认识,并不能让人真正认识野牛。这实际上界定了"譬喻量"发生作用的具体顺序:与熟知事物公认的相似性,是认知发生的前提;而这一前提实际发挥作用,则要以对所立对象的实际感知为节点。按照这

---

① 《正理经》2.1.45–48. 姚卫群编译:《古印度六派哲学经典》,第77—78页。

一标准，"三界如火宅"这样的譬喻性表达也不足以称为"量"，因为与"野牛"不同，"三界"并非一个可被一般人直接感知的具体对象。在此意义上，有关三界与火宅的譬喻将永远只能是未完成的、潜在的知识来源，只能指明大致的方向，而无法提供确定的知识。

在《正理经》中，提到过这样一种由曲解造成的谬误：在对方譬喻性地使用语言时，却对其照字面理解，从而否认对方所说。[①] 例如，对于"观众席爆发出喝彩"，质疑说："观众席（这一排座位）怎么会喝彩？"这一谬误的指明，透露出在这部文献成立时，譬喻性语言和字面语言这两种语言形式的差异以及二者分别对应的不同理解方式，已经引起了人们的注意。不过对此，《正理经》并没有更多地涉及。正如第一部分的讨论所显示的，在印度宗教哲学的早期，"譬喻"在说明超言绝象的形而上学概念时发挥了巨大作用，而这些譬喻，往往创造性地构建了说明对象与熟知事物之间的相似关系，从而启发人们以特定的方式理解问题。但反过来说，其中的"相似关系"也难以实际证明，更难以先在地得到公认，因为这本身就是一种创造和洞见。而在以正理派为代表的规范化了的逻辑学理论中，恰恰是这样的譬喻，被排除在了规范的逻辑演绎框架之外，也不再被视为可靠的知识来源（"量"）。

《正理经》中所保存的对于"譬喻"（dṛṣṭānta）、"论支"、"譬喻量"等相关概念的界定，其实并非正理派所独有，而是代表了当时印度的通行理解。除《正理经》之外，在《遮罗伽本集》《方便心论》等文献中，也保留了类似说法，[②] 只不过这里，我们选择编纂方式较为系统的《正理经》作为代表。尽管之后作为普遍思维方法的正理学说继续发展，乃至进化为以陈那（Dignāga）、法称（Dharmakīrti）为代表的更为精简、严密的佛教因明理论，但早在《正理经》时便已被排除在规范的逻辑框架之外的那种譬喻，始终未

[①] 《正理经》1.2.14. 姚卫群编译：《古印度六派哲学经典》，第71页。
[②] 梶山雄一：《佛教知识论的形成（上）》，《普门学报》第15期，2003年5月。

曾再被赋予"量"的意义。特别是在陈那时，一方面将"喻"分为"喻依"与"喻体"两部分，即区分出所举例的具体事物，与具体事物上体现的普遍联系两个层次；另一方面又将正确的论式归纳为"遍是宗法性""同品定有性"和"异品遍无性"这三项基本要求（"因三相"）。这种严格的标准，此前已被排除在外的那种譬喻更是无法满足，以至于使人直观感受到，"修辞学上的比喻知识从想象生动出发而并不讲究严密，因明学上的譬喻则不要求形象生动而要求严密"①。直到今天，这一变化也在潜移默化地影响着我们对于譬喻问题的理解。

3. 修辞学中的"譬喻"

印度人很早就意识到了譬喻作为一种语言形式的特殊之处。正如在《摩诃婆罗多》中保留的八曲仙人故事，已经显现出对于譬喻性语言的刻意追求。这种尽力避免使用直接字面语言的倾向随着古典梵语体系的日益完善越发显著，以至于到 9 世纪时，修辞学家阿难陀伐罗弹那（欢增，Ānandavardhana）在其著作《韵光》（Dhvanyāloka）中直接表达道："在一个文雅的、有修养的社会中，一个人不要直接说出心中所想，而是以一种暗示的方式传达，这是固定的做法。"②

在印度古典文学对"庄严"（alaṃkāra，修辞）的讨论中，"譬喻"（upamā）受到了学者的高度重视。其中较早的例子，如婆罗多牟尼（Bharatamuni）在其《舞论》（Nāṭyaśāstra，公元 1—4、5 世纪）中将"庄严"分为四种，其中前两项分别为"明喻"（upamā）和"暗喻"（rupaka）。③ 梵语文学中的明喻通常以"iva""yathā"等词来表征，这在古典修辞学中叫作比喻指示语（upamā-

---

① 沈剑英：《论因明之喻》，《哲学研究》1984 年第 4 期。
② 《韵光》IV.5，转引自 Maurice Winternitz, *A History of Indian Literature*（Vol. III），p. 4。
③ Edwin Gerow, *Indian Poetics*, Otto Harrassowitz, Wiesbaden 1977, p. 227.

pratipādaka – śabda），即现代所谓的"喻词"。除了此形式特征之外，一个明喻还包括以下三个因素：作为描写对象的"喻体"（upameya），作为比较基准的"喻依"（upamāna），以及二者的共同属性"相似法"（sādhāraṇa – dharma）。最后一项是否直接点出，是明喻与暗喻的根本区别。①

随着修辞理论的发展，对于譬喻的分析也更为繁复细密。例如活跃于7—8世纪的檀丁（Daṇḍin），在其著作《诗镜》（Kāvyādarśa，这同时也是最早系统讨论诗学的梵语著作）中，从形象与语境结合的不同层次出发，将譬喻分析为三十二种之多。②事实上在此之前，在更早的佛教文献中就可以发现这种趋势的端倪。《大般涅槃经·师子吼品》中，在为师子吼菩萨分析"油与灯、烦恼与众生"关系的譬喻时，世尊提出了"八种譬喻"：

> 佛言："善男子！喻有八种：一者顺喻，二者逆喻，三者现喻，四者非喻，五者先喻，六者后喻，七者先后喻，八者遍喻。……"③

按照后文所举的实例，"顺喻""逆喻"分别指当喻依涉及一系列事实时，按照事情发展的顺序或顺次展开（顺喻），或逆向追溯（逆喻）；"现喻"和"非喻"，分别指喻依为现实可观察的事物，或者为假设的情况；"先喻""后喻""先后喻""遍喻"的标准是喻体喻依在文句中出现的先后顺序——喻依在前的就是"先喻"，反之是"后喻"，前后都出现则是"先后喻"，二者不断交错，通过对喻依各部分的层层分析来展现喻体，则是"遍喻"。可见，这"八喻"

---

① 岩本裕：《Saddharmapuṇḍarīkaにおける比喻の形式について》，金倉圓照编《法华经の成立と展開》，京都：平樂寺書店，1970年，第23—31页。
② Edwin Gerow, *Indian Poetics*, p. 230.
③ （北凉）昙无谶译：《大般涅槃经》，T. 12, No. 374, 第536页中。

的分类标准并不一致，有些仅涉及喻依的特点，有些则涉及如何与语境相结合，这些标准互相交错，难免显得有些混乱。不过，这些多种多样的标准，也体现出当时理解譬喻所关注的不同层面。不同的角度和标准互相叠加，也难怪到檀丁时居然分析出了三十二种譬喻。

对于譬喻日益繁复的分析实际上体现了它在诗学、修辞学领域受到的重视。例如檀丁认为，譬喻的最基本特征，就在于某物不如其所是地而是借助于其他物的相似性被描述。诗人原初的灵感，就是强调其描写主体值得与另一个实体相联系，而完成这一任务最纯粹的方式就是譬喻。因此，比之其他的庄严手法，譬喻具有典范性的地位。[1] 正是在这种传统之下，16世纪的修辞学家 Appayya Dīkṣita 在其未完成的著作《斑斓探幽》（Citramīmāṃsā）中说：

> 在诗歌的舞台上唯有一名演员，
> 旋转着占据了所有的角色，
> 她的名字是譬喻，
> 她俘获那些了知其秘密者的心。[2]

尽管表面看来，诗歌中的修辞手法多种多样，如同舞台上看起来有各种角色，但在最基底的层面上，他们都是靠"譬喻"——这名唯一的演员而起作用；真正懂得欣赏诗歌的人，只有那些能够对此"了知"的人（tadvid）。除了其中体现了对于"譬喻"与诗歌的美感、诗意之间关系的理解，这里同样值得注意的，是对于能够了知譬喻"秘密"的解读者的强调。如果没有此"了知者"的存在，譬喻在诗歌中的一切精妙作用将无人接受，其意义也就无从谈起。

---

[1] Yigal Bronner, *Extreme Poetry: The South Asian Movement of Simultaneous Narration*, New York: Columbia University Press, 2010, pp. 215–216, 250–251.

[2] Citramīmāṃsā 33，转引自 Yigal Bronner, *Extreme Poetry: The South Asian Movement of Simultaneous Narration*, p. 251。

这很容易使人回想起早在公元前的佛教文献中便已出现的固定表达——"有智者以譬喻了知所说之义"。可见，对于解读者作用的重视，在漫长的时间长河中一直贯穿于印度人对于"譬喻"的理解。这也是我们在考察譬喻时不得不重视的原则。

总而言之，关于借助与他者的相似性来表达所欲之义的"譬喻"，印度人对其的理解随时间发展而产生了一定的变化。以大约公元 1—2 世纪为界，在此之前，无论是在早期的奥义书、史诗中，还是在早期佛教文献中，譬喻都是启发真理的重要手段——越是对于超言绝象、难以用常规语言描述的概念，譬喻的作用就越是凸显。但随着正理方法的逐渐成型，这种启发式的譬喻却被排除在规范的逻辑框架之外，不再被认为是可靠的知识来源；不过，印度逐渐成熟的修辞学，却对此大为看重，一些诗学理论甚至将譬喻当作一切修辞手段的核心。正是由于经历了如是的变化过程，我们才会看到现代著作中对于"dṛṣṭānta"和"upamā"两词含义的区分，认为这是两个截然不同的概念——前者归属于逻辑学范畴，而后者则归属于修辞学。但通过历史的梳理可以发现，如是的区分实际上也只能代表一定时段内对于"譬喻"一词的理解，事实上，历史上还有理解此问题的其他可能，这些不同的理解方式和可能，都是接下来的讨论值得参考和借鉴的。

第二节 《法华》譬喻成立的文化语境

印度本土的文化传统不仅影响了《法华经》利用譬喻的方式，也为譬喻的具体内容提供了丰富的素材。为了说明经文的意旨，譬喻的意象必然需要从当时人们的现实经验出发，选择人们所熟知的事物，这也是"譬喻"的题中之意。反过来说，努力还原譬喻成立时的社会文化语境，也有助于更加完整地认识这些譬喻的意义。

一 不同译本中"譬喻"的差异

《法华经》的成立经历了漫长的时期,并非一蹴而就。比较通行的观点,将其成立过程分为三类四期:

第1阶段:第二品至第九品,其下又可分为两层:

A. 八品中的 Triṣṭubh(Triṣṭubh – jagatī)偈颂。这些偈颂可能是由本地口语(俗语,Prakrit)创作,口耳相传,之后才被改为梵语。

B. 除第五品《药草喻品》后半之外的输洛伽体(Śloka)偈颂以及长行。

第2阶段:从《法师品》(10)至《如来神力品》(20)的十一品,以及《序品》(1)和《嘱累品》(27)。未出现于鸠摩罗什译本的《药草喻品》的后半也属于这期。

第3阶段:其他品(21—26)以及《见宝塔品》(11)的后半——提婆达多以及龙女故事。

其中,第一阶段的 B 层和第二阶段哪个更早尚不能确定。[①] 这一复杂的成立过程,体现在不同传承系统的梵文写本中(共分两大系:吉尔吉特—尼泊尔系、中亚系),也体现在不同译本的差异中。其中,传译于中国的汉译本,时间最早,也最能体现《法华经》较早阶段的复杂面貌。现存《法华经》的完整汉译本共有三种:西晋竺法护译出于太康七年(286)的《正法华经》,姚秦鸠摩罗什译出于弘始八年(406)的《妙法莲华经》,[②] 以及隋元寿元年(601)阇那崛多、笈多二法师共同在罗什译本基础上改定补充的《添品妙法莲华经》(以下简称《添品》)。[③] 具体到本书所关注的譬喻问题,可

---

① Seishi Karashima, *The Triṣṭubh – Jagatī Verses in the Saddharmapuṇḍarīka*, ARIRI-AB, Vol. XVIIII (2016).

② (梁)僧祐撰,苏晋仁、萧鍊子点校:《出三藏记集》,中华书局1995年版,第304、305页。T. 55, No. 2145,第7页中、10页下。

③ (隋)阇那崛多、阇那笈多译:《添品妙法莲华经·序》,T. 9, No. 242,第134页中。

以观察到，在此三种汉译本中，没有任何两本之中保存的譬喻是完全相同的。具体情况见下表：

表1-1　　　　　不同译本《法华经》保存譬喻情况对照

譬喻（品目）	梵	正	妙	添品
火宅三车喻 3	√	√	√	√
长者穷子喻 4	√	√	√	√
药草喻 5	√	√	√	√
日照喻 5	√	√	×	√
陶器喻 5	√	√	×	√
生盲之人喻 5	√	√	×	√
三千世界磨尘喻 7	√	√	√	√
化城喻 7	√	√	√	√
入海求宝喻 8	×	√	×	×
衣珠喻 8	√	√	√	√
高原求水喻 10	√	√	√	√
髻珠喻 14	√	√	√	√
老子少父喻 15	√	√	√	√
三千世界微尘喻 16	√	√	√	√
良医喻 16	√	√	√	√
最胜喻 23	√	√	√	√

注：为避免冗余，本表的统计只涉及长度在一个文段以上的譬喻，那些以单词或单句为单位的譬喻未纳入统计。品目数字按照罗什译本。

按照上一节提到的譬喻的形式标准——即有譬喻指示词、喻体、喻依以及共同属性（相似法），在《法华经》的各个译本中最多可以找到十六个譬喻段落。其中在各个译本中均出现的譬喻有十二个（这也包含了罗什译本中出现的全部譬喻）：

①"火宅三车喻"（又称"火宅喻"），是说一大富长者，发现自家宅院起火，而诸子对此浑然不觉，长者以羊车、鹿车、牛车诱其逃离火宅，并最终等赐之以大白牛车——"长者"喻世尊，"火宅"喻三界，而三车分别喻世尊为救度众生所设下的三乘之教，最

终皆归于"大白牛车"——一佛乘。

②"长者穷子喻"(又称"穷子喻"),是说一大富长者之子自小失散,待其父将之寻回,他却百般惊惧无法接受,长者只得令其从除粪开始,渐渐适应,最终父子相认,并委以家财——"长者"喻佛,"穷子"喻须菩提等小乘弟子最终亦当入于佛乘。

③"药草喻",是说如同一云所雨,种种草木皆得受润,佛以一味为众生说法,众生随其根性各得领受。

④"三千世界磨尘喻",是以三千大千世界地种磨为尘墨,以此尘墨每过千国点下一点,再将所有所过之国碾为尘墨,以其数量形容过去大通智胜如来所过无量无边阿僧祇劫之久远。

⑤"化城喻",是说众人于险路寻宝,中途犹豫懈怠时,导师化出一城令其休息,后又提醒众人此化城并非真正的宝处。导师喻佛,为照顾众生怯弱之心,将一佛乘开为三乘。

⑥"衣珠喻"(亦称"系珠喻"),是说一人亲友趁其醉时以宝珠系其衣中,但此人并不觉知,乃至游于他国时仍然贫苦度日,直至友人提醒。比喻诸罗汉直至听受《法华经》时,才意识到此前并非究竟涅槃,而后得佛授记。

⑦"高原求水喻",说犹如人于高原掘井,掘至湿土时才意味着接近水源;菩萨修习《法华经》,才能接近正等正觉。

⑧"髻珠喻",说转轮圣王髻中宝珠最为珍贵,久不将之赐予臣下,直至其立下盛大功勋方才予之;佛如转轮圣王,《法华经》便如宝珠,是诸佛秘密之藏,不轻易宣说。

⑨"老子少父喻",是指如同二十五岁少年为百岁老人之父,世尊成道以来四十余年却教化无量大菩萨,此事不可思议。

⑩"三千世界微尘喻",喻依与④类似,用以比喻释迦牟尼佛成佛之久远。

⑪"良医喻"(或称"医师喻"),说良医诸子不慎中毒,良医为之制备良药,诸子中有些即刻服用,有些却不肯服药。于是,良医假称逝世,诱其于悲痛之下服药,诸子痊愈后,良医复归。此良

医喻如来，实际于久远已来早已成佛，因众生而以方便示现涅槃。

⑫"最胜喻"，是《药王菩萨本事品》中出现的一系列譬喻，以大海、须弥山等多个意象，来比喻《法华经》在诸经当中最为殊胜，可为众生带来种种利益。

在譬喻的数量和内容上，两个梵文写本系统差别不大，而在这方面唯一与梵文本保持一致的，只有《添品》。罗什译《妙法莲华经》与之相比，则缺少了《药草喻品》后半部分的三个譬喻，即：⑬"日照喻"，如同日月光芒平等照耀世间，世尊亦为世间众生平等说法。⑭"陶器喻"，如同陶器制成后有的用来盛糖，有的却用来装秽物，但制成陶器的泥土其实并无差别，所谓器物间的差别只是随所盛之物的种种施设；这解释了为何既然唯有一乘，却于现世施设声闻、缘觉、菩萨——实际上唯有一乘，而没有二乘、三乘。⑮"生盲之人喻"，说天生眼盲之人，不见诸色，听闻他人说起，也不相信其存在，直至良医治愈其眼，方才醒悟此前的无知；但他又以此自足，直到被得五神通的仙人告知，世间还有许多他无法觉知的事物，此人自身修得五神通之后，方意识到此前的局限。生盲之人喻六道轮回的无明众生，医师喻如来，以空、无相、无愿、涅槃四味药救其无明；生盲之人得眼，喻声闻、缘觉乘，他们自认为已得涅槃，以此自足，但实际仍需大乘佛法教化，直至证得无上正等正觉。

《药草喻品》这后半部分不见于罗什译本，但在梵文本、竺法护译本以及《添品》中都存在，并且没有单独的品目流通。从其语言形式看，这一部分的重颂是输洛伽体，而非最古层的triṣṭubh体；从思想内容来看，这一部分体现出了非常成熟的空性思想，这在最古层中是基本未见的。① 如在"生盲之人喻"结尾，这样总结大乘教法的内容："佛以菩提教化，发菩提心，不住流转、不到涅槃，彼悟

---

① Yuichi Kajiyama, "The Saddharmapuṇḍarīka and śūnyatā Thought", *Journal of Oriental Studies*, Vol. 10, 2000, pp. 72–96.

三界十方空寂，皆如化梦及以焰响，观见诸法不生、不灭、不缚、不解、不暗、不明，如是见甚深法，彼见亦无所见，而亦恒见，满诸三界别异众生心之信解。"① 尽管《法华经》的"原始八品"中反复强调"会三归一""唯有一乘"，但此"一乘"的内容实际上却并没有正面说明；而在这里，却直接以般若空观概括了大乘教法，以空性思想总结从三乘到一乘的关系，将之作为会三归一的隐藏前提。因此胜吕信静认为，《药草喻品》这后半部分就是为了补充此前缺乏对一乘三乘关系和声闻成佛说明的缺陷而成立的。② 尽管我们未必就此认同胜吕氏提出的诸品同时成立的主张，但仍然可以参考其所指出的这种思想内容上的关联。

毋庸置疑的是，在竺法护译出《正法华经》时，这一部分内容就已经编入梵文——我们可以排除这部分为后人插入的可能，因为其中的用词和翻译习惯与法护本人的其他译作没有区别，没有任何证据表明其出自他人之手。③ 这就使得罗什译本于此的缺失成为一个令人费解的难题。目前能够想到的解释，或许是罗什有意对此进行了省略④，或许是其所利用的写本恰好有缺损，又或者这正体现了龟兹写本的差异⑤。遗憾的是，目前尚且缺乏实质的证据帮助我们进一步判断。不过，一个或许有帮助的线索是，在译出于元魏、署名世亲的《妙法莲华经优波提舍》中，我们看到作者将经中的譬喻总结为"七喻"，其中就并未提到此三譬喻中的任何一个。尽管按照上文统计，没有任何一种译本中仅有七个譬喻，但若将标准缩小至关于

---

① （隋）阇那崛多、阇那笈多译：《添品妙法莲华经》，T.9，No.264，第154页中。
② 勝呂信靜：《法華経の成立と思想》，東京：大東出版社，1993年，第15页。
③ Yuichi Kajiyama, "The Saddharmapuṇḍarīka and śūnyatā Thought", *Journal of Oriental Studies*, Vol.10, 2000, pp.72–96.
④ 松濤誠廉：《藥草品後分の羅什不訳について》，坂本幸男編：《法華経の中国的展開》，京都：平樂寺書店，1972年，第507—523页。
⑤ Yuichi Kajiyama, "The Saddharmapuṇḍarīka and śūnyatā Thought", *Journal of Oriental Studies*, Vol.10, 2000, pp.72–96.

《法华经》主线思想——"会三归一""久远实成"——的譬喻,那么也只有罗什译本与之最为接近。从这一角度推测,或许当时确实存在一系不包含"生盲之人喻"等三喻的《法华经》传承,而这也保存于罗什所见的龟兹写本中。

竺法护译《正法华经》中出现的⑯"入海求宝喻",没有在其他任何译本或是梵文本中发现。这一譬喻出现在经文第八品《授五百弟子决品》的开头部分。本品以富楼那对世尊的赞颂礼敬开场,但在此之后,其他传本均直接为佛对富楼那护持正法的赞扬,以及对富楼那、五百罗汉的授记;与之不同,《正法华经》却在此处插入了一个譬喻。譬喻讲述一导师哀悯贫人,于国中召集人们入海采宝。在顺利到达龙宫、求得龙王应允之后,他们各取珍宝,有些人只知取金银琉璃、砗磲玛瑙等寻常宝物,导师及其慧侣则取得如意珠。待归国之后,导师登上高楼,以如意珠令天雨七宝,全国皆得饶益,其余慧侣亦以如意珠于他国雨七宝。直到此时,那些只取寻常宝物之人才感到悔恨,于是重回龙宫,取得如意珠。后文这样解释这一故事的寓意:

> 佛言:发无上正真道意,欲度一切,譬如导师行入大海;愍诸贫匮,令入海者,谓为一切讲说经道;望风举帆入大海者,谓学权智;海三难者,谓空、无相、无愿,海谓生死;得如意珠,谓获如来无极法身;众人随从取如意珠,谓闻菩萨道而发大意得无所从生;贫劣下人采取七宝各自满船,谓得七觉意;还归乡里家室迎者,谓十方人来受道教;升楼执珠向八方上下,谓得佛道;度脱十方,谓诸慧士等分至诸国;雨七宝者,谓各诣他方成最正觉;众贫悔还相令入海,谓诸声闻闻有一乘无二道也,尔乃更发无上正真道意,后当成佛各有名号。①

---

① (西晋)竺法护译:《正法华经》,T. 9, No. 263,第95页上。

长行之后还配有重颂，二者情节差别不大。即使与经文中的其他内容相比，这段譬喻也颇为特殊：按照中村元的总结，在《法华经》的所谓"原始八品"中，并未体现海洋或航海贸易的因素；①但从情节来看，这段故事却透露出显著的航海贸易背景。竺法护本人的背景显然不能为这一现象提供直接的合理解释，毕竟没有比身处陆上丝绸之路的他更远离海洋的了。除了其来源成迷的航海因素，故事中的一个细节也值得注意：在导师动员国人随其入海寻宝时，他专门说明："谁不爱身、不嫪父母、不顾妻子者，当共入海采求珍宝。"② 爱惜身命、顾恋父母妻儿，这正体现了以儒家为代表的中国社会的一般家庭伦理。而这里，导师要求只有那些将此全部割舍抛弃之人，方能随其入海寻宝（追求佛道）。这固然可以看作仅仅是顺应故事情节，渲染入海探宝之旅的九死一生，但无论如何，结合其所喻之义，这种旗帜鲜明地与中国传统伦理道德的对立，在汉译佛典中也确实并不多见。除此之外，譬喻中出现的"权智""无极法身"等术语，除这里之外也并未在经文其他地方出现——在另两个汉译本中，同样没有出现"权智"的概念，"法身"一词也仅在《添品》龙女成佛部分提及。种种奇异之处，都透露出这段内容应为较晚时期添加进来的。

这段其他译本、梵文本中都不存在的内容，是否有可能并非竺法护译本所原有，而是在后代传抄过程中窜入呢？为排除这一可能，我们可以考察竺法护的其他译经。首先，在他所翻译的本生故事集《生经》中，第八经《佛说堕珠著海中经第八》就是极为相近的故事。③ 故事开头说佛为菩萨时，曾为救度贫厄，领五百人入海求宝——这一部分与《正法华经》中的描写极为相似，甚至也有割舍父母妻子方可入海的告诫。与之不同者，第一，其中没有提到不识

---

① 中村元：《インド社会より見たる法華経》，金倉圓照编：《法華経の成立と展開（法華経研究 III）》，第 529—564 页。
② （西晋）竺法护译：《正法华经》，T. 9，No. 263，第 94 页下。
③ 勝呂信靜：《法華経の成立と思想》，第 13 页。

摩尼宝珠的愚夫，作为与菩萨的对比；第二，《生经》中的故事还多出了不少情节——龙王在送出宝珠后，又反悔意欲追回，在菩萨一众行于海上时，龙王使宝珠坠入海中，为寻回宝珠，菩萨以容器挹水，威力非凡，几近使海水干涸，龙王迫于其精进之力，只得将宝珠归还。① 如此看来，《正法华经》中的故事很可能是对《生经》中"堕珠著海"故事的简化和改写。不过，我们也很难想象这是法护个人所为——毕竟没有任何理由能够解释他个人在《五百弟子品》中插入此段甚至为之编写重颂的动机。

值得注意的是，除此以外，在现存法护所译的众护（僧伽罗刹，Saṃgharakṣa）所作经集《修行道地经》（《榆迦遮复弥经》，Yogācārabhūmi‐sūtra）中，倒数三品（即第二十八至第三十品）主要讨论声闻、缘觉、菩萨三乘，并主张三乘最终皆入于佛道。在安世高、支曜的异译本里，并没有这三品内容。根据《出三藏记集》的引述，法护译有一部《三品修行经》，它在道安生活的时代便已经"合《大修行经》"。② 据此推测，现在所见《修行道地经》中的这后三品，应该就是法护所译的《三品修行经》。在这三品中，也引用了"入海求宝喻"——事实上，其中还引用了其他两个出自《法华经》的譬喻——"化城喻"和"火宅喻"。只不过这里出现的"入海求宝喻"同样只突出了向龙王求得如意宝珠的菩萨，而没有提到不识宝珠的声闻缘觉。③ 无论其直接的来源为何——即使不认为这里的故事来源于《正法华经》，而是直接来自《生经》，其出现也至少

---

① （西晋）竺法护译：《生经》，T. 3，No. 154，第 75 页下—76 页上。
② （梁）僧祐撰，苏晋仁、萧錬子点校：《出三藏记集》，第 40 页。（梁）僧祐：《出三藏记集》，T. 55，No. 2145，第 9 页上。印顺：《读"大藏经"杂记》，《华雨集》3（印顺法师佛学著作全集 12），中华书局 2009 年版，第 176 页。
③ （西晋）竺法护译：《修行道地经·菩萨品第三十》，T. 15，No. 606，第 227 页下。和野训在《竺法護訳経における述作について》（《印度學佛教學研究》第 44 卷第 2 号，1996 年 3 月）一文中也提到了二者故事的重合，但没有将《道地经》后三品与《道地经》本身区分出来，故而根据《道地经》的译出时间，判断《正法华经》的故事出自这里。但本书考虑到后三品的复杂性，认为其顺序未必如此。

说明了入海求宝的故事在何种意义上与"三乘"特别是"菩萨乘"的问题关联了起来。这一情况,不仅说明《正法华经》中的"入海求宝喻"确实系法护译本原有而非后代添加,更加提示出,在法护所见的某种特定传承中,这一譬喻对于理解"会三归一"这一《法华经》所提倡的核心思想颇为重要。

不同译本中所存譬喻的种种差异,正体现了《法华经》成立的复杂过程——关于这一问题,时至今日我们仍有许多细节并不清楚。这并不仅仅是一个历史问题:如果按照胜吕氏理解《药草喻品》后三喻的思路,添加新的譬喻是由于其他已有的譬喻存在尚待解决和澄清的问题,那么,不同译本中多出或缺失的譬喻,便意味着某些理解方式的添加或略去,最终,这也将在某种程度上对整体的理解造成影响。其间的差异,同样值得思考。

二 《法华》譬喻的社会文化背景

前辈学者很早就注意到《法华经》譬喻故事中映射出的社会文化因素:"火宅喻"中对长者大宅的描述,直至近代都可在印度找到现实对应。"长者穷子喻"中,长者家中"仓库盈溢","出入息利,乃遍他国,商估贾客亦甚众多",[1] 反映了商业资本的发展,以及金融信贷事业的展开;其中还写到长者身边"诸婆罗门、刹利、居士皆恭敬围绕",这种描述也并不严格符合印度的种姓制度……[2]这些观察提示我们,这些譬喻的创作或多或少包含着对其所处社会文化环境的呼应,渗透着当时通行的话语体系和一般常识。特别是其中所利用的意象和符号,未必为《法华经》所独有,而是植根于其文化传统,与其他文献所共享。通过与其他早期佛教文献的比较,我

---

[1] (姚秦)鸠摩罗什译:《妙法莲华经》,T. 9,No. 262,第 14 页下。
[2] 中村元:《インド社会より見たる法華経》,金倉圓照編:《法華経の成立と展開(法華経研究 III)》,第 529—564 页;池田澄達:《法華経長者窮子の譬喻について》,《印度哲學と仏教の諸問題:宇井伯寿博士還暦記念論文集》,東京:岩波書店,1951 年,第 33—45 页。

们可以努力在一定程度上还原这些通行的语汇和常识，从而进一步认识《法华》譬喻中所包含的文化内涵。

"火宅喻"是《法华经》中第一个出现也是最有代表性的譬喻故事。这一故事中，矛盾的核心在于燃烧着的火宅，它是一切危险之所在，也是故事中人物力图克服和逃离的对象。经文这样解释"火宅"的寓意：

> 三界无安，犹如火宅，众苦充满，甚可怖畏。
> 常有生老、病死忧患，如是等火，炽然不息。①

将痛苦比喻为炽然不息的火，确实是极为恰切和生动的。事实上，早在阿含类经典中，我们就可以看到这样的表达。如《杂阿含经》：

> 诸比丘！一切烧然。云何一切烧然？谓眼烧然，若色、眼识、眼触、眼触因缘生受，若苦、若乐、不苦不乐，彼亦烧然。如是耳、鼻、舌、身、意烧然，若法、意识、意触、意触因缘生受，若苦、若乐、不苦不乐，彼亦烧然。以何烧然？贪火烧然、恚火烧然、痴火烧然，生、老、病、死、忧、悲、恼、苦火烧然。②

这里用"一切烧然（燃）"来生动地描述世间痛苦的普遍性。一旦感官与对象接触产生感受、知觉，无论是苦受、乐受、不苦不乐受，这一切本质上都是痛苦的。通过将"苦"喻为燃烧之火，人们由现实生活经验而对"火"形成的一系列感性印象——如炙热感、刺痛感、迫在眉睫的危险性等，也共同丰富了对"苦谛"的认知。

---

① （姚秦）鸠摩罗什译：《妙法莲华经》，T. 9，No. 262，第 16 页中。
② （刘宋）求那跋陀罗译：《杂阿含经》，T. 2，No. 99，第 50 页中。

如果说"苦"与"火"之间的这种联系还显得比较泛泛，以下的实例便显得与《法华经》中的"火宅喻"更为相近了：

> 佛告婆罗门：世间炽然。何谓炽然？谓老病死。以是之故，应身修善，口意亦然。……
> 尔时，世尊即说偈言：
> 譬如失火家，焚烧于屋宅，宜急出财宝，以置无火处。
> 生老病死火，焚烧于众生，宜应修惠施，赈众于贫穷。……①

这段文字保存于汉译《杂阿含经》中，同样也见于南传相应部尼柯耶（Aṅguttaranikāya，III集，53），类似的表达不止一例。这里不但将生老病死之苦比喻为炽然不息的火焰——这与《法华经·譬喻品》偈颂的表达方式几乎完全一致，更出现了"失火屋宅"这一意象。特别是，在此偈颂中，面对失火屋宅，问题的核心是如何将屋内财宝取"出"，置于安全无火之处——尽管在此语境中，出离火宅依靠的是慷慨布施。比较《法华经》中的"火宅喻"，长者一切善巧方便的最终目的，就是使得火宅之中的诸子"出离"火宅，到达安隐无火之处。尽管二者的具体情节，乃至"出火宅"的主体、方式都不相同，但围绕燃烧的屋宅展开的"内"与"外"、"入"与"出"之间的矛盾结构，却是一致的。如果说对"火"这一意象的利用来自人们共同的生活经验，那么其叙述结构及其背后所体现的认知结构上的一致，则无疑透露出文化传统的延续性。换言之，《法华经》中的"火宅喻"纵然编织进了更为复杂的人物情节，引入了新的符号意象，但其最底层的基本构造，仍未脱离佛教传统的语汇。

除了火之外，兴云降雨同样是降水丰沛的印度经常能够观察到并深深影响人们日常生活的现象，对此意象的利用，也很早就见于

---

① 失译：《别译杂阿含经》，T. 2，No. 100，第403页下。

佛典。如《杂阿含经》中：

> 戒德多闻众，行路得止息，譬如重云起，雷电声振耀。
> 普雨于壤土，百卉悉扶疏，禽兽皆欢喜，田夫并欣乐。
> 如是净信心，闻慧舍悭垢，钱财丰饮食，常施良福田。
> 高唱增勤受，如雷雨良田，功德注流泽，沾洽施主心。①

同样的偈颂也保存于南传相应部尼柯耶（Kosalasaṃyutta，S. 3.3.4）中。这里虽然是借云雨对良田草卉的滋养来赞颂布施的功德，但其喻依部分出现的"重云""雷电""雨""壤土""百卉"等因素，已经足以使人想到《法华经》中的"药草喻"：

> 譬如大云，起于世间，遍覆一切；慧云含润，电光晃曜，雷声远震，令众悦豫。……其雨普等，四方俱下，流澍无量，率土充洽。山川险谷、幽邃所生，卉木药草，大小诸树，百谷苗稼，甘蔗蒲萄，雨之所润，无不丰足，干地普洽，药木并茂。②

兴云澍雨的自然现象包含着种种细节，可以唤起人们方方面面的经验，但在文献当中具体将注意力集中于哪些细节，描述其中的哪些因素，却离不开文化传统的引导作用。可以观察到，在对"大雨滋润草木"这一自然现象的描述上，从《阿含经》到《法华经》，人们所关注的细节，所选择进入文本的因素，显现出了明显的延续性。不仅如此，我们还可以见到直接将"大雨"与佛之教化联系起来的表达，如：

---

① （刘宋）求那跋陀罗译：《杂阿含经》，T. 2，No. 99，第 304 页中。
② （姚秦）鸠摩罗什译：《妙法莲华经》，T. 9，No. 262，第 19 页下。

譬如天降大雨，随下水流，注于大海。汝之教法，亦复如是，男女长幼，及以衰老，蒙佛法雨，于长夜中，尽趣涅槃。①

由此可见，《法华经》"药草喻"的喻体和喻依都并非全新的创造，而是植根于佛教文献的传统。这一譬喻的"新意"，来自发掘喻依中所涉及意象的新细节以及由此所启发出的观察、描述、分析这些细节的新角度——如通过强调大雨的"普遍"和"一味"以及蒙雨所润的种种植物间的差别，引导人们注意到给予方的普遍性与接受方的差别性之间的辩证关系，从而，经文所讨论的"一乘"与"三乘"之间的关系得到了进一步阐明。

类似的情况还有同样出现在《药草喻品》后半部分的"生盲之人喻"。保存于《长阿含经·弊宿经》中的故事，几乎与《法华经》"生盲之人喻"的前半部分完全一致：

迦叶言："诸有智者，以譬喻得解，我今更当为汝引喻。譬如有人，从生而盲，不识五色，青、黄、赤、白，粗、细、长、短，亦不见日、月、星象、丘陵、沟壑。有人问言：'青、黄、赤、白五色云何？'盲人答曰：'无有五色。'如是粗、细、长、短，日、月、星象、山陵、沟壑，皆言无有。云何？婆罗门！彼盲人言，是正答不？"

答曰："不也！"

"所以者何？世间现有五色，青、黄、赤、白，粗、细、长、短，日、月、星象、山陵、沟壑，而彼言无。婆罗门！汝亦如是。忉利天寿，实有不虚，汝自不见，便言其无。"②

---

① 失译：《别译杂阿含经》，T. 2，No. 100，第446页下。类似说法还可见于南传《弥兰陀王问经》等。

② （后秦）佛陀耶舍、竺佛念译：《佛说长阿含经》，T. 1，No. 1，第43页下。南传长部尼柯耶（Dīghanikāya）中的《弊宿经》（Pāyāsisuttanta）与之一致；中部（Majjhimanikāya）保存的《摩犍提经》（Māgandiyasutta）也有几乎完全相同的文段。

这里是借天生眼盲之人因自身缺陷而概不承认世人直觉所见的种种物质现象,来说明不可因常人有限的感官和认知,便否认忉利天等的存在。与之相比,《法华经》中的譬喻,实际上是将原来的譬喻继续扩充,将修得神通后对于忉利天等事物的认识也当作喻依,以此来譬喻从无名愚夫到声闻缘觉、再从二乘到佛逐次提升的知见觉悟。

还有一些譬喻,虽然在早期佛典中没有直接的原型,但仍然借用了传统的意象和符号。例如"化城喻"中,以商队导师神通变现出的"化城",譬喻世尊为二乘所说之涅槃并不究竟。这一说法实际上有其语境——在阿含类经典中,世尊就以城邑譬喻其所证悟之四谛、八正道等佛法,而他自比引路者,引导四众至此城邑:

> 譬如有人游于旷野,披荒觅路,忽遇故道古人行处,彼则随行,渐渐前进,见故城邑、故王宫殿、园观浴池、林木清净。彼作是念:"我今当往白王令知。"即往白王:"大王当知,……"王即往彼,止住其中,丰乐安隐,人民炽盛。
>
> 今我如是,得古仙人道、古仙人径、古仙人迹,古仙人去处,我得随去,谓八圣道,正见、正志、正语、正业、正命、正方便、正念、正定。我从彼道见老病死、老病死集、老病死灭、老病死灭道迹,见生、有、取、爱、受、触、六入处、名色、识、行、行集、行灭、行灭道迹。我于此法自知自觉,成等正觉,为比丘、比丘尼、优婆塞、优婆夷,及余外道沙门、婆罗门、在家、出家,彼诸四众闻法正向、信乐,知法善,梵行增广,多所饶益,开示显发。①

---

① (刘宋)求那跋陀罗译:《杂阿含经》,T. 2,No. 99,第 80 页下。南传相应部中《城喻经》(S. 12. 65. Nagara)与此对应。平冈聪还将《法华经·化城喻品》前半部分"十六王子"故事中出现的"十二因缘"与不同部派传承的《城喻经》进行对比,指出在项目和顺序上最为一致的,是说一切有部的传承。见平冈聪《法華経成立の新解釈—仏伝として法華経を読み解く》第四章《挿話の考察》,東京:大蔵出版社,2012 年。

世尊曾经觅得的供人安居乐业的古城，在《法华经》中被视为暂时休整的"化城"，曾经的"八圣道""四谛"等教法，也不可再视为究竟。在此意义上，我们才能更加明白《法华经》究竟在何种意义上从新的高度出发，重新整理和改造了旧有的佛教传统。

再如"良医喻"中将如来比作医师，这更是在佛教文献中极为常见的譬喻，如《杂阿含经》中说："如来应等正觉为大医王，成就四德，疗众生病。"[1] 但故事中的主线情节、人物关系和主要矛盾，则进行了重新创造，从而帮助人们认识历史中寿命有限的佛陀与久远实成之佛的关系。

学力所限，以上梳理或许不能涵盖《法华经》所继承的早期佛教传统的全部。但管中窥豹，这些实例已经足以提示我们思考《法华经》与早期佛教经典传统之间的关系。既然《法华经》的主旨之一就是探讨以往的声闻、缘觉乘与由这部经典所开显的一佛乘之间的关系，那么，在譬喻故事中利用和继承旧有经典的意象、符号，并对其进行新的改造和发挥，这种交流方式就显得十分恰切。事实上，不仅仅是譬喻，学者还注意到，经文中对于诸佛、菩萨、弟子宿世因缘故事的描述，也从早期佛教文献多有借用。[2] 而正是通过对旧有素材的改造和引申，新的意义和理解方式被创造出来。《法华经》所提倡的"大乘佛教"之新意，也正体现在这里。

小　　结

《法华经》对于譬喻的利用，体现了印度早期宗教哲学思想中对于譬喻的理解：一方面，譬喻区别于直接的字面表达的语言张力，

---

[1]　（刘宋）求那跋陀罗译：《杂阿含经》，T. 2，No. 99，第 105 页中。
[2]　平岡聰：《法華経成立の新解釈—仏伝として法華経を読み解く》，東京：大蔵出版社，2012 年；《法華経所収のジャータカの帰属部派》，《印度學佛教學研究》第 61 卷第 2 号，2013 年 3 月。

使得其成为启发和开显真理的重要手段；另一方面，在对譬喻的理解中，人们还特别强调"解读者"的重要作用，将之作为解释譬喻背后之"义"的关键。这些理解，体现在《法华经》譬喻的用词，以及对早期佛教文献传统套话的沿用上。但随着印度思想中正理学说和庄严理论的分道扬镳，人们对于譬喻有了新的界定标准，对其作用及限度的理解也与过去不同。这些于历史长河中呈现出的对于譬喻的理解方式，都值得作为有益的对照，帮助我们进一步认识中国展开的理解和解读。

　　印度本土的文化传统不仅从宏观上影响着《法华经》利用譬喻的方式，在更具体的层面上为经文中的譬喻提供了语汇和素材。事实上，经文中的不少譬喻，都可以在更早期的佛教文献中寻找到源头，而经文的新意，正是通过对这些源头进行改造和发展而完成的。这也意味着，在经中譬喻表面的形象和情节背后，往往还裹挟着丰富的暗示涵义，这些涵义，只有熟悉旧有的佛教传统和基本语汇才能获知。令人好奇的是，对于这些譬喻所裹挟的"文化遗产"或"传统包袱"，中国的阅读者们究竟如何认识和接收？这也是后文将要讨论的话题。

第 二 章

从"因缘譬喻言辞"到"三周说法":譬喻的认知结构

《法华经》在中国传译之后,尤其是在鸠摩罗什译本面世之后,迅速在僧俗两届传播开来。仅慧皎《高僧传》中所记载的南北朝前期与《法华经》有关的僧人,便有44名之多。[①] 人们围绕《法华经》展开讲经、解经活动,在此过程中,占据经文大量篇幅的譬喻,必然对其造成了阅读体验上的冲击——正如前引《理惑论》中的记录,这种"广取譬喻"的做法,与中国传统典籍的习惯截然不同;甚至即使就佛教经典而言,比起当时同样受到重视的般若类经典,《法华经》中直接的说理性文字也匮乏得多,而主要依赖譬喻等故事展开。这就使得"如何看待譬喻"成为《法华经》解经所必然面对的问题。

究竟应该在何种结构、何种层面上看待经文中的譬喻?这一问题,一方面,涉及"譬喻"作为一种教说形式的作用及其限度;另一方面,也涉及"譬喻"与其他教说形式之间的关系与次第。要追溯中国僧人对此问题的理解,考察中国注释传统中繁复严密的科判

---

① 严耀中:《论隋以前〈法华经〉的流传》,《上海师范大学学报》1997年第1期。

体系是一个可行的选择，因为"科判"本身就意味着将经文的文句置于一定的结构中理解。考察南北朝以来对《法华经》的注释，自梁代光宅寺法云的《法华义记》开始，《法华经》的注释者大多用"因"与"果"、"迹"与"本"、"开三显一"与"开近显远"等成对范畴将全经划分为两部分，并在前一部分的"正宗分"中，再划分出"法说""譬喻说"和"因缘说"三个层次。这一划分本身不难理解，但值得思考的是，是什么启发了注释者用这三个范畴来概括《法华经》前半部分？这"三周说法"的划分究竟意味着什么，或者更确切地说，在这种结构的背后，注释者对经文中的教说特别是譬喻类的教说究竟抱持着怎样的认识？这种对于结构的判定又如何影响对经文具体内容的理解和解读？对于这些问题的考察，将有助于我们更加深入地认识《法华经》譬喻在中国被解读和接受的过程。

本章分为两节。鉴于无论是古代注释者（其中以吉藏为代表，后详），还是现代学者①，常将"三周说法"与经文中反复出现的"因缘譬喻言辞"这一词汇组合联系起来，本章首先对这组词汇组合的译出过程以及后世注释者对此的理解进行考察。第二节，则梳理法云以来对"三周说法"中"譬喻说"之理解的逐步完善过程。需要说明的是，第一，鉴于当时注释作品的成立往往经历了高僧讲说、弟子笔录、完善润色等数道程序，本书只着重讨论作品中存在的思想形态本身，此思想形态并不必然指向某一特定个人，提及"某某认为"时，读者可以将之理解为一种方便指称的权宜之计。第二，

---

① 盐入良道：《天台智顗的法华经观》，平川彰等：《法华思想》，林保尧译，（台北）佛光文化1998年版，第330页；渡邊寶陽：《法華經『因緣・譬喻・言辭』考》，《日蓮教學研究所紀要》28期，2000年，第1—22页。

第二章 从"因缘譬喻言辞"到"三周说法":譬喻的认知结构　69

对注释材料的考察大致按照时间顺序①进行,但鉴于注释者之间相互影响、成立过程中相互借鉴的情况较为复杂,个别情况下,为方便呈现同一问题不同注释者所展现的种种理解角度和可能,也有按照逻辑关联而非严格按照时间顺序排列的情况。

第一节　"因缘譬喻言辞"

历代大德为何选用"法说、譬喻说、因缘说"这三个范畴来概括《法华经》前半部分的内容？这一问题看似不难回答,毕竟任何阅读过《法华经》的人,都会首先意识到这部经典充斥着大量故事,这些故事有些是借此喻彼的寓言("譬喻"),而有些则讲述经中人物的前世宿业("因缘")。在此基础上,对经文进行如是的划分似乎顺理成章。但同时不可忽视的是,历代注释所依据的鸠摩罗什译《妙法莲华经》经文中同样反复出现了如是的词汇组合形式,例如:

> 舍利弗！诸佛随宜说法,意趣难解。所以者何？我以无数方便,种种因缘譬喻言辞,演说诸法。是法非思量分别之所能

---

① 目前现存最早的《法华经》完整注释作品为东晋竺道生《法华经疏》,其次为梁代法云讲说的《法华义记》(笔录者并非法云本人)。横超慧日认为,吉藏法华诸疏的撰述顺序,依次是《法华玄论》《法华义疏》《法华游意》《法华论疏》《法华统略》;菅野博史则认为《法华论疏》在《法华统略》之后。智𫖮两部法华注释的顺序,经佐藤哲英梳理,《法华文句》的讲说时间较《法华玄义》早六年;但现行的《文句》,是希望被置于《玄义》之后修习。吉藏曾与智𫖮数度书信往来,其作品不乏受到智𫖮影响之处。另一方面正如平井俊荣所指出,智𫖮的《法华玄义》《法华文句》在经由灌顶整理、成书过程中,也部分参考了吉藏的《法华玄论》和《法华义疏》。见佐藤哲英《法華玄義の成立過程に關する研究》,《印度學佛教學研究》,1958年6卷2号,第312—322页;平井俊榮:《嘉祥大師吉藏の基礎的研究—著述の前後關係をめぐつて》,《印度佛教學研究》,1966年14卷2号,第685—693页;平井俊榮:《法華文句の成立に關する研究》,東京:春秋社,1985年;菅野博史:《中國法華思想の研究》,東京:春秋社,1994年,第142—149、273—281页。

解，唯有诸佛乃能知之。①

类似组合的出现不限于前半所谓"开三显一"部分，而是遍布全经，② 只不过，后半部分出现得确实比较零星，仅发现三例。③ 注释传统中"三周说法"的三个范畴，与经文中频繁出现的这一词汇组合二者间的重叠很难说仅仅是巧合——事实上，无论是以吉藏为代表的高僧大德，还是一些现代学者，确实直接将之理解为对应"三周说法"的科判方式。④ 从罗什的翻译，到中国注释中"三周说法"结构的形成，其间经历了怎样的过程？这首先需要对罗什译本中的"因缘—譬喻—言辞"这组词汇组合本身的意义与形成过程作一考察。

一 《法华经》中的"因缘—譬喻—言辞"

如同上引文段，经文中出现的"因缘—譬喻—言辞"组合，无一例外地与佛的"方便"联系在一起，也就是说，它们被当作佛向众生开示诸法的具体手段或形式。罗什译本的这段文字构建出了这样一种张力：一方面是佛所开示的"诸法"或"佛之知见"，所谓"佛之知见"，本来是"非思量分别之所能解""唯有诸佛乃能知之"的；另一方面，众生（结合后文，这也包括声闻、辟支佛和菩萨）凭借自身的认知能力，其实对此难以了知。简单地说，问题就在于

---

① （姚秦）鸠摩罗什译：《妙法莲华经》，T. 9, No. 262，第7页上。
② 渡边宝阳按照日莲宗的科判体系对这些经文的出现做了收集和整理，见氏著《法華経『因縁・譬喩・言辭』考》，《日蓮教學研究所紀要》28期，2000年，第1—22页。
③ 在鸠摩罗什译《妙法莲华经》中，各品中出现的情况统计如下：
品数 1 2 3 4 5 7 14 16 19
次数 1 8 3 1 2 1 1 1 1
④ 如盐入良道：《天台智顗的法华经观》，平川彰等：《法华思想》，第330页；渡邊寶陽：《法華経『因縁・譬喩・言辭』考》，《日蓮教學研究所紀要》28期，2000年，第1—22页。

第二章 从"因缘譬喻言辞"到"三周说法":譬喻的认知结构 71

如何使人认识凭其能力不可能认识的事物。"因缘""譬喻"等如来说法的"方便",就是用来缓解这种张力,跨越众生与"难可了知"的"佛之知见"之间的鸿沟的。正是在这种意义上,"因缘""譬喻"等"方便"被赋予了非同一般的意义。

但问题在于,经文为何以这几个范畴来概括"方便"? 这些范畴的含义究竟为何? 即使参看现代学者对此的翻译和解说,亦不难发现,人们对此问题其实并没有清晰的认识。例如,科恩在其基于尼泊尔梵文本的英译中,将此理解为"原因(reasons)、基本理念(fundamental ideas)、例子(illustrations)及解释(interpretations)";① 沃森(Watson)主要基于鸠摩罗什译本的英译,则将之理解为"原因与条件(reasons and causes)、类比/寓言的话语(words of simile and parable)"② ……这些单词的字面意思固然简单易懂,但如是的翻译,却并不能告诉我们其所指内容具体为何,更重要的是,为何是这些单词被组合在了一起。

事实上,如是的含混不仅仅困扰着现代人。考察这些文字在中国的翻译和注释情况,就会发现,对以上问题不断探索和澄清的尝试,伴随着经典翻译与注释过程的始终。

以上引文字为例,竺法护将此段译为:

(尔等当信如来诚谛,)所说深经,谊(=义)甚微妙,言辄无虚。若干音声,现诸章句,各各殊别,人所不念,本所未思,如来悉知。③

值得注意的是,在法护译本中,根本就没有出现"因缘"与

---

① H. Kern, trans., *The Lotus of the True Law. Sacred Books of the East*, Vol XXI, 1994, p. 20.

② Burton Waston, trans., *The Lotus Sutra*, New York: Columbia University Press, 1993. p. 31.

③ (西晋)竺法护译:《正法华经》,T. 9, No. 263,第69页中。

"譬喻"，而只有"若干音声，现诸章句"勉强可以与罗什译本中的"言辞"相对应。不同写本系统所呈现的梵文情况亦是如此：

> durbodhyaṃ śāriputra tathāgatasya saṃdhābhāṣyam | tat kasya hetoḥ | nānā-nirukti-nirdeśābhilāpa-nirdeśanair mayā śāriputra vividhair upāya-kauśalya-sahasrair dharmaḥ samprakāśitaḥ | atarko'tarkāvacaras tathāgata-vijñeyaḥ śāriputra saddharmaḥ | K. N. p. 39
>
> duranubodhaṃ śāradvatīputra tathāgatānāṃm arhatāṃ samyaksaṃbuddhānāṃ sandhābhāṣitam | tat kasya hetoḥ | nānā-nirukti[r] nānā-nirdeśa-nānābhilāp[y] anidarśanebhir me śāradvatīputra vividhopāya-kauśalya-śatasahasraiḥsatvānāṃ dharmam samprakāśitam | atarkyavacaram tac chāradvatīputra dharmam tathāgatavijñeyam tac chāradvatīputra dharmam || O. p. 23

如来"种种方便"所包括的，具体而言是"nirukti""nirdeśa""abhilāpa""nidarśana"① 等种种解释，科恩将此分别翻译为"interpretations, indications, explanations, illustrations"②。严格而言，这四种解释存在着细微的差别，③ 但这些差别显然并未体现在任何汉译本中；或者说至少在译者看来，这并不是需要呈现给读者的重点。

---

① O. 等中亚写本这里作"darśana"，而科恩、南条文雄整理的主要基于尼泊尔写本的精校本中作"nirdeśa"。

② H. Kern trans., *The Lotus of the True Law. Sacred Books of the East*, Vol XXI, 1994, p. 21.

③ nirukti 在汉译佛典中可译为"辞""文辞""殊音""解释""训（释）辞"等（荻原雲來編：《漢訳対照梵和大辞典》，鈴木学術財団，1979 年，第 685 页；以下简称"梵和"），可用来特指语言学、词源学角度的解释（见真野龍海《訓釈詞（nirukti ニルクテイ）について》，《佛教文化學會紀要》，2001 卷（2001）10 号）；nirdeśa，详说、具体分析，汉译佛典中常译为"广释""具说""分别""别释""教""指示"等（梵和，第 688 页）；abhilāpa，宣说、言语，古译"言""所言""言语""言说"（梵和，第 108 页）。nidarśana，示例、例证，古译"譬""能现"等（梵和，第 675 页）。

第二章 从"因缘譬喻言辞"到"三周说法":譬喻的认知结构 73

如是的比较显然提出一个问题:罗什究竟为何选择用"因缘譬喻言辞"来翻译相应内容?其依据究竟为何?

为回答以上问题,先就罗什译本中出现的所有"因缘譬喻言辞"或"因缘譬喻"这样的词汇组合作一基本对勘考察。详见下表:

表2-1　　　　　　　罗什译本"因缘—譬喻"组合对勘

序号	位置	法护译	罗什译	K. N.	O.
1	《序品》长行	讲说譬喻,亿载报应	种种因缘,以无量喻	dṛṣṭānta-hetū-nayutāna koṭibhiḥ p. 9	dṛṣṭānta-hetū-nayutāna koṭibhiḥ p. 9
2	《方便品》长行	善权方便,随谊顺导	因缘譬喻,广演言教,无数方便	upāyakauśalya-jñāna-darśana-hetu-kāraṇa-nirdeśana-ārambaṇa-nirukti-prajñaptibhis p. 29	upāyakauśalya-jñāna-darśana-hetu-kāraṇārṃbaṇa-nirukti-vijñaptibhir p. 19
3	《方便品》长行	若干音声,现诸章句	无数方便,种种因缘譬喻言辞	nānā-nirukti-nirdeśābhilāpa-nirdeśanair... vividhair upāya-kauśalya-sahasrair p. 39	nānā-nirukti［r］nānā-nirdeśa-nānā-abhilāp［y］ani-darśanebhir... vividhopāya-kauśalya-śatasahasraiḥ p. 23
4①	《方便品》长行	以权方便、若干种教,各各异音开化一切	以无量无数方便,种种因缘譬喻言辞	nānā-bhinirhāra-nirdeśa-vividha-hetu-kāraṇa-nidarśanā rambaṇa-nirukty-upāya-kauśalyair p. 42	nānābhinirhāra-（nānā）nirdeśa-vividha-hetu-kāraṇa-nidarśanāraṃbaṇa-nānānirukty-upāya-kauśalyebhi p. 25
5	《方便品》偈颂	善权方便,亿百千姟	以诸缘譬喻言辞方便力	nānāniruktīhi ca kāraṇehi... hetūhi dṛṣṭāntaśatehi p. 45	nānānirukti-bahu-kāraṇebhi... hetubhi［r］dṛṣṭānta-sahasrakoṭibhis p. 27
6	《方便品》偈颂	报应譬喻,行权方便	种种缘譬喻,无数方便力	dṛṣṭānta kaiḥ kāraṇahetubhiś ca upāyakauśalyaśatair anekaiḥ p. 49	dṛṣṭānta-hetūbhi ca kāraṇebhi ca upāyakośalyasahasrakoṭibhi（ḥ）p. 28

① 此段说过去、现在、未来佛以方便教化众生,即与此例相同的用法出现了三次,这里仅列一项。

续表

序号	位置	法护译	罗什译	K. N.	O.
7	《方便品》偈颂	若干因缘，攀喻引譬	以种种因缘、譬喻亦言辞	dṛṣṭānta-hetūn... bahukāraṇa p. 54	dṛṣṭānta-he[t]tu(ṃ)... bahu kāraṇāṃ p. 30
8	《譬喻品》偈颂	如因缘行，而引说喻	佛以种种缘、譬喻巧言说	hetūhi ca kāraṇaiś ca dṛṣṭāntakoṭīnayutaiś ca p. 63	hetubhi ca kāraṇebhi ca dṛṣṭānta koṭīnayutebhi p. 35
9	《譬喻品》长行	以若干种善权方便	以种种因缘、譬喻言辞方便说法	nānābhinirhāra-nirdeśa-vividha-hetu-kāraṇa-darśanārambaṇa-nirukty-upāyakauśalyair p. 71	nānābhinirhāra-nānā-nirdeśa-vividha-hetu-kāraṇā-nidarśanārambaṇa-nānā-nirukty-upāyakauśalya-śatasahasrais p. 39
10	《譬喻品》偈颂	引无央数，亿载譬喻	种种因缘、譬喻言辞	dṛṣṭānta koṭīnayutair anekais p. 98	dṛṣṭāntakoṭīnayutair anekais p. 51
11	《信解品》偈颂	攀缘称赞，亿姟譬喻	以诸因缘、种种譬喻、若干言辞	dṛṣṭānta-hetū-nayutāna koṭibhiḥ p. 116	dṛṣṭānta-hetu-nayutāna koṭibhiḥ p. 60
12	《药草喻品》偈颂	善权方便	以诸因缘、种种譬喻	upāyakauśalya p. 131	upāyakauśalya p. 66
13	《化城喻品》偈颂	亿百千姟，无底譬喻，示现因缘，寻获报应	以无量因缘、种种诸譬喻	dṛṣṭānta – koṭīnayutair anekaiḥ... hetūsahasrair p. 193	dṛṣṭānta – koṭīnayutair anekai(ḥ)... hetu-sahasrair p. 89
14	《安乐行品》长行	分别演说，亿千姟喻	以诸因缘、无量譬喻	dṛṣṭānta-koṭīnayutaiḥ p. 284	dṛṣṭānta-koṭi-nayutebhi p. 138
15	《如来寿量品》长行	故为分别说若干法	以若干因缘譬喻言辞	vividhair ārambaṇair p. 318	vividhebhir ārambaṇebhir p. 156
16	《法师功德品》偈颂	睹察报应	以诸因缘喻	dṛṣṭānta-koṭī-nayutair p. 368	dṛṣṭānta-hetu-nayutāna koṭibhiḥ p. 175

说明：品名依据罗什译本。梵文保留变格。

第二章　从"因缘譬喻言辞"到"三周说法"：譬喻的认知结构　　75

　　在竺法护译本中，罗什译本所谓的"因缘"被直接翻译为"报应"，① 这显然体现了译者本人对其具体内容的理解。按照这种理解，我们可以将之与经文中那些讲述人物前世宿业与今生果报的叙事性内容直接对应起来。不过，更加值得注意的是，《正法华经》中完全没有形成如罗什译本中那样固定的词汇组合。换言之，无论"报应"还是"譬喻"，各自都仅仅是以单独的个体随机出现于经文中，而并不处于任何结构中。

　　在此意义上，理解罗什译本的翻译就显得尤为重要。在罗什译本中反复出现的组合，有时作"因缘—譬喻—言辞"三项，有时为"因缘—譬喻"两项。值得注意的是，在梵文本（包括所有写本系统）中与之相对应的部分，并未显现出如是的固定组合，这与法护译本情况一致。具体而言，在经文偈颂部分，确实可以发现"hetu"／"hetu + kāraṇa"（"因缘"）和"dṛṣṭānta"（"譬喻"）常相伴随而出现，但也有个别实例（如例 10、14），仅出现了"dṛṣṭānta"，而罗什依旧将之补充为"因缘—譬喻"的组合。在所有实例中，只有例 5 所示的偈颂②完整地出现了"nirukti""kāraṇa""hetu"与"dṛṣṭānta"几项，可以与罗什译本的"因缘—譬喻—言辞"相对应。而在其他地方，如例 7、8、10、11 中，罗什的翻译仍然呈现了由此三项构成的组合，但梵文中却并没有表示"言辞"的词汇与之对应。

　　长行的情况更为复杂。例 1 可与汉译直接对应，例 14 只出现了"dṛṣṭānta"，但罗什将之补足为"因缘—譬喻"。除此之外，即第二品至第九品所有出现在长行中的实例均未见"dṛṣṭānta"一词，仅例 4、例 9 中出现了与之意义相近的"nidarśana"。③ 例 2 中仅出现了可

———

① Seishi Karashima, *A Glossary of Dharmarakṣa's Translation of the Lotus Sutra*（《正法华词典》），Tokyo：Meiwa Printing Company，1998. p. 15.
② 相当于 K. N. 第二品第 44 颂。
③ 例 9 中 O. 作"nidarśana"，K. N. 本此处作"darśana"。

与"因缘"对应的"hetu－kāraṇa"。在第二品至第九品长行中反复出现的，是并不完全固定的一系列表达"教说"或"解释"意义的词汇，① 与此相对，罗什在长行部分的翻译都呈现出"因缘—譬喻—言辞"三项，这些词汇应该相当于罗什翻译的"言辞"。

综合以上信息，罗什在翻译过程中，显然对经文长行和偈颂部分本来并不完全一致的内容与表达进行了整合统一。唯一可以与"因缘—譬喻—言辞"——对应的，只有例5所示的偈颂；例4虽然在范畴上可以与之对应，但问题就在于，是什么使得罗什意识到那一系列词汇应被概括为这三个范畴，不是更多也不是更少。直接诉诸任何梵文"原文"，都难以解释罗什进行这种整合工作的必要性——对于这一问题，法护的翻译正可作为有益的对照，说明如是的整合并非自然而然就可形成的。换句话说，这只能是由于罗什对于经文整体内容的概观和把握。在偈颂中，他提取出"譬喻—因缘"这对固定组合；在长行中，则提取出"言辞"这一范畴。三者被组合在一起，成为汉译经文中用以呈现佛之"方便"的一个固定结构——最明显的例子，是例12中，即使梵文只提到了"方便"（upāyakauśalya；竺法护的翻译也说明了这一点），罗什也要将"因缘—譬喻"这一组合补充进文本。这种"结构化整合"，无疑对于理解经文内容，特别是理解如来的"方便说法"影响深远。

二 早期汉译佛典中的"因缘—譬喻"

上文的分析表明，汉译《妙法莲华经》中反复出现的"因缘—譬喻"或"因缘—譬喻—言辞"的词汇组合形式来自鸠摩罗什的结构化整合。那么，是什么促使罗什认为需要进行这项整合工作？更确切地说，罗什究竟如何理解"因缘""譬喻"等概念，以至于认为这是一组值得普遍应用于经典各处的范畴？

万幸的是，如是的组合也出现在了罗什的其他译经中，为解决

---

① 其中最常见的是 nirukti。

这一问题提供了宝贵的线索。"譬喻—因缘"这一组合最早出现于《大智度论》：

> 例① 问曰：定名从未到地乃至灭尽定，入此定中，不能起身业、口业。佛若常定、无不定心者，云何得游行诸国、具四威仪、为大众种种因缘譬喻说法？①
>
> 例② 复次，佛法甚深，常寂灭相故，狂愚众生不信不受，谓身灭尽，无所一取。以是故，佛以广长舌、梵音声、身放大光，为种种因缘譬喻，说上妙法；众生见佛身相威德，又闻音声，皆欢喜信乐。②
>
> 例③ 富楼那于四众中，用十二部经、种种法门、种种因缘譬喻说法，能利益众生第一。③
>
> 例④ "解释"者，如囊中宝物，系口则人不知，若为人解经卷囊，解释义理；又如重物，披析令轻，种种因缘譬喻，解释本末令易解。④
>
> 例⑤ 是故菩萨发无上道心，自以相好严身，得梵音声，有大威德，知众生三世心根本，以种种神通力因缘譬喻，为说无所有法、空解脱门，引导其心。⑤

不难发现，"因缘譬喻"毫无例外地与佛、菩萨或弟子的"说法"联系在一起，作为利益众生的手段。例①提出了一个问题：既然在入定状态不能起身业、口业，而佛又常在定中，又如何可能游行诸国、为众生说法呢？如果说"游行诸国""具四威仪"对应于"身业"，那么这里的"为大众种种因缘譬喻说法"，只能对应于

---

① （姚秦）鸠摩罗什译：《大智度论》，T. 25，No. 1509，第248页中。
② （姚秦）鸠摩罗什译：《大智度论》，T. 25，No. 1509，第274页下。
③ （姚秦）鸠摩罗什译：《大智度论》，T. 25，No. 1509，第440页上。
④ （姚秦）鸠摩罗什译：《大智度论》，T. 25，No. 1509，第518页上。
⑤ （姚秦）鸠摩罗什译：《大智度论》，T. 25，No. 1509，第674页上。

"语业"。这显然不是特指某种特殊的情况，而是泛泛的概括。例③尤其能够说明这点——"十二部经"涵盖了佛教经典的全部体裁，"种种法门"涵盖了修习佛法的种种方式，二者从不同角度，概括了佛的全部教法。如此推断，紧接其后的"种种因缘譬喻"，没有理由不遵循同样的逻辑。例④出现的"因缘譬喻"，用以说明"解释"一词。这里使用了两个比喻：解开囊中宝物，这是说"解释"使隐藏的义理显明；披析重物令轻，这是说"解释"使复杂难解之理简单化。其中，后者尤其值得注意，因为这里所谓使复杂问题简单化的手段，正是靠"种种因缘譬喻"。总结而言，按照上引实例的用法，所谓"说法"，具体内容就是"因缘譬喻"，或者说，"因缘譬喻"是佛菩萨通过语言传达、解释义理的普遍形式。

　　例②所呈现出的"甚深佛法"与佛之"身相""音声"之间的对照关系尤为值得注意。一方面，佛法深广难解，"常寂灭相"，无明愚痴的众生无法信受；另一方面，为了利益众生，佛展现种种"身相威德"，以"种种因缘譬喻，说上妙法"，使得众生得以信解佛法。这里虽然没有明确提到"方便"的概念，但在意涵上，却与《法华经》中以"方便"向众生"开、示、悟、入"难可了知的"佛之知见"的说法相差无几。上文已经提到，在《法华经》中，"因缘—譬喻"正是用以呈现佛之"方便"的固定结构。从"说法"的普遍形式到"方便"的固定结构，"因缘譬喻"这一词组在两种译经中用法上的承袭关系是难以忽视的。《大智度论》译出于弘始四年至七年（402—405），《妙法莲华经》的译出略晚于此（弘始八年，406）。上文提到，《法华经》的梵文本中并不存在"因缘—譬喻"或"因缘—譬喻—言辞"的固定组合，那么促使罗什意识到应该以此组合补足相关文句，使之具有普遍化意义的，很有可能就是《大智度论》——实际上，目前可以追溯到的如是用法的最早实例，也正是出现于此经。考虑到不少学者认为什译《法华经》中出现的"十如是"这组对后世义学影响深远的概念，很有可能就是罗什参考

《大智度论》的内容而形成,① 设想《大智度论》在其他方面,至少是在对"因缘—譬喻"的理解上同样影响了罗什在《法华经》中的翻译,也是符合情理的。②

在《法华经》之后,罗什在其他译经中同样使用了"因缘譬喻"的组合,如:

> 是菩萨建立语端,所说无失。能以因缘譬喻结句,不多不少,无有疑惑。言无非义、无有谄诳。质直柔和,种种庄严。易解易持,义趣次序。③

> 复次,佛法皆空,是空甚深,佛以种种因缘譬喻宣示,义则易解,小儿亦知。④

这与《大智度论》《法华经》的用法没有任何区别,同样是用以说明佛菩萨说法的具体方式或内容。甚至在《成实论》的一个用例中,"因缘譬喻"涉及的范围都不限于佛菩萨的"说法",而是普遍的言说:

> 实法无有于一异中不可说者。所以者何?无有因缘譬喻,以此知不可说。色等法实有故,非不可说也。⑤

这使我们不得不进一步思考罗什所使用的"因缘譬喻"的确切含义。诚然,《法华经》中确实存在着大量情节生动的故事,在经文

---

① 本田義英:《佛典の内相と外相》,京都:弘文堂,1934 年,第 383 页;黄国清:《再论〈妙法莲华经〉之"十如是"译文》,《中华佛学学报》2000 年第 13 期。
② 菅野博史利用记录罗什与慧远书信往来的《大乘大义章》,考察了罗什的《法华经》观,指出其对《法华经》"罗汉成佛""诸佛秘密藏"等的认识,正是基于《大智度论》。见氏著《中国法華思想の研究》,第 16 页。
③ (姚秦)鸠摩罗什译:《十住毗婆沙论》,T. 26,No. 1521,第 28 页中。
④ (姚秦)鸠摩罗什译:《成实论》,T. 32,No. 1646,第 241 页上。
⑤ (姚秦)鸠摩罗什译:《成实论》,T. 32,No. 1646,第 330 页上。

本身的语境下，若将"因缘譬喻"理解为如来用以教化众生的两种不同的故事体裁，尚且能够讲通；可脱离此背景泛泛而言"说法"，如是的理解就显得怪异了——毕竟，佛菩萨的说法并不必然利用故事，如果仅是如此，没有必要将之作为"说法"的普遍形式；而若将之扩展到一般意义的解释、言说上，则更是难以理解。基于以上用例的考察，可以推测，至少在鸠摩罗什的翻译中，他并未将"因缘譬喻"理解为两种特定的佛教文学体裁。

罗什对"因缘譬喻"的使用方式在之后仍旧被一些译师沿用。如在陈月婆首那译《胜天王般若波罗蜜经》中，出现了"种种语言而受化者，即应为说因缘譬喻令其得解"①；在阇那崛多译《大法炬陀罗尼经》中，出现"种种方便言教，因缘譬喻"②。其中，最可说明"因缘譬喻"之确切含义的，是刘宋求那跋陀罗译四卷本《楞伽经》中的一段译文。为方便说明，兹将其与其他译本及梵文的对照情况列举如下：

求那跋陀罗译

佛告大慧：世间言论，种种句味，因缘譬喻，采习（集）庄严，诱引诳惑愚痴凡夫。③

菩提留支译

佛告大慧：卢迦耶陀种种辩才，巧妙辞句迷惑世间，不依如法说、不依如义说；但随世间愚痴凡夫情所乐故，说世俗事，但有巧辞言章美妙，失于正义。大慧！是名卢迦耶陀种种辩才乐说之过。④

实叉难陀译

佛言：大慧！卢迦耶陀所有词论，但饰文句，诳惑凡愚，

---

① （陈）月婆首那译：《胜天王般若波罗蜜经》，T. 8，No. 231，第 707 页下。
② （隋）阇那崛多译：《大法炬陀罗尼经》，T. 21，No. 1340，第 659 页下。
③ （刘宋）求那跋陀罗译：《楞伽阿跋多罗宝经》，T. 16，No. 670，第 503 页中。
④ （北魏）菩提留支译：《入楞伽经》，T. 16，No. 671，第 547 页上。

随顺世间虚妄言说。①

梵文

bhagavānāha-vicitram antrapratibhāno mahāmate lokāyatiko vici-trair hetu-pada-vyañjanair bālān vyāmohayati②

这段文字旨在批判顺世论者，着重强调他们以巧妙言辞迷惑世人的危害。与其他译师相似，求那跋陀罗对"因缘譬喻"的使用，同样与"言论""句味"紧密相关。与其对应的梵文并未提到"譬喻"，只说："顺世论者以种种原因（hetu）、语句（pada）、文字（vyañjana）迷惑愚夫。"也就是说，如同罗什在《法华经》中所做的整合工作，在仅仅有可与"因缘"相对应的"hetu"一项存在的情况下，求那跋陀罗仍然将这一组合补全。从字面意义来看，用语句文字迷惑愚夫尚且容易理解，但这里的"hetu"所指为何，甫一读之却并不分明，其他两个译本索性直接略去此项。不过，紧接其后的一段文字足以澄清这一问题：

求那跋陀罗译

是故世间言论、种种辩说，不脱生老病死忧悲苦恼，诳惑迷乱。③

菩提留支译

大慧！是故我说卢迦耶陀，虽有种种巧妙辩才，乐说诸法，失正理故，不得出离生老病死忧悲苦恼一切苦聚，以依种种名字章句譬喻巧说，迷诳人故。④

实叉难陀译

是故我说世论文句因喻庄严，但诳愚夫，不能解脱生老病

---

① （唐）实叉难陀译：《大乘入楞伽经》，T. 16，No. 672，第 612 页下。
② 黄宝生：《梵汉对勘入楞伽经》，中国社会科学出版社 2011 年版，第 173 页。
③ （刘宋）求那跋陀罗译：《楞伽阿跋多罗宝经》，T. 16，No. 670，第 503 页中。
④ （北魏）菩提留支译：《入楞伽经》，T. 16，No. 671，第 547 页中。

死忧悲等患。①

梵文

ata etasmāt kāraṇān mahāmate lokāyatiko vicitra-mantra-pratibhāno' parimukta eva jāti-jarā-vyādhi-maraṇa-śoka-parideva-duḥkha-daurmanasyo-pāyāsādibhyo vicitraiḥpada-vyañjanair hetu-dṛṣṭāntopasaṃhārair bālān vyāmohayati | ②

这段文字依旧是批判顺世论的危害。此句的梵文主体结构与上引用例一致，只是在列举顺世论者用以迷惑愚夫的种种手段时更为详细。具体而言，这里出现了两组相违释复合词（dvandva）——"句（pada）-文（vyañjana）"与"因（hetu）-喻（dṛṣṭānta）-结论（upasaṃhāra）"。两组复合词分别从不同的角度对一个更大的范畴进行了剖析——这个更大的范畴就是"语言"或"言说"。事实上，三名译者不约而同地意识到了这点，因此，求那跋陀罗将这组复合词直接概括为"言论""辩说"，菩提留支和实叉难陀则分别以"巧说""庄严"概括之。"名""句""文"在佛教中被认为是语言用以传达意义的基本单位③，从"句"到"文"，涵盖了从大到小的所有语言层级。以此类推，另一组复合词亦应遵循同样的逻辑。如果说此前"因缘譬喻"这一组合的含义尚且难以确定的话，这里在加入"upasaṃhāra"一项之后，其含义就相当明确了——这里的"因缘譬喻"，应从因明学"三支"或"五支"论式中"因"与"喻"的角度来理解。实叉难陀直接将此译为"因喻"，也可从侧面说明这一点。

---

① （唐）实叉难陀译：《大乘入楞伽经》，T. 16，No. 672，第 612 页下。
② 黄宝生：《梵汉对勘入楞伽经》，第 173 页。
③ Padmanabh S. Jaini, "The Vaibhāṣika Theory of Words and Meanings", *Bulletin of the School of Oriental and African Studies*, Vol. 22, No. 1/3（1959），pp. 95 – 107；那须円照：《『倶舎論』における言語観》，《パーリ学仏教文化学》，2012 年第 26 号，第 41—62 页。

"因缘"相当于因明论式中的"因","譬喻"相当于"喻例",二者共同构成对一个命题的有效逻辑证明。正是在此意义上,在早期汉译佛典中,以鸠摩罗什为首的译师将其作为说法、言论的普遍形式或结构。以此为前提,我们才能充分理解在《法华经》的翻译中,罗什何以坚持以"因缘—譬喻"的固定组合整合文本,使之成为呈现"方便"的基本结构:"方便"离不开言说教化,而有效的言说论证,则必然以"因"和"喻"为基本组成部分。同时,也可由此推知《法华经》中出现的"因缘—譬喻—言辞"组合,其实在逻辑上并非并列的三项,而是涉及了两个层级,"因缘"与"譬喻"是"言辞"的基本形式,反过来说,"言辞"是对前二者的概括。

不过,在此问题上,还需要进一步考虑如下背景:印度的逻辑学研究("正理",Nyāya)约发端于公元前3世纪,其中最有代表性的《正理经》传说中的作者乔答摩(Gotama),据说生活于公元前150年至公元50年间。但直到公元四五世纪,正理派的理论才真正成熟,完全形成。[①] 佛教与正理派思想间的交涉在龙树、提婆的时代即可发现;[②] 但在此之前,在《法华经》成立时期,或更确切地说,至少在"原始八品"成立时期,二者交涉的情况则缺乏确实的证据。当然,不排除作为印度思想共识的某些基本正理概念多少渗透进其文本并影响其具体文句表述方式的可能。不过,《法华经》梵文中的"hetu-dṛṣṭānta"组合却并不严格稳定,尽管其在经文中尤其是在偈颂部分多次出现,但亦时常缺少其中一项,或"hetu"后加一近义词"kāraṇa"。对于这一情况可有两种理解:或者,这说明当时印度的正理学说或至少是《法华经》作者所接受的正理学说,仍处于尚未完全成型的初级阶段;或者,经文在成立之初本来就并未与正理学说有任何关联,只是恰好用词与之有所重叠——参考第

---

① 木村泰贤:《梵我思辨:木村泰贤之印度六派哲学》,第236页。孙晶:《印度六派哲学》,第316页。

② 孙晶:《印度六派哲学》,第316页。

一章中,我们提到,经文甚至没有表现出对"dṛṣṭānta"这一核心正理概念的任何界定,而是与"upamā"一词相混淆,这就使得后一种推测的可能性更大。但无论如何,这都提示我们,没有必要僵硬地要求其与后世的"三支"或"五支"论式在形式和规则上严格一致,而只须借用后世成熟的框架朝此方向理解即可。

至少经由龙树等人的著作,罗什了解基本的正理概念当不成问题。正是出于对印度思想传统的敏锐把握,他在梵文《法华经》所呈现的并无固定规律的文字表述中"发现"或者说"重新构建"了"因缘—譬喻"这组教说和论证的普遍结构。他在译经过程中进行的整合工作,实际上是以更加稳定和明确的文字形式,引导读者以这种特定的角度和框架理解相关文本,更重要的是,理解"方便"这一《法华经》的核心概念。

三 注释中的"因缘—譬喻—言辞"

罗什在《妙法莲华经》中对文字呈现方式的选择,体现了他对于相关概念的理解。不过,如是的理解是否以其期望的方式被中国的阅读者接受?经过罗什翻译整合的这些文字,在中国事实上被如何理解和解读?这就需要考察当时注释中对"因缘—譬喻"等概念的诠释。

客观而言,直接来自经文的"因缘—譬喻"等概念,并未在历代注疏中占据重要篇幅。对其较为系统和详细的诠释,一般仅见于对经文第二品《方便品》开头一段的解说中。为方便叙述,先将原经文列明如下:

> 舍利弗!吾从成佛已来,种种因缘,种种譬喻,广演言教无数方便,引导众生令离诸着。所以者何?如来方便知见波罗蜜皆已具足。[①]

[①] (姚秦)鸠摩罗什译:《妙法莲华经》,T. 9, No. 262,第 5 页中

第二章 从"因缘譬喻言辞"到"三周说法":譬喻的认知结构 85

从目前保存的材料来看,道生的注释并未于此专门着墨,而法云的《义记》最早对此进行了详细解说:

> 就正叹中有三:第一"舍利弗,吾从成佛以来",明权智时节;第二"种种因缘"以下,正叹权智;第三"引导众生"以下结显。今者第二正叹权智者,即是权智所作。"种种因缘"者,此名释迦权智所说之法。声闻观四谛为因缘,缘觉观十二因缘为因缘,菩萨之人观六度为因缘,故言种种因缘。复言"种种譬喻"者,譬三乘行因时,声闻如兔、缘觉如马、菩萨如象;譬三乘得果时,声闻以譬羊车、缘觉以譬鹿车、菩萨以譬牛车,故言种种譬喻也。"广演言教无数方便"者,不但说法而已,待处、待时种种不同,故言广演言教无数方便也。①

首先值得注意的是,在结构上,《义记》将这一小段文字判为"单叹方便智",其中自"种种因缘"至"无数方便",是正叹"权智所作"。这即是说,将"因缘譬喻"等置于"权—实"相对的结构中,是其认识这些概念的基本前提。实际上,如是的判释方法,为后来的智𫖮、吉藏等大德所继承,这也成为他们理解这段文字的基本共识。

其次,考察其对"因缘譬喻"等文字的具体解释,有三方面问题值得考虑:第一是《义记》用以分割自"种种因缘"至"无数方便"一段文字所使用的范畴,第二是其如何解释范畴之下的具体内容,第三是几种范畴之间的关系和次第。法云将其分割为三项——"因缘""譬喻""言教方便"。具体而言,"因缘"对于声闻、缘觉、菩萨分别指"四谛""十二因缘"和"六度";换言之,"因缘"被理解为三乘各自的教法内容,或者说,是其各自之所以得度的"因缘"。按照类似的思路,"譬喻"也被理解为"关于三乘的譬

---

① (梁)法云:《妙法莲华经义记》,T. 33,No. 1715,第 595 页中。

喻",并可分为"行因"和"得果"两方面。而"言教方便",并无任何具体所指,只是强调佛说法以来"处""时"有种种不同。按照法云的理解,"种种因缘"这段话,实际上就是在说"佛以三乘引导教化众生",故而判其入"权",也正符合三乘是"权"、一乘是"实"的宗旨。不过另一方面,在给"因缘"等范畴安排了如是内容后,范畴之间也就显得并无必然关联,以至于《义记》并未对此进行任何说明。

实际上,正是就上述三个问题,不同的注释展现了多样的理解方式和解释的可能性。这里选择比较有代表性的智𫖮《法华文句》、吉藏《法华义疏》以及窥基《法华玄赞》的说法,连同上文提到的法云《义记》一起,列表进行比较说明:

表 2-2　　　　　　　　四家注疏的范畴划分方式

《义记》	《文句》	《义疏》	《玄赞》
因缘	因缘	因缘	因缘
譬喻	譬喻	譬喻	譬喻
广演言教无数方便	广演	言教	言辞
	方便	方便	方便

表 2-3　　　　　　　　各范畴下的具体内容

《义记》	《文句》	《义疏》	《玄赞》
此名释迦权智所说之法……	四十余年,以三种化他权实逗会众生,故言种种因缘也	谓三乘人所度因缘也。明其入道不同、由籍各异,故云"种种"也	本论于其六义第二"说"中解故……
譬三乘行因时……譬三乘得果时……	小乘中以芭蕉、水沫为譬,大乘中以干城、镜幻等譬。依诸论者,以小乘譬乳,大乘譬醍醐也	凡有二义:一者、为三乘人各说譬喻……二者、三乘人合喻,如三鸟出网、三兽渡河也	如依牛有乳、酪、生苏、熟苏乃至醍醐,醍醐为第一,小乘如乳、大乘如醍醐故……

续表

《义记》	《文句》	《义疏》	《玄赞》
不但说法而已，待处、待时种种不同①	能于一法出无量义也	上喻今法也	—
	即七种方便也②	上之法、譬皆是善巧，故名方便。又上法譬皆是口业，今明身业现神通，意业密化，谓无数方便也。《法华论》云"方便者，从生暗率天乃至现大般涅槃故"也③	初以种种因缘等说法为方便者，皆为后得一佛乘④

几种注疏无一例外地将"因缘"理解为"三乘"，或使用吉藏更为清晰的表达——"三乘人所度因缘"。"譬喻"同样被置入"三乘"的框架内解释。这里，吉藏给出了最为清晰的概括："譬喻"一方面是指针对三乘教法内容而给出的不同譬喻，具体例子如《法华文句》中所举。吉藏之所以做出这种解释，是有经典依据的："如《智度论》云'佛于三藏中为诸声闻说种种譬喻，但不说揵闼婆城喻，乃至为诸菩萨广说十种喻'等也。"⑤《文句》的解释与此一致，其中虽然没有提到《大智度论》，但其所举的具体实例仍与《智论》中保持一致（这些实例不见于吉藏《义疏》），可见皆是清楚经典出处的。不过，《智论》中就在此句之上，还有一段文字值得注意：

---

① （梁）法云：《妙法莲华经义记》，T. 33，No. 1715，第595页中。
② （隋）智顗：《妙法莲华经文句》，T. 34，No. 1718，第41页中。
③ （隋）吉藏：《法华义疏》，T. 34，No. 1721，第487页中。
④ （唐）窥基：《妙法莲华经玄赞》，T. 34，No. 1723，第717页上。
⑤ （隋）吉藏：《法华义疏》，T. 34，No. 1721，第487页中。《大智度论》中原文为："复次，一切声闻法中，无揵闼婆城喻，有种种余无常喻——色如聚沫，受如泡，想如野马，行如芭蕉，识如幻，及《幻网经》中空譬喻。以是揵闼婆城喻异故，此中说。"（姚秦）鸠摩罗什译：《大智度论》，T. 25，No. 1509，第103页中。

"是摩诃衍如大海水,一切法尽摄;摩诃衍多因缘故,多譬喻无咎。"① 这段文字显然表明了"因缘"与"譬喻"之间不可分割的内在关联,但却并未体现在包括吉藏在内任何人的解释中。另一方面,"譬喻"还可指"三乘人合喻"。所谓"合喻",实际上是指那些用以说明三乘关系次第的譬喻,如吉藏所举"三鸟出网""三兽渡河",或者《文句》《玄赞》所举由乳至醍醐的譬喻。法云所理解的譬喻,即是此类。

正是在吉藏的《义疏》中,我们看到了被明确分割开来的四个范畴——"因缘""譬喻""言辞""方便",并且四者之间被安排了清晰的关系次第。"因缘"指三乘人入道所由,涵盖了种种教法,因而是范围最广的一个概念。"譬喻"与"言辞",一是"譬",一是"法",二者作为同一层级并列的两个概念,共同构成了佛之"口业"。而"方便",则强调如来除"法"与"譬"两种"口业"外,还以"身业""意业"教化众生。如果说按照本节前两部分的分析,罗什所翻经文所强调的,是"因缘"与"譬喻"之间的紧密关系,那么吉藏的次第安排,则突出了"譬"与"法"这两种语言形式之间的对照。也正是在这里,我们可以看到经文中"因缘—譬喻—言辞"组合与注释中"法说—譬喻说—因缘说"这"三周说法"之间的明确联系:"法说"对应"言辞","譬喻说"与"因缘说"分别对应"譬喻"和"因缘"。反过来说,经文中反复提到的诸佛以"因缘譬喻言辞"说法的段落,也正为其"三周说法"的判释提供了经典依据。

窥基划分的范畴与吉藏类似,并且也注意到了四者之间的次第问题:

> 此经以方便、因缘、譬喻、言词(辞)为次第,本论释经以譬喻、因缘、念观、方便为次第故。今引释与论不同,学者

---

① (姚秦)鸠摩罗什译:《大智度论》,T. 25,No. 1509,第 103 页中。

第二章　从"因缘譬喻言辞"到"三周说法"：譬喻的认知结构　　89

应悉。①

　　他的解释基本沿用《妙法莲华经优波提舍》（以下简称《法华经论》或《经论》），并未添加更多个人的理解和解读。不过，这也提醒我们注意到《经论》在这些注释中所起的作用。实际上，以"三乘"框架解释"因缘"和"譬喻"，乃至说到"譬喻"时智𫖮、窥基等人最常举出的三乘人从牛乳至醍醐的譬喻，都可在《经论》中找到对应之处。②吉藏、窥基的著作在此处也写明了《经论》的出处。这里更值得注意的，是《经论》对于这段文字的呈现方式——不是"因缘、譬喻、广演言教无数方便"，而是"无量无数方便，种种譬喻、因缘、念观、方便说法"。对比梵文（可参看表2-1第4栏），这同样不是对经文的直接呈现，而是经过了论者的概括。这也表明，从经文的文字中提取范畴，为这些范畴安排具体内容和次第结构，同样也是印度论者需要面临的问题。尽管吉藏、窥基等人都注意到了《经论》与罗什所译经文有所出入，他们却都未试图确立唯一的正确理解，而将之视为具有同等价值的两种不同的理解方式。③

---

　　① （唐）窥基：《妙法莲华经玄赞》，T. 34，No. 1723，第717页上。
　　② （北魏）菩提留支、昙林译《妙法莲华经优波提舍》："依法者，如经'舍利弗！过去诸佛以无量无数方便，种种譬喻、因缘、念观、方便说法，是法皆为一佛乘故'，如是等故。言譬喻者，如依牛故得有乳、酪、生酥、熟酥及以醍醐。此五味中醍醐第一，小乘不如，其犹如乳；大乘为最，犹如醍醐。此喻所明大乘无上，诸声闻等亦同大乘无上义故。声闻同者，此中示现诸佛如来法身之性，同诸凡夫、声闻之人、辟支佛等，法身平等无差别故。此义皆是譬喻示现。因缘之义，如前所说（种种因缘者，所谓三乘。彼三乘者，唯有名字章句言说，非有实义，以彼实义不可说故）。言念观者，小乘谛中人无我等；大乘谛中真如、实际、法界、法性、及人无我、法无我等种种观故。言方便者，于小乘中观阴界入，厌苦离苦得解脱故；于大乘中诸波罗蜜，以四摄法摄取自身他身，利益对治法故。"T. 26，No. 1519，第7页上—中。
　　③ 在《法华论疏》中，吉藏还试图将《经论》与罗什译本中的不同范畴一一对应起来，将两种不同的理解方式整合统一。见（隋）吉藏《法华论疏》，T. 40，No. 1818，第803页下。

以上考察了几种代表性的注疏对"因缘—譬喻"等一系列概念的解释。需要承认的是，这些注疏中，有些实际上并未将之当作重要的概念（甚至并未意识到这是需要专门关注的"概念"），更谈不上考虑概念之间的关系。但即使是这种情况，也值得思考——毕竟对经典的"解释"，其重点往往正在于那些在理解上存在问题之处。在此意义上，当人们面对同样的经典文本，如何"发现"经文中的问题，如何判断哪些内容需要专门的解释和安排，哪些不值得注意和讨论，这一过程本身也构成了经典解读的重要一环。具体到我们所关注的问题，意识到"因缘—譬喻—言辞"等值得作为一组相互关联的概念——换句话说，值得作为一个"问题"而被解释的，是吉藏与窥基（尽管后者并未作出具体说明），这就首先与法云、智𫖮等人呈现出不同的理解方向。

通过为"问题"填充"答案"，理解问题的特定框架被设立，从而某些特定的认识角度得到强调。具体到吉藏的"答案"，按照他对几个范畴次第关系的说明，被突出强调的，是"譬"与"法"这两种语言形式之间的对照关系。换句话说，"譬喻"需要被置于"譬—法"的结构中来理解——这就与罗什译经中构造的"因缘—譬喻"结构有所区别。但有趣的是，吉藏之所以有可能发现这种区别于罗什的结构，恰恰正是由于罗什在译经过程中，出于自身的理解，将文字的形式整合为如是的样态。其间的转折，生动呈现了佛教经典内容于中国传译、解读过程的真实情况。

第二节 "三周说法"

《法华经》的注释普遍将前半部分划分为"法说""譬喻说""宿世因缘说"这"三周说法"的判释结构。这种做法目前最早见于法云《法华义记》，在之后的注疏中也一直沿用。① 具体而言，自第二品《方便品》舍利弗三次劝请之后至第九《授学无学人记品》，即《法华经》前半的"正宗分"，法云及其后注释者将之判为三段：第一段自第二《方便品》"尔时世尊告舍利弗，汝已殷勤三请"，至第三《譬喻品》"及见佛功德，尽回向佛道"，为"法说"；第二段自《譬喻品》"尔时舍利弗白佛言"，至第六《授记品》，为"譬说"；第三段自《化城喻品》至第九《授学无学人记品》，为"宿世因缘说"。如是判释以经文本身的结构特征作为依据。事实上，在现存最早的《法华经》注释——《法华经疏》中，竺道生就已经注意到，经文前半部分存在着"三说"及与之对应的"三授记"，② 这也正是法云等人据以划分"三周"的标志。不过，从目前所保存的材料来看，直到法云《法华义记》中，这三周说法才分别被冠以"法说""譬说"和"宿世因缘说"的名称。这看似简单的一步，实则既是对经文内容和结构认识的深入，也包含着对"法""譬"等概念的理解和发挥。我们所关心的问题正在于此：在将这三个范畴配置于相应经文的过程中，注释者对经文中的教说特别是譬喻类的教说究竟如何理解？这种对于结构的判定又如何影响对经文具体内容的理解和解读？下文将通过梳理法云、智𫖮、吉藏等人的注疏，尝试对此进行解答。

一 《法华义记》："三说—三根"结构的形成

"法说""譬说""宿世因缘说"的概念，最早见于法云的《法

---

① 确切地说，法云尚未为"法说""譬喻说""因缘说"冠以"三周说法"的名称，这一概括用语始于智𫖮。
② 菅野博史：《中国法華思想の研究》，春秋社，1994 年，第 48 页。据其解说列表如下：

三说	方便品第二	譬喻品第三	化城喻品第七
三授记	譬喻品第三 （舍利弗）	授记品第六 （四大声闻）	五百弟子受记品第八、授学无学人记品第九

华义记》。尽管已无须重复其中对经文的具体划分，我们仍有必要考察这些概念出现时的具体表达：

> 第一从……以下，入……以还，此名为法说，开三显一，化上根人舍利弗等也。第二从……，名为譬说，开三显一，化中根人迦叶、须菩提等四大弟子也。第三从……，名为宿世因缘说，开三显一同归之理，化下根人富楼那等也。是则上根人闻法说三一之义，同归之理便解；中根人再闻三一之义，可悟同归之理；下根人三过闻说，方解同归无三差别。①

法云提出的框架简单易懂：三种说法的旨归，最终都是"开三显一"，不同的说法形式，则分别针对"上根""中根"和"下根"之人。这实际上也是为"三周"中的三种说法形式或内容安排了次第。这里，"譬说"与"宿世因缘说"的含义不难理解，但"法说"具体为何，却值得探究。实际上，早在《义记》开篇解释经题时，法云就已经利用"法"与"譬"这对范畴来进行分析：

> 若泛论众经标题差别不同，略述所见可有五种。何者？一者单法标经；二者单人标经；三者人、法两标；四者但譬标经；五者法、譬双举。单法者，则是《大般涅槃》者圆极佛果之法，故知单以果法标经名也。……法、譬双举者，即是此《法华经》，上出妙法，下出莲花为譬，缘此得双显因果之义。夫水陆所生类杂无限，今但取水生莲花以譬因果者，此花不有则已，有则花实必俱，用此俱义譬此经因果双说也。②

按照法云的分析，"妙法莲华经"这一经题是"法譬双举"，其

---

① （梁）法云：《妙法莲华经义记》，T. 33，No. 1715，第601页上。
② （梁）法云：《妙法莲华经义记》，T. 33，No. 1715，第574页上。

第二章　从"因缘譬喻言辞"到"三周说法"：譬喻的认知结构　　93

中"妙法"是"法"，而"莲花"是"譬"，是对"妙法"的譬喻。可见，"譬"一定是关于"法"之"譬"，是"法"的形象化表达；反过来说，"法"则是"譬"背后的义理概念。结合对"单法标经"一项的解释，"法"指"大般涅槃"这样的佛教概念，这样说来，"法说"似乎应该指直接运用佛教概念进行说理的教说方式。

不过，具体到对《法华经》经文的判释，又并非如此简单。在接下来的解说中，法云指出，"三周说法"的划分并不绝对，而是互有涉入的，如"法说"中也有"譬说""因缘说"，"譬说"中也有"法说""因缘说"。只不过，承担经文主旨——"开三显一"的说法形式，在"三周"中分别以这三种为主。这里值得注意的，是法云在"譬说""因缘说"部分所举的"法说"内容："是诸所说，教化菩萨故"[1]，以及"初明先佛之时神通感动之相，十方诸梵请转法轮，此则是法说也"[2]。任何初读此经的人，都不会意识到这两段内容强调或利用了任何专门的佛教义理概念——实际上，即使是"法说周"的经文，大部分亦是如此。也就是说，法云在解读经题时所展现的对"法"的理解，并不能毫无障碍地应用于其对经文的具体科判。我们唯一能为相关经文被判为"法说"找到的理由，只在于其表达方式既不是靠"譬喻"，也不是靠"因缘"。这就造成了一个有趣的悖论：按照法云的理解，"譬"是依"法"而立的，其本身并没有独立的意义；但是，"法"究竟所指为何，他却恰恰没有给出任何清晰的界定，而仅仅是靠排除其他表达形式（如譬喻、因缘）而被模糊认知的。换言之，在"法—譬"对举的结构中，法云对"法"没有严格的定义，从而对"譬"的认识也显得并不严密。

同样值得思考的还有将"三根"配于"三周"的次第安排。所谓的"三根"应该如何理解？法云从"置教论理""置理论教""理

---

[1] 经文原文为："尔时佛告舍利弗：我先不言'诸佛世尊以种种因缘、譬喻言辞方便说法，皆为阿耨多罗三藐三菩提'耶？是诸所说，皆为化菩萨故。"（姚秦）鸠摩罗什译：《妙法莲华经》，T. 9，No. 262，第 12 页中。

[2] （梁）法云：《妙法莲华经义记》，T. 33，No. 1715，第 601 页中。

教合论"三个角度进行了说明。从"理"的角度讲，法云认为，如果没有认识到"三乘同归"的道理，即使是成为"缘觉"也是不可能的；《法华经》的三周说法中之所以表现为舍利弗、四大声闻、富楼那等先后领解，只是为配合"外凡夫"中"上根""中根""下根"之人的示现。但从"教"的角度，则罗汉亦会执于三乘（他对此并无详细说明）。对"三根"差别的理论性说明，出现在"理教合论"部分：

> 利根者执理情多、疑教情少，钝根者执教情多、疑理情少，中根者迷教惑理正等也。执理情多疑教少者，言无生之理是一，等观无生智应同。此人执理既是一，如来何故说有三乘别趣，言有三果之别？此是疑教也。执教情多疑理少者，言佛教既说有三因三果之异，三乘所观无生之理何必是同？此是执教多疑理少。有时执理惑教，言理一，教那得言异？有时执教疑理，言佛教既有三，理何必同？此则教理等执而疑也。
>
> 夫得道成圣，必由见理，是故利根之执理多者，则与理相符，是故一闻法说，便悟一理无三之别；执教情多疑理少者，则与理不相扶（符？），是故三过闻说，方悟一乘之理无三之别。理教等执者，据在中间，再闻得解。①

法云将根性的差别解释为对"理"与"教"接受程度的差异。利根者执着于唯一的"无生之理"，而对"三乘"的存在有所质疑；钝根者执着于"三乘"，而怀疑其同归之"一理"；中根者则介于二者之间，有时迷于"教"，有时惑于"理"。之所以称"执理多者"为"利根"，是由于"得道成圣，必由见理"，能够坚持"理"者，更能与理相符；反之，则与理不相符，"得道成圣"自然也更花功夫，因而是"钝"。参考《法华文句》与《法华玄论》的转述，以

---

① （梁）法云：《妙法莲华经义记》，T. 33，No. 1715，第601页中。

"理—教"解释三根差别的代表人物是刘宋法瑶。① 可见，法云的这种解释，未必为其独创，而是在一定程度上继承和代表了当时的潮流和共识。值得思考的是，这种"理"与"教"、"利"与"钝"之间"按比例分配"式的配比方案，实际上只有在强调"理"与"教"之间隔绝对立而非相互容摄的前提下才能成立。只有如此，对于"理"的坚持，才反而会造成对"教"的疑惑，或反之而言，对于"教"的认识，才会造成对"理"的质疑，乃至于若执着于"教"，则"与理不相符"。也因此，其后的智𫖮和吉藏对这种解释思路都不满意，并分别从不同角度对其进行了批判。

即便接受法云对"三根"之人的如是解释，我们也无法找到任何文字，说明何以"教理等惑"之人需在"法说"之外再以譬喻教化，而"执教情多"的钝根之人需要在此基础上，加以"宿世因缘说"。对于"法说—譬说—宿世因缘说"如是次第安排的合理性与必要性，并不能从《义记》的文字中直接找到答案。事实上，对于"譬说"所针对的"中根者"，我们也所知不多，因为比起"利根者"与"钝根者"，我们对"中根者"的认识只有其"据在中间"。换句话说，"中根者"在此三重结构中空有位置，却并未被填充任何实质性的特征和内容。

尽管如此，法云注释中出现了"法说""譬说""因缘说"这三周说法的结构，并通过将之分别对应于"上根""中根""下根"，为其安排了次第，这一工作的意义仍是不可忽视的。鉴于在其之前的法瑶已经对"三根"进行了解释，"三周—三根"的判释结构未必为法云首创，而只是反映了当时的通行理解。不过由于缺乏其他材料，我们也无法对此进行确证。但无论如何，《法华义记》仍是目

---

① （隋）吉藏：《法华玄论》，T. 34，No. 1720，第 400 页上；（隋）智𫖮：《妙法莲华经文句》，T. 34，No. 1718，第 46 页中。根据《高僧传》记载，法瑶"著《涅槃》《法华》《大品》《胜鬘》等义疏"。（梁）慧皎：《高僧传》，T. 50，No. 2059，第 374 页中。汤用彤：《点校高僧传（下）——汤用彤全集（五）》，（台北）佛光文化事业有限公司 2001 年版，第 55 页。

前可以找到的对"三周说法"的最早呈现。经过如是的科判和阐释，《法华经》中出现的任何教说形式，都被置于固定的结构中，并且此结构具有深远意义，可借助某些义理范畴进行分析和把握。诚然，若细究之，这种安排尚有许多不完备之处，具体表现在，既没有对"法""譬"等概念进行清晰的界定，也没有解释将"三周说法"按如是次第安排的必要性和合理性。这些不完备之处实际上暗示出，截止到法云时，对这些问题尚未进行深入的思考，乃至尚未意识到问题的存在。正是在这些方面，其后的注释进行了进一步的发挥和完善。

二 《法华玄论》："三周"的深远佛意

吉藏对"三周说法"的解说，主要见于《法华玄论》与《法华义疏》，尤以前者为主。后者较前者丰富之处，主要体现在对天台《法华文句》的回应。为了方便叙述，暂将对后者的考察置于下一部分，这里主要讨论《玄论》。

《玄论》中同样将"三周说法"与"三根"联系了起来，但又与之前的解释有所区别：

> 问：云何为三根人三周说耶？
>
> 答：旧经师云初周为上根人说，次周为中根人说，后周为下根人说。
>
> 评曰：直作此名，于文未善。若三说各为三根，三根各闻一说，则皆是上根，何名三品？设云上根闻一说，中根闻二说，下根闻三说者，则不应言法说为上根、譬说为中根、宿世为下根。
>
> 今所明者，初周说通为三根，而上根一闻即解。次周说通为中下，而中根再闻方悟。宿世因缘说但为下根，下根三闻始了故。释论明身子一闻即证初果，目连再说方证见谛，下根理

应三也。①

吉藏首先批判了将"法说""譬喻说""因缘说"直接分别对应于三根的解释,认为这样的话,三种人各自都只闻一种说法便可领解,这便谈不上"三根",而都是"上根"了。他所谓"旧经师"的解释,与法云有所不同,因为法云实际上也并没有如此简单地说三根分别听闻一周说法即可,而是同样认为"中根者"是在法说的基础上再闻"譬说"而领解,"下根者"则需要三周说法皆闻。② 反倒是《法华文句》中,有"为上根人法说""为中根人譬说""为下根人宿世因缘说"的明确表达。③ 但即便如此,综合上下文来看,《文句》也并不认为三根人分别领解一说即可。吉藏的强调,实际上是更清晰地排除了这样一种理解方向,即将三种说法形式与三根分别绑定起来,从而仿佛暗示出不同的说法形式在教说作用上有高下之分或强弱之别。这在其后的解说中更为明显:

> 又一乘之道入有多门。自有乐闻法说,从法说门入,自有乐闻譬喻,从譬喻门入,即前二周也。自有俱乐法譬,则双说两门,即第三周。故化城已前谓法说门,化城之后即譬喻门。自有于此三门皆不得悟、皆不为说,如五千之徒也。
> ……
> 此不明为三根故有三说,但所乐各异故,教门不同。④

入大乘道的途径多种多样,众生根据自己的偏好,或可从法说

---

① (隋)吉藏:《法华玄论》,T. 34,No. 1720,第398页中。
② (梁)法云:《妙法莲华经义记》,T. 33,No. 1715,第601页上:"上根人闻法说三一之义,同归之理便解;中根人再闻三一之义,可悟同归之理;下根人三过闻说,方解同归无三差别。"
③ (隋)智顗:《妙法莲华经文句》,T. 34,No. 1718,第45页下。
④ (隋)吉藏:《法华玄论》,T. 34,No. 1720,第398页下。

门入，或可从譬喻门入，但不同途径之间没有高下之别。三周说法并非分别依"上根""中根""下根"而有次第之别。但随之而来的问题是，若是如此，三周说法又为何按照经文所见的样态呈现呢？更具体地说，三周说法分别有何必要性？其如是次第安排的合理性又体现在哪里？

对于第一个问题，吉藏认为，"三周"中"三"的结构，具有深刻的意涵：

> 又三周说者，欲示中道相故，若一说二说则太少，若过三说则太多。今欲示中道相不多不少，故但三说。又释论云，诸佛语法，事不过三。今依佛规矩故，但三说也。又三执难改，一乘难信，故须三说。又示上尊大法，下愍众生，殷勤至三。……又初说令下种，次说令生长，后说得成熟。又初说生闻慧，次说生思慧，后说生修慧。①

吉藏在佛教传统中寻找到了如此多的理论资源以说明"三说"的必然性，以至于被质疑"文无此意，何故强生穿凿耶"②。这一疑问被记录进《玄论》，想必是当时人就对吉藏的解说存在疑问。吉藏对此回答说"佛意深远，非为一事"③，即是强调对佛典的理解和阐释不可停留于字面。如同法云注释所体现的，他们相信佛典中呈现的结构特征绝非偶然，而是具有深远的意义，这些意义可以借助义理范畴进行分析和把握。相较于法云，吉藏这里的分析显然更加复杂、更加系统化。他将"三"的结构，与中道、佛教经典传统（"规矩"），以及佛教"闻—思—修"的修行次第等联系起来，从而，"三周"的深刻用意得以从这些不同的角度被认知。

---

① （隋）吉藏：《法华玄论》，T. 34，No. 1720，第 398 页下。
② （隋）吉藏：《法华玄论》，T. 34，No. 1720，第 398 页下。
③ （隋）吉藏：《法华玄论》，T. 34，No. 1720，第 398 页下。

不仅如此，他还说明了为何"三周说法"由"法说""譬喻说""因缘说"这三者构成，而不是其他：

> 又具三周说，于义乃备。若但法无譬，义势未尽。若但譬无法，意亦不圆。故须初周法说，次周譬喻。法譬虽圆，但明现在，未辨宿世修因，次有第三说也。①

三周说法对于构成完备的文义来说都是必要的。吉藏先以时间为标准，将三周说法分为两组："法"与"譬"说明现在，"宿世因缘"则针对过去，这两个时间向度，对于理解"开三显一"都是必要的。按照吉藏的理解，在"现在"的向度中，如果缺乏譬喻，则"义势未尽"，而如果缺乏法，则"意亦不圆"，只有"法"与"譬"结合起来，才能使意义完整圆备。这里，吉藏隐约感到了譬喻中有一种可以使说法更加充分、更能有所发挥的作用。反过来说，若单有譬喻而无"法"，则表意又有所欠缺。可见，关于"法"与"譬"任何一者的理解，吉藏都坚持将之纳入"法—譬"对举的结构中，并且，认识到了二者至少在表达效果上又有所不同，不可互相取代。

关于第二个问题，即为何按照"法说—譬喻说—因缘说"的顺序安排次第，在吉藏从"次第"角度对"三周说法"的解释中可以找到答案：

> 法说为譬说之本，故在第一。譬还借事以喻前法，故在第二。宿世因缘明法譬始终，故在第三。②

这里明确了"法说"与"譬说"之间的关系："法"是"譬"

---

① （隋）吉藏：《法华玄论》，T. 34，No. 1720，第 398 页下。
② （隋）吉藏：《法华玄论》，T. 34，No. 1720，第 399 页上。

之本，而"譬"的作用，则是借"事"来比况、阐明"法"。"宿世因缘"则将"法"与"譬"的内容在时间向度上加以延长，明其始终。这是吉藏认识"三周说法"之间关系的基础。在之后的"开合"部分，他还利用不同的分类标准，将三者进行不同方式的分割组合，从而不断转换视角，深化对三者关系的认识：

> 束三周为二意：初周名引证例同说，后二周名直说。初引证例同说者，广引四佛为证，明释迦例同。后二周不复引证例同，直说譬喻及宿世因缘也。以破三明一，此事反情，一往难信，故先须广引诸佛为证，然后明释迦例同。引证例同既竟，后二周但须直说。
>
> 又初周谓人广法略，人广者明五佛也，法略者但一周说也。次后二周法广人略，法广者二周说也，人略者但明释迦一佛也。下释迦教门，为作譬本。故知譬说但明释迦教门也。宿世因缘亦但明释迦结缘，不明余佛。师与弟子故是释迦教门也。
>
> 又初周名别说，谓别明五佛教门。后二周名通说，谓譬喻得通贯五佛。化城亦然。
>
> 又初二周名说现在，次一周名说过去法也。
>
> 又初二周明说果，后一周辨说因。①

几种开合方式分别从不同的角度，强调了"三说"中的不同特征。从说法人物来说，法说周不仅涉及释迦牛尼佛，还有过去、未来诸佛，而后两周则仅从释迦牟尼佛角度说法。"引证例同"与"直说"对比，使读者注意到援引不同说法者在论证教说中的作用；"人"与"法"的广略对比，以及"别"与"通"的对举，则使人思考说法者与所说之法之间的关系。另一方面，强调前二周说的是现在法、是果，第三周说的是过去法、是因，又提醒读者注意到三

---

① （隋）吉藏：《法华玄论》，T. 34，No. 1720，第399页上。

周说法具体内容的时间与逻辑关系。吉藏相信"佛意深远，非为一事"，而他对"三周说法"的多番开合，正是努力通过引入不同的范畴和分类结构，不断拓宽认识视角，从而发掘这其中的深远佛意。

当然，吉藏在后文中还花费大量篇幅对"三根"，特别是其与"三乘"之人的关系进行了解释。不过，鉴于"三根"已不再与"法说""譬喻说"等的次第绑定起来，故而与本书主题并不直接相关，这里略去不表。

三 《法华文句》："理—事"的引入及吉藏的批判

《法华文句》的科判与法云一致：

> 从"尔时世尊告舍利弗，汝已殷勤三请，岂得不说"下，广明开三显一，凡七品半。文为三：一、为上根人法说；二、为中根人譬说；三、为下根人宿世因缘说。亦名理事行，例如《大品》。亦为三根（云云）。①

与法云《义记》所见相同，《文句》同样将三周说法与三根人对应起来。不过，《文句》并未采纳法云以"理—教"解释三根差别的思路，因为其未辨明三根犹豫疑惑的是"何等理教"，而无论是"小乘"还是"大乘理教"，其解释都不能成立。与之不同，《文句》从另外两个角度解释三根人的差别：

> 今明根有利钝者，皆论大乘根性，惑有厚薄者，约别惑为言耳，即为四句：一、惑轻根利；二、惑重根利；三、惑轻根钝；四、惑重根钝。若别惑轻、大根利，初闻即悟；若惑重根利，再闻方晓；若惑轻根钝，三闻乃决；第四句虽复三闻，不能得悟，止为结缘众耳。或可初两句根利同为上根，或可中间

---

① （隋）智顗：《妙法莲华经文句》，T. 34，No. 1718，第45页下。

两句为中下根（云云）。

　　复次约初品无明三重，覆初住中道，若初法说，上根之人，三重无明一时俱尽，开佛知见入菩萨位，得菩提记；中根断二重无明；下根断一重。次譬说时，中根断第三重尽，开佛知见，入菩萨位，得授记荝；下根进断二重。次闻因缘说，下根断三重尽，开佛知见入菩萨位也。例如小乘十六心未满，不得名初果，十六心满，名须陀洹也。①

这里分别从"根"与"惑"的配合，以及"三重无明"的断灭次序两个角度，对三根差别进行了说明。其中的概念组合方式以及精密的计算安排，体现了天台教学为"三根人"填充具体内涵的思考过程。这尚且只是从"惑有薄厚"一个角度出发的解释。除此以外，《文句》还从"通别""有声闻无声闻""转根不转根""有悟不悟""有领解无领解""得记不得记""权实得益不同""待时不待时"等共计十个方面，对"三根"进行了阐释。不过，比起对"三根"次第差别的系统说明，直接阐释与之相对的"法说—譬喻说—因缘说"的段落少之又少。与法云相同，我们无法找到任何相应的文字是来说明对上、中、下根之人起决定作用的何以分别是"法说""譬说"与"因缘说"，而不是其他。

除对应于"三根"，在从"圆教"角度解释《方便品》开头的偈颂时，《文句》还将三周说法与"我始坐道场，观树亦经行，于三七日中，思惟如是事"② 中提到的"三七日"对应起来：

　　言三七者，明有所表也，表佛初欲三周说法，故假言三七耳。初七思法说，次七思譬说，后七思因缘说，皆无机不得，

---

①　（隋）智顗：《妙法莲华经文句》，T. 34，No. 1718，第46页下。
②　（姚秦）鸠摩罗什译：《妙法莲华经》，T. 9，No. 262，第9页上。

是故息大施小也，此偏就圆教大乘为释耳。①

吉藏之后在解释此段时同样引述并采信了这种说法。在这种解释中，"三周说法"不仅仅是对经文文本的科判，还可以确实落实到具体的佛陀行迹中。从这个角度看，三周说法便不仅仅是教理上的需要，而更是真实的历史。这便使这种结构获得了某种权威性，从而在某种程度上消解了论证如是次第合理性的必要性。

不过，《文句》对"三说"之间的关系并非一无所言。在开头引出"三周"时，"法说、譬喻说、因缘说"分别与"理、事、行"对应起来。当然，这一说法并不严格，在后文的问答中，还出现了另一种略有不同的理解方式：

问：宿世是过去事法，譬是当、现事不？
答：经无文，义推应尔。引三归一，三望一，一则是当；举事为譬，譬即是现。准后望前，应如所问。②

尽管宿世因缘说可以被视作"行"，也可以被视作"过去事法"，法说与譬喻说的定位却是固定不变的，即法说为"理"，譬喻说为"事"。法云、吉藏同样一直将"法—譬"对举而观，不过，对于二者分别应如何理解这一问题，却一直三缄其口。而这里，智顗将之分别对应于"理"和"事"，显然是更为直接的回答。"理—事"关系是中国佛教义学注释中常见的分析模型，不过，具体到对"法"与"譬"的分析中，又有特别值得关注之处。上一节探讨了经文中"因缘—譬喻"组合在翻译、注释过程中呈现出的不同理解方向，其中，鸠摩罗什之所以将如是的组合在文本中固定下来，是将之理解为论式中最重要的两个构成部分，即对命题的论证与实例，

---

① （隋）智顗：《妙法莲华经文句》，T. 34，No. 1718，第61页中。。
② （隋）智顗：《妙法莲华经文句》，T. 34，No. 1718，第48页上。

这实际上便不专指经文中"火宅喻"这样的借此喻彼的譬喻，而是普遍的逻辑形式。同样，"理—事"的框架，也不局限于"火宅喻"这样的譬喻，而是可适用于万事万物。以此解"法"与"譬"，同样使得"譬—法"具备了更普遍的哲学性意义。

不过，吉藏在对《譬喻品》的注释中认为如是的解释仍不够严密。对此，他批判道：

> 但法譬二名其义不定，人多谓譬但为事、法定是理，此实不然。《大经》云"譬如涅槃"，则涅槃为譬；"喻如金刚"，则金刚为譬。故知法譬之名，义无定也。以不定故，可得法以为譬、譬以为法。以譬为法，则法非定法；以法为譬，则譬非定譬。当知非法非譬，强名法譬。非法非譬，故上文言"是法不可示，言辞相寂灭"，寄言题品，令悟无言，故云"譬喻品"也。①

通过对佛典的观察，吉藏指出，可以作为譬喻的不一定是具体的"事"，也有可能是"法"，例如，《大般涅槃经》中就有"譬如涅槃"这样以"涅槃"为譬喻的情况。② 因此，"法"与"譬"之间的区隔并不是固定的，可以"以法为譬"，也可以"以譬为法"（关于后者吉藏并未给出实例）。这样一来，便既没有绝对的"法"，也没有绝对的"譬"，而只是"强名法譬"。若细究之，吉藏所举"譬如涅槃"的例子中，"涅槃"虽然可以不算作"事"，但若就语义关系而论，却不妨碍其可以作为"譬"，也不应再被视作"法"，这便谈不上论其"非法非譬"了。只有先在施设层面上，将"理"与"法"、"事"与"譬"等同起来，"譬如涅槃"这样的情况才称

---

① （隋）吉藏：《法华义疏》，T. 34，No. 1721，第 511 页下。
② 经文原文为："大王！譬如涅槃，非有非无，而亦是有。杀亦如是，虽非有非无，而亦是有。"（北凉）昙无谶译：《大般涅槃经》，T. 12，No. 374，第 484 页上。

得上是法譬之分中的"反例",从而说明"法非定法""譬非定譬"——实际上,就在《法华玄论》中,吉藏还承认譬喻是"借事以喻前法"。① 很有可能在写作《玄论》时,吉藏还尚未意识到将"事"对应于"喻"有任何问题,而正是在进一步接触到智顗的解释之后,才激发他对此进行更深入的思考。吉藏对法、譬的这番分析,透露出当时对这组概念的理解,并非立足于譬喻的语义关系,即二者并非严格对应于现代意义上的"本体"和"喻体",而是就譬喻中具体内容的常见分类而论的。

这段解说也体现了吉藏基于中观学说的语言观。"法说"和"譬喻说"是两种不同的语言形式,但二者并不凭其自身而存在,而是需要被置于互相对照的关系和结构中才能被认知。但同时,又不可囿于结构的局限,而更应认识到结构本身的有限性。"法"与"譬"的背后是"非法非譬",不同语言形式之间的转换,也意味着对语言形式乃至对语言本身的超越,其目的在于"令悟无言",这正是《譬喻品》的意义。这也是为何吉藏称:"中根之者未能忘言会法,可以虚心待譬。"② 譬喻作为一种语言形式,却恰恰是使人"忘言"的良药——事实上,正如上一章中提到的,早自早期奥义书开始,譬喻就是除遮诠之外表述超言绝象概念的重要方式。但对此现象,当时之人还没有意识到其背后的机制和原因。而在这里,吉藏借助中观式的思维方式,借助"法—譬"对举的结构,在"非法非譬"的原则下对此进行了精妙的说明。其理论价值,实际上已经超越了"中国佛教"的范围。

"三周说法"的科判结构,在后世的注释中一直沿用,但对其含义的阐释深度,再未超越法云等三人。在现存材料中,法云的《法华义记》最早出现了"法说""譬喻说""因缘说"的三周判释结构,并将之与"三根"之人对应了起来,这是目前所见关于"三周

---

① (隋)吉藏:《法华玄论》,T. 34,No. 1720,第 399 页上。
② (隋)吉藏:《法华义疏》,T. 34,No. 1721,第 451 页上。

说法"次第解说的最早形态。不过,其中既没有解释将"三周说法"按如是次第安排的必要性和合理性,也没有对"法""譬"等概念进行清晰的界定。智𫖮、吉藏正是在这两个方面,对"三周说法"的解说进行了完善。关于第一个问题,吉藏将"三周"与多种佛教概念和范畴联系起来,从多个角度分析其次第与开合,从而不断拓宽认识视角,发掘其中的深远佛意。关于第二个问题,智𫖮将"法""譬"分别与"理"和"事"对应起来,明确了二者的定位和关系。吉藏在此基础上提出"非法非譬",对语言形式进行了更深层次的反思和超越。值得注意的是,"三周说法"解释过程中思考的不断深入、理解的不断完善,正是通过义学僧人彼此之间的批判和回应完成的。这也生动体现了当时佛教解经学发展的真实历程。

小　　结

本章就"譬喻应被置于何种认知结构中理解"这一问题,考察了在《法华经》翻译和注释过程中所呈现的不同阐释。总结而言,从现存最早的竺法护译本开始,对"譬喻"所处结构以及"譬喻"本身的理解呈现出如下几种方式:

①竺法护:无任何结构。

②罗什:"譬喻"被纳入"因缘—譬喻"的组合中,作为言教方便的固定结构。二者类似于因明论式中的"因—喻"组合,分别相当于命题的原因与实例,是教说辩论的必要组成部分。也因此,他在译经过程中将"因缘—譬喻"或"因缘—譬喻—言辞"整合为固定的结构搭配。其中,"因缘""譬喻"是同一层级的概念。"言辞"是对二者的概括。

③在注释对"因缘譬喻言辞"以及"三周说法"的解释中,"譬喻"与"法"成为一体两面的一对范畴,"法"是譬喻之"体",譬喻依赖于"法"而被认知。按照吉藏的解释,以"法"来

第二章　从"因缘譬喻言辞"到"三周说法":譬喻的认知结构　107

教说的是"因缘譬喻言辞"中的"言辞",因此也可以说,与譬喻不可分割的范畴不再是"因缘",而是"言辞"。

需要说明的是,在上一章中,我们提到早期佛教对于譬喻的利用,强调了"譬喻"与"义"(artha)之间的关系,强调通过"譬喻"来理解所说之"义"。那么"义"与这里的"法"有何区别和联系呢?"义"是印度语言哲学中常见的概念,在佛教文献中,常有"语依名转,名依义转"① 的说法——语声通过名起作用,名表达义(或对象)。简单来说,"义"可理解为语言背后的实指。不仅譬喻有"义",任何形式的语言背后都有其"义";但反过来说,"义"也无法脱离语言诠表而独自成立。与之相较,"法"可以与譬相结合,但也可以独自成立;既可以作能诠——概念的字面表述本身,又可以作所诠——即超越语言的"理"。在作为能诠的意义上,"法"与"义"有所区分;在作为"所诠"的意义上,又与"义"有所重合。

在随《法华经》翻译和注释而出现的种种理解方式中,比起追问究竟哪一种才是对文本"正确的"理解,或是经文原本要表达何种含义,更有意义的问题是,不同的解读在何种意义上增进了对于经文的认识;或者说,不同的解读,启发和强调了关于譬喻理解的哪些方面,又遮蔽了哪些方面?若试论之,按照罗什翻译中呈现的理解,譬喻是任何有效言说辩论的必要组成部分,这就强调了其在逻辑上的普遍意义(但这里的"譬喻"不应局限于"火宅喻"这种借此喻彼的譬喻)。而中国注释将之与"法说"相对照,则凸显了两种语言形式之间的差异,甚至类似于传统修辞学中对"字面语言"(literal language)和"隐喻语言"(metaphorical language)的划分。

---

① 此说广见于《大毗婆沙论》《俱舍论》《顺正理论》等文献。其对应的梵文为 vān nāmni pravartate, nāmārthaṃ dyotayati iti, 见 Padmanabh S. Jaini, "The Vaibhāṣika Theory of Words and Meanings", *Bulletin of the School of Oriental and African Studies*, Vol. 22, No. 1/3 (1959), pp. 95–107。

特别是按照对"三周说法"的解释，佛在《方便品》进行"法说"；而《譬喻品》中的火宅喻，是将此"法说"转换为譬喻的形式进行表达；《信解品》的穷子喻，则是再针对四大声闻的理解，将火宅喻换一种方式来表现。① 这种解释背后隐含的基本预设，是法说与譬喻之间、譬喻与譬喻之间，可以毫无障碍地等价转换，而不会发生任何理解上的"损失"。之后的章节将说明，这一预设深刻地影响了注释传统中对具体譬喻思想内容的阐释。

  同时还应说明的是，以上所列的三种理解方式，只是对当时情况的最为粗线条的勾勒。不同理解实际产生的情况又要复杂得多，以至于难以用单一线性的演进过程进行概括。我们甚至不能简单地称第③种理解为对第②种理解的"误解"或"偏离"，因为中国注释传统中的理解之所以可能，正是由于罗什在翻译中为了传达自身的理解，将文字整合为了如是的形式。这一过程中呈现出的复杂性，正有助于我们思考佛典在中国的翻译和注释过程中，人们如何发挥解释上的创造力，激发多样的理解可能性。

---

① 概括内容参考菅野博史《中国法華思想の研究》，第654页。

第 三 章

《法华》譬喻的开合

在《法华经》二十八品文字中,"譬喻"无论在表达形式上,还是在内容上,都具备显而易见的特征,这早已被中国的注释者所注意。人们将遍及经文的某些文字辨识和归类为"譬喻",一方面,这使得"譬喻"得以被视作一个应被严肃考量的范畴,人们需要思考其与其他范畴之间的关系,以及它们在何种意义上共同构成经文必不可少的教说形式——通过上一章对"三周说法"的梳理,我们已对此有所认识;而另一方面,对于一个譬喻而言,它不但要如同其他文本一般,与其所在的上下文联系,还要被独立出来,与其他具备类似特征的文本——即其他譬喻相提并论,这也使得譬喻之间如何联系、如何获得理解上的一贯性成为值得探讨的问题。① 本章的主题,便是考察中国义学僧人对此问题的回答。

时至今日,提到《法华经》中的譬喻,首先映入脑海的往往是所谓"法华七喻"的标签,这实际上已经意味着将经中特定的譬喻视为一个相互联系的整体。但事实上《法华经》中的譬喻远不止七个,换句话说,所谓"七喻"的说法并非根据文本的特征而自然形

---

① 保罗·利科在解读《圣经》寓言时注意到了这一问题。他指出,在同为"寓言"而被相提并论的意义上,它们构成了一个新的文本整体(corpus)。见 Paul Ricoeur, "On Biblical Hermeneutics", *Semeia* 4, 1975, pp. 55–56。

成，而是在历史中被逐渐阐释出来的结果。那么，这一说法究竟如何形成，又如何逐渐被接受为一个"理所当然"的概念？本章首先将对此进行考察。另外，既然"七喻"是历史中形成的一种统合《法华经》譬喻的方式，这也意味着，在历史中，有可能还存在着其他整合和联系经中譬喻的方式，本章同样将对此进行梳理，以此来探求理解譬喻间联系和统一性的不同可能。

第一节 《法华经论》的"七喻"与中国注释的再诠释

一 《法华经论》对譬喻结构的分析

"七种譬喻"作为对《法华经》譬喻的一种概括方式，最早出现在署名世亲（婆薮盘豆，Vasubandhu）的《法华经论》（全称《妙法莲华经优波提舍》）中。除此以外的其他印度论著，虽然也有对《法华经》进行引述评论者，但都未见有此说法。[①]"优波提舍"（upadeśa）是佛教中的十二分教之一，是围绕某一经文进行的解说议论。这部传为世亲所作的《优波提舍》，并无梵文本保存下来，汉译本有两种：北魏勒那摩提译出的一卷本，以及菩提流支的二卷本。勒那摩提来自中天竺，于北魏宣帝时期的正始五年（508）来到洛阳；菩提流支为北天竺人，到达洛阳的时间在稍晚的永平元年（508，同年改元）。传说二人在共译《十地经论》后，意见不合，之后便各自译经，两种《法华经论》很可能亦是在此背景下译出。[②]不过，两种译本大部分情况下字句表达差异不大，吉藏等中国僧人的注释和引述，也多以菩提流支本为主要依据，故而下文的讨论亦

[①] 丸山孝雄：《法華七喻解釈の展開》，中村瑞隆编：《法華経の思想と基盤（法華経研究 VIII）》，京都：平樂寺書店1980年，第437页。

[②] 丸山孝雄：《法华经论的立场》，平川彰等：《法华思想》，第258—295页。

以此本为主，有重要差异处再附加注释说明。

《法华经论》实际上并未对《法华经》的全部品目予以详略均等的讨论，而是将重点放在前三品。具体而言，论中以"七种功德成就"解《序品》，将《方便品》分析为"五分示现"，《譬喻品》部分在引述舍利弗悔责自身昔日之过的两偈之后，论及"七种譬喻""三平等"以及"十无上"，这实际上是分析自《譬喻品》以下经文的纲领和结构。正是在这里，我们看到了对经文中不同譬喻进行整体性理解的尝试。论中说自《譬喻品》以下，"为七种具足烦恼染性众生说七种喻，对治七种增上慢心"①。为使表达更清晰，兹将其具体内容列表如下：

表 3-1　　　　　　　《法华经论》七种譬喻解说②

所为之人	对治问题	譬喻命名	对治方法
求势力人	一者颠倒求诸功德增上慢心，谓世间中诸烦恼染炽然增上，而求天人胜妙境界有漏果报	火宅譬喻	示世间中种种善根三昧功德方便令喜，然后令入大涅槃故
求声闻解脱人	二者声闻一向决定增上慢心，自言我乘与如来乘等无差别，如是倒取	穷子譬喻	以三为一，令入大乘故
大乘人	三者大乘一向决定增上慢心，起如是意：无别声闻、辟支佛乘，如是倒取	云雨譬喻	令知种种乘诸佛如来平等说法，随诸众生善根种子而生芽故
有定人	四者实无谓有增上慢心，以有世间三昧三摩跋提，实无涅槃、生涅槃想，如是倒取	化城譬喻	方便令入涅槃城故。涅槃城者，所谓诸禅三昧城故。过彼城已，然后令入大涅槃城故
无定人	五者散乱增上慢心，实无有定，过去虽有大乘善根而不觉知，不觉知故，不求大乘，狭劣心中生虚妄解谓第一乘，如是倒取	系宝珠譬喻	示其过去所有善根令忆念已，然后教令入三昧故

---

① （北魏）菩提留支译：《妙法莲华经优波提舍》，T. 26，No. 1519，第 8 页上。
② （北魏）菩提留支译：《妙法莲华经优波提舍》，T. 26，No. 1519，第 8 页上—中。

续表

所为之人	对治问题	譬喻命名	对治方法
集功德人	六者实有功德增上慢心，闻大乘法、取非大乘，如是倒取	轮王解自髻中明珠与之譬喻	说大乘法，以此法门同十地行满，诸佛如来密与授记故
不集功德人	七者实无功德增上慢心，于第一乘不曾修集诸善根本，闻第一乘，心中不取以为第一，如是倒取	医师譬喻	根未淳熟为令熟故，如是示现得涅槃量

正如第一章中的统计所示，任何文本的《法华经》中，长度相当的譬喻都不限于七个；在此之中，《法华经论》选择"七种譬喻"作为概括经文内容的一种方式，这显然是站在特定诠释立场上，对经中诸种譬喻进行了思想内容上的判定。论中对于七种譬喻对治意义的解说可以提示其判定标准和方法。论中所列的"七种具足烦恼染性众生"，实际上涉及了三组分类标准："求势力人"只感到自身现实的危难困苦，妄图靠希求天人果报而摆脱困境；"求声闻解脱人"，误以为唯有声闻乘，自身与如来等无差别；"大乘人"则误以为唯有大乘，而无声闻、辟支佛乘——以上三种人，涵盖了凡夫外道、小乘和大乘人。余下四种人，则是分别以"定"和"修集功德"两项标准进行的区分："有定人"由于获得世间三昧等至，误将此当成涅槃；"无定人"其心散乱，即使过去曾有大乘善根，亦无法觉知，故而亦不希求大乘；"集功德人"虽实有功德，但亦有可能听闻大乘佛法却并未视之为第一乘；"不集功德人"未曾修集任何功德善根，听闻第一乘亦无法摄受执取。这些标准，从不同角度涉及了大乘修学过程中的实际问题，将《法华》譬喻理解为对治这些问题的方法，也就将之与现实的修行联系了起来。

七种譬喻针对"七种具足烦恼染性众生"，除此之外，论中还提到"三种无烦恼人"，他们的问题在于"三种颠倒信"——"一者信种种乘异；二者信世间涅槃异；三者信彼此身异。"[1] 于此，《法

---

[1] （北魏）菩提留支译：《妙法莲华经优波提舍》，T. 26，No. 1519，第 8 页下。

华经》示现"三种平等"——"乘平等""世间涅槃平等"以及"身平等"。① 在此意义上,"七种譬喻"又可视作更大之整体教说的一部分。在此之后,《经论》还提出"十种无上",即"种子无上""现行无上""增长力无上""令解无上""清净国土无上""说无上""教化众生无上""成大菩提无上""涅槃无上"以及"胜妙力无上"。② 值得注意的是,在此之中,有五种无上,仍是在阐释经中譬喻。这样一来,论中实际上便出现了两种理解经文譬喻的角度。为方便比较,我们将二者的重合部分列为下表:

表3-2　　　　"七种对治"与"十种无上"中的重合譬喻③

	药草喻	化城喻	系珠喻	髻珠喻	医师喻
七种对治	第三人者（大乘人），令知种种乘诸佛如来平等说法，随诸众生善根种子而生芽故	第四人者（有定人），方便令入涅槃城故。涅槃城者，所谓诸禅三昧城故。过彼城已，然后令入大涅槃城故	第五人者（无定人），示其过去所有善根令忆念已，然后教令入三昧故	第六人者（集功德人），说大乘法，以此法门同十地行满，诸佛如来密与授记故	第七人者（不集功德人），根未淳熟为令熟故，如是示现得涅槃量
十种无上	示现种子无上故，说雨譬喻。"汝等所行是菩萨道"者，谓发菩提心退已还发者，前所修行善根不灭、同后得果故	示现增长力无上故，说商主譬喻	示现令解无上故，说系宝珠譬喻	示现说无上故，说解髻中明珠譬喻	示现涅槃无上故，说医师譬喻

---

① （北魏）菩提留支译：《妙法莲华经优波提舍》，T. 26，No. 1519，第 8 页下。
② （北魏）菩提留支译：《妙法莲华经优波提舍》，T. 26，No. 1519，第 9 页上—中。
③ （北魏）菩提留支译：《妙法莲华经优波提舍》，T. 26，No. 1519，第 8 页上—中、9 页中—下。

由上表可知，在《经论》中所举的七种譬喻中，除"火宅喻"与"穷子喻"之外，其他五喻还被分别视作示现五种"无上"，并与经中其他非譬喻的品目内容相组合，构成"十种无上"。通过二者重叠部分的比较，我们可以发现论中理解和利用譬喻的一个显著特点：对于同一譬喻而言，当其被纳入不同的组合结构时，其被强调的细节和方面是截然不同的。例如，同为"药草喻"，当论主强调其对治大乘之人误认为"无声闻、辟支佛乘"的问题时，其被利用的是整个譬喻中叙述诸草木根性不同，喻三乘各别的一部分；而当强调其示现"种子无上"的意义时，则仅强调菩萨。再如，对于"化城喻"，分析其对有定之人的对治作用时，借助了"化城"意象与早期佛教文献传统的联系（见第一章，阿含类经典中常以城邑喻佛之四谛八正道，更常有"出生死海""入涅槃城"的表达），或更简单地说，主要借助"化城"意象本身；而称其示现"增长力无上"时，则以"商主譬喻"称之，体现出这里强调的，是化出化城之人——商主。《法华经》中的譬喻往往具有殊为丰富的故事情节和细节描写，人们在阅读和理解时，可以聚焦于其中不同的方面，从而形成不同的理解方式。"七种对治""十种无上"这样的组合框架，正是在此意义上影响了对于具体譬喻的解读。

"七种对治"与"十种无上"，分别以不同的线索为指引，从经文中选择出不同范围的内容，构成整体性的组合；反过来说，组合内各品目之间的联系以及理解上的一贯性，也正来自论中所确立的线索和结构。不同的组合和线索，提示出对于固定经文内容的不同理解角度和方式："七种对治"，强调的是经中譬喻对于解决大乘修学实际问题的意义；而"十种无上"，则强调了佛乘的殊胜无匹。在此引导下，同一譬喻中的不同方面被凸显出来，从而也获得了不同的意义。

不过，《法华经论》中论及的这两种理解譬喻组合和整体性的方式，尚有不清晰之处。其中最为重要的，便是对于每一譬喻究竟何以具备论中提到的"对治"或"示现"意义，并未给出具体说明。

换言之,《法华经论》最大的意义,在于给出了一种统合经中譬喻的框架,但对于此框架何以成立、何以与譬喻的具体内容相匹配,却并未论及。对于这些问题,中国的义学僧人进行了有益的尝试和解答。

二 吉藏对《法华经论》"七喻""十无上"的接受与诠释

1.《法华论疏》对"人—病—对治"结构的整理和丰富

在中国义学僧人对《法华经》的注疏中,法云的作品并未对《法华经论》有任何引用,直到在智顗、吉藏等人的著作中,才显现出来自《法华经论》的影响。其中,吉藏专门撰写了针对《法华经论》的注释著作——《法华论疏》,集中体现了吉藏对论中相关概念框架的理解和诠释。

吉藏认为《法华经论》将《法华经》全经划分为"三十二章"①,即三十二个范畴或项目,包括:

> 《序品》七分,《方便品》五门,谓十二也。从《譬喻品》竟《宝塔品》,破十种病,利益十人,即十段也。从《药草》竟一经,明十无上,又有十章。故成三十二也。②

论中对譬喻的分析,从属于"十人"与"十种无上"。关于这几组组合,吉藏这样理解:

> 前列为七种凡夫人能治、所治、劝知,次明为无烦恼圣人能治、所治、劝知。……
> 具足烦恼染性众生者,明所为人。……具足烦恼,明是凡

---

① "天亲大开此经,凡有三十二章。"(隋)吉藏:《法华论疏》,T. 40. No. 1818,第 786 页中。

② (隋)吉藏:《法华论疏》,T. 40. No. 1818,第 786 页中。

夫为烦恼所染、称为染性。①

三种染慢无烦恼人者，出所为人也。……断小乘中诸烦恼尽，故名无烦恼人，而望大乘犹有烦恼，为大乘烦恼所染，故称为染。未得究竟自谓究竟，以此自高，称之为慢。②

如来说言不离我身是无上义者，佛于一切人中最为无上，故判无上唯在于佛。而言不离我身者，谓不离法身最是无上。③

吉藏将论中的"七种譬喻""三种平等"所对治的"七种具足烦恼性众生"和"三种无烦恼人"合而视之，并明确将前者判为"凡夫"，后者判为"小乘圣人"。而"十种无上"，则理解为"唯在于佛"。这样一来，《法华经论》中用以分析自经文《譬喻品》以来品目的这几组范畴，就形成了"凡夫—小乘圣人—佛"的完整阶序。如是的逻辑关系，在吉藏的解说之前是尚未显明的。

将"七种譬喻""三种平等"合而论之是有原因的。吉藏认为，这两部分的论文皆可分判为"所治"和"能治"两方面。这种判释也影响了对于七喻的解读，其具体内容可见下表：

表3-3　　　　　吉藏"七人—七病—七喻对治"释解④

所治		能治		
人	病	喻	释	重释
求势力人	三界实是苦境，而求常乐，故名颠倒	火宅譬喻	—	此中示世间中善根者，此释佛意。佛意"我本说世间善根，拔汝三涂重苦，令汝欢喜，然后令入大涅槃城，云何乃保为胜妙果报"？为治此故，故说火宅譬喻

---

① （隋）吉藏：《法华论疏》，T. 40. No. 1818, 第815页上。
② （隋）吉藏：《法华论疏》，T. 40. No. 1818, 第815页中。
③ （隋）吉藏：《法华论疏》，T. 40. No. 1818, 第817页中。
④ （隋）吉藏：《法华论疏》，T. 40. No. 1818, 第815页下—816页下。

续表

所治		能治		
人	病	喻	释	重释
求声闻解脱人	求二乘人谓佛与二乘人同断三界烦恼尽，同得尽无生智，同是三无学人，同得无余	穷子譬喻	如穷子比于长者，草庵方于大宅。故二乘与佛不同也	以三为一，令人大乘者，非是三外别更有一，以会三乘终归一乘。如会三聚米成于一斗米也。一论大宗如是。故下文云。破二归一。又上文云三乘同一乘者，同一法身故
大乘人	谓无别二乘人，故称为病。此人初闻一乘经，谓唯有佛乘，无有余乘，遂有二失：一失于一说三，二失于缘成三	云雨譬喻	虽地雨是一，于草木成差；随草木成差，虽理是一，随缘成三，于缘成三也。	种种乘者，令知五乘也。诸佛说法随众生善根种子而生牙者，众生过去世禀过去佛五乘教门，有五乘种子。故五乘人感佛出世，说五乘法，令五乘种子生五乘牙，乃至果实
有定人	此人得有漏定，实无涅槃、生涅槃想。此可有二人。一者内道。如智度论云。有一比丘。得初禅时谓得初果。乃至得四禅时谓得四果。二者外道之人。得非想无想二定谓为涅槃	化城譬喻	此有二义。一者且说二乘涅槃以为真城，为治前二种人虚伪之城。二者次为此人说于化城，二乘涅槃尚是化城，汝之所得云何真实	云方便令入涅槃城故者，论意明欲令其人前知世间非是真城，方便说小乘涅槃以为真城，然后始令舍小城入大乘涅槃城也
无定人	小乘非第一，谓为第一。故名倒取。又实有大乘而不求大乘。实无小乘而求小乘。亦是倒取	系宝珠譬喻	说系珠譬。令其忆菩提心，舍小求大	前示其过去善根，令其忆念曾发菩提心已，然后令得三昧常忆菩提心不忘也
集功德人	此人本学大乘，但作有所得学，故闻说大乘，退大取小果（引经略）……有所得人虽发大心大行，无慧方便。闻说大乘，退取小果……如是倒取者，实有大乘而不取大，实无小乘而取小乘，故名为倒。又实学大乘而取于小，故是倒也	轮王解自髻中明珠与之譬喻	顶髻之珠最为尊贵，一乘最胜，以此赐之，令其取大	说大乘法者，即是赐其顶髻明珠。以此法门同十地行满者，此法门即是一乘法门。一乘法门明十地行究竟圆满，故得成佛

续表

所治		能治		
人	病	喻	释	重释
不集功德人	此人过去不集大乘善根故也	医师譬喻	良医正治狂子，佛示涅槃，令服大乘第一之药也	根未熟令熟故者，即是狂子未敢服药，欲令其服也。示现涅槃量，如父欲令服药故现死，佛今亦尔，欲令众生了悟示现涅槃

注：对《法华经论》原文的引用省略，读者可结合表3-1共同参看。

通过将七喻部分的内容分判为"所治"与"能治"两方面，吉藏更加清晰地梳理了论文的结构和逻辑关系。除此以外，他的解释工作，主要体现在对七种人之问题（"病"）进行了更加深入的剖析，并对七种譬喻何以对治其病给予了更加详细的解释。具体而言：

①"求势力人"之病，在于未意识到三界实苦，即使作为天人亦是如此，反而妄图在三界之中求得常乐；"火宅喻"之所以能对治此病，就在于它澄清了"佛意"——佛为众生示现种种世间善根[①]，是为了救济其出离三途之苦，最终得大涅槃；但凡夫反而舍本逐末，以之追逐胜妙人天果报，通过申明"三界无安"，火宅喻重新提示了佛意的根本。

②对于"求声闻解脱人"误认为自身与佛相同的问题，吉藏对其问题的具体表现进行了更详细的列举；"穷子喻"之所以能够对治此病，在吉藏看来，是由于其譬喻中显示出了"穷子"与"大富长者"、"草庵"与"大宅"之间的对比。在此，吉藏还强调，以"穷子喻"对治此病的结果，是使二乘入于大乘，这并非是在"声闻""缘觉""菩萨"乘之外别有一乘，而是如"三聚米成于一斗米"一

[①] 吉藏在后文解释，"世间善根"，指的是"未得真无漏已来发菩提心及十信等地前方便"，在其"未得真无漏"的意义上称为"世间"。见（隋）吉藏《法华论疏》，T. 40. No. 1818，第816页中—下。

般，会三归一。这种理解体现了吉藏自身对三乘问题的认识和立场。

③对于认为唯有佛乘的"大乘人"，吉藏分析其有两种过失——一失于"一说三"，二失于"缘成三"；"云雨譬喻"（"药草喻"）的内容，恰好可对应于这两点——尽管雨是一，但草木根性各有差别，对雨的接受也有所不同，这体现了"一说三"；虽然至理唯一，但随受众的不同机缘根性，亦可成三，这体现了"缘成三"。在重释部分，吉藏还明确论中所谓"令知种种乘，诸佛如来平等说法"，具体而言是"五乘"。"五乘"包括"人、天、声闻、辟支、菩萨"，在吉藏的《法华义疏》中，它出现于释解《药草喻品》偈颂部分的"小药草""中药草""大药草""小树""大树"①（自法云以来的中国注释传统常将之概括为"三草二木"）中。② 三世诸佛皆以五乘教化众生，众生于过去世摄受五乘种子，在感佛出世听闻佛法后，种子得以生芽结果。这种理解，通过把中国注释传统引入对"大乘人"的解释，对论文内容进行了进一步丰富。

④关于"有定人"，吉藏分析为两种情况：一种为教内之人（"内道"），误将所得四禅等成就等同于涅槃；一种为外道之人，将其所得非想非非想等禅定成就等同于涅槃。对应于此，"化城喻"显示出两重含义：第一重，先暂且将化出之"城"——二乘涅槃作为真城示之，以此使其明了禅定成就不等于得果；第二重，告知此城只是化城，而二乘涅槃尚且并不真实，其所执着的禅定成就便更是如此。在此意义上，"化城喻"便示现了"世间—小乘化城—大乘涅槃城"的完整教化过程。

⑤针对"无定人"的问题，吉藏并未在原论的基础上有过多发挥。不过，针对"系宝珠譬喻"，吉藏明确说明，论中所谓其能够令人忆念过去善根的作用，这里的"善根"指的是"菩提心"。在不

---

① （姚秦）鸠摩罗什译：《妙法莲华经》，T. 9，No. 262，第20页上—中。
② 关于"三草二木"与五乘具体如何对应，自法云以来便有不同解释。见黄国清《〈妙法莲华经〉"三草二木"段的解读——文献学与义理学的进路》，《世界宗教学刊》2005年第六期。

忘失此菩提心的基础上，才能"舍小求大"。

⑥对于"集功德人"，吉藏解释其之所以出现论中"闻大乘法、取非大乘"的问题，就在于其对所学大乘"作有所得解"，因此，即便发心大行，也无法获得"慧方便"。这里实际上体现了吉藏本人对于"大乘"的理解——显然，他是站在般若中观的立场上，将大乘诠释为"无所得"之学，故而在他看来，若不把握此实质，便是"倒取""非大乘"。不过，他对"轮王髻珠喻"的诠释，倒并未体现这方面的内容，而只是称此譬喻的作用在于显示"一乘最胜"，令人摄取大乘。

⑦对于"不集功德人"，吉藏未对其过患进行太多解释。关于对治其病的"医师喻"，论中称"根未熟令熟"，吉藏解释，这主要体现在"狂子未敢服药"，而作为医师的父亲令其服药的情节上；为此，佛"示现涅槃量"，这对应于譬喻故事中父亲示现身死的情节，同样地，佛为使众生了悟而示现涅槃。

前文提到，要将《法华经》经文中的譬喻故事纳入"七种对治"的框架，就需要阅读者以特定的视角和标准，对故事中涉及的种种细节和内容进行选择性关注，但对此，《法华经论》中其实并未有明确的说明；吉藏的诠释，正是明确了每一譬喻中，究竟应关注其中的哪些方面，从而形成"七喻对治七人"的整体性认识——后文还将说明，他对于"十无上"的解释也是如此。在此意义上，可以说《法华经论》的作用在于给出了启发性的架构，而吉藏则通过自身的诠释，对其架构进行了内容上的填充，这也体现了印度经典与中国注释之间的一种互动关系。

值得注意的是，在《法华经论》传入之前，法云《义记》以来的中国注释，以"三周说法"来判释《法华经》的前半部分内容（详见前章），这与《法华经论》的框架如何兼容呢？在《玄论》中，吉藏对此问题也有所回应。对于同一譬喻来说，吉藏认为，"三周说法"与《法华经论》着眼于不同的角度，二者并不冲突。以"火宅喻"为例：

问:"说火宅旧云为中根声闻人说,云何言为凡夫着五欲妙境界者说耶?"

答:"论意与从来亦不相违。火宅譬可含二义。一者广明火宅众苦炽燃,以此引出诸子者,此为凡夫说也。若出宅以后索车、赐车、赐车不虚等,此为声闻未解者说之。合而言之,说火宅令出凡夫地。唐捐三车后,等赐大车,令出二乘地。亦得一人始终具此二义,亦得为二人说此二譬。论但举其一,故为凡。从来旧亦但为明其一,故为圣。早日着文疏已两兼之,可得双用也。"①

《法华经论》着眼于凡夫贪求现世胜妙果报的问题,可以"火宅众苦炽燃"对治;而诸子出火宅后向长者求三车,长者等赐大白牛车的情节,则可理解为对治声闻之人。将这两方面结合起来,就涵盖了从"出凡夫地"到"出二乘地"的全部过程,这既可以适用于同一人的不同阶段,也可适用于不同人的不同情况。换句话说,无论是旧有的"三周说法"还是《法华经论》的新解,都各自只强调了"圣"或"凡"的其中一方面,而将二者结合起来,才是完整的理解。其后的"穷子喻""药草喻""化城喻",吉藏的解释较简略,但也都认为两种理解方式可以兼而有之。总结而言:

论但通明为十人,七人是有烦恼人,三人是无烦恼人,而不失三周意。三周亦不失为十人意。即可得两而用之。②

在吉藏看来,两种释解经文的方式并不矛盾,而是相互容纳、互为补充。这就回答了中国《法华经》注释传统与当时新传入的《法华经论》如何接洽的问题。

---

① 吉藏:《法华玄论》,T. 34,No. 1720,第 402 页中。
② (隋)吉藏:《法华玄论》,T. 34,No. 1720,第 402 页下。

2. 对"十种无上"的诠释

除此之外,《药草喻品》以来的五个譬喻还出现在了《法华经论》"十种无上"的框架中。吉藏对"十种无上"的思考,首先体现在他对其顺序次第进行了合理的安排说明:"种子""现行""增长力""令解"四种无上,是顺次发展的"因",而其后的六种无上,则是"果"。六者之中,"清净国土无上"举净土,"说无上"是教门,"教化众生无上"为眷属,"菩提无上"示果,"涅槃无上"示"果果","力无上"叹巧用。① 这样,就为"十种无上"之间安排出了逻辑上相互承接的次第关系。具体到其中五喻,吉藏也有自己的阐释:

表3-4　　　　　　　吉藏对"十种无上"中五喻的释解②

	种子无上	增长力无上	令解无上	说无上	涅槃无上
解义	种子无上即是菩提心	以行菩萨行故,菩萨行便增长,故言增长力无上	解菩提心是悟解中无上之解。故名解无上	说平等大慧。谓一切说中最胜为说无上	小乘灰身灭智,实入无余,此是有上涅槃。今为狂子方便,言灭三德涅槃,实非永灭,故是无上
合譬	云雨是能生种子之法,故举能生以显所生。又云雨譬中明种子无上故也	故说商主譬喻者,商主即是化城品导师也。经取能导众人,故以导师为譬。论取能令价客获于珍宝,故以商主为譬	亲友示衣内之珠,衣内之珠即菩提心	让顶珠赐之,即是为说平等大慧。谓一切说中最胜为说无上	

相较于《法华经论》,吉藏的诠释和发挥主要体现在两方面:第一,他进一步明确了"无上"的具体含义——吉藏认为"十种无上"阐释的是"佛",故而其对于种种"无上"具体含义的理解,也就围绕此前提展开;第二,他解释了十种无上何以对应于论中所

---

① (隋)吉藏:《法华论疏》,T. 40. No. 1818,第819页下—822页上。
② (隋)吉藏:《法华论疏》,T. 40. No. 1818,第819页下—822页上。

列的经文内容,具体到我们所关注的五譬,就是解释了这些譬喻究竟在何种意义上示现了种种无上。不难发现,在此过程中,吉藏充分意识到了同一譬喻在"七人""十无上"框架中所应注重的不同方面:同一"云雨譬",前面的解释中强调受雨之草木,这里则强调"雨"——它是"能生种子(菩提心)之法";同一"化城喻",前面强调"城",这里则强调"导师/商主",并且,吉藏还注意到这两种不同称呼所显明的不同意义——"导师"显示"能导众人","商主"强调"能令贾客获珍宝";同一"系珠喻",前面强调"珠"——菩提心,这里强调系珠之亲友。简而言之,既然十种无上"唯在于佛",在理解这些示现"无上"之义的譬喻时,吉藏便将焦点明确放在了佛的一方,譬喻中的"导师""亲友"等,都是佛在不同故事中的具体形象。

事实上,吉藏充分认识到了不同范畴和框架对理解经典的重要意义。在《法华论疏》中就有这样的问答:

> 问:"初从火宅竟于宝塔,所破十病,云何更从药草竟一经明十无上耶?"
>
> 答:"《付法藏经》云:'婆薮盘陀善解一切修多罗义。''修多罗'者凡有五义:一者显示,谓显示诸义故,如《序品》七段,《方便》五门,即显示十二种义也。二涌泉,谓义味无尽故,如解《譬喻》竟于《宝塔》,更从《药草》竟于一经。释于后竟,而追解于前,示义味无尽,即涌泉义也。三出生,诸义出生故,如解第十无上胜功德力。叹经广生功德无尽,即出生义也。四者绳墨,裁诸邪显正故,破十病名曰裁邪,显十种义所谓显正。五者结鬘贯穿诸佛法,则三十二章同为显一道、唯教一人,如结华鬘,令身首严饰也。又释后竟而更追解前者,圣人内有无碍之智,外有无方之辩,故能自在而释。又从前释向后,示鸟目疾转;从后向前,如师子返掷。又前释经竟,有疑者重问之故,后更释之,如今人义深后章别有料简重也。盖

是外国圣人制论之大体也。"①

利用不同的解释框架往复解经，对于显明修多罗（sūtra，经）之义是必要的。这里吉藏提到的"修多罗"五重含义，也是有经典依据和注释传统的。法云《义记》在开头释解经题时，就引用了这一说法来解释"经"字，这一做法也为之后的智𫖮、吉藏所沿用：

> 修多罗既是外国语，然经出之时，翻译之始，仍用经字代修多罗。然经既训法训常，是故《大智论》解修多罗备有五义：一出生、二微妙发、三涌泉、四绳墨、五花鬘也。②

法云称修多罗之"五义"来自《大智度论》，但其实它并未出现于《大智度论》本身，而是出现在南北朝僧人解释《大智度论》的一段文字时，利用了"五义"的说法③，其中明确说明其来自小乘论师。我们可以在《杂阿毗昙心论》中找到其经典依据：

> 修多罗者，凡有五义：一曰出生，出生诸义故。二曰泉涌，义味无尽故。三曰显示，显示诸义故。四曰绳墨，辨诸邪正故。五曰结鬘，贯穿诸法故。如是五义，是修多罗义。④

吉藏在这里的诠释，则将"修多罗"的五重含义与《法华经论》的三十二章契合了起来（其顺序有调整）：第一重"显示"，是

---

① （隋）吉藏：《法华论疏》，T. 40. No. 1818，第786页中。
② （梁）法云：《法华经义记》，T. 33，No. 1715，第574页上。
③ （南北朝）慧影抄撰：《大智度论疏》，X. 46，No. 791，第840页上。"如佛说四谛已下……有小达摩多罗，则以五义释修多罗，亦名出生、涌泉、显示、绳墨、结鬘。云出生，出生诸义故。涌泉者，出义无尽故。绳墨者，分别邪正故。显尔者，显示诸义故。结鬘者，贯穿法相故。今言如佛故四谛行等，四谛行谓四圣谛，苦集灭道等，下即是修多罗。"
④ （刘宋）僧伽跋摩译：《杂阿毗昙心论》，T. 28，No. 1552，第931页中。

说经能显示诸义，将《序品》《方便品》分别分析为七段和五门，便是满足此需要。第二重"源泉"，强调经典"义味无尽"。既然"义味无尽"，自然需要对其往复释解，通过不同的视角，从经中生发无尽丰富的意义——这就点明了对同一段经文往复解释的合理性。第三重"出生"和第四重"绳墨"，又分别从"广生功德"和"破邪显正"的意义上，说明了"十种无上"和"十病—十对治（十义）"的必要性。最后解"经"为"结鬘贯穿诸佛法"，又将全部三十二章统合了起来。通过吉藏的释解，《法华经论》中所采取的诠释框架和方法，就不再仅仅是论主的主观选择，而更是早已由"经"本身的含义所决定的。当然除此以外，他还将这种往复诠释的做法说成是圣人"内有无碍之智，外有无方之辩"的体现；最后，还将之与中国注释传统中的"料简"部分相比附，说明其在讲习教说中的现实意义。这些解说都说明，吉藏不仅意识到了《法华经论》中范畴组合重合部分所可能造成的理解困难，还在对此问题的解答中，将之转化为突破经典文字表面形式、发掘背后深义的重要手段，这也体现了他一直以来的诠释态度。

值得注意的是，吉藏对《法华经论》"七喻""十无上"等内容的诠释，主要见于针对《法华经论》而作的专门注释《法华论疏》；在他写作的其他《法华经》注释中，虽对此有所引用，但基本仍是在重复《法华论疏》中的内容。《法华经论》出现于《法华经》注释对具体譬喻的解释中有以下几种情况：在解"穷子喻""药草喻"时，引用了《法华经论》的完整段落，来释解二者的"来意"①；在《化城喻品》，只在解释"来意"部分时，夹杂于"三周说法"的框架中，简略提及；在解"系珠喻"时，引用《法华经论》解释其中

---

① （隋）吉藏：《法华义疏》，T. 34，No. 1721，第 544 页下："来意门者，依《法华论》说火宅譬破于凡夫，明穷子譬斥二乘人执，所以前破凡夫次须斥二乘者，示次第法门破病阶渐也。"第 558 页中："依《法华论》明此品来意者，火宅譬破凡夫病，穷子譬破二乘病，云雨譬破菩萨病……"

"以无价宝珠系其衣里"一句①；在解"髻珠喻""良医喻"时，单纯引用列举了《法华经论》文字，未有任何讨论说明。由此可见，在《玄论》《义疏》等注释中，在具体解说个别譬喻时，《法华经论》所起的实际作用是有限的，主要的解释思路仍然沿用中国原有的注释传统（详见下节）。

不仅吉藏，与他同一时代的智𫖮情况也是如此。在其《玄义》《文句》等注释中，虽然提到了"七喻"的概念，但在实际释解经中譬喻时，却并未对此予以关注。唯一的特色之处是，只有在《玄义》解释经题"莲华"之义时，简略地提及"七譬是别，莲华是总"②，但也并未对此详细解释。之后在湛然时，才解释这是说"七譬各对莲华权实之意"，即是说，莲华总显"为实施权""开权显实"，七喻则各自分别显此道理。③ 这些情况都表明，截止到此时，经由《法华经论》出现的以"七种譬喻"等统合《法华经》譬喻的方式，对于人们实际理解譬喻的影响仍是十分有限的。

三　窥基《玄赞》对《法华经论》解释框架的贯彻

窥基《玄赞》对《法华经论》的引用遍及全经各品目。《玄赞》

---

①　（隋）吉藏：《法华义疏》，T. 34，No. 1721，第581页中："'以无价宝珠系其衣里'者，此正明系珠譬也。《法华论》云'有散乱增上慢人心实无有定，过去虽有大乘善根而不觉知，不觉知故不求大乘，于狭劣心生虚妄解以为第一乘，如是倒取，为对治此故说系宝珠譬，即是示其过去善根令忆念已，然后教令入三昧故也'。《论》又云'示现解无上，故说系宝珠喻也'。大乘中道之解譬之宝珠，理中之极故称无价。又由此不二之解感佛大果，以多有所堪故称无价，解由佛授故称为系，解隐微惑心中如衣里也。"

②　（隋）智𫖮：《妙法莲华经玄义》，T. 33，No. 1716，第685页中。

③　（唐）湛然：《法华玄义释签》，T. 33，No. 1717，第828页中。"莲华秖（只）是为实施权、开权显实，七譬皆然，故得名别。如譬喻中，初设三车是施权，后赐大车是显实。穷子中，雇作已前是施权，体业已后是显实。药草中，三草二木是施权，一地一雨是显实。化城中，为疲设化是施权，引至宝所是显实。系珠中，得少为足是禀权，后示衣珠是显实。顶珠中，随功赏赐是施权，解髻与珠是显实。医子中，非生现生、非灭现灭，各有形声权实二益，生灭迹也，非生非灭本也。故前六约迹、后一约本，故知莲华总譬本迹权实，本迹同异之相，具如后简，故知但语莲华则兼别矣。"

各品多以三个项目来导论、概览经文——"来意""释名""解难",个别依一品内容稍作更动,如第二《方便品》作"来意""释名""出体"三项;第六《授记品》作"来意""差别""释名";第十三《持品》仅"来意""释名"两项。但总体来说,"来意"是解说一品内容必不可少的部分,用以解释一品的来由,其具体内容就是阐释此品与前品如何相互承接,并点出此品是为讲说何种重要观念而起。窥基主要透过两种架构来说明一品生起的意义:其一是全经架构科判,其二便是《法华经论》的注释架构。① 为此,窥基在原论基础上进一步明确了其中所举三十二项范畴所对应的经文品目。其中,《序品》对应"七种功德成就",《方便品》对应"五种示现",这无须多言;而余下的二十六品,则是明"七譬喻""三平等""十种无上"三义。为使文意更加简明易懂,我们根据其文字说明制成下表:

表3-5　　　　　《玄赞》二十六品—三义对照表②

	七譬喻	三平等	十无上
譬喻品	1 火宅喻	1 乘平等	
信解品	2 穷子喻		
药草喻品	3 云雨喻		1 种子无上
授记品		1	
化城喻品	4 化城喻		2 现行无上,3 增长力无上
五百弟子受记品	5 系宝珠喻	1	4 令解无上
授学无学人记品		1	
法师品		1	10b
见宝塔品		2 生死涅槃,3 身平等	5 清净国土无上
提婆达多品		1	
劝持品		1	10b

---

① 黄国清:《窥基〈妙法莲华经玄赞〉研究》,博士学位论文,台湾"中央大学",2005年。
② (唐)窥基:《妙法莲华经玄赞》,T. 34,No. 1723,第734页中—下。

续表

	七譬喻	三平等	十无上
安乐行品	6 解髻中明珠喻		6 说无上，10b
从地涌出品			7 教化众生无上
如来寿量品	7 医师喻		8 大菩提无上，9 涅槃无上
分别功德品			10 胜妙力无上 a
随喜功德品			10a
法师功德品			10a
常不轻菩萨品		1	
如来神力品			10b
嘱累品			10b
药王菩萨本事品			10b
妙音菩萨品			10b
普门品			10b
陀罗尼品			10b
妙庄严王本事品			10b
普贤菩萨劝发品			10b

说明：窥基将"十种无上"中的第十"胜妙力无上"又分为两种，第一为"法力"（= 10a），第二为"修行力"（= 10b）。其下的更细分类省略。[1]

其中，窥基也意识到"十种无上"所诠释的内容，与其他两组有重合之处（他共统计出七品）。他依据原论中的"余残修多罗明无上义"一句，围绕"残"字的含义，对此进行了解释：

> 残有二义：一者文残，曾未说故；二者义残，前虽已说，

---

[1] （唐）窥基：《妙法莲华经玄赞》，T. 34，No. 1723，第734页下："余残修多罗是第十无上，谓余十四品并是第十无上。于中有二力：一法力、二修行力。法力有三品：一《分别功德》、二《随喜功德》、三《法师功德》。修行力中复有七力，合十一品：一持力有三品，一《法师》、二《安乐行》、三《劝持》。二说力有一品，谓《神力》。三行苦行力亦一品，谓《药王品》。四教化众生行苦行力亦一品，谓《妙音》。五护众生诸难力有二品：一《观音普门》、二《陀罗尼》。六功德胜力有一品，谓《妙庄严王本事》。七护法力有二品：一《普贤》、二《嘱累》。"

义犹未尽，所望别故，今复说之，名为义残。恐文繁长，故略不说，至下品中一一疏释。其《药草》《化城》《五百弟子》《宝塔》《持品》《安乐行》《寿量》七品，或文或义，重说之故。①

所谓的"余残修多罗"有两种情况：第一是"文残"，即尚未提及的文字内容；第二"义残"，则指虽然已涉及了相关内容，但"义犹未尽"，这就需要从新的角度和框架，对其再做释解。"十种无上"所涉及的品目之所以会与之前的解释重叠，其原因不出这两种情况。

不仅如此，窥基也同样考虑到了三组概念框架的次第关系：

其七喻者，谓凡夫有学，名有烦恼，有七种增上染慢，为对治此说七譬喻……

二乘无学，名无烦恼人，有三种法执染慢，彼三昧解脱见等法执，望二乘虽不名染，此回心已，即名菩萨，法执染此菩萨，名染无烦恼慢。论翻"颠倒"，义意如此。

无上义者，于大乘中可说有之，余乘即无。由此三乘说有差别，教、理、行、果等有异故。论引佛言，不离我身是无上义，故二乘中不说此义，不能解故。由此无上即是一乘，教、理、行、果，随其所应，配诸品取。②

窥基认为"七种譬喻"针对"凡夫有学"，"三平等"针对"二乘无学"的"法执"问题，这与吉藏的理解一致。不过对于"十种无上"，窥基认为其描述的是"大乘"，这就与吉藏的解释有微妙的区别。这样一来，这三组在《法华经论》中先后出现的概念，便依

---

① （唐）窥基：《妙法莲华经玄赞》，T. 34，No. 1723，第 734 页下。
② （唐）窥基：《妙法莲华经玄赞》，T. 34，No. 1723，第 734 页下

次显示了"三乘"的差别，而这种差别，主要体现在教、理、行、果四个方面——这在"十无上"相应的诸品中各有表现。实际上，"境、行、果"也是窥基用来判释《法华经》主体正宗分的框架。①在解说中将此与《法华经论》中的范畴相互叠加，正透露出窥基融合不同解释框架和理解方式的尝试。

值得注意的是，窥基不仅仅是在《譬喻品》的开头部分，总括性地介绍了来自《法华经论》的内容，更将其分散入各品"来意"的解释，不断利用《法华经论》相应的解释范畴，来说明品目之间的逻辑承接关系，以及相应品目的主旨与用意。引用《法华经论》说明"来意"的做法，在吉藏的《法华义疏》中就有先例，如解《信解品》"穷子喻"、《药草喻品》时，就是如此。不过，那里还并未形成定式。总体来看，在此前吉藏、智颉等人对《法华经》的注释中，虽然也引述提及《法华经论》，但至多只有总括性的介绍，还尚未深入具体诸品之中。这一点上窥基《法华玄赞》与前人的区别，绝不仅仅是形式上的，而更是将《法华经论》与各经文品目的解说进行了更加紧密的结合。换言之，《法华经论》中的"七种譬喻"等框架，在理解具体譬喻的过程中发挥了更为重要的作用。

具体而言，窥基关于七喻所在品目"来意"的解释，有些仅仅是复述《法华经论》的说法，如"（1）火宅喻""（5）系珠喻""（6）髻珠喻"以及"（7）医师喻"，有些则体现了其个人和学派的鲜明特色。包括：

（2）"穷子喻"（《信解品》）：

---

① （唐）窥基：《妙法莲华经玄赞》，T. 34，No. 1723，第661页中："从《方便品》下至《持品》合十二品，明一乘境，《安乐行品》《从地涌出品》此之二品，明一乘行，《如来寿量品》下至《常不轻品》，合此五品说一乘果。说境令知乘之权实，劝应舍权而取于实，声闻悟此遂便得记；说行令知因之是非，劝应学是而除于非，学者由斯从地涌出；说果令知身之真化、证之果因，劝识于化求证于真，渐获因、果二位胜德，菩萨知此遂便道证，具显果、因所成胜德。"

求声闻解脱人一向增上慢，云我乘与如来乘无别；以如是颠倒取，对治专求声闻解脱，为此说穷子喻。前（指前一品的火宅喻）以无为乘及后乘无异，说乘是一，劝令入于大乘，彼便迷执。今说如长者之比穷子，有为乘及初乘是异，劝令舍于执着。故前品后有此品生。①

这里值得注意的，是窥基在"七喻对治七人"框架下对"火宅喻""穷子喻"两个譬喻前后次第关系的说明。"火宅喻"中长者以大白牛车等赐诸子，明"三乘归于一乘"，"穷子喻"按照《经论》的解释，则是显明声闻并不同于佛乘。两个譬喻一者说"同"，一者说"异"，这如何理解呢？窥基解说，前者在"无为乘""后乘"的意义上，说乘是一；而后者在"有为乘""初乘"的意义上，说乘是异——这样一来，他就按照"有为—无为"和"前—后"的标准，将"乘"的概念分析为两重层次。这显然是对《法华经》中的核心概念——"乘"进行的更为清晰的界定。事实上，窥基此前解说《譬喻品》的文句时，也提到了"有为乘—无为乘"的概念，并将之与"事—理"的范畴相结合（详见第四章）②，其出现的语境，也是在解说"火宅喻"中的"大白牛车"时。由此可见，窥基对"三乘"含义和关系进行的澄清和丰富，正是在譬喻的启发下，在思考譬喻之间联系、为其寻找理解上的连贯性和整体性的过程中实现的。

（3）"药草喻"（《药草喻品》）：

今此品为对治大乘人一向慢言无别二乘、唯有一乘。故彼论言……意显一雨虽同，三草二木生长各异；佛教虽同，三乘、二圣发修亦别，有为机器各各别故，亦有决定二乘者故，由机

---

① （唐）窥基：《妙法莲华经玄赞》，T. 34，No. 1723，第 770 页中。
② （唐）窥基：《妙法莲华经玄赞》，T. 34，No. 1723，第 750 页下。

性殊、禀润别故。故《胜鬘》云：摄受正法善男子堪荷四担。《涅槃》亦言：我于一时说一乘一道，乃至弟子不解我意，说须陀洹等，皆得佛道。广说如余。依人运载，教等名乘。佛法虽同，机修有异，故说此品。①

如同吉藏，窥基同样以譬喻中的"三草二木"来说明《法华经论》所言的对治之意，但具体解释又有所不同。根据后文，窥基对此的理解结合了法相唯识学的"五姓各别说"，将"小草"对应于"无种姓人"，称其仅能以人天教教化，或也将之解为声闻见道前的"七方便"；"中草"为二乘人；"大草"为菩萨——又可分为七地之前，以"小木"喻之，以及八地之后（"大木"）。② 不仅如此，在理解"十无上"中的"种子无上义"时，他的解释也与吉藏有异：吉藏取譬喻中的"雨"来说此义，而窥基仍是延续对于"三草二木"的关注，认为"种子无上"是在承认诸乘差别的基础上，强调"大草"或"二木"的殊胜；吉藏解"种子"为"菩提心"，而窥基则将之固定为"大乘无漏种子"。③ 窥基所选择填充入《法华经论》解释框架的术语和概念，突出体现了其学派特色和倾向。

《法华经论》说（4）"化城喻"（《化城喻品》）针对"有定之人"，这自然契合了瑜伽行派思想中对于禅定的关注。围绕"定"的话题，窥基对"化城喻"进行了前所未有的细密分析。《法华经

---

① （唐）窥基：《妙法莲华经玄赞》，T. 34，No. 1723，第 781 页中。
② （唐）窥基：《妙法莲华经玄赞》，T. 34，No. 1723，第 786 页上。黄国清：《〈妙法莲华经〉"三草二木"段的解读——文献学与义理学的进路》，《世界宗教学刊》2005 年第六期。
③ （唐）窥基：《妙法莲华经玄赞》，T. 34，No. 1723，第 781 页中："前说雨喻普润三草，三草既别，令知乘异。今说雨喻所润三草之中，形于二草，佛种名大草，自位相形，加名二木，所望义别，名为义残。或是文残，谓小中大草，文是雨喻，破乘同病，诸树大小随上中下，各有所受。此雨喻是种子无上，前后文别，故是文残。此大种子得雨滋润，体用弘广，后得果殊，故名无上。论引经言……今显大乘无漏种子以为因本，成佛身故。为显此种子无上，故此品来。"

论》中说:"第四人者,方便令入涅槃城故。涅槃城者,所谓诸禅三昧城故。过彼城已,然后令入大涅槃城故。"① 结合窥基对"七喻"整体的判释——即其针对者为"有学凡夫",他首先将这里的第四"有定人"理解为"彼已得定诸有学凡夫人"。而对此譬喻对治意义的解释,则从分析"三昧城"的含义开始:

> 三昧城者,谓有学凡夫专心所求,在无学身尽、无生智后世间禅定所变解脱,离能变无,总名三昧。此定有漏,名为世间。此中意说,佛说三事名大般涅槃,三乘同得择灭解脱,即是无学解脱道中所证生空理,由此后时,惑苦不生,名为解脱。佛说此解脱名为化城。生空智证,名为暂入,以息众苦故,言方便入涅槃城。后引至宝所,方至大涅槃城。②

对于有学凡夫来说,他们所希求的"三昧城",是无学阿罗汉所得的解脱。这种解脱,是无学位得尽智、无生智③后,由"世间禅定"(这里是在"有漏"的意义上称此定为"世间")所变现的解脱,它不能脱离"能变"而成立。这段文字颇为晦涩难解,目前唯一能够参考的,只有栖复在《法华经玄赞要集》中的解释:他将"世间禅定"理解为见分,"所变解脱"为相分,而"离能变无"则强调"摄相归见""将所就能"的过程,故而称为"三昧"。④ 阿罗汉以二智证得"生空"之理(即人我空无),便是已入此城;在其

---

① (北魏)菩提留支译:《妙法莲华经优波提舍》,T. 26,No. 1519,第 8 页中。
② (唐)窥基:《妙法莲华经玄赞》,T. 34,No. 1723,第 789 页中。
③ (唐)玄奘译:《阿毗达摩俱舍论》,T. 29,No. 1558:"云何尽智?谓无学位,若正自知我已知苦、我已断集、我已证灭、我已修道,由此所有智见明觉解慧光观,是名尽智。云何无生智?谓正自知我已知苦,不应更知,广说乃至我已修道,不应更修。由此所有广说,是名无生智。"
④ (唐)栖复:《法华经玄赞要集》,X. 34,No. 638,第 796 页下。虽然针对《玄赞》的注释书还有《法华玄赞义抉》《法华玄赞摄释》等,但其他注释书在此处仅仅重复窥基的内容,而没有给出确切解释。

之后"惑苦不生"的意义上，可以称之为"解脱"。但这也只是"暂入"，只是暂且熄灭众苦。佛称其为"化城"，就是说其所入之城只是方便，其后还应继续至于"大涅槃城"。

在此基础上，窥基更对"有定人"之所以产生颠倒增上慢心的心识过程进行了细密的分析：

> 二乘之人加行智求，变作此相，至于无学解脱道中，正证解脱，都无分别种种之想。出解脱道后，世间定心重缘所得，以心粗故，不知真智所证之法，但见加行所求涅槃解脱相状，便谓涅槃，谓有实灭。岂非彼解是世间定，故言以有世间三昧，实无涅槃而生涅槃想？凡夫有学闻此假解，不识知故，谓有实涅槃，起坚执心，作意欣趣。故今破之，说彼所证犹如化城，尚为不实、不应趣求，况在无学假所变耶。如二乘人所起四倒，正智证生空犹未起执，后时观前正智行相，不亲得故，乃见加行所求行相，便谓为真，遂起四倒。此亦如是，非无漏心及世间定皆是法执，出彼心后，方起执故。①

这里的说明借助了有部及瑜伽行派论典中常出现的"四道"，特别是"解脱道"（vimukti-mārga）和"加行道"（prayoga-mārga）的概念。《俱舍论》等说此道是"涅槃路"，"乘此能往涅槃城"，故而是非常契合语境的。② "解脱道"是已解脱诸烦恼障的修行，而"加行道"（又称"方便道"）则只是最初的准备。在窥基的解释中，有定之人的颠倒妄见，就发源于这两种不同状态下的混淆颠倒。这一过程实际上涉及两种主体。首先，是二乘之人，他们在无学位以

---

① （唐）窥基：《妙法莲华经玄赞》，T. 34，No. 1723，第 789 页下。
② （唐）玄奘译：《阿毗达摩俱舍论》，T. 29，No. 1558，第 132 页上："加行道者，谓从此后无间道生。无间道者，谓此能断所应断障。解脱道者，谓已解脱所应断障最初所生。胜进道者，谓三余道。道义云何？谓涅槃路，乘此能往涅槃城故。或复道者，谓求所依，依此寻求涅槃果故。"

二智证得解脱时，对其并未产生种种分别。但出解脱道之后，又以有漏定心重新攀援其所证，这时由于"心粗"，实际上只能"见加行所求涅槃解脱相状"，这并不同于"真智所证之法"，却被误认为就是涅槃，故而称为"实无涅槃而生涅槃想"，是一种"颠倒妄见"。窥基之所以将之解说为如是顺序，是参考了唯识学派对二乘"四倒"的解释。"四倒"是二乘人对涅槃无为法所起的四种妄见，即将涅槃之"常、乐、我、净"妄执为"无常、无乐、无我、不净"。[①]"四倒"并不是产生于"正智"证得生空之理时，而是在出解脱道之后，只见加行所求行相，误以此为真，才产生法执——根据窥基后文的记述，这种解释是护法提出的；安慧还有不同的说法，认为无学解脱道中所正证亦有法执，但窥基并未采信。

除此之外，还涉及第二类人——凡夫有学。二乘之人的如上妄见，被凡夫有学闻知，由于他们无法分辨，便也以为此确实就是"涅槃"，产生执着之心，并心向往之。《法华经》中指出二乘所正证解脱尚且为"化城"，尚且虚假不实，其加行所变现行相，便更是如此。正是在此意义上，"化城喻"得以破除有定之人的颠倒妄见。窥基的解说，利用自身学派的理论资源，更加细致地将"化城喻"与现实的修行过程结合了起来，从而进一步发掘出了《法华经论》解释框架的理论价值。

"七譬喻""十无上"是由《法华经论》所提出的理解《法华经》譬喻间之关系并为之寻求整体性的解释框架。自《法华经论》在中国译出后，中国注释者对其积极回应，特别是吉藏和窥基，在梳理框架间的逻辑关系、丰富框架中各概念范畴的具体内涵，以及解释其与经中譬喻结合的合理性方面，进行了大量创造性的工作。不过，具体到对个别譬喻的实际理解，《法华经论》所起的作用随时间而有所不同。事实上，直到窥基时，《法华经论》的解释框架才真正完整地体现在对具体譬喻的解读中。换言之，尽管时至今日，"七

[①] （北凉）昙无谶译：《大般涅槃经》，T. 12，No. 374，第 407 页上。

喻"已经成为对《法华经》譬喻不言而喻的概括方式，但我们仍须意识到，这种今日默认的常识，是在特定的历史时期中逐渐形成的，并不代表历史中的全部可能性。

第二节 "三周说法"注释传统下的譬喻开合

一 法云《义记》："三周"视角下譬喻间的严格对应结构

如何理解譬喻之间的联系，如何探寻经文表面安排背后的深义，这是理解《法华经》譬喻时必然涉及的问题。《法华经论》提出的解释框架，只是对此问题的一种解答方式，在中国本土的注释中，还可以发现其他答案。上一章提到，在法云《义记》中，最早出现了"三周说法"的科判框架，这实际上也为中国注释者解答譬喻之间的关系提供了方向。

法云对"三周说法"的基本界定，就是佛针对上根、中根、下根之人，以"法说""譬喻说""因缘说"来阐明"开三显一"之意。换句话说，三周说法的对象不同、形式不同，但其传达的思想意旨却没有差别；具体到譬喻，又是以"法"为根本。这一前提完全决定了法云理解经中譬喻关系的方式：他在"法说周"的文句、"譬说周"出现的"火宅喻""穷子喻"，以及"宿世因缘周"的"化城喻"和"系珠喻"之间，建立起了严格一一对应的结构。具体内容可见表3-6。

首先值得注意的是，在《义记》中，除了表格中所列的四个譬喻之外，我们看不到注释者在其他譬喻中构建这种对应关系。其中，"药草喻"分明在结构上属于"譬说周"的"述成"部分，却没有与之前的"火宅""穷子"二喻构成对应结构。我们唯一能设想到的理由，只有"药草喻"在形式和内容上的特殊性——它是经文几个重要譬喻中唯一不具备人物情节的。比较"法华七喻"的框架，其中的"髻珠喻"（《安乐行品》）、"良医喻"（《寿量品》）两个譬

表 3-6　　《义记》"法说偈颂"与"火宅喻""穷子喻"
"化城喻""系珠喻"对应关系

法说周	譬说周		宿世因缘周	
法说①	火宅譬	穷子譬②	化城譬③	系珠譬④
今我亦如是，安隐众生故……方便说诸法，皆令得欢喜	1 化主同	1 宅主譬	1 父子相失譬	1 将导譬	1 系宝珠譬
舍利弗当知！我以佛眼观……为是众生故，而起大悲心	2 佛在法身地，见所化众生为五浊所恼	2 见火譬	2 父子相见譬		
我始坐道场，观树亦经行……我宁不说法，疾入于涅槃	3 应世以大乘化众生不得	3 长者救子不得譬	3 呼子不得譬	2 懈退譬	2 不自觉知譬
寻念过去佛，所行方便力……生死苦永尽，我常如是说	4 佛因三乘化得众生	4 长者用三车救子得譬	4 呼子得譬 5 教作人譬	3 为设化城譬	3 行他国譬
舍利弗当知！我见佛子等，志求佛道者，无量千万亿	5 佛见三乘人大乘机发之义	5 长者见子免难譬	7 见子长大譬	4 知止息譬	4. 相值譬

---

① （梁）法云：《法华经义记》，T. 33，No. 1715，第 608 页上—中。
② （梁）法云：《法华经义记》，T. 33，No. 1715，第 633 页上—中。
③ （梁）法云：《法华经义记》，T. 33，No. 1715，第 654 页中。
④ （梁）法云：《法华经义记》，T. 33，No. 1715，第 657 页中。

续表

法说周		譬说周		宿世因缘周	
法说		火宅譬	穷子譬	化城譬	系珠譬
咸以恭敬心，皆来至佛所，曾从诸佛闻，方便所说法	6 三乘人索果，所索者只是三界尽、无生智	7 诸子索车譬	X		
我即作是念，如来所以出，为说佛慧故，今正是其时	7 佛见众生大乘机发故欢喜	6 长者见子免难故欢喜譬	X		
于诸菩萨中，正直舍方便，但说无上道	8 佛为众生说大乘，即是说《法华经》	8 等与大车譬	8 付家业譬	5 灭化城将至宝所譬	5 示宝珠譬
菩萨闻是法，疑网悉已除，千二百罗汉，悉亦当作佛	9 三乘人受行大乘之义	9 诸子得大车故欢喜譬	9 子得家业故欢喜譬		
汝等勿有疑……但以一乘道，教化诸菩萨，无声闻弟子。	10 不虚妄	10 不虚妄譬	X		
			6 付财物譬		

注："X"表示原文未明言对应。

喻，超出了"三周说法"的范围，一者位于"开三显一"或"说因"部分的流通分，一者位于"开近显远"或"明果"部分，它们更是从未被与其他譬喻联系起来——事实上，鉴于经文中也存在其他譬喻，如《法师品》的"高原求水喻"等，我们甚至观察不到法云在解说这些譬喻时在体例方法或篇幅重点上有任何区别对待。这再次说明，所谓"法华七喻"绝非自然而然就可形成的概念，而是特定解释视角和解释方法的产物；很显然，法云看待譬喻之间联系和整体性的方式，与"七喻"所代表的方式决然不同。

表 3-7　　　　　　　　四譬"1"部分的细部对应

火宅喻①	穷子喻②	化城喻③	系珠喻④
1 长者义（化主）	父	4 "有一导师"	4 "是时亲友"
2 长者有一大宅义（化处）		1 "譬如五百由旬"	2 "至亲友家"
3 长者之宅唯有一门（化门）			
4 长者宅中有五百人义（所化人）			
5 长者宅中有火（所救事）		2 "崄难恶道旷绝无人怖畏之处"	3 "醉酒而卧"
6 三十子义（受化者）	子	3 "若有多众"	1 "若有人者"

按照法云的科判，自第二《方便品》"尔时世尊告舍利弗，汝已殷勤三请"，至第三《譬喻品》"及见佛功德，尽回向佛道"，为"法说周"，其中，《方便品》的部分为上根人"正法说"，《譬喻品》部分为舍利弗等上根人领解。"正法说"又分长行、偈颂两部分，二者皆再分为"缘起"与"正说"两部分，"正说"分为"诸佛门"与"释迦门"二门，以示三世诸佛、释迦皆"开方便门，示真实相"。⑤ 正是在"法说周"偈颂部分的"释迦门"，即自"今我亦如是，安隐众生故"⑥ 开始的偈颂，法云将之分割为十段，称其为"十种法说"，"为下火宅中十譬作本，远为化城譬作本，亦远论穷子譬作本也"⑦。实际上从后文的判释来看，不止"火宅""穷子"

---

① （梁）法云：《法华经义记》，T. 33，No. 1715，第 614 页下
② （梁）法云：《法华经义记》，T. 33，No. 1715，第 633 页下
③ （梁）法云：《法华经义记》，T. 33，No. 1715，第 654 页中
④ （梁）法云：《法华经义记》，T. 33，No. 1715，第 658 页上
⑤ （梁）法云：《法华经义记》，T. 33，No. 1715，第 605 页下。
⑥ （姚秦）鸠摩罗什译：《妙法莲华经》，T. 9，No. 262，第 9 页中。
⑦ （梁）法云：《法华经义记》，T. 33，No. 1715，第 609 页上。

"化城"三譬,《五百弟子受记品》中的"系珠譬",也被理解为以此为本。几个譬喻之间,按照"三周说法"的框架,在"譬说周"中,《譬喻品》的"火宅喻"部分为"正说",《信解品》须菩提等声闻弟子以"穷子喻"领解,故而后者"领解"前者;"化城喻"所在的《化城喻品》和"系珠喻"所在的《五百弟子受记品》,从属于"宿世因缘周",前者为"正说",后者为"受记",后者直接领解前者,而与"火宅喻"和"穷子喻"的关系则相对较远,因此法云只用"相类""相应"或"远领"来称其关系。

在法云的释解中,如是的关系不只停留于宏观层面,更贯彻于微观。如"穷子喻"中的"第一譬"——"父子相失譬":

> 今者第一譬,"若有人"下讫"无复忧虑",① 名为父子相失譬,此则领上火宅中第一宅主譬,亦名总譬,亦远领《方便品》中"今我亦如是"下,明释迦同诸佛先三后一,化五浊众生之主。②

"火宅喻"和"穷子喻"分别被划分("开")为"十譬"和"九譬",在此细部中,后者也分别一一领解前者,其他譬喻之间的关系亦是如此。根据法云,这些譬喻共同的根本是"十种法说",这便决定了它们在构造上的同质性——这种同质性体现在,当每一譬

---

① (姚秦)鸠摩罗什译:《妙法莲华经》,T. 9,No. 262,第 16 页中:"譬若有人,年既幼稚,舍父逃逝,久住他国,或十、二十,至五十岁,年既长大,加复穷困,驰骋四方以求衣食。渐渐游行,遇向本国。其父先来,求子不得,中止一城。其家大富,财宝无量——金、银、琉璃、珊瑚、虎珀、颇梨珠等,其诸仓库,悉皆盈溢;多有僮仆、臣佐、吏民;象马车乘,牛羊无数——出入息利,乃遍他国,商估贾客亦甚众多。时贫穷子游诸聚落,经历国邑,遂到其父所止之城。父每念子,与子离别五十余年,而未曾向人说如此事,但自思惟,心怀悔恨,自念老朽,多有财物,金银珍宝,仓库盈溢;无有子息,一旦终没,财物散失,无所委付。是以殷勤每忆其子,复作是念:我若得子,委付财物,坦然快乐,无复忧虑。"

② (梁)法云:《法华经义记》,T. 33,No. 1715,第 633 页中。

喻被划分为若干部分，这些部分之间可以呈现出一一对应的关系，这种对应甚至严格到了具体文句的层面上——表3-7仅仅截取了几个譬喻被分割出的第一部分作为例子，实际上法云对这种对应原则的贯彻，渗透到了每一字句。

　　法云依据何种标准和方法，对譬喻中的内容进行切割划分？不难注意到，无论是在解说"十种法说"时，还是在注释"火宅喻"等譬喻时，他都以"某某义"来总结所分割的相应文句的内容，这就透露出，"义"应该是法云划分文句段落的重要标准。"义"字很容易使人联想到，佛教文献传统中在利用譬喻时，常出现"以譬喻得解所说之义"的套话（见第一章第一节），在此意义上，"义"正是譬喻所诠表的目标和对象。不过参考法云对"义"字的利用，其含义却显得含混：无论"十种法说"中的"十义"，还是譬喻中的"长者义""大宅义"等，都至多只能算作对相应文句的概括浓缩，其概括的结果有可能是一命题或陈述（"十种法说"中），也有可能是一情节或形象（譬喻中）。但不管怎样，"概括"毕竟是阅读者利用自身智识理解文本的结果，在此过程中，必然受到阅读者自身所选择的诠释框架的影响。具体到这里的讨论，对于每一譬喻的细部划分，对各部分之"义"的概括和判断，首先固然是从文本出发，考虑本譬喻的内容和情节；但另一方面，对于判断一段文字中究竟哪些因素值得概括，或者将之概括为何种形式，也参照了"十种法说"和其他譬喻的划分，或者说，在文句中寻找与其他譬喻的对应关系，本身就是理解文句的题中之意。一方面，对于具体文句的理解和概括，支撑、丰富起了譬喻之间、譬喻与法说之间的对应结构；另一方面，这种对应结构本身，也影响着对文句的概括方式和呈现方式——结构与文本之间建立起了一种循环往复的互动关系，使得整个诠释活动成为一项复杂的系统工程。

　　尽管在逻辑上，按照法云的解释框架，譬喻之间、譬喻与法说之间的一贯性是早已被预设的，但是在实际认识顺序上，我们仍然可以提问，他究竟如何完成这些内容情节上毕竟有所差异的譬喻之间的弥合？以"火宅喻"和"穷子喻"为例：

> 上火宅中本有十譬，此中唯领七譬不领三譬，不领第六父欢喜，亦不领第七诸子索车，亦不领第十不虚也。所以不领第六者，只解第五免难譬，第六父欢喜之义自彰。所以不领第七者，上诸子索车，此即是迷惑之心，是故隐而不领。所以不领第十者，上第十是不虚妄，今日既得解，何假领上不虚妄？若使领者，如似言不解之时。昔日有虚妄，今日既无虚妄，是故不领也。
>
> 上既有十譬，今唯领七譬只应有七，所以有九譬者，此中第四、第五两譬共领上火宅中第四长者救子得譬，此中第六付财物譬，不领上开三显一之意，此乃远领《大品》座席时意。但穷子今日深取佛意，则言昔日《大品》时佛已令我为菩萨，转教说般若，但佛于时众中，令我说此大乘因果，则始终会令汝得此因果。须菩提今日既得解，是故深取此意也。①

"火宅喻"与"穷子喻"两个譬喻既然有不同的故事情节和主要矛盾，要将二者严丝合缝地对应起来也不现实。恰恰在解释这些不对应之处的过程中，我们可以观察到法云如何完成文本与诠释结构之间的互动。按照法云的理解，"穷子喻"虽领解"火宅喻"，但在后者的"十譬"中，却不领解第六、第七、第十譬。法云对此的解释，运用了两种角度："穷子喻"未领解"第六父欢喜譬"，是因为通过领解第五"免难譬"，既然父已诱子归家使其渐渐适应，"欢喜"之义便可"自彰"——这是从所分割部分文本中的情节内容而言的；未领解"第七索车譬"和"第八不虚譬"，是由于"穷子喻"既然表示中根人领解，这二者所透露出的"迷惑之心""不解之时"便不再必要——这又是从"三周说法"体系下的科判结构而言的。

---

① （梁）法云：《法华经义记》，T. 33，No. 1715，第 633 页上。

法云对这两种角度的运用,提示出他理解和诠释譬喻时所参照的原则方法,就围绕"文本"和"诠释结构"两方面。

不过,他的解释也不局限于此。在解释"穷子喻"何以除其所领解的"七譬"之外,又多出两譬时,他说"穷子喻"第四、第五譬共同领解"火宅喻"第四譬(见表3-6第四栏),这尚且仍在"三周"判释的框架之内;而解"第六付财物譬"时,他称此"远领《大品》座席之意",这便不仅突破了"三周"的框架,更突破了《法华经》经典的范围,将其他经典也纳入了考量。这里法云所指,是鸠摩罗什译《摩诃般若波罗蜜经》,在其中的第六品《舌相品》至第二十六品《无生品》中,须菩提助世尊弘赞般若,并得佛赞许:

> 尔时佛赞须菩提言:"善哉,善哉!是菩萨摩诃萨般若波罗蜜,其有说者亦当如是说。汝所说般若波罗蜜,皆是承佛意故。菩萨摩诃萨学般若波罗蜜,应如汝所说学。"①

通过说"穷子喻"的人物须菩提,通过譬喻中"付子财物"的情节,法云将这两部经典贯穿了起来,《法华经》"穷子喻"中关于三乘的叙事,也便成为关于佛教全部历史和全部经典的叙事。

根据智𫖮、吉藏等人的转述,除了如法云一般将"法说""火宅喻"各划为十种的理解,早期还有"四章—三譬""五譬""六说—六譬"等解释方式。② 由此推测,法云在《义记》中为法说和譬喻划分细部,并寻求细部之间对应关系的做法,未必为其首创,而是当时一种通行的理解方式。不过,在同一时代的解说当中,确实只有法云的说法被完整保留了下来。在此意义上,法云的解释具备了

---

① (姚秦)鸠摩罗什译:《摩诃般若波罗蜜经》,T. 8,No. 223,第273页上。
② (隋)吉藏:《法华义疏》,T. 34,No. 1721,第506页下。《文句》中的记载更加详细,仅署名者,便有法瑶"四章"说、玄畅"六譬"说、"庐山龙师"的"六譬"说等。见(隋)智𫖮:《妙法莲华经文句》,T. 34,No. 1718,第58页上。

某种代表性,帮助我们认识到当时的南方义学僧人究竟以何种方式、何种角度来理解《法华》譬喻。

二 吉藏、智𫖮对"三周"框架譬喻开合方式的改进

1. 吉藏对法云僵化理解的批判

法云所代表的那种在"三周说法"框架内理解譬喻之间的关系,并将之落实于譬喻间、譬喻与法说间细部对应的理解方式,为吉藏、智𫖮所继承,不过,他们又分别通过各自的思考,对原有框架进行了改进和丰富。考虑到《文句》在整理过程中,于此部分参考了吉藏的说法,这里首先考察吉藏的解说。兹将吉藏所理解的几个譬喻以及譬喻与法说之间的对应关系列为下表:

表3-8　　　　　　　"法说"—"譬说周"对应关系

法说①		火宅喻②	穷子喻③
1 居法身之地,见五浊众生有苦无乐,故起大悲心	我以佛眼观,见六道众生,贫穷无福慧,生死崄道……深入诸邪见,以苦欲舍苦,为是众生故,而起大悲心	2 长者见火譬	2 中途相失譬 3. 子渐还乡譬 4. 父子相见譬
2 悲心内充以本垂迹,初成道时,欲说一乘,拔物极苦与其极乐,但圣虽能授物,物不能受,是故息一化	我始坐道场,观树亦经行,于三七日中,思惟如是事……我宁不说法,疾入于涅槃	3 救子不得譬	5 唤子不得譬
3 既不堪受一化故,于一佛乘方便说三调柔其心	寻念过去佛,所行方便力,我今所得道,亦应说三乘……从久远劫来,赞示涅槃法,生死苦永尽,我常如是说	4 三车救子得譬	6 冷水洒面譬 7. 诱引还家譬 8. 付财密化譬 9. 陶练小心譬

---

① (隋)吉藏:《法华义疏》,T. 34, No. 1721,第506页中。
② (隋)吉藏:《法华义疏》,T. 34, No. 1721,第520页上—中。
③ (隋)吉藏:《法华义疏》,T. 34, No. 1721,第545页中。

续表

	法说	火宅喻	穷子喻
4. 明会三归一	舍利弗当知！我见佛子等，志求佛道者，无量千万亿……菩萨闻是法，疑网皆已除，千二百罗汉，悉亦当作佛	5 等赐大车譬	10 委嘱家业譬
		1. 总譬	1 初为父子譬
		6. 不虚譬	

表 3-9　"因缘周"中"化城喻—系珠喻"对应关系

化城喻①	初说大乘譬	中途说小譬	后还说大譬
系珠喻②	系宝珠譬	中途相失譬	会遇示珠譬

  吉藏的判释与法云相比有如下区别：首先，从整体来看，吉藏没有将"譬说周"和"因缘周"的四个譬喻完全打通，进行一一对应的阐释，而是在这两周各自的范围内，按照"正说—领解"的关系——即"穷子喻"领解"火宅喻"、"系珠喻"领解"化城喻"，对这两组譬喻分别对应解说。这实际上使得"三周说法"判释的层次关系显得更为分明。

  其次，就细部来说，尽管吉藏对"法说"部分的偈颂科判大致与法云一致，但就其中"为火宅譬作本"的部分——即"明释迦出五浊世"的部分，吉藏将之开为"四门"，认为这包含了释迦"一期所化"的全部。在吉藏看来，这种划分方式不是主观任意的，而是由诸佛世尊一期教化过程所决定的：

    问：何因缘故，但明四章耶？
    答：释迦出五浊世，一期始终唯有此四门，譬如父母见子

---

① （隋）吉藏：《法华义疏》，T. 34，No. 1721，第 575 页上。。
② （隋）吉藏：《法华义疏》，T. 34，No. 1721，第 580 页下。

病苦，初深生愍恻；二者则欲以妙药授之令子病顿差，但子病重不堪服药也；三者既不堪授妙药，权以粗药治子重病；四者重病既除，还堪授妙药病便除差。父除子身病，唯此四门，不得增减；佛治众生心病，亦唯此四，不得增减，是故一期出世，但明四门也。非但释迦一期出世备此四门，一切诸佛亦不出此四门。①

这里以"父除子身病"为例，说明佛救治众生心病，不外乎其所开释的这四个环节，无需更多也不可更少。不仅释迦出世教化众生是如此，一切诸佛亦是如此。此"法说四门"，为"火宅喻"中的四部分（"四譬"）作本。不过，此前如法云等注释者，都力图在"法说"部分找到与其所开"火宅喻"数量相应的"譬本"，对此应如何看待呢？在吉藏看来，这种做法是不尊重文本的穿凿附会：

若言有十譬本、六譬本，并不与文相应。末世既不见佛意，唯依佛语为师，不应生穿凿也。②

这里在对前人理解进行批判的同时，其实也表明了吉藏自身据以批判和思考的一个原则：即以"文"或"佛语"为标准。

实际上不仅这里，稍早写作的《玄论》在解说"火宅喻"时，吉藏选择"依古旧开为六譬"③，而对法云的"十譬"说进行批判，其中也提到了这一标准：

评曰：十譬起即光宅，众师所无。今以四义评之：一者若以句断，有九句，不应十也。若以义分，唯有六义：一总，二

---

① （隋）吉藏：《法华义疏》，T. 34，No. 1721，第506页中。
② （隋）吉藏：《法华义疏》，T. 34，No. 1721，第506页下。
③ （隋）吉藏：《法华义疏》，T. 34，No. 1721，第520页上。

见火，三二乘化不得，四三乘化得，五还说一乘，六不虚。自余细句，皆是枝流，收摄属此六义也。今进不取句，退不依义。故十譬非也。①

吉藏以"四义"说明法云"十譬"不可取，其中第一点，便是其"进不取句，退不依义"。"句"就是文句句读，即最表面的文字形式。而所谓"义"，是指依据文句进行的意义概括，并且这种概括应符合道理和逻辑。但问题在于，吉藏何以自信自己的理解才符合"文义"呢？——毕竟，他所批评的法云等人，也绝不会认为自己违背了佛说。这就需要参考吉藏据以评论的另外三义——"法譬颠倒""大小相违""有无异"来理解：

> 二者若六、十（此处应为七——引者注）譬，则法譬颠倒。法说之中索车在前，父喜居后。譬说之中父喜在前，索车居后，虽欲会通，终成迂曲。至后自显也。
> 三者大小相违之。先法说中见大机动故喜。譬说中见小机免难故喜。法说明其大因，譬说序其小果。法说大障将倾，譬说小难已离，义势即乘小应相主也。
> 四者有无异。法说中序上根易悟，故无索车。譬说明中根犹惑，故有索车。若尔恭敬之言用为索车之本，殊不体文意。此四义品下文自显也。②

---

① （隋）吉藏：《法华玄论》，T. 34，No. 1720，第407页上。
② （隋）吉藏：《法华玄论》，T. 34，No. 1720，第407页中："二者若六十譬，则法譬颠倒。法说之中索车在前，父喜居后。譬说之中父喜在前，索车居后。虽欲会通，终成迂曲。至后自显也。三者大小相违之。先法说中见大机动故喜。譬说中见小机免难故喜。法说明其大因，譬说序其小果。法说大障将倾。譬说小难已离，义势即乘小应相主也。四者有无异。法说中序上根易悟，故无索车。譬说明中根犹惑，故有索车。若尔恭敬之言用为索车之本，殊不体文意。此四义品下文自显也。"

这段内容可以结合表3-6一起理解。第二"法譬颠倒"的问题，是说"十种法说"中的第六、第七，与"火宅喻"十譬中第六、第七的顺序相反，这是从文义的先后顺序而言的；第三"大小相违"，法说中说佛"见众生大乘机发故欢喜"，而譬喻中说父"见子免难故喜"，前者是大乘因，而后者只是阶段性的小果，二者的直接对应显然有问题。第四"有无异"，是说法说既然针对易于觉悟的上根人，他们就不会再"索车"，因为"索车"正是尚有迷惑者——即中根人的表现。因此，解释者也没必要在"法说"部分强行寻找"索车"的对应文句。总结而言，这三种批评都是围绕"文义"的标准展开的，而其实际操作方式，则是考察文义之间的顺承关系上是否存在逻辑上的矛盾，或者是否符合大前提——"三周说法"结构的相关定义和道理。

基于这样的标准，吉藏将为譬作本的法说偈颂开为"四门"。另一方面，对于"火宅喻"，他则"依古旧开为六譬"，这就产生了二者不完全对应的情况。这如何解释呢？

> 问：后譬既有六，今云何但有四耶？
> 答：前长行明五浊但有一章，今偈转势说法遂有四门；此品法说有四，后品譬说明六，亦是转势说法。若言后说还同前者，三周之经是一周意，盖是讲经师大失也。①

在解说"火宅喻"时，他又重申了这种理解：

> 问：此六譬从《方便品》何文生耶？
> 答：有人言：皆从《方便品》文生，今明不必尔也。此经有三周不同者，为根性各异，宜转势说法，故有三说不同也。若一一皆如上说者，则文成烦重、言非巧妙。又后不异前，闻

---

① （隋）吉藏：《法华义疏》，T. 34，No. 1721，第506页下。

前既惑、禀后亦迷，则圣说无益也。①

吉藏反对以往将法说与譬喻、譬喻与譬喻之间完全对应的做法。他认为，既然"三周说法"针对不同根性的受众，便必然会考虑不同的形势和情况，而不可能三周毫无变化。如若譬喻、因缘说都仅仅是在重复法说的内容，这便无所谓"三周"，而只有"一周"了。事实上，若后两周无异于法说，那么一开始无法领悟法说之人，便也同样会疑惑于后两说，佛亦没有作此二说的必要。换句话说，在吉藏看来，尽管"三周说法"的根本意旨一致，皆为"开三显一"，但这三周以不同形式呈现的教说却绝非简单的重复，而是在面对不同受众和情境时，随着教说形式的变化生发出新的意义。具体到对"火宅喻"的解释中，相较于"法说"多出的"总譬"和"不虚譬"，虽然在内容上"不离四义""亦无别体"，但前者提纲挈领，"总明能化之德、所化过患"，后者"料简上前三后一之义"，② 这都适应于教说的实际需要和情势。多出的这两譬，对于"法说"已有"四义"所涉及的各项概念进行了更清晰的概括，对其中的关系进行了进一步的澄清和整理。如是的呈现形式，带来了新的、若不靠此"火宅喻"则无法显现的认识。这种认识上的深化，是经由"火宅喻"完成的，这也显示出其区别于"法说"部分的教说意义。

值得注意的是，吉藏对于法说、譬喻间对应关系的寻求和探讨，仅限于目前讨论的这一层级，他没有再如法云一般，层层贯彻法说与譬喻、譬喻与譬喻间的对应结构，乃至具体到每一文句。这想必也与他对"三周说法"结构更为开放的理解方式有关。经过对以法云为代表的旧有解释方式的批判，我们在吉藏的解说中看到了一种

---

① （隋）吉藏：《法华义疏》，T. 34，No. 1721，第 520 页中。
② （隋）吉藏：《法华义疏》，T. 34，No. 1721，第 520 页下："虽有初总譬，还不离上四义，但欲总明能化之德、所化过患，故有总譬。又示解义之方，前总后别。又将明化物，先叹佛有化物之德，故说总譬耳。所以有第六不虚譬者，此譬亦无别体，还是料简上前三后一之义耳。为此因缘故开六譬也。"

更加努力遵循文本自身逻辑、更加认识到每一譬喻独特性的理解譬喻间关系的方式。

2. 智𫖮："三周"结构下的"三节开章"

智𫖮对于"法说"、譬喻的开合方式，不再如前人一般简单地以"几说""几喻"来概括。在他的解释中，法说与譬喻、譬喻与譬喻之间的联结，不仅仅是文句与文句、情节与情节之间一目了然的平行对应，而是需要在复杂的层级关系中分析开释出来。这种更为复杂的诠释方式有何必要，或者说，能够带来何种此前诠释无法带来的新理解？《文句》所整理的对于前人学说的分析抉择，可以透露出一些思考。《文句》在分析《方便品》偈颂部分的"颂释迦章"时，先引述了当时通行的种种观点，包括旧有的"五譬"说、法瑶"正说四章、譬说三章"、玄畅"六譬"说以及"龙师"的"六譬说"，在此之中，尤其着重引述了法云的"十说—十譬"，以及吉藏对此的批判（"四失"）。① 《文句》认为其自身的解释不存在这些问题（"今无此四失"），并从"有无""次第""开合""取舍""总别""本迹"六个角度，澄清了"法说"的长行与偈颂、"法说"偈颂与譬喻之间的关系。更值得注意的是，在承认吉藏以"文""义"为中心的评判标准的基础上，《文句》也添加了自己的思考：

> 今谓迹门大意，正是开三显一。前直法说，上根即悟解，中、下未悟，更为作譬，譬于三一，令得晓了。前法说中，既略、广开三显一，后譬说中，亦应略、广许三赐一，因缘中亦应引三入一。若作三譬、六譬、十譬，于三周之文不合，于四人信解乖离，是所不用。②

这里一系列讨论所围绕的原则，便是"迹门"部分"三周说

---

① （隋）智𫖮：《妙法莲华经文句》，T. 34，No. 1718，第58页上—中。
② （隋）智𫖮：《妙法莲华经文句》，T. 34，No. 1718，第59页上。

法"的科判结构。"三周说法"的意旨皆在于"开三显一",既然"法说"部分,分别以"略""广"两种形式来"开三显一"——这指的是长行部分有略说有广说、偈颂部分有略颂有广颂(见表 3 – 10 第 1 栏),那么在譬说、因缘中,也应与此对应。在此前提下,无论是"三譬"(法瑶)、"六譬"(玄畅、龙师、吉藏)还是"十譬"(法云),便都显得不完备:一方面,它们"于三周之文不合"——这指的是其分析没有体现三周之间"略、广开三显一"上的相应;另一方面,具体到《信解品》须菩提、迦旃延、大迦叶、目犍连四位弟子所说的"穷子喻",其对"火宅喻"的分析也无法与之相应,无法体现出"穷子喻"是对"火宅喻"的领解。

既然其他人的问题在于未能充分体现出"三周说法"之意,那么《文句》的分析框架相对于他人的优越之处,也正体现在这里:

> 若承上本下,略广二颂,则通三周及信解中,文之与义,悉皆不阙。
>
> 若约广颂,更开四意,颂上四义,为下四譬作本,此亦通三周及信解中,文义不阙。
>
> 若更子派,开颂五浊中为三,开颂方便中为二,开颂显实中为四,不虚中但一,合成十意,作下十譬之本。此之十意但在法、譬两周,信解及因缘中其文则阙。
>
> 故作三节开章,承上本下,非是无趣漫作。①

《方便品》偈颂部分的"颂释迦章"可以分析为三个层次("三节开章"),一方面承接上文法说长行("承上"),一方面为之后的譬喻作本("本下")。第一层,可以开为两部分,即"略颂"和"广颂",分别对应于《譬喻品》"火宅喻"的总譬与别譬。第二层,

---

① (隋)智𫖮:《妙法莲华经文句》,T. 34,No. 1718,第 59 页中。

表 3-10 《法华文句》"法说"与四譬喻对应关系

略颂一总譬作本	法说周		譬说周			宿世因缘周	
	法说		火宅喻①		穷子喻②	化城喻③	
			1 总譬		1 父子相失譬	1 导师譬	
1 显实开权	2.1 佛眼观见		2.1 长者能见譬		2 父子相见譬		2 所将人众譬
2 五浊	2.2 所见五浊	2 见火譬	2.2 所见火譬				
	2.3 起大悲		2.3 长者惊人火宅譬				
3 于一开三	3.1 念用大乘化不得	3 寝大施小譬	3.1 身手有力而不用之寝大譬		3 追诱譬		3 中路懈退譬
	3.2 念同诸佛三乘化		3.2 设三车施小譬			将导譬	
广颂一别譬作本	4 显实	4.1 明大乘机动	4. 等赐大车譬	4.1 索车譬			
		4.2 明佛欢喜		4.2 见子免难譬			
		4.3 正显实		4.3 等赐一大车譬	5. 付家业譬		4 灭化引至宝所譬
		4.4 明受行悟入		4.4 诸子得一大车欢喜譬			
	5 不虚		5 不虚譬		X	X	
					4. 委知家业譬		

注："X"表示未直言对应关系。

① (隋) 智顗:《妙法莲华经文句》, T.34, No.1718, 第58页上—60页上。
② (隋) 智顗:《妙法莲华经文句》, T.34, No.1718, 第80页上—下。
③ (隋) 智顗:《妙法莲华经文句》, T.34, No.1718, 第100页中—101页下。

在"广颂"部分,又可开出"四义",为"火宅"四个"别譬"作本。至此为止,这些内容在"穷子喻"("譬说周领解")和"化城喻"("因缘周正说")中,也都可找到对应。第三层,在"广颂四义"中再向下细分,又有十意。这只能在"火宅喻"中找到对应内容,而在《信解品》及其后的因缘说部分,则不再有内容与之相应。这也是为何此前直接将法说、譬喻开为"X 义""X 喻"的理解不足以显明三周说法之间的关系:比照此前的理解,如果说法云的"十法—十譬"说力求最大限度地寻找三周说法之间的同质性,吉藏的"四义—六譬"说指出了这种僵化理解的弊端,强调法说、譬说之间理应存在不同之处,那么通过将法说、譬喻开释出三重层次,《文句》实际上提供了一个得以合理安顿三周之间"同"与"异"的解释模型,更清晰地界定出在理解"三周说法"下之教说关系时,应在何种层面和限度上论及其"同",又在何种层面上看待其"异"。

除此以外,"三周说法"中最后出现的系珠喻,没有再与之前的譬喻进行细部对应,《文句》关于其与此前法说、譬喻关系的解释,以另一种方式展开。譬喻被分判为"醉酒譬"与"亲友觉悟譬",分别领解"法譬宿世中施权意"和"前法譬宿世中显实"[①]。系珠喻对前文内容的领解,不是体现在譬喻中具体情节和文句与前文的对应上,而是体现在整体意旨上继承了"开权显实"的思想。不过,这尚且只是"三周说法"的题中之意;而《文句》解说的特点在于,不仅认为"系珠喻"作为"三周"中的一个环节和部分,体现了整体的"开三显一"思想,还调转角度,认为"三周说法"中又一一渗透着"系珠譬"所蕴含之意。就第一部分"醉酒譬"在"三周"中的体现,《文句》中有:

---

① (隋)智𫖮:《妙法莲华经文句》,T. 34, No. 1718,第 106 页下。

154 　中古中国《法华》譬喻诠释研究：从经典注释到地域实践

系珠中三意①望三周者，始在佛树以大拟②，即是系珠；无机息化即是醉卧；寻施方便即是起行。譬喻中二万亿佛所③，即是系珠；遣傍人追，闷绝不受④，即是醉卧；三车引得，即是起行。因缘中大通智胜佛所，即是系珠；中路懈退⑤即是醉卧；接之以小即是起行。此等皆名领权也。⑥

第二部分"亲友觉悟譬"在"三周"中的体现，《文句》中言：

三周皆有此三意⑦。法说中我令脱苦缚，即是呵责；五佛章⑧即是开示；身子得记即是劝贸。譬说中我先不言皆为菩提，即是呵责；三车一车即是示珠；中根得记即是劝贸。下根宿世因缘汝等善听，即是呵责；覆讲结缘⑨还为说大，即是示珠；下根得记即是劝贸。⑩

"系珠喻"的二譬分别领解"开权"和"显实"，若直接称"开权""显实"这二者中的各个环节在三周中皆有体现，这并不难理

---

① （隋）智顗：《妙法莲华经文句》，T. 34，No. 1718，第106页下：第一"醉酒譬"下又分三意："一者系珠譬，领上王子结缘；二者醉卧不觉譬，领上遇其退大；三者起已游行譬，领上接之以小。"

② 指"我始在道场，观树亦经行"句，指佛一期教化中，最初起意授众生以大乘教。

③ 指舍利弗昔日曾于二万亿佛所受佛教化。

④ 指"穷子喻"中长者遣使追子，穷子惊惧之下闷绝倒地。

⑤ 指"化城喻"中行人中途懈退。

⑥ （隋）智顗：《妙法莲华经文句》，T. 34，No. 1718，第107页上。

⑦ （隋）智顗：《妙法莲华经文句》，T. 34，No. 1718，第107页上：第二"亲友觉悟譬"三意："先、呵责，二、示珠，三、劝贸。呵责譬上动执生疑，示珠譬宿世因缘，劝贸譬得记作佛。"

⑧ 指《方便品》中过去、未来、现在三世，一切诸佛及释迦如来，皆说大乘。

⑨ 指《化城喻品》大通胜智佛时，为十六王子说《法华经》，后者亦乐为人说《法华经》。

⑩ （隋）智顗：《妙法莲华经文句》，T. 34，No. 1718，第107页上。

解；但这里的特别之处，在于不是以直接的概念化表达，而是以譬喻本身为线索，来对"三周"教说进行抽象和概括。"系珠喻"的两譬，浓缩了开权、显实各自的三个环节，反过来说，"三周说法"中所展现的开权显实的过程，也可以视作"系珠喻"的展开。在此意义上，"系珠喻"与"三周"构成了互涉互具的关系，它本身也不再仅仅是一个孤立的譬喻，而是通过在其自身以如譬喻情节所现的方式展现"开权显实"的整个过程，为解读"三周说法"提供了新的视角，帮助人们重新审视其中特定内容的含义和价值。如是的解释框架，显然比其他注释者所划定的文本或譬喻间平行对应的结构更为复杂。这种对"三周说法"与个别譬喻间关系更加立体的呈现方式，通过对概念间固有层级关系的翻转和突破，为发掘经文深意提供了更多的角度和可能性。尽管仅此一例，但其背后所展现的理解方式，仍然具有不可忽视的价值。

小　　结

《法华经》中诸譬喻之为譬喻，首先固然是基于对外部形式的文字体裁的判断，但注释者对其的理解，却不止于此。他们希望为这些在形式上区别于其他内容的譬喻寻求理解上的一贯性，揭示它们之间更深层次的联系，以此来说明其以经典所见形式呈现的必然性和深远意义。在中古中国对《法华经》的注释中，出现了两种解答此问题的方式。

按照时间顺序，在中国最早出现的方式，是在注释传统"三周说法"的框架下，寻求"法说"与譬喻、譬喻与譬喻之间的一一对应。在这种理解中，每一譬喻、譬喻中的每一环节，都并不孤立存在，其出现也绝非偶然，而是以其他部分的经文或譬喻为依据，在结构上承担着特定作用（如"正说""近领""远领"等）。换句话说，每一譬喻不仅要"纵读"为一个连贯的故事，还要照应其他譬喻，被"横读"为构成普遍结构的一个要素。当然，就目前保留完整的注疏来看，不同注释者通过自身思考，分别对此诠释框架进行了不同的修正和调整：法云力图最大限度、最大范围地构建严格对应的结构；吉藏通过强调不同形式教说相对独特的价值，收敛了法云过分僵化的理解方式；智顗则增添更加复杂的层次结构，来理解譬喻间的关系。尽管如此，其基本原则和理解方式，并未发生根本变化。

值得注意的是，这种解释所涉及的，只有"三周说法"范围内的譬喻——换句话说，只有"火宅""穷子""化城""系珠"这四个譬喻（也可松散地加入"药草喻"，注释中承认其与其他四喻"相类"），才是紧密结合的有机整体。而除此以外的其他譬喻，则没有任何一个得到了特殊关注，甚至未被与其他譬喻相提并论。结合今日关于《法华经》成立史的研究成果，我们知道，这四个（或五个）譬喻恰好都位于第一期成立的所谓"原始八品"中。从成立史的角度看，这些譬喻既然成立于一时，那么其在思想上具备连贯性、在情节构成上有所类似，其实也很容易想见。但中国注释者面临的问题在于，应寻找何种方式和工具去发现和呈现这种连贯性？——"三周说法"下譬喻细部之间的一一对应，就是其所选择的工具。

北魏译出的《法华经论》，则代表了理解譬喻间整体性的另一种方式。这部文献中提到的"七种譬喻"和"十种无上"，从不同的角度将散落于经典的譬喻整合为一个有机整体。《法华经论》以七喻对治七人，以五喻显五种无上，这只有在首先承认譬喻间差异的前提下才能成立；只有譬喻依其不同特质各自发挥作用，才有可能论及由其所拼凑的更大的整体。这就与在很大程度上偏重于强调譬喻间同质性的"三周"间一一对应的理解方式，构成了有趣的对照。吉藏、窥基分别对《法华经论》中的解释框架进行了阐释和充实，不过，直到在窥基对《法华经》的注释中，《法华经论》的框架才真正在理解具体譬喻时发挥实际作用——实际上，《玄赞》中尽管也认同"三周说法"的整体科判方式，但确实没有再出现此前那种将法说、譬喻一一分部对应的做法。时至今日，人们在论及《法华经》譬喻时会自然而然想到"法华七喻"，不可不推及此源头。

值得注意的是，无论在以上哪种解释中，当一个譬喻参与进入更大的文本整体时，其原本具有的连贯"故事线"都需要被拆解开来——在"三周"框架下，譬喻需要被切割，并与其他平行的譬喻和经文对照理解；而在"七喻"或"十无上"框架中，则只选择性地关注譬喻中的某些特定要素，以凑成整体中所需要的部分。[1] 换句话说，无论哪种解释中，被纳入整体的譬喻都已经不再是经文原初呈现的那个情节完整的故事。这种牺牲故事性以追求譬喻之间完整结构性的选择，也成为《法华》譬喻义学解读中不可忽视的特点。那么，这对具体譬喻的理解究竟会造成何种影响？下章将就此进行讨论。

---

[1] 利科在讨论《圣经》中的寓言时，也注意到了类似的现象："不同分割方式的片段之间相互作用，这种相互作用有可能打破表面结构的线性。"Paul Ricoeur, "On Biblical Hermeneutics", *Semeia* 4, p. 56.

第 四 章

从"譬"到"法"：譬喻义学诠释的终端

《法华经》第三《譬喻品》以"譬喻"为标题。正是在此品中，中国注释者展现了对譬喻最为具体的认识。"譬喻"应如何界定？竺法护称："曲寄事像，以写远旨，借事况理，谓之譬喻。"① 这是说，譬喻不同于直接的表达（"曲"），它依靠具体的事物形象，来比况深远的道理意旨。之后注释者的解说也与此相近：智顗称"譬者比况也，喻者晓训也，托此比彼，寄浅训深"②，吉藏称"假借近事以况远理，晓诸未悟，谓之譬喻"③，窥基称"今举世间之近迹，况类出世之深致，以开未语，用晓前迷"④。总结而言，他们都认同譬喻在形式上包含"此"与"彼"之间的比况，在作用上，则是借常人亲近熟知的事物，比况难解之"理"，后者才是认识的归宿和目的。

在泛泛的意义上，上述讨论固然不难理解，不过，结合"三周说法"注释传统中"法—譬"对举的结构，我们还可对此进行更加深入的探讨。第二章第二节提到，以智顗为代表的注释者，将

---

① （刘宋）竺道生：《妙法莲花经疏》，X. 27，No. 577，第 5 页下。
② （隋）智顗：《妙法莲华经文句》，T. 34，No. 1718，第 63 页中。
③ （隋）吉藏：《法华义疏》，T. 34，No. 1721，第 511 页下。
④ （唐）窥基：《妙法莲华经玄赞》，T. 34，No. 1723，第 735 页中。

"法—譬"中的"法"理解为"理",将"譬"理解为"事"——尽管吉藏对此进行了限定和批判,但这仍代表了一种最为通行和方便的理解;而第三章也展示出,以"三周说法"为前提,注释者在"法说"与诸譬喻间,建立起了细部——对应的结构,譬喻故事中的每一部分,都被理解为以法说的某一内容为根本和依据。在此意义上,在具体譬喻的诠释中,注释者便不仅仅追求获得一个抽象、泛泛的"道理",而更要竭尽可能毫无减损地将"譬"中的每一环节,乃至每一细节,都还原为"法",或者说,对于注释者来说,其所理解的"理"本身就是细节丰富的。

《法华经》第一个情节丰富、篇幅较长的譬喻——"火宅喻"正是出现在《譬喻品》中。本章以"火宅喻"为例,考察上述阐释过程究竟如何实现。如此安排,一方面是为避免冗余,更重要的是,后文将具体说明,无论从诠释体例而言,还是从思想内容而言,这个在经文中首先出现的重要譬喻,都与其他譬喻存在显著共性,值得作为一个典型个案解剖分析。具体内容分为四节。第一节介绍注释者所判释的"火宅喻"细部结构。第二至第四节,分别考察对构成"火宅喻"的三个基本元素——"火宅""父子""三车"的解释。其中,对"火宅"的诠释,主要问题在于将譬喻中静态的事物、形象转化为佛教义理概念;对"父子"间互动关系的诠释,则体现了看待譬喻中"故事性"的方式;"三车"虽然同样是具体事物,但其所譬之法——"乘",本身含义却并不清晰,需要注释者为之填充内容、进行第二阶的诠释工作。合而观之,三者浓缩地呈现了譬喻诠释所涉及的不同层面的问题,具有极大的代表性。

第一节 "火宅喻"的诠释结构

一 "火宅喻"的构成

为了充分诠释出譬喻的深意,注释者需要借助一定的诠释视角和结构。在前面两章中，我们已经就譬喻与其他范畴之间的关系，以及譬喻之间的关系和整体性两个方面，对其诠释结构进行了考察，由此可知，在"三周说法"的注释传统中，每一譬喻、譬喻的每一部分，都不可孤立理解，而是被置入了与其他平行文本呼应的结构中，承担着特定的功能。不过，这仍然不是诠释工作的终点；沿着如是的诠释结构，注释者继续在每一具体譬喻中层层向下开释。

《譬喻品》"火宅喻"部分的经文，在结构上具有显著特点。无论在长行中还是在偈颂中，对譬喻的陈述，都是先展开故事情节——即只涉及譬喻的喻依，再解释故事寓意——这涉及喻依与喻体两方面的关系。在现存最早的竺道生《法华经疏》中，便已经注意到了这一结构特征。道生将前者概括为"义况"①，即对要阐明之义的比况；将后者称为"合上譬也"：

"如来亦复如是"：自下亦有七段，合上譬也。前四段直举内义，以合上譬；后三段先称外譬，后以内义合之。②

这里提到了构成譬喻的两个要素——"内义"与"外譬"，所谓"合"，就是指这二者的相合。这种概括方式，体现了道生对于"譬"与"义"一体两面关系的认识。

自法云《义记》开始，包括智顗、吉藏等人的注释，将经文的这两部分内容概括为"开譬"和"合譬"——事实上，尽管道生未明确使用"开譬"与"合譬"之名目，但在理解方式上，法云等人与他的承续关系是不容忽视的。在此基础上，法云等人还将这两个环节推而广之，作为理解经文中所有譬喻的普遍结构，这体现了他们对于譬喻基本构成的认识，说明其对譬喻的理解，相较道生更进一步。在"开譬"部分，注释者将譬喻划分为若干组成部分，再逐

---

① （刘宋）竺道生：《妙法莲花经疏》，X. 27, No. 577, 第6页上。
② （刘宋）竺道生：《妙法莲花经疏》，X. 27, No. 577, 第7页中。

第四章 从"譬"到"法"：譬喻义学诠释的终端　161

层向下分析、解释——其解释既包含对喻依即故事情节本身的说明，也包含对喻体即义理含义的阐释；"合譬"，则对应之后经文解释譬喻寓意的部分，注释者将之与之前"开譬"部分划分的各项一一对应。从其所划分的经文内容来看，"开譬"与"合譬"很容易理解。但从注释者的解释来看，在"开譬"部分，他们已经事无巨细地对喻体进行了解释，故而在"合譬"部分的解释，便难免重复。

事实上，关于"合譬"的意义，法云、智顗确实并未特别阐明，在具体注释中，也仅致力于指出其文句如何与"开譬"部分对应；但对于这一问题，吉藏有所思考：

> 今先总序合譬之大意，略有四义：一者、譬中显者，即不合之。二者、譬中不具足者，合更足之。三者、譬中一途次第，合譬即复示一途，谓转势说法。四者、依譬文而正合之。①

吉藏认为，"合譬"区别于"开譬"的意义，应从四个方面理解。首先，此前譬中已经显明的内容，没有"合"的必要。其次，"合譬"的作用，第一是补充譬中不具足的内容，第二是以区别于譬中的次第"转势说法"，第三是照应前文，以更加正面、直接的语言形式表述。总而言之，"合譬"绝不仅仅是对"开譬"的简单重复，而是在细节内容、认知方式或是表述形式上，有新的发挥和增补。

窥基《玄赞》在此问题上的理解与前人有所不同。上一章已经提到，《玄赞》虽然赞同"三周说法"的框架，但没有再为"法说"与诸譬喻之间进行一一对应的划分。不仅如此，对具体譬喻的诠释，《玄赞》也没有再延续"开譬—合譬"的结构：

> 长行有三：初陈喻，次合说，后结答。②

---

① （隋）吉藏：《法华义疏》，T. 34，No. 1721，第 529 页中。
② （唐）窥基：《妙法莲华经玄赞》，T. 34，No. 1723，第 745 页上。

长行不是被对称地划分为"开譬—合譬"两部分,而是将长行部分最后的"舍利弗!以是因缘,当知诸佛方便力故,于一佛乘分别说三"① 一句单独分出,视作"结答"。窥基将这句其他注释者并未特别留意的文句专门独立出来,想必出于特定的考虑。这至少说明,在他看来,整个论说过程中这样总括性的"结论"环节,对于构成一个完整的教说过程是必要的。这样一来,"火宅喻"的长行部分,便形成了"陈喻—合说—结答"的完整环节,即分为陈述喻依、合说喻依喻体、总结结论三部分。另外与法云等人不同的一点是,窥基只在解"火宅喻"长行时指出了如是的三个环节,并没有再在解其他譬喻时提到。事实上,他在解说譬喻时没有形成任何固定的结构框架,而是以随文解释为主,这也透露出,他并未试图在不同譬喻中寻找普遍的构成结构。

二 "开譬/陈喻"的结构

在譬喻的呈现中,"开譬"(或"陈喻")总是在经文中最先出现,其后的"合譬",是参照开譬部分展开的情节内容而合,理解了"开譬"部分的结构,便可以理解"合譬"。"开譬"部分的结构划分,决定了注释者对于整个譬喻结构的判定和认知。

在一个具体譬喻的解释中,注释者往往首先将其分割为若干部分,这实际上也是为譬喻划分出若干最为值得注意的要点。这样的做法,在现存最早的注释——竺道生的《经疏》中就已具雏形:

> 自下义况,凡七段明理:一者明宅中,灾患竞兴,群祸交萃。二者觉兹患祸,其唯佛也。三者佛既自觉,又兴大悲,拔济诸子。四者将与三乘之乐,故先说宅中怖畏之事。五者与三乘之乐也。六者与其真实一乘至乐也。七者上许三车,竟不与

---

① (姚秦)鸠摩罗什译:《妙法莲华经》,T. 9,No. 262,第13页下。

第四章 从"譬"到"法":譬喻义学诠释的终端

之,事以虚妄也。①

道生对"火宅喻"的划分仅限于此层级,此下没有再细致划分,而是直接对具体文句进行一一解释。其对每一段内容的标示方式,也是直接以简要语句概括文段大意。②

上一章中已经提到,就目前保留的材料来看,最早从法云《义记》开始,注释者不仅为譬喻的故事情节分段,还在譬喻各段与"法说"部分之间构造起一一对应的关系——事实上这种对应,首先就是指譬喻"开譬"部分所展开的各个环节之间的对应。不仅如此,与道生只在一个层级上分段不同,自法云开始,"火宅喻"的分析结构也变得更加复杂。详见表4-1。

通过表4-1的比较不难发现,对于譬喻具体的划分方式和概括方式,自法云以来呈现出不可忽视的延续性。上一章已经提到,出于对"法说"与譬喻、譬喻与譬喻之间对应关系的不同理解,在第一层级上,几人对"火宅喻"的划分方式就有所不同——法云将"火宅喻"划分为"十譬",吉藏分为"六譬",智𫖮分为"一总譬、四别譬",这体现了他们在宏观的诠释框架上的差异。不过,继续向下开释,深入第二、第三乃至更细部的层级,则会发现,三者对于经文中哪些语句应被视为一个更小的意义单位,这些语句在此单位中共同呈现了何种意义,其实仍然保有共识。例如,在"总譬"中,他们皆将其要点概括为六个方面;在此"六义"之下,三人对其更加细部的划分和概括,也仍然存在延续性。在各个意义单位应被置于何种层级、各单位之间如何组合的问题上,三者有不同的理解:

---

① (刘宋)竺道生:《妙法莲花经疏》,X. 27,No. 577,第6页上。
② 菅野博史在分析道生对"穷子喻"的注释时,也提道:"与后代的法云、吉藏不同,道生没有其细密的段落划分,没有以'父子相失譬'、'父子相见譬'之类的名称命名之,也没有言及与《方便品》、《譬喻品》'火宅喻'之间的对应关系。而法云对此有详细的说明,这点也是经典注释发展史上应加以注意的事项。"《中国法華思想の研究》,第628页。

表4-1　《法华义记》《法华义疏》《法华文句》"火宅喻"开譬结构对应表

	义记①	义疏②	文句③
1 宅主譬/总譬	1.1 宅主 　1.1.1 长者住处 　1.1.2 正出宅主 　1.1.3 叹其德 1.2 化处 1.3 化门 1.4 所化人 1.5 所戒事 　1.5.1 所烧之物 　1.5.2 正明火起 1.6 受化者	1 总譬 1.1 化主譬 　1.1.1 明处大 　1.1.2 辨位德重 　1.1.3 序年高 　1.1.4 叹巨富 　1.1.5 美多有眷属 1.2 化处譬 1.3 教门譬 1.4 所化人譬 1.5 化意譬 　1.5.1 序宅相 　1.5.2 明火起 1.6 根性譬	1 总譬 1.1 长者 　1.1.1 名行 　1.1.2 位号 　1.1.3 德业 1.2 舍宅 1.3 一门 1.4 五百人 1.5 火起 　1.5.1 所烧宅相 　1.5.2 能烧之火 1.6 三十子
2 长者见火譬	2.1 能见 2.2 所见 2.3 其惊怖之心 　2.3.1 大悲 　2.3.2 明不自为 　2.3.3 出所为人	2 见火譬 2.1 明长者见火 　即大惊怖 　2.1.1 能见 　2.1.2 所见 　2.1.3 惊怖 2.2 自序己之已出 2.3 伤子之未离	2 长者见火譬 2.1 能见 2.2 所见 2.3 惊怖 2.4 广前所见

① （梁）法云：《妙法莲华经义记》，T. 33, No. 1715, 第614页下—621页上。
② （隋）吉藏：《法华义疏》，T. 34, No. 1721, 第608页上—617页下。
③ （隋）智顗：《妙法莲华经文句》，T. 34, No. 1718, 第58页上—72页下。

第四章 从"譬"到"法":譬喻义学诠释的终端　165

续表

义记		义疏			文句	
3 长者救子不得譬	3.1 劝教 3.2 诫教	3.1 劝门 3.2 诫门		3.1.1 思惟圣能授 3.1.2 思惟物不受	3.1 舍儿	3.1.1 劝门 3.1.2 戒门
		3 救子不得譬				
4 长者用三车救子得譬	4.1 见教拟宜 4.2 见三乘人机 4.3 为说三乘教 4.4 明三乘人受行	4.1 知子宿好譬 4.2 为说三车譬 4.3 诸子信受出宅譬 4.4 见子免难欢喜譬		4.1.1 明不出为损 4.1.2 欲设出方 4.1.3 知子宿好 4.2.1 称叹三车 4.2.2 示车处 4.2.3 劝令速出 4.2.4 保与不虚	3.2 用车	3.2.1 拟宜三车譬 3.2.2 父知先心所好譬 3.2.3 叹三车譬 3.2.4 适子所愿譬
	3.1.1 拟宜 3.1.2 无机 3.1.3 息劝教 3.2.1 拟宜 3.2.2 无机 3.2.3 息戒教					
	4.3.1 赞叹三车 4.3.2 示三车处 4.3.3 劝取三乘教 4.3.4 许三车不虚		4 三车救子得譬		4 等赐大车譬	4.1.1 免难 4.1.2 欢喜
5 长者见子出火难譬	—			—	4.1 父见子难欢喜譬	
6 长者见子出难故欢喜譬	—		5.1 索车	—	4.2 诸子索车譬	4.3.1 等子 4.3.2 等车
7 诸子索车譬	—	5 等赐大车譬	5.2 赐车	5.2.1 标二章门 5.2.2 释二章门	4.3 等赐诸子大车譬	—
8 长者赐大车譬	8.1 双开两章门 8.2 广释两章门		5.3 得车欢喜	—	4.4 诸子得车欢喜譬	
9 诸子得大车故欢喜譬	—					

① 两章门,指"长者心平等章门"和"所赐物等章门"。

166　中古中国《法华》譬喻诠释研究：从经典注释到地域实践

续表

	义记	义疏	文句
10 不虚妄譬	10.1 问 10.2 答 10.3 结成	6.1 反质 6.2 奉答 6.3 称叹	5.1 问答 5.2 答 5.3 述叹
	—	6 不虚譬	5 不虚譬

表 4-2　《法华玄赞》"火宅喻""陈喻"部分结构①

		昔权		今实	
1 三界佛有喻	2 五趣危亡喻	3 见设权方喻	4 依言免难喻	5 授实	6 释疑
1.1 处所 1.2 家主 1.3 老少 1.4 产业 1.5 宅相	2.1 人众甚多 2.2 宅宇危朽 2.3 诸方欻起 2.4 众子游居	3.1 见苦悲生喻 3.2 示大不惜喻 3.3 思方拔济喻 3.4 正说三乘喻	4.1 子兔次难 4.2 父遂心安	5.1 诸子索三 5.2 父俱与一 5.3 释成父志 5.4 越子本心	6.1 问 6.2 答 6.3 印

---

① （唐）窥基：《妙法莲华经玄赞》，T. 34, No. 1723，第 745 页上—752 页上。

第四章 从"譬"到"法":譬喻义学诠释的终端 167

例如,三人都认同譬喻中"长者见诸子免难、欢喜"是一个值得单独提取的意义单位,但在《义记》中,将之分为"免难""欢喜"两部分,并列置入第一层级;《义疏》中将之视作一体,隶属于"三车救子得譬"中的第二层级;《文句》则将之划入"等赐大车譬"。但打破层级,三者对于每一意义单位中的概括用词,大部分情况下透露出明显的承袭关系,这说明在其划分的每一小的意义单位中,他们确实采取了类似的理解方式,将目光聚焦于相同的内容。这种延续性体现了当时对于经文通行的阅读传统和理解方式。

　　窥基所划"陈喻"部分的起讫与前人所谓"开譬"部分相当(表4-2)。按照经文内容,窥基将之划分为"昔权""今实"两大部分,意味着"权—实"框架成为理解"火宅喻"的前提,这也有别于法云等人的"总譬—别譬"框架,显示了对于譬喻中各部分间关系的不同理解。具体到喻中的情节内容,尽管在部分文句和情节的划分上与前人有所重合,但窥基摒弃了前人用词,而采用了新的概括用语,透露出不同的理解重点和视角:在"昔权"部分,第一为"三界佛有喻",视角聚焦于佛;第二"五趣危亡喻",则聚焦于众生一方(也因此,此前表4-1中判释为属于"宅主譬"的1.4—1.6,即描述宅中有人、宅中起火的部分,在表4-2中被划归此部);第三"见设权方喻",视角复归于佛;第四"依言免难喻",则佛与众生皆有观照。与之相较,此前对"火宅喻"情节的分判和概括,则透露出注释者主要从佛之教化过程来理解譬喻。总结而言,从结构到细部的各个层面,窥基都对前人的解释有所扬弃。

　　从道生最简单的分段逐句解释开始,对于譬喻日益复杂的判释结构,究竟在理解譬喻的过程中起到何种作用,又在何种意义上增进了对譬喻的实际理解?在越发精细的判释结构之下,譬喻中的具体情节和文句究竟被如何诠释?接下来,本书将围绕构成"火宅喻"的三条主要线索——"火宅""三车""父子关系",详细考察注释者对于"火宅喻"的诠释方式。

第二节 "火宅"诸意象的义理转换

注释者对譬喻的层层分析，最终落实于譬喻中每一细节所对应之"法"的解释。虽然经文也有对譬喻基本寓意的直接说明——即被判释为"合譬"或"合说"的部分，但注释者并不满足于此，而是以此为导向，将譬喻中展现的每一细节都转换为"法"。从道生开始，注释者已经致力于将譬喻中描述的每一细节落实为以字面语言表达的佛教义理概念。事实上，下文也将以多个实例表明，在最基底的层面上，譬喻中各个细节、意象与"法义"的对应与转换，往往是注释历时发展过程中最为稳定的因素。

在"火宅喻"中，"火宅"是整个譬喻成立的缘由，是推动故事情节发展的核心问题。不同注释对于"火宅"这一形象的释解，特别能够说明经典注释历时发展过程中的延续与变化。

一 长行部分"火宅"的诠释

经文长行部分对长者大宅起火的描述，道生判为属于"第一段"，法云、智𫖮、吉藏判其归属于"开譬"部分的"总譬"（三人分别将之概括为"所救事""化意""火起"，见表 4-1 中 1.5），按照窥基的科判则属于"昔权"部分第二"五趣危亡喻"中的第二、第三段（"宅宇危朽""诸方灾起"，见表 4-2）。由表 4-3 很容易发现，对于长者大宅、所起大火所涉及的每一细节，注释者皆将之转换为佛教义理的直接表达，"譬"与"法"之间建立起了严格一一对应的关系；并且，他们所建立的对应系统呈现出显著的延续性。如果说以"火"对应"诸苦"，尚且有经文作为依据，那么从道生到智𫖮将"堂、阁"分别对应于"三界"，从法云到窥基将"柱根"对应为"命"等诸细节的转换关系，便无疑体现了中国本土注释传统的影响力。

第四章　从"譬"到"法"：譬喻义学诠释的终端　169

表4-3　对"火宅喻"长行"宅中起火"的解释

	堂阁		墙壁		柱根		梁栋	
	堂阁	朽故	墙壁	颓落	柱根	腐败	梁栋	倾危
经疏①	欲界一堂；上二界一阁	渐衰	群或四统	为不善所克	邪见住之	乖理非坚	栋有痴爱	理昙易夺
义记②	欲界果报如堂、色、无色界果如阁	三界众生皆为生老病死无常所通迁	四大	此四大之身皆念念生灭	命	此命为善根所招，是故念念无常	识	此心识取缘，亦刹那生灭
义疏③	三界果报是众生共有，而同聚其中，譬之如堂；三界果报高下升沈，如舍重累，喻之如阁	无常衰谢	四大	色法衰谢	命根	命根势穷，报身将坏	心识	心识将没
文句④	堂譬欲界，阁譬色、无色界		四大	减损	命	危殆不久	意识	迁变

① （刘宋）竺道生：《妙法莲华经疏》，X. 27，No. 577，第6页中一下。
② （梁）法云：《妙法莲华经义记》，T. 33，No. 1715，第615页上一中。
③ （隋）吉藏：《法华义疏》，T. 34，No. 1721，第522页上。
④ （隋）智𫖮：《妙法莲华经文句》，T. 34，No. 1718，第67页上。

续表

	堂阁		墙壁		柱根		梁栋	
	堂阁	朽故	墙壁	颓落	柱根	腐败	梁栋	倾危
玄赞①	色（堂一身根，阁一诸根）	揽不净以资持，久自生灭	想（想蕴外变，诸像如墙，变为像如壁）	虚而不实，速自迁流	行（行蕴之中法有众多，其最胜者谓命根，身之主故）	性是朽破	受（内异熟果受为本，如栋；外增上果受末，如梁）	梁栋依柱而有，受依命根，业故有，临将崩落故名倾

	俱时			火起		焚烧舍宅
	周迊	俱时	欻然	火起	烧五阴舍	
经疏	无处不示		出于横造	众苦譬火烧	—	
义记	四生之中皆有五浊八苦也					
义疏	无处不有	三界俱苦	出于横造	众苦		烦恼为火，烧心善根，众苦为火，焚身受也
文句	八苦遍在四大、四生	并皆无常	譬本无今有，本无此苦，无明故有	八苦	—	
玄赞	遍于五蕴	念念同起	无端而有	烦恼随生		令其五蕴成杂染性，不净苦性，无常我性，五蕴坏，故名焚烧舍宅

① （唐）窥基：《妙法莲华经玄赞》T. 34, No. 1723, 第746页上。

当然，注释者并非毫无选择地延续传统，而是对其不断完善和抉择。这首先体现在，对于某些细节的阐释，经历了不断的调整和修正。吉藏对"大宅"中诸细节的分析，尽管大体和与之时代相近的法云、智𫖮相同，但对其中的"堂阁"却提出了不同解释，认为此形象不是比喻三界之"上""下"，而是分别比喻"三界果报"的两个不同方面的特性："众生共有"和"高下升沈"。不过，这还尚且没有脱离"三界"的大方向，事实上，吉藏诠释的最大特点，并不在于对具体细节如何对应于法义的理解，而在于，他还深入思考了被翻译转换出的各"法"之间的关系和次第，而这一问题，在其他人的注释中并未明确体现。具体而言，他将"宅"中所包含的四项——"堂阁""墙壁""柱根""梁栋"分为两组，前一"堂阁"，是"总明三界无常"，后三项则"别明三界无常"。对后三者的解释也非偶然，而是有其自身逻辑的：

> 前（指"墙壁颓落"，引者注）明色法无常，外都援为墙，内别障为壁，外四大成三界形域如墙，成内身四大如壁……舍之所以立，为柱之所驻，果法所以存，以命根之所持，既以阴身为舍，宜用命根为柱，命根势稍穷，报身将坏，其由柱根腐败，堂舍将倒。"梁栋倾危"者，身之维持寄在心识，屋之纲纪要由梁栋，柱根摧朽故梁栋倾危，命根欲穷则心识将落。①

这里既解释了"宅"中各细节之间的关联，也解释了其所对应的各法义概念之间的逻辑关系。作为喻依的各个意象之间，以及作为喻体的各意象所对应的法义之间，构成了逻辑完整的链条，这也保证了其所构建的譬与法间对应关系的合理性。

不仅如此，吉藏还说明了为何在"别明三界无常"中，要经由"墙壁""柱根""梁栋"阐明"四大""命根""心识"三个概念：

---

① （隋）吉藏：《法华义疏》，T. 34，No. 1721，第 522 页上。

有为之法凡有三聚：一色、二心、三非色非心。"墙壁颓落"谓色法无常，"梁栋倾危"谓心法无常，"柱根腐败"谓非色非心法无常。色法既粗，无常相显，故在初说之；心法微细，无常相微，故在后说；非色非心命根能连持色、心，故在中间说也。①

按照吉藏的解释，从范畴上讲，这三者分别对应"色""心""非色非心"，涵盖了有为法的全部，由此三者之无常，便可说明一切有为法皆是无常；从次第上讲，"色—非色非心—心"的安排，是由粗显至细微的渐进，符合一般的认知次序。在这样的解释下，无论从各个角度看，对经文的如是诠释，都绝非作者主观任意的安排，而是有其必然性的。

智𫖮除上述表格所列的解释方式之外，还提到了另外一种理解经文的角度：

欲令易解，作观释之。堂譬身之下分，阁譬头等上分，墙壁譬皮肉，颓落譬老朽，柱根譬两足，腐败譬无常，梁栋譬脊骨，倾危譬大期，周障屈曲譬大小肠。又云譬心（云云）。②

智𫖮所谓"作观释之"，是以观想的方式，对经文进行释解。具体方法，便是将对大宅的描写对应于人身的各部分，以此为引导，对"身"进行观想。文中还提到"又云譬心"，尽管具体内容被省略，但可以推测，这很有可能是再从"心"的角度理解譬喻，以譬喻为引导，对"心"进行观想。

智𫖮将观法引入"火宅喻"解释的做法并非孤例。法云《义

---

① （隋）吉藏：《法华义疏》，T. 34，No. 1721，第522页上。
② （隋）智𫖮：《妙法莲华经文句》，T. 34，No. 1718，第67页上。

记》在解释与这一部分长行相应重颂中"周障屈曲,杂秽充遍"①一句时,就提到"圣人捷疾智观,观此无常之境,故言周障屈曲"②。不过,并未对此详细解释。吉藏在解这部分偈颂时,则明确指出其中包含了"无常观""无我观""不净观"三种观法,③窥基也在《玄赞》中沿用了这种解释。只不过,二人只在偈颂部分有此提法;他们的解释,也并非在如表格所列的理解之外另起炉灶,而只是结合偈颂相较长行更为丰富的细节,概括出几种观法。与此不同,智𫖮则以"观"为引导,为作为喻依的各细节意象重新设计出一套对应系统,将之对应于完全不同的喻体("法"),并且在长行、偈颂中都贯彻了这种理解。

智𫖮对"观"的贯彻,体现了强烈的个人解经特色。《文句》中在偈颂与这部分长行对应的部分,记有"因缘、观心两番释(云云)"④一句;湛然《法华文句记》中也明确说明,这番"作观释之"的解释,"此观己身,即观心义"⑤。后人概括智𫖮"以五义释经题,四释消文句"⑥,即用五重玄义来解释经文题目,用"四释"来解释经文章句。这里的"四释",即"因缘释""约教释""本迹释""观心释"。其中最后一项"观心",指从自身的观心实践出发印证经文。⑦ 理论上,所有经文皆可从"观心"角度理解;只不过,

---

① (姚秦)鸠摩罗什译:《妙法莲华经》,T. 9,No. 262,第 13 页下。
② (梁)法云:《妙法莲华经义记》,T. 33,No. 1715,第 626 页上。
③ (隋)吉藏:《法华义疏》,T. 34,No. 1721,第 533 页上—中。吉藏将"其宅久故,而复顿弊,堂舍高危,柱根摧朽,梁栋倾斜,基陛隤毁,墙壁圮坼,泥涂褫落,覆苫乱坠,椽梠差脱"解为"无常观",将"周障屈曲"解为"无我观",将"杂秽充遍"解为"不净观"。
④ (隋)智𫖮:《妙法莲华经文句》,T. 34,No. 1718,第 75 页上。
⑤ (唐)湛然:《法华文句记》,T. 34,No. 1719,第 260 页上。
⑥ (宋)志磐:《佛祖统纪》,T. 49,No. 2035,第 186 页上。
⑦ 李四龙:《南北朝〈法华经〉注疏体例之演变》,《宗教研究》2015 年第 2 期。

只有部分个案被实际记录了下来。① 具体到这里所关注的对"火宅喻"的解释，我们可以借此观察到"观心"作为一种解经体例、一种诠释视角，如何与譬喻发生作用：譬喻不但突破了自身的形象（这尚且是任何对譬喻的解读皆可做到的），更突破了比况单一之法的限制，它的作用如同一面滤镜，修行者可以由之观察其所观想的对象（如身、心等），从而增进对观想对象特定特征的具体认识（如不净、无常等）。

相较而言，窥基对于"火宅"的理解最为独特。在他之前，注释者由长者之宅的诸细节，引出了"三界""四大""命""识"这些范畴。不同于此，窥基将"大宅"中的"堂阁""墙壁""柱根""梁栋"分别解为"色""想""行""受"，在此之外，将由此总合的"宅"解为"识"，"能持此四"② ——由此构成了完整的五蕴。在前一种解释中，"三界"为众生总集，"四大"为众生物质构成，"命"表众生生命存续，"识"为众生心识（或按吉藏所解，涵盖色、非色非心、心法），这代表了对于众生的一种分析方式；而窥基的解释，则从另一角度——"五蕴"对众生进行分析，五蕴中各蕴的具体意涵，也从自身学派的角度予以说明。

比起纠结于究竟哪种解释才是"正确理解"，更值得思考的是，这种针对细节的不同理解，如何帮助我们认识譬喻阐释的过程？更确切地说，当注释者将譬喻中的细节一一转换为"法"，他们究竟完成了什么？以对"堂阁"的解释为例，道生、法云、智顗将之解为"欲界如堂，色、无色界如阁"；吉藏称"三界果报是众生共有，而同聚其中，譬之如堂；三界果报高下升沈，如舍重累，喻之如

---

① 在"火宅喻"的解释中，除了此处，《文句》还在解大宅"长者"、解诸子在其父以三车诱之后"竞共驰走，争出火宅"时记录了"观心释"的理解。（隋）智顗：《妙法莲华经文句》，T. 34，No. 1718，第66页下以及第69页中—下。

② （唐）窥基：《妙法莲华经玄赞》，T. 34，No. 1723，第746页上。

第四章　从"譬"到"法"：譬喻义学诠释的终端　175

阁"①；窥基则解为"堂喻身根，大而为主，阁喻诸根，依附身有"②。无论从形式上还是从内容上，这样的诠释实际上都是在"火宅喻"这一大框架内，针对细节创造出新的譬喻。在构成譬喻的三个要素——喻依、喻体、相似法中，只有"喻依"由经文明确给定，而此喻依究竟譬喻何种喻体、喻依的何种特性被利用而作为与喻体共具的相似法，则取决于注释者的诠释。正是在此过程中，注释者完成了由譬到法的翻译、转换工作，并由此将自身最为关注、或者自身认为最切合经文理解的概念和视角引入。

二　偈颂部分对"火宅"的诠释

除长行之外，对偈颂部分的解说也值得单独关注。经文中在引出偈颂时，称"佛欲重宣此义，而说偈言……"③ 这固然可视为引出重颂的套话；但对于注释者来说，这里的"重宣"，却为他们开辟出了不同于长行的新的诠释空间。从成立史的角度而言，"火宅喻"部分的偈颂与长行成立于不同时期，其在内容上也存在差异。具体到对"火宅"的描述，除了与长行类似的对于屋宅朽故情形的描写之外，偈颂还花费大量笔墨描写宅内种种野兽、鬼怪交横驰走的可怖情形，如：

> 鸱（鵄）枭雕鹫、乌鹊鸠鸽、蚖蛇蝮蝎、蜈蚣蚰蜒、守宫百足、狖狸鼷鼠，诸恶虫辈，交横驰走。……处处皆有，魑魅魍魉、夜叉恶鬼，食啖人肉。……④

尽管对于今日的研究者而言，《法华经》"原始八品"中的长行和偈颂成立于不同阶段，其中偈颂的成立时间更早，二者之间存在

---

① （隋）吉藏：《法华义疏》，T. 34，No. 1721，第 522 页上。
② （唐）窥基：《妙法莲华经玄赞》，T. 34，No. 1723，第 746 页上。
③ （姚秦）鸠摩罗什译：《妙法莲华经》，T. 9，No. 262，第 13 页下。
④ （姚秦）鸠摩罗什译：《妙法莲华经》，T. 9，No. 262，第 14 页上。

差异不足为奇。但对于古代注释者来说，又是如何理解并不完全一致的长行与偈颂间的关系的呢？

我们首先将注释者对这部分偈颂的解释列为表 4-4。

道生对偈颂部分的解说较为简略，没有再关注到细节的部分，但法云及之后的注释，则遵循将譬中细节一一转换为法的原则，对其中内容进行详细释解。从结构上看，对于这一段长行中并未出现的内容，注释者的解释呈现出两种方向：第一，法云、智𫖮仍将这部分判为"明宅中火起"（同表 4-1"开譬"部分 1.5.2），① 其作用是"别明三界火起"，即是说，相较于长行，这里的内容是对细节的进一步补充。与此类似，窥基也认为这部分仍然对应于长行（表 4-2 中 2.3）② ——事实上，他在分析长行时就以"灾起"概括情节，这里的"灾"当然不限于火宅，也可包括偈颂中出现的猛兽恶鬼。这说明，窥基对经文的科判，从一开始就将长行和偈颂的内容共同考虑。

第二，不同于以上三人，吉藏将这部分内容概括为"明宅内有恶物"，明确称其"经无别合"。③ 既然承认经文中没有其他内容与之对应，这段特殊的内容，便尤为值得专门解释。吉藏以"来意门""摄法门""次第门""同异门""约人门"五项对其进行分析，其中，后四项是对这段经文出现的具体意象和寓意的分析，第一项

---

① （梁）法云：《妙法莲华经义记》，T.33，No.1715，第 626 页上："'鸱枭雕鹫'此下有二十九行，是第四颂第五火起也，上言'堂阁朽故墙壁颓落'乃至'周匝俱时欻然火起'也。但上长行不的（引者疑"的"为"明"或"细"之误）道三界，今偈中委悉，是故别明三界火起。"（隋）智𫖮：《妙法莲华经文句》，T.34，No.1718，第 75 页上："从'鸱枭'下，第四，有二十九行偈，正颂上第五火起。就此复四：初有二十二偈，明地上事，譬欲界火起；次第二有三偈半，明穴中事，譬色界火起；次第三有二偈半，明空中事，譬无色界火起；后第四，一偈，总结众难非一。"

② （唐）窥基：《妙法莲华经玄赞》，T.34，No.1723，第 757 页下："下第三段有二十九颂，诸方灾起……长行灾起唯说火焚，今加虫鬼说诸恶相，欲令众生厌怖深故，如三毒等毁责之故立种种名。"

③ （隋）吉藏：《法华义疏》，T.34，No.1721，第 533 页中。

表4-4 偈颂"宅中诸灾"段释解

	鸱枭雕鹫,乌鹊鸠鸽	蚖蛇蝮蝎,蜈蚣蚰蜒	守宫百足,狖狸鼷鼠	诸恶虫辈,交横驰走	屎尿臭处,不净流溢,蜣蜋诸虫,而集其上	狐狼野干,咀嚼践踢,齩啮死尸,骨肉狼藉	由是群狗,竞来搏撮,饥羸慞惶,处处求食	斗诤䶩掣,擢啀喍嘷吠
义记①	慢使众生		瞋使众生		痴使众生		贪使众生	疑使众生
义疏②	上二界爱使		瞋使	痴使	痴使		悭贪	从悭贪二使故起身口两瞋
文句③	慢使	瞋使			痴	疑	贪使	慢
玄赞④	贪爱	邪见						
义记	魑魅魍魉	夜叉恶鬼		鸠槃荼鬼	有诸鬼其身长大	复有诸鬼其咽如针	复有诸鬼首如牛头
义疏	总明五利使	邪见众生		戒取众生	我见众生	见取众生	断常二见
文句	疑使	邪见		戒取	身见	见取	边见
玄赞	总明五利使			戒取	身见	见取	边见

① (梁) 法云:《妙法莲华经义记》, T. 33, No. 1715, 第626页上—下。
② (隋) 吉藏:《法华义疏》, T. 34, No. 1721, 第534页中—下。
③ (隋) 智顗:《妙法莲华经文句》, T. 34, No. 1718, 第75页中—下。
④ (唐) 窥基:《妙法莲华经玄赞》, T. 34, No. 1723, 第757页下—758页上。

"来意门"则解释偈颂中这段长行中并未出现的内容的必要性：

> 来意门者，以宅中有此毒害，故宅不可居。三界内有爱见烦恼，能害众生法身慧命，宜起厌离疾求出也。①

简而言之，虽然这部分内容不能被归入长行既有的科判结构，但其"特殊性"亦有意义，承担着重要的教说功能。这代表了理解经文长行与偈颂差异的另外一种方向。

具体到对偈颂中出现的种种新细节的解读上，我们仍可观察到注释传统对不同时代注释者的持续影响。尽管对于某一细节究竟对应何种法义，不同注释者间存在分歧，但在解释方向上，几人却呈现出显而易见的一致性——都将经文中出现的鸟兽虫蛇等"有形之物"解为"五钝使"，魑魅魍魉等"幽隐无形之物"解为"五利使"。除此以外，注释者对于这些相较于长行更为丰富的细节的解释，也显现出两个值得关注的现象：第一，从法云到窥基的注释，展现了对于譬喻中作为喻依的种种具体事物越来越全面、严谨的认识。对于偈颂中提及的种种动物、鬼怪，《义记》中尚没有专门花费笔墨进行解释；《文句》也未引经据典，而是从类似博物学的角度，对种种生物的习性、分类予以介绍；而吉藏的《义疏》中，一方面同样从博物学这一角度进行解说，如解"蚖蛇"：

> 蚖、蛇备有两音，而形长一尺许，世人呼为蛇师。②

解"守宫"：

> 守宫者，淫妒之譬也。古人取此虫缄置箱内，以真朱食之

---

① （隋）吉藏：《法华义疏》，T. 34，No. 1721，第533页中。
② （隋）吉藏：《法华义疏》，T. 34，No. 1721，第534页中。

令赤。若王行不在，刺取血题内人臂，有私情者，血沉入皮内。可以守宫人，故以为名也。①

另一方面，特别是在解种种非日常可见的"幽隐之物"时，吉藏还重视利用多种文献资源。如解"夜叉恶鬼"：

"夜叉恶鬼"者，《释论》（指《大智度论》，引者注）云："帝释城有九百九十九门，门有六青衣夜叉。"② 然夜叉有三：地住、空住、天住，《释论》举天住者耳。什师翻为轻捷。又云贵人，亦名能噉也。③

除引文中出现的《大智度论》之外，吉藏利用的经典，还有《春秋》《西京赋》等中国传统典籍，也有《成唯识论》《阿毗昙心论》《俱舍论》等小乘阿毗昙。

如是的解释工作在窥基《玄赞》中达到顶点。如仅解"蚖"一项：

一蚖，音愚袁反，又五丸反。依《遗教经》，黑短蛇也。④《汉书》"玄蚖"，韦昭解曰："玄，黑；蚖，蜥蜴也。"崔豹："蛇医也，大者长三尺，其色玄绀，善魅人。蝾蚖、蜥蜴、蝘蜓、守宫，四种别名。"《玉篇》："蛇医也。在舍为守宫，在泽为蝘蜓。"准此，《遗教》应言"黑蚖"，错为"蛇"字。今解蚖有

---

① （隋）吉藏：《法华义疏》，T. 34，No. 1721，第534页中。
② （姚秦）鸠摩罗什译：《大智度论》，T. 25，No. 1509，第448页上："天帝九百九十九门，门皆以六青衣夜叉守之。"
③ （隋）吉藏：《法华义疏》，T. 34，No. 1721，第535页中。
④ 《佛垂般涅槃略说教诫经》，T. 12，No. 389，第1111页中："烦恼毒蛇睡在汝心，譬如黑蚖在汝室睡，当以持戒之钩，早摒除之。睡蛇既出，乃可安眠；不出而眠，是无惭人也。"

二：一蜥蜴，二黑短蛇。故《遗教经》言"睡蛇既出，乃可安眠"，故彼不错，但名黑蚖，非蝶蚖也。有为"鼋"，愚袁反，谓是水虫恶性之物。理亦不然。彼为"鼋"字，非此"蚖"故。①

窥基的解说首先包含对字的确切注音，然后通过几种文献的比较，梳理辨析该字的含义。所引文献，既包括《遗教经》（全称：《佛垂般涅槃略说教诫经》）② 这样的佛教典籍，更有韦昭、崔豹等人的文字训诂之学。事实上不止针对譬喻，在对全经文句的解释中，沿用中国传统训诂之学对经中词语进行注解，都是《玄赞》解经的一大特色。③ 具体到这里所讨论的文句，与吉藏多引阿毗昙的做法相比，《玄赞》对经中诸事物的解释，反倒主要依赖《玉篇》《说文》等训诂字书，这也是一个有趣的现象。

第二，在对于这些具体事物更细致认识的基础上，注释者力求进一步寻求作为喻依的事物与作为喻体的法义之间更加严密的贴合。在《义记》中，只是将经中出现的诸意象与法义一一对应起来，如称"初'鸱枭雕鹫'下半行，先明慢使众生也"④，但并未解释何以如此对应。《文句》对此的解释，则进一步考虑了喻依的具体特性，来寻求与所喻之法的契合：

初半行譬慢使。众生自举轻他，如鸟为性，陵高下视。八鸟譬八慢，《文殊问经》明八骄⑤，今用配八鸟。盛壮骄如鸱，

---

① （唐）窥基：《妙法莲华经玄赞》，T. 34，No. 1723，第 758 页上。
② 该经署名译者为鸠摩罗什，但在早期经录（如《出三藏记集》）中并未提及此经，直到隋代法经《众经目录》、费长房《历代三宝纪》中才出现此说法。
③ 黄国清：《窥基〈妙法莲华经玄赞〉研究》，第 154 页。
④ （梁）法云：《妙法莲华经义记》，T. 33，No. 1715，第 626 页中。
⑤ （梁）僧伽婆罗译：《文殊师利问经》，T. 14，No. 468，第 500 页中："断骄慢声者，骄者，色骄、盛壮骄、富骄、自在骄、姓骄、行善骄、寿命骄、聪明骄，此谓八骄。慢者，慢慢、大慢、增上慢、我慢、不如慢、胜慢、邪慢，此谓七慢。断者，断骄慢，此谓断骄慢声。"

性骄如枭，富骄如雕，自在骄如鹫，寿命骄如乌，聪明骄如鹊，行善骄如鸠，色骄如鸽。①

这里较前人说法更为丰富之处在于，其解说不但在总体上聚焦于鸟"陵高下视"的特性，还充分考虑了经文中对鸟的分类列举方式，并由此寻找到佛典中"八骄"的概念来与之相配。

吉藏的解说同样聚焦于这一问题。如同样是解"鸱枭雕鹫，乌鹊鸠鸽"一句：

> 有人言：怪鸟以譬慢使，如鸟飞翔高举，譬众生起慢陵他举自高。慢非三毒之初，又非五钝之首，但示起无定相，故前明慢。又此经正斥增上慢人，故前明也。
>
> 有人言：既称怪鸟，取其发声为譬，然此诸鸟或咔怪声，或吐和音，怪声即譬恶口、两舌，和音以况妄言、绮语也。
>
> 今谓理实难明，但斯一宅内，上有怪鸟，下有毒虫，以此为譬者，上在怪鸟，譬上二界爱使也。②

无论是其中所举他人说法，还是吉藏本人的讨论，其实质都是在发掘"鸟"的特性，以此引出与之相关的义理概念。只不过面对同样的事物，究竟应聚焦于其中的何种特性，不同人有不同的解读。

窥基虽然将这段内容解为对应"贪爱"，但解释思路仍与智𫖮有所类似：

> "鹫枭鸱雕"如次配上品四爱，"乌鹊鸠鸽"如次配下品四爱。或性钝贪、现怪贪、大力贪、动身贪、非法贪、发语贪、

---

① （隋）智𫖮：《妙法莲华经文句》，T. 34，No. 1718，第 75 页中。
② （隋）吉藏：《法华义疏》，T. 34，No. 1721，第 534 页中。

卑下贪、多淫贪，如次配八。八鸟多贪，故以为喻。①

仍是首先抓取鸟类"贪"的特性，然后对照于鸟的呈现与分类（八种鸟），为之寻找匹配的义理框架，从而实现对"爱""贪"更细致的分类和更深入的认识。

如同长行的解释，注释者对譬喻法义的分析，实质上同样是在构造新譬喻。只不过，偈颂部分相较长行更为生动、细致的情节，为他们提供了更广阔的诠释空间。借用"喻依—喻体—相似法"的分析框架，几位注释者在这里的解释工作，主要体现在力求尽可能多地发现和澄清喻依、喻体间的"相似法"。他们越是了解作为喻依的具体事物，越是深入发掘其特性和构成，就越能够借此对作为喻体的"法"展开分析。这一过程，实际上是迂回地借助喻依的启发，开显出喻体中特定的理解视角与特征属性。

三 "门"的诠释："譬—法"转换原则的困境与解决

在整个譬喻的叙事中，某些意象未必仅出现一次；注释者既然严格地遵循将每一细节意象转化为法的原则，那么在此情况下，就不得不面临将意象所转化的义理概念数度代入整体叙事的问题。对"火宅喻"中数次出现的宅中之"门"的解释即属此种情况。注释者对此的诠释，生动地展示出"譬—法"转换原则在实际诠释中所可能面临的困境，以及通过解决此困境，创造新理解的种种可能。

"火宅喻"中有六处提到"门"[2]，除去长行"合譬"、偈颂部分各一处，其余四处为：

①其家广大，<u>唯有一门</u>。[3]

---

① （唐）窥基：《妙法莲华经玄赞》，T. 34, No. 1723, 第758页上。
② 吉藏、窥基都对此做过统计。见（隋）吉藏《法华玄论》，T. 34, No. 1720, 第397页下；（唐）窥基《妙法莲华经玄赞》，T. 34, No. 1723, 第745页下。
③ （姚秦）鸠摩罗什译：《妙法莲华经》，T. 9, No. 262, 第12页中。

第四章　从"譬"到"法"：譬喻义学诠释的终端　　183

②长者见是大火从四面起，即大惊怖，而作是念："我虽能于此<u>所烧之门</u>安隐得出……"①

③是长者作是思惟："我身手有力，当以衣祴、若以机（几）案，从舍出之。"复更思惟："是舍<u>唯有一门，而复狭小</u>。"②

④父知诸子先心各有所好种种珍玩奇异之物，情必乐著，而告之言："汝等所可玩好，希有难得……如此种种羊车、鹿车、牛车，<u>今在门外</u>，可以游戏。"③

合譬部分出现的"门"点明了喻体：

⑤如来亦复如是，为一切众生之父，若见无量亿千众生，<u>以佛教门出三界苦</u>，怖畏险道，得涅槃乐。④

依据合譬部分的经文，譬喻中的"门"喻指"佛教"；基于如是的经典依据，自道生以来的注释者对"门"所对应法义的诠释基本一致。从宏观上看，这固然不难理解，但若真正将"教"的概念一一代回譬喻的叙事中，却会产生一系列理解上的困难，如在②中提到"所烧之门"，既然"门"指佛之教化，"教"又如何被烧？如是问题并非笔者无中生有，而是确实在自法云到窥基的注释作品中，被极为严肃地花费了可观篇幅予以了讨论。

道生在解第①处"门"时，说"佛教通悟为门，唯此乃通"⑤——之所以用"门"譬喻佛教，是取其"通"意。但对于第②处"所烧之门"所在文句，他并未专门解释，换言之，很有可能

---

① （姚秦）鸠摩罗什译：《妙法莲华经》，T. 9，No. 262，第 12 页中。
② （姚秦）鸠摩罗什译：《妙法莲华经》，T. 9，No. 262，第 12 页中。
③ （姚秦）鸠摩罗什译：《妙法莲华经》，T. 9，No. 262，第 12 页下。
④ （姚秦）鸠摩罗什译：《妙法莲华经》，T. 9，No. 262，第 13 页中。
⑤ （刘宋）竺道生：《妙法莲花经疏》，X. 27，No. 577，第 6 页中。

他尚未意识到其间存在的问题。但自法云《义记》开始,对于"所烧之门"的理解,就成为注释者必然面临的问题:

(问:)上言名佛教为门,今者何故此门被烧耶?
解言:乃是名佛教为门,不言此教被烧,但教所化众生自是被烧,故如彼一门立大学门,云何不言两板双扇读书解义耶?故知一门中人解义读书也。①

这里法云的解决策略,是利用"门"字的多义性,即其在日常语言中,既可指真正的房屋之门,也可借代门内之人,如称一门读书、一门忠烈,其实指的是家门内的一家一族。这里说"门被烧",是指门内的"所化众生"被烧,而不是"门"——教本身被烧。经过如是一番阐释,法云实际上回避了"教门被烧"的问题。

吉藏的解答与此类似,他直接承认,"所烧之门"中的"门"与①所喻不同,前者喻"佛教",后者则"名三界限域为门"②(在第④处也是如此)。以"八苦"烧"三界",这便足以疏通文意。换言之,无论法云还是吉藏,都默认"教门"本身不可被烧,因此,唯有通过种种方法,努力将这里的"门"另作他解。

智𫖮在解第①处"门"义时,虽然也是基于合譬部分的经文,但对此有更为细致的分析:

道场观云:实相理不异,慧亦宜一,出无异路,故言一门。
光宅云曰:三界虽旷,九十虽多,论于出要唯是佛教,故言一门。

今明若单理为门,理无通塞,何门之谓?单教为门,得经者众,何意不出?今取理为教所诠,文云:"以佛教门,出三界

---

① (梁)法云:《妙法莲华经义记》,T. 33,No. 1715,第616页上。
② (隋)吉藏:《法华义疏》,T. 34,No. 1721,第523页上。

苦，得涅槃证。"①

这里首先分析了前人的两种理解方向：一种以慧观②为代表，认为经文之所以称"一门"，是显明实相之理与智慧是唯一的；一种则以法云为代表，认为唯有佛之教化可出离众苦，故譬之以"一门"。但智顗认为，这两种理解各有片面之处——前者以理为门，理本无"通"与"塞"之别，也无所谓"门"；后者泛泛以"教"为门，但经教众多，却未必皆可出离苦海。只有认识到"理"与"教"相伴共生的关系，教为理之能诠、理为教之所诠，才真正符合经文"以佛教门，出三界苦"的意旨。简而言之，智顗的诠释特色，在于考虑到了"教"背后与之不可分割的"理"这一维度。

在此前提下，不同于前人的解释，智顗直接面对和解决了"教门为火所烧"的问题：

> 经言"所烧之门"者，今问：教为门者，此教为烧？为不烧？
> 救云：教门不烧，佛教为门，能通所烧之人，所通之人被烧，名能通门名烧，如门内人死，名门为衰，门实不衰。
> 又问：若尔，教是常住，非有为法；若不尔，何故不烧？
> 今解：不尔。夫门有件有空，非件无以标门，非空无以通致，件可灰烬，空不可烧。教有能诠、所诠，若非诠辩，无以为教，若非所诠，何以得出？诠辩可是无常，所诠非复无常，得教下所诠故，名安隐得出；能诠磨灭故，言所烧之门。不从

---

① （隋）智顗：《妙法莲华经文句》，T. 34，No. 1718，第67页上。
② 慧观，晋宋之间僧人，曾从学于鸠摩罗什，曾撰《法华宗要序》（保存于《出三藏记集》），晚年住于建康道场寺。见（梁）慧皎《高僧传》，T. 50，No. 2059，第368页中（汤用彤：《点校高僧传（下）——汤用彤全集（五）》，第14页）；（梁）僧祐《出三藏记集》，T. 55，No. 2145，第57页上—中。（苏晋仁、萧錬子点校：《出三藏记集》，第304—305页。）

所烧之门，何由安隐得出？藉于言教契于所诠，《大经》云："因无常故，而果是常"①，如此释者，如经"于所烧之门"也。若小乘无常教门，此从所烧门出；若大乘常住教门，文字即解脱者，此教即理，体达烧、无烧而安隐得出。若就如来权智，即是从所烧门出；若就实智，体于所烧安隐得出。故先作衣裓几案出之不得，后以无常出之，即此意也。②

关于教门是否可烧的问题，智𫖮将前人的回答方式视为一种补救，认为其并未实际解决问题，也并未增进我们对于"教"这一概念的理解。其第二层递进所提问题，即所谓"教门是否可烧"，归根结底在于理解"教"是不是"常"，或者说，其在何种意义上是"常"，又在何种意义上是"无常"。他将"门"这一意象析为两部分：一是门户的构件，二是由构件所围出的以供通行的空间——"空"。与此相对，"教"同样包含两方面：一为"能诠"，即有形的文字诠辩；二为"所诠"。如同门的构件可被火烧，空却不可烧，"能诠"的文字言教是无常，"所诠"之理却非无常；如同经由所烧之门（构件），方可从其空间出宅，凭借言教，才有可能认识唯一之理、证得涅槃。智𫖮还引《大集经》作为经证，说明经由无常之因，可以证得有常之果。

围绕"所烧之门"，智𫖮还进一步从大小乘、权实二智的角度对其进行分析，以此开显出"能诠"与"所诠"在不同情况下的不同关系。小乘教门（"所诠"）无常，由此解脱可直接对应于譬喻"从所烧门出"；大乘常教已达到文字与解脱、教与理的统一，"烧"中已蕴含"无烧"，故而体察通晓"烧、无烧"两方面的意涵，便可出离火宅。同样，从权智角度可言"从所烧门出"，若从实智角度，

---

① （北凉）昙无谶译：《大方等大集经》，T. 13，No. 397，第 176 页下："云何为常？菩萨摩诃萨观无常已，则得常身。因无常故，得功德身；因无常故，不断佛种、法种、僧种。"

② （隋）智𫖮：《妙法莲华经文句》，T. 34，No. 1718，第 67 页下。

则自然蕴含着"烧"与"无烧"两个方面。经过如是的诠释,"教门为火所烧"的说法非但无须回避,更蕴含着"教"这一概念的核心问题——能诠与所诠、言教与实相间的复杂关系,正浓缩于此门烧与无烧的意象之中。借由"所烧之门",对于"教"更为深化和复杂的理解得以开显,这也正体现了譬喻诠释的价值所在。

窥基同样没有回避此问题。他对"门"的意象有全新的分析方式:

> 门有二种:一中大正门,唯一乘教行;二边小侧门,唯二乘教行。五中初三,唯说中大正门,体即一乘之教行故;后之二门,中边、大小、正侧之门,并名为门,体即三乘之教行故,能出三界变易宅故,所以初门名之为一,不名为三。①

窥基在这里为"门"的意象添加了更为丰富的细节,为其设置出"两种门"——"中大正门"和"边小侧门",分别比喻"一乘教行"与"二乘教行",这实际上就构建出两组小的譬喻。关于长行部分经文中出现的五例"门",他认为,①至③例就大中正门而言,喻体为一乘教行;④、⑤例则两种门皆包括。这样一来,在宅中之门这一意象中,便已经蕴含着三乘关系的问题。

至于②中"大乘门"何以"为火所烧",窥基的解释是:

> "所烧门"者,一乘教行,多诸怨嫉,诽谤不信,障难破坏,烦恼所碍,名所烧门。②

窥基在这里扭转了"火烧"的一般意义,即不再如前人一般将这里的"火"继续理解为"八苦"(尽管在此前的文句中他同样以

---

① (唐)窥基:《妙法莲华经玄赞》,T. 34,No. 1723,第 745 页下。
② (唐)窥基:《妙法莲华经玄赞》,T. 34,No. 1723,第 747 页上。

此解"火"），而是解释为无明众生对大乘教行的诽谤怨恨。值得思考的是，这里的"所烧门"之所以存在理解上的困难，正是由于将"教"的意义代入此处语境后，产生了理解上的荒谬和矛盾；但窥基对此问题的解决，却是通过改变"火"此前的寓意——"门"和"火"二者总有一方的喻体需要改变，这实际上意味着，这里唯有弱化、收敛"譬"与"法"间严格对应的原则，方可解决问题，这从另一个角度验证了"譬—法"转换原则在实际操作过程中所面临的困境。不过另一方面，这种对譬喻诠释原则的妥协，在启发新理解方面仍有其意义：在《法华经》的其他章节，明确提到《法华经》传播中将面临的反对和诽谤，如《方便品》离席的五千增上慢人等，但在"火宅喻"的经文中，这一问题其实并不太凸显；而经过窥基对"门"的诠释，大乘教行在被世人接受过程中所面临的种种问题却进入了理解"火宅喻"的视野，从而丰富了譬喻的意义。

"火宅"是"火宅喻"中最为重要的意象之一，其中又包含着丰富的细节。注释者相信，经文中出现的任何形象、任何描写，都有其深刻含义。他们从这些细节中阐发经文深意的具体方式，就是努力为之寻找、安置相应的义理概念，这一过程，实际上是在经文原本的譬喻框架内，构建出更多细小的新的譬喻。注释者的创造力，正体现在发现喻依（"譬"）与其所引入喻体（"法"）的相似性上；通过发掘由经文给定的喻依中的特性，新的看待喻体的方式也被开显出来。当然，注释者对于"门"的诠释足以表明，这种将"譬"——转换为"法"的诠释方式并不总能奏效，相反，有时还会造成理解上的困境；但另一方面，这种困境，又成为逼迫注释者深化思考其所引入义理概念的契机。

第三节 "父子关系"的诠释

《法华经》中的譬喻绝不仅仅是物与理之间的静态比况，更蕴含

第四章 从"譬"到"法":譬喻义学诠释的终端　189

着丰富的故事性。以"火宅喻"为例,在此譬喻中,固然包含着"火宅"等具体的事物形象,但其本身更是一个情节生动的故事。那么,譬喻的"故事性"又如何得到诠释呢?"火宅喻"中出现的"父子关系",集中体现了这一问题:一方面,"父"与"子"都是具体的形象,注释者仍须将之转换为义理概念;另一方面,二者间的互动,贯穿了整个譬喻始终,构成了故事的主要情节。注释者对此的诠释,将帮助我们更加深入地理解譬喻诠释的具体过程。

一 "五百人"与"三十子":"三乘"之外的众生

《法华经》注释者将"譬"严格转换为"法"的工作,使得譬喻中出现的任何细节都显得饶有意义。这种理解过程,不同于一般的故事阅读——在后者的情况下,出现于故事中的种种要素,随故事情节而有重要、次要之别;但在这里,一切细节皆被以同等程度的严谨来衡量和考察。譬喻中诸要素、细节在价值权重上发生变化,无疑将对理解造成不可忽视的影响。

以"火宅喻"中出现的人物为例。一般提到此喻,人们的印象是,故事涉及的主要人物是作为父亲的长者及其诸子。但事实上,经文引出此喻时,有如下交待:

> 舍利弗!若国邑聚落,有大长者……其家广大,唯有一门,多诸人众,一百、二百乃至五百人,止住其中。……长者诸子,若十、二十,或至三十,在此宅中。①

也就是说,除父与子之外,经文实际上还提到了宅中有"五百人";只不过,这"五百人"并未在后续的故事发展中参与任何情节,一般的阅读者也很容易忽略此细节,或仅仅将之视为无关紧要的背景。

---

① (姚秦)鸠摩罗什译:《妙法莲华经》,T. 9,No. 262,第 12 页中。

但在几种《法华经》注释中，此"五百人"却并非无关紧要。关于经文中"五百人"与"三十子"的含义，历代注释者的理解方向是一致的，可见表4-5：

表4-5　　　　　　"五百人""三十子"解释

	五百人	三十子
经疏①	"为一百二百"，天为一百，人为二百，三恶趣为五百。依界为止也	已曾受化，为子也。有三乘之别为三，多故为十也
义记②	内合三界之中以类相从，凡有五道众生也	明五百人中有与长者天性相关者，有三十子，内合明如来所化有三乘根性，入三界中也
义疏③	"一百"譬天，"二百"譬人，"乃至五百"通取三途，修罗或开或合，故称"乃至"	以十譬菩萨，二十譬缘觉，三十譬声闻。又即如此经三根人，上根得解者少，如身子一人，中根稍多，如四大声闻，下根转多，乃至五百也
文句④	譬上众生，即五道也	譬上知众生性欲，曾习佛法天性相关则子义；性欲有异，若十是菩萨子，二十、三十是二乘子
玄赞⑤	五趣种子，名言所熏，业招各异，类别名五，随其所应，各为有支，善恶业种十种业道之所招感，名为五百，谓十业道中各有自作、教他、赞励、庆慰、少分、多分、全分、小时、多时及与尽寿，各别十代，修作资感、立五百名。或十业道各由十惑之所发润名为五百	依《华严·贤首品》，十喻菩萨、二十喻独觉、三十喻声闻，各修自乘十种法行，三慧所摄，及十业道资无漏种方得果圆，故言若十二十或至三十，由具一姓、二姓、三姓有差别故，名十、二十及以三十

经文中出现的住于长者家中的"五百人"及长者的"三十子"，

---

① （刘宋）竺道生：《妙法莲花经疏》，T. 27，No. 577，第6页中。
② （梁）法云：《妙法莲华经义记》，T. 33，No. 1715，第615页下。
③ （隋）吉藏：《法华义疏》，T. 34，No. 1721，第521页下—522页中。
④ （隋）智顗：《妙法莲华经文句》，T. 34，No. 1718，第66页下。
⑤ （唐）窥基：《妙法莲华经玄赞》，T. 34，No. 1723，第746页上。

道生将之分别解为"五道众生"以及"已曾受化"的"三乘之人",这种解释也为后世注释者所沿用。不过,道生对二者的解释仅限于此,并未对如何理解"五百人"及"三十子"的数目差别、二者的确切关系以及经文提及这二者的必要性等问题进行任何讨论。他在注释中只是完成了譬喻中各个细节意象的转换翻译工作,将其中的种种意象替换为义理概念,由此得到的结果,只是概念的罗列;但对于由此翻译转换过程所显明的概念之间的关系应如何理解,《经疏》中并未呈现出明确的思考。

法云及之后的注释者正是在这一点上显现出理解的深化。参考第一节提到的开譬结构,法云、吉藏、智𫖮将第一"总譬"部分一分为六,其中,表4-1中1.4与1.6皆论及宅内之人,但一者提到"五百人",一者提到"三十子"。① 通过在开譬结构中将"五百人""三十子"并列为同级的意义单位,二者间的对比关系得到了直观的凸显,这就使得解释二者的差别与联系成为必要。

《义记》中已经意识到处理"五百人"与"三十子"间关系的必要,以"所化人"和"受化者"来分别解此二者:

> 第四明所化人同者,所教化者是五道众生,即是长者宅中有五百人义。
> ……
> 第六明受化者同者,五道众生所可正受化者,有三乘根性,三乘根性即是三十子义无异;人虽五百,然与长者非尽天性,至于天性相关者,有三十人也。②

"所化人"是从佛的角度而言——对于五道众生,佛皆施以教化

---

① 经文原文为:"其家广大……多诸人众,一百、二百乃至五百人,止住其中。……长者诸子,若十、二十,或至三十,在此宅中。"(姚秦)鸠摩罗什译:《妙法莲华经》,T. 9,No. 262,第12页中。

② (梁)法云:《妙法莲华经义记》,T. 33,No. 1715,第615页上。

救度，此即喻中的"五百人"；"受化者"则是从众生接受的角度而言——尽管佛普施教化，但并非人人皆可接受。只有与长者"天性相关"者，才可为长者之子；唯有具备三乘根性，才可受佛教化，称为"佛子"。这里，"三乘根性"／"天性"成为二者区分的关键。但遗憾的是，注释者并未对"根性""天性"的具体含义进行说明，特别是，也没有说明那些不具备"三乘根性"之人又当如何理解。可以说，《义记》中确实意识到了问题的存在——这已经较道生的《经疏》更进一步，不过，对此问题的回答尚待完善。

《文句》对"五百人""三十子"的解释，大部分沿用了《义记》中的说法，同样认为所谓"子"，根本上在于"天性相关"；二者的根本区别，在于是否有"机"。与《义记》等相比最大的不同，则在于偈颂部分出现的对二者关系的解释：

　　三十子是缘因子，一切众生即是正因子也。①

智𫖮在这里引入了"缘因""正因"的概念，来说明"三十子"与"一切众生"（"五百人"）的区别与联系——二者毫无疑问皆是"佛子"，只是作为"因"的分位有所不同。

"正因""缘因"这两个概念出自《大般涅槃经》，其中，佛以此向师子吼菩萨说明众生之佛性：

　　善男子！因有二种：一者正因，二者缘因。正因者，如乳生酪，缘因者，如醪暖等。从乳生故，故言乳中而有酪性。②
　　善男子！众生佛性亦二种因：一者正因，二者缘因。正因者谓诸众生，缘因者谓六波罗蜜。③

---

① （隋）智𫖮：《妙法莲华经文句》，T. 34，No. 1718，第77页下。
② （北凉）昙无谶译：《大般涅槃经》，T. 12，No. 374，第530页中。
③ （北凉）昙无谶译：《大般涅槃经》，T. 12，No. 374，第530页下。

第四章 从"譬"到"法":譬喻义学诠释的终端 193

其中提到作为两种因的佛性,"正因"为众生,"缘因"为六度——即佛教的修证法门。对于出自《涅槃经》的"正因""缘因",智𫖮在其著作中还有诸多完善和发展,并最终形成了"三因佛性"——"正因佛性""缘因佛性""了因佛性"的解释框架,这也成为天台佛性论著名的理论标签。①《法华玄义》中对此的基本界定是:"法性实相即是正因佛性,般若观照即是了因佛性,五度功德资发般若即是缘因佛性。"②《文句》释解具体经文时,也数次提到此"三因",特别是在解释《寿量品》"良医喻"时,借助"三因"的理论框架梳理了《法华经》中出现的几种父子关系,总结出"三种子义":

> 凡有三种子义:一、就一切众生,皆有三种性德,佛性即是佛子,故云"其中众生悉是吾子"……二者就昔结缘为佛子,如十六王子覆讲《法华》,时闻法者,亦生微解,即成了因性;昔微能修行,为缘因性;正性为本,此三因并属缘因,资发今日一实之解,故以昔日结缘,为缘因佛子,即火宅中三十子也。……三者了因之子,即是今日闻《法华经》,安住实智中,我定当作佛,决了声闻法,是诸经之王,从佛口生、得佛法分,故名真子。③

众生皆具佛性,在此意义上,众生皆为"正因佛子"。其中,有些人昔日曾有缘受教于佛前,如《法华经》中舍利子等,昔日所结

---

① 较之《涅槃经》,智𫖮对这三个概念的内涵进行了更清晰的安排和界定,并将之与"空、假、中"三谛、"涅槃三德(法身、智德、断德)"、"三轨(真性轨、观照轨、资成轨)"等结合起来。见王月秀《智𫖮佛性论研究》第六章《智𫖮"三因佛性"论》,博士学位论文,台湾清华大学,2012年;姜明泽:《"三因佛性"说论述》,《中国佛学》第37期,2015年7月。

② (隋)智𫖮:《妙法莲华经玄义》,T. 33,No. 1716,第802页上。

③ (隋)智𫖮:《妙法莲华经文句》,T. 34,No. 1718,第134页中—下。

之缘，可资成其对实相、一乘之解，故为"缘因佛子"。这二者，正对应于"火宅喻"中出现的"五百人"与"三十子"。此外，智顗认为经文中诸弟子听闻《法华经》而决了诸法、安住实智的情节，还体现了"了因之子"，这强调智慧观照的实际发生。只不过，这一方面并未在"火宅喻"中呈现，或者说，智顗没有找到在"火宅喻"中安插此项概念的诠释空间。经过如是的诠释，譬喻中的父子关系被提升至佛性论的框架内来理解；反过来说，抽象的理论概念，也在"火宅喻"中获得了更为具象的呈现方式。

吉藏将二者皆视为"所化"，区别在于，"五百人"是"通论所化"，"三十子"是"别论所化"：

> 问：何以知此譬具通别二义耶？
> 答：列五百人，复明三十子，五百人通譬五道众生，三十子别明昔曾禀化也。所以具明通别二种众生者，以具化二人故也。一者、别化中下根人，令识三一权实；二者、通为一切众生，令知三界过患也。又此经令一切众生离凡夫地，复离二乘地，以说三界过患，故令物不贪三界，谓离凡夫地；后明诸子出门求车不得及等赐大车，令知二乘是空卷、一乘是真实，令离二乘地。以是因缘故具化二人也。①

吉藏认为，譬喻中之所以提到"五百人"和"三十子"，绝不是说仅有"三十子"可最终出离火宅；相反，这二者的存在，正说明佛对这二者皆有所教化，只是二者最终受益有所不同——对于一切众生，佛皆令其知晓三界过患，使人不贪着于三界，"离凡夫地"，是为"通"；对于三乘或三根之人②，则令其明了三乘是权、一乘是实，离二乘地、入真实一佛乘。这样一来，就不存在完全没有"受

---

① （隋）吉藏：《法华义疏》，T. 34，No. 1721，第 522 页中。
② 指经文"三说"中分别领解佛法的舍利子、四大声闻、五百罗汉。

化"的众生；也正因如此，法云"所化人"和"受化者"的区分显得不再合宜。

不仅如此，对于"五百人"与"三十子"涵盖范围的差异，吉藏也有明确解释：

> 问：五百人已摄三乘根性，今何故重辨乎？
> 答：前明五百通辨五道众生，明有人天乘根性，未必具三乘根性；今别明三十子，虽是五道所摄，但别有三乘根性，故别说之。[1]

吉藏在这里利用"人天乘"的概念来填补"五百人"与"三十子"之间的差异。从逻辑上来说，"三十子"——三乘根性之人必然包含在"五百人"中，但未必"五百人"——五道众生皆具三乘根性，二者间的差别，就在于还有"三乘"之外的"人天乘根性"。吉藏注意到，经文在引出宅中人众时，用词为"一百、二百乃至五百人"，他认为这里之所以单独提到"一百、二百"，就是因为"人天堪受化，故所以别说也"[2]。实际上，将"一百""二百"分别解为"天"与"人"，这可以追溯至道生的注释；然而，道生《经疏》中却并未专门强调此二者的意义，特别是没有在"乘"的意义上论及二者。吉藏却对此细节大为看重，这透露出他对譬喻的阅读方式和解释态度：经文出现的任何形象乃至任何数字，都绝非泛泛而举，而是应严格地与义理对应起来。事实上，"人天乘"的概念，在历代注释者解《法华经》时皆有利用，特别是在解《药草喻品》"三草二木"一段时尤为凸显，自最早的道生《经疏》即是如此；但将其正式引入"火宅喻"解释的，却唯有吉藏。如是的释解使得"火宅喻"与"药草喻"具备了内在的呼应，这又进一步增进了《法华

---

[1] （隋）吉藏：《法华义疏》，T. 34，No. 1721，第 522 页下。
[2] （隋）吉藏：《法华义疏》，T. 34，No. 1721，第 522 页中。

经》诸譬喻间理解上的一贯性，其诠释不可谓不精巧。

不同于其他注释者，窥基本就秉持法相唯识学的"五姓各别说"，即声闻定姓、独觉定姓、大乘定姓、不定种姓以及无种姓（一阐提）——《玄赞》的开头也花费大量篇幅讨论了此问题。① 其中提到，《法华经》之教化并不被及断绝善根的无种姓之人，他们无法入三乘得涅槃，至多可以"人天善法"教化之。因此，"三十子"之外仍有其他众生便不足为奇。故而窥基说：

> 虽五趣众生皆是佛子，等视众生爱无偏故。然诸异生如乞养子，若有三乘无漏种子，能绍父位，正生、侧生方名真子，故唯言三，不说四五。②

尽管佛对众生无有偏爱，在此意义上，"五趣众生皆是佛子"，但在此之中，只有具备"三乘无漏种子"者"能绍父位"——即可最终获得涅槃、成就佛智，是为"真子"；除此之外，虽亦称佛子，却是"乞养子"。这里，窥基实际上是在"火宅喻"的叙事框架内，引入了新的意象——"乞养子"，通过其与"真子"的对比，创造出新的譬喻来理解佛与众生间的救济关系。另一方面，经过如是诠释，经文中出现的"五百人""三十子"的说法，又反过来充当了其所秉持的"五姓各别说"之经证。

中国注释者将《法华经》前半部分主旨判为"开三显一"，从"火宅喻"的具体语境而言，佛与舍利弗此番借助譬喻的对话，也是为了显明"诸佛于一佛乘分别说三"。"三乘"与"一乘"的关系固然是理解"火宅喻"的重中之重，但在譬喻的具体诠释过程中，通过凸显"五百人"与"三十子"的对比，注释者又将视野进一步扩展，考虑到了"三乘"之外众生与三乘如何衔接的问题，分别从各

---

① （唐）窥基：《妙法莲华经玄赞》，T. 34，No. 1723，第 656 页上—657 页上。
② （唐）窥基：《妙法莲华经玄赞》，T. 34，No. 1723，第 746 页下。

自的思考出发，引入了佛性、五乘、五种姓等理论来解决问题。这一问题之所以能够显明，正是由于注释者所采取的将譬喻中一切意象严格转换为法义的诠释策略，以及其在文句之间划定的开譬结构。这一实例，生动地说明了诠释策略与诠释结构在生发文本新意义方面的作用。

二 众生之"父"：佛身理论的引入

"火宅喻"中最重要的人物，是作为大宅之主的"长者"，即诸子之父。在经文"合譬"部分，对此形象的寓意有明确交待："如来亦复如是，则为一切世间之父。"① 故事中长者救济诸子的过程，自然是譬喻如来救济众生的过程。不过，注释者并不满足于如此粗略的对应，而是希望在譬喻的诠释过程中，进一步深化对"如来"的认识。为此，他们引入了"佛身"这一视角。

道生的解说便已注意到此问题。作为整个譬喻叙事的前提，他认为长者之所以出现于宅中，正体现了"佛应形在宅，亦示有苦，现入泥洹"②。之后长者自忖"我身手有力"，诸子所视其父之身等，道生均强调此"身"为"丈六之身"的"迹身"。③ 根据僧传记载，道生撰有《法身无色论》，④ 想必对佛身问题有颇多思考和关注。尽管此论已佚，但其他作品中仍保留了一些讨论：

> 夫佛身者，丈六体也。丈六体者，从法身出也。以从出名之，故曰即法身也。……法身真实，丈六应假。将何以明之哉？悟夫法者，封惑永尽，仿佛亦除，妙绝三界之表，理冥无形之境。形既已无，故能无不形。三界既绝，故能无不界。无不形

---

① （姚秦）鸠摩罗什译：《妙法莲华经》，T. 9，No. 262，第13页上。
② （刘宋）竺道生：《妙法莲花经疏》，X. 27，No. 577，第6页中。
③ （刘宋）竺道生：《妙法莲花经疏》，X. 27，No. 577，第6页下。
④ （梁）慧皎：《高僧传》，T. 50，No. 2059，第366页下。汤用彤：《点校高僧传（下）——汤用彤全集（五）》，第2页。

者，唯感是应。佛无为也，至于形之巨细，寿之修短，皆是接众生之影迹，非佛实也。众生若无感，则不现矣。非佛不欲接，众生不致，故自绝耳。若不致而为现者，未之有也。①

这里将佛身区分为两个层面——有形的丈六之体，与超言绝象的"法身"。这种二分的佛身理论，在《大智度论》中即有其依据，如称"佛有二种身，一者法身，二者色身；法身是真佛，色身为世谛故有佛"②。道生承此理解，认为二者相即不二，即假即空，各不相违。色身以法身为根本，法身通过色身显现。正因法身超越于具体形象，故而可以应众生之感随机接应，依其需要而示现种种形象；反过来说，若无众生之"感"，佛亦不会示现。如是的理解，显然也渗透到了对《法华经》"火宅喻"的诠释中，成为理解譬喻中"长者"形象的基准。

之后的注释者在"火宅喻"的解读中，仍旧保持对于"佛身"问题的理论兴趣。道生对"火宅喻"的解读，更为偏重佛有形的"丈六体"之作用，但自法云开始，也在譬喻中为"法身"安排了相应位置。法云在解表4-1中1.2"见火譬"时，参考其对应的《方便品》"法说"部分之偈颂，认为其皆是说明"如来在法身地，见众生为五浊八苦所昏"③。这一理解也为之后的智𫖮、吉藏等人继承。在相应的偈颂部分，法云还针对《法华经》的语境，对"法身"进行了解释：

然《法华经》所明法身者，不同常住也。解有二种，一云延金刚心久住世者，以为法身；又云正明总十方诸佛更互相望，故知无量寿实时在西方教化，未来此间，此间望彼，彼即是法

---

① （刘宋）竺道生：《注维摩诘经》，T. 38，No. 1775，第343页上。
② （姚秦）鸠摩罗什译：《大智度论》，T. 25，No. 1509，第747页上。类似说法不止一处。
③ （梁）法云：《妙法莲华经义记》，T. 33，No. 1715，第615页下。

身。然应身本有形有像,法身本无形像,佛既未来此间,于此间即无形无像,即是法身。若来应此间,即于应此间是应身,他方望此间,即持此间作法身也。①

法云在这里同样以是否具有"形像"为标准,将佛身划分出"应身"与"法身"两个层次。结合语境,他认为这里的"应身"与"法身"是相对而言的,对于此间来说,凡是未到此间的诸佛,皆是法身;来应此间的,则是应身。结合"火宅喻",长者"见火",即尚未来入火宅时,为"法身",但此法身"有应之功"②,能够应于种种根机,以应身于三界火宅救度众生。从长者见火、到救诸子出火宅并等赐大车的过程,完整展现了如来"法身"与"应身"的作用。

智顗延续了法云以"法""应"二种身解"火宅喻"中长者的模式:

上文"于所烧之门安隐得出"③,今云"若不时出,必为所烧"④,此义云何?前得出者,即是法身出;今言若不时出,即是应身同疾,众生有善,与应身时出,众生善断,不与应身时出,即是俱为所焚也。今欲应身拟宜,令其时出也。⑤

法身超越三界无常,常自清净,譬喻中交代长者能够"安隐得

---

① (梁)法云:《妙法莲华经义记》,T.33,No.1715,第629页上。
② (梁)法云:《妙法莲华经义记》,T.33,No.1715,第616页中。
③ (姚秦)鸠摩罗什译:《妙法莲华经》,T9,No.262,第12页中:"长者见是大火从四面起,即大惊怖,而作是念:'我虽能于此所烧之门安隐得出,而诸子等,于火宅内乐着嬉戏……'"
④ (姚秦)鸠摩罗什译:《妙法莲华经》,T9,No.262,第12页下:"尔时长者即作是念:'此舍已为大火所烧,我及诸子若不时出,必为所焚。我今当设方便,令诸子等得免斯害。'"
⑤ (隋)智顗:《妙法莲华经文句》,T.34,No.1718,第69页中。

出"的能力，被认为照应于此；应身则与众生的情况相应，反映于故事中，便是长者与诸子共在火宅，共同面对为火所焚的风险。

不同于以上几人，吉藏以"三身"模式来分析譬喻中的"长者"形象：

> 若就身而言者，见火譬（表4-1中第2栏）谓法身也，救子不得譬（表4-1中第3栏）谓舍那报身也，三车引子譬（表4-1中第4栏）即释迦化身也。①

"三身"理论的引入体现了吉藏对当时新译经论的吸收和利用——他在《玄论》《义疏》解说"三身"问题时引用的经典（集中见于解说《寿量品》部分），主要包括北方菩提流支所译《法华经论》《十地经论》，以及南方真谛所译《摄大乘论》。鉴于几种原典对"三身"具体的含义说法不一，他在《玄论》中予以了会通：

> 今欲融会者，众经及论，或二身或三身或四身，今总束为四句：一合本合迹，如《金光明》，但辨一本一迹也。故云佛真法身，犹如虚空。应物现形，如水中月。二开本开迹，如《五凡夫论》②，明有四佛。开本为二身，一法身二报身，法身即佛性，报身谓修因满显出佛性。开迹为二身，化菩萨名舍那，化二乘名释迦也。三开本合迹，如《地论》、《法华论》所明，开本谓二身，谓佛性是法身，佛性显为报身。四开迹合本，如《摄大乘论》所明，合佛性及佛性显，皆名法身。开迹为二，化菩萨名舍那，化二乘名释迦。此皆经论随义说之。悉不相违。

---

① （隋）吉藏：《法华义疏》，T. 34，No. 1721，第525页中。
② 此论已佚。隋法经《众经目录》记其为"人造伪妄"，智昇《开元释教录》仍之。（隋）法经等：《众经目录》，T. 55，No. 2146，第142页上；（唐）智昇：《开元释教录》，T. 55，No. 2154，第676页下。

众师不体其意，故起诤论耳。①

吉藏首先划分出"本""迹"两个层次，两个层次各自或开或合，形成二身、三身、四身等不同说法，因其所立角度不同，不同说法之间各不相违。按照此分析，此前以"二身"解火宅喻中"长者"的做法，皆可从"合本合迹"的角度理解。但对"三身"的理解，则存在"开本合迹"和"开迹合本"两种情况，其间差别，归根到底在于对"报身/舍那"的理解——它既可在"佛性显明"的意义上，与"法身"一同归入"本"的层面，也可在开化菩萨的意义上，与开化二乘的释迦佛并入"迹"的层面。

在《义疏》中，吉藏对此进行了更为精简的解释：

> 报身即是应身，应身有二：一者内应，谓与法身相应，是故经云"诸佛所师所谓法也"，以法常故，诸佛亦常。二者外应，谓与大机性相应，故为大菩萨于净土中成佛。内应即实非权，外应谓权而非实，故云亦权亦实。②

这里将"应身"开释出"内""外"两个面向，向内与法身相应，即"佛性显明"意义上的"报身"；向外则相应于众生机性，以方便化导众生——确切地说，按照《摄论》的规定，是化导"菩萨"。具体到"火宅喻"的故事情节，虽然吉藏没有详细解释，但我们可以据此推测，他之所以认为"救子不得譬"中的长者对应于佛的舍那身，应该是因为故事中长者本思维"我身手有力，当以衣裓、若以机案，从舍出之"，被历代注释者解为佛欲以大乘法授以众生，对应于菩萨教，故需以"舍那身"化之；其后的"三车引子譬"化导二乘，则对应于"释迦化身"。

---

① （隋）吉藏：《法华玄论》，T. 34，No. 1720，第 437 页下。
② （隋）吉藏：《法华义疏》，T. 34，No. 1721，第 603 页上。

事实上不仅"火宅喻",在其后《信解品》"穷子喻"、《寿量品》"良医喻"中,注释者也以"二身"或"三身"分析其中出现的父亲形象。譬喻中人物种种行为的展开,为注释者提供了引入"法身""应身"等概念的诠释空间,在此过程中,父子间故事的情节发展,也被阐释为浓缩了佛之一期教化的完整过程。譬喻诠释的"浓缩"价值不仅体现在教理上,也体现在思想史上:关于"佛身"问题的讨论在南北朝时佛教界备受关注①,从罗什译《大智度论》到《地论》《摄论》等原典的译出,不断为此问题注入新的理论活力,引起佛教界的广泛讨论。如是的思想背景,同样构成了《法华经》注释者阅读经典的"前见",即使我们将视角缩小至对于"火宅喻"这一譬喻的解释,也可管中窥豹地发现其中蕴含的理论动态与发展。

三 父子互动:机感与应化

"火宅喻"中出现的父与子不仅仅是静态的意象或符号,而是以其交互往来的种种行为,推动故事情节的发展。寻找适当的线索和视角对故事中二者间的互动关系作出诠释,自然成为理解譬喻的题中之意。

道生为此问题的解答开辟出空间。自"长者"这一人物出现于故事场景——"火宅"开始,他便数度借助"机"这一概念,作为梳理情节发展的线索。"机"是中国佛教感应思想中的重要概念,根据先学研究,其源流可追溯至《周易·系辞传》:"几(通机)者,

---

① 最著名的例子可见庐山慧远在《大乘大义章》中与鸠摩罗什就"法身"问题展开的数番讨论。吴丹:《慧远的"法身"思想及意义——以〈大乘大义章〉为中心》,《法音》2009年第1期;张凯:《〈大乘大义章〉中慧远法身思想探析》,《五台山研究》2013年第4期;王宝坤:《〈大乘大义章〉之法身观及其思想史意义》,《西部学刊》2014年第11期。

动之微，吉之先见者也。君子见几而作，不俟终日。"① 这里的"机"表示事物变动的征兆。目前所见最早将此概念用于解释佛与众生救度关系的，正是竺道生。②"机"与"教"的对应关系，也是其解读《法华经》的前提。故而在《经疏》开头他便指出：

所以殊经异唱者，理岂然乎？寔由苍生机感不一，启悟万端。是以大圣示有分流之疏，显以参差之教。③

佛之教法不同，对应于众生不同的"机感"。佛与众生之间，构成了一种往复回应的关系。根据菅野博史的统计，道生关于"机"与感应的思考，大多正是出现于此《经疏》中，他认为这是由于《法华经》的主题，就是以"三乘"和"一乘"关系来说明世尊一期教化、救济众生的过程。④ 在此之中，其对众生与佛感应关系的说明，也大都是借助对"火宅喻"情节的解说而展开。

这里结合长行与偈颂，按照故事发展顺序，将其解说列举如下：

①（偈颂解"宅主"）"属于一人"，昔化之机扣圣，圣则府（俯）应。府应在此，义曰朽宅，属于佛耳。⑤
②（偈颂解"火起"）"其人近出"至"忽然火起"，所以云近出者，明出后火起，起自众生，非佛为也。圣感暂亡，谓近出耳。昔化浅昧，彼自寻乖，乖理成横，而有诸苦，为忽然

---

① 菅野博史：《中国佛教初期的机与感应思想——以道生、僧亮为中心》，《宗教研究》2009 年第 1 期。
② 菅野博史：《中国佛教初期的机与感应思想——以道生、僧亮为中心》，《宗教研究》2009 年第 1 期。
③ （刘宋）竺道生：《妙法莲花经疏》，X. 27，No. 577，第 1 页中。
④ 菅野博史：《中国佛教初期的机与感应思想——以道生、僧亮为中心》，《宗教研究》2009 年第 1 期。
⑤ （刘宋）竺道生：《妙法莲花经疏》，X. 27，No. 577，第 7 页下。

火起。①

③（偈颂解"宅主在门外立"）如来超出三界，为门外立也。……昔受化从生为子，化理在三界外。寻自乖化，还躭五欲，为游戏。因之受身，为来入此宅。宅主既来，昔缘亦发。<u>机以扣圣</u>，假为人言，圣应遂通。必闻之矣。②

④（长行解诸子于父索三车）然佛先不许其一，不敢索一，故报三而索。理苟无三，自然与一矣。索义如此。斯则<u>扣一之机</u>，冥著为之，设辞尔耳。③

上一部分已经提到，道生将火宅中救济诸子的长者理解为"丈六应身"。他对"应身"的理解，本身就包含着与众生的感应关系：

> 佛无为也，至于形之巨细，寿之修短，皆是接众生之影迹，非佛实也。众生若无感，则不现矣。非佛不欲接，众生不致，故自绝耳。若不致而为现者，未之有也。④

佛之所以以有形之体示现、救济众生，前提在于众生以自身之"机"感召于佛。道生解释，这就如同空中之日，若要在器物中现出影像，须得器中有水——"机"就譬如此水，若无此前提，则佛不会现世；同时，如同日影形状取决于器物，而非"日"本身有形，佛之形象教化，也取决于众生，而佛本无形。⑤

具体到"火宅喻"的解释，所谓"机"出现的语境，往往是指"昔化之机"，即三乘人昔日于佛前受化的机缘。结合譬喻，道生以正反两方面解之：从正面来说，正因昔日受化之机，佛方于三界来

---

① （刘宋）竺道生：《妙法莲花经疏》，X. 27，No. 577，第7页下。
② （刘宋）竺道生：《妙法莲花经疏》，X. 27，No. 577，第7页下。
③ （刘宋）竺道生：《妙法莲花经疏》，X. 27，No. 577，第7页中。
④ （刘宋）竺道生：《注维摩诘经》，T. 38，No. 1775，第343页上。
⑤ （刘宋）竺道生：《注维摩诘经》，T. 38，No. 1775，第343页中。

应——正因为与长者有父子因缘,长者才会现于火宅(①);而从反面来说,由于众生昔日受化,却渐渐与正教乖违,"圣感暂亡",才招致火宅焚烧之苦(②)。众生以自身之"机"来"感""扣"圣人,圣人受其"机"牵引而"府(俯)应",这构成了理解佛与众生关系的基本图式。依靠此关系,佛才有可能救度众生,长者才能够以三车诱诸子出离火宅。此后,情节发展到诸子于长者索要其先许诺之三车,道生解释,这里之所以只能索求"三车",是因为此前长者只许以"三车"而非"一大白牛车",但就理而言,实无三车,"一车"是其设问索要之后的必然结果。简而言之,索要三车,只是言辞上的权宜("设辞尔耳"),其背后指向的实为"一车"。在此意义上,他将此段情节理解为"扣一之机"。以此"机"为前提,才有之后授以大车(一乘)的可能。总而言之,如果说自故事中长者甫一于大宅出场,直至最终救出诸子、等赐之以大车,寓意着佛救度众生的完整过程,那么众生之"机"的显现和成熟,便是牵引此过程得以完成的核心线索。

　　法云延续道生的理解,认为长者来至火宅,譬喻如来应于众生之感,现于三界①;另一方面,诸子之所以于火宅为火所烧,也是譬喻"感缘既尽,如来余方教化,然众生更起三毒烦恼"②。简言之,昔日受化之缘若存则可招感于佛,若尽则起三界烦恼。相较道生而言,法云对于譬喻结构更为细致的科判,使得"感应"这条线索与譬喻情节更为紧密地贴合起来。参考表4-1,法云在3、4部分的科判中,直接设置了"无机—见机"的对照结构。根据法云的解释,3中诸子不识长者苦心、不愿出宅,根本问题就在于"诸子无有堪受之机",这是指"生诸根钝,著乐痴所盲,如斯之等类,云何而可度?"③更具体地说,"众生有天人五戒十善小机",而没有"大乘

---

① (刘宋)法云:《法华经义记》,T. 33,No. 1715,第627页上一中。
② (刘宋)法云:《法华经义记》,T. 33,No. 1715,第615页下。
③ (刘宋)法云:《法华经义记》,T. 33,No. 1715,第16页下。

机"①，因此无法直接受大乘教。换言之，其问题正在于大乘教无法与"小机""钝根"匹配。在4中，长者知晓诸子各自的偏好，故而得以用三车诱其出宅。这里的"父知诸子先心各有所好种种珍玩奇异之物，情必乐著"②，法云解释，就是显明"如来见三乘人机"。虽然第五"见子免难喻"、第六"长者欢喜譬"、第七"诸子索车譬"的标题没有显明，但在解释时，法云称此三部分为一时之事，"明如来见三乘人大乘机本发"，之所以此时"大乘机发"，乃是由于诸子已出火宅，不再有"五浊障大乘机"③；与之对应的"法说"部分，也明确地被概括为"佛见三乘人大乘机发之义"（第三章表3-6）。从"无大乘机"，到"见三乘机"，再到"大乘机发"，"机感"的概念更加紧密地与故事情节的发展结合在一起，成为理解譬喻相关环节的重要视角和关键线索。

自道生至法云，其所谓的"机"，常与《法华经》提到的与会弟子昔日受化之缘联系起来。这其实仍需要更细致的说明，故而在表4-1中4.2部分的解释中，法云讨论了这样一个问题：

> 然此是小乘机，那得言先有此机耶？若言二万亿佛所于时已曾受大乘化，呼此为先心者，于时众生有大乘之善，若尔者，是即先心有大乘之志，那得言先心有小乘善机？
>
> 解释者言：此则与所习感应相应。何者？今日感佛之善，从原身以来、有善以来，皆尽感圣。然原身以来诸善，皆有习因之力，感未来习果。然过去习因之善，亦有值小乘教，于时生狭心之善；亦曾值大乘教，生广心之福；自有值小生广，自有值大生狭。然此诸善因，皆作习因，感未来习果，然未来诸善，若有漏善、若无漏善、若狭心善、若广心福，皆是习果。④

---

① （刘宋）法云：《法华经义记》，T. 33，No. 1715，第616页下。
② （姚秦）鸠摩罗什译：《妙法莲华经》，T. 9，No. 262，第12页下。
③ （刘宋）法云：《法华经义记》，T. 33，No. 1715，第618页下。
④ （刘宋）法云：《法华经义记》，T. 33，No. 1715，第617页中。

第四章　从"譬"到"法"：譬喻义学诠释的终端　207

　　这一问题指明了如是矛盾：既然《譬喻品》开头，佛曾言舍利弗等曾于二万亿佛所前受大乘化，若以此为"先心"，为何在譬喻中，诸子却先有"小乘机"而非"大乘机"？法云首先引入"习因—习果"一对关系，说明了这一问题。因果有善恶之别，如诸善皆可为习因，招感习果。其间的作用，可用两个原则概括：第一，从"习因"的角度，自初始以来的善，可积累式地、不间断地招感圣人；第二，从"习因"到"习果"，有善恶性质上的延续，但没有大小广狭、有漏无漏等转换间的限制。这就解释了经文中曾受大乘教化的弟子，何以最初只有"小机"。

　　不过，这又带来另一个问题：在此过程中，只说未来果为过去善因所生即可，何必需要圣人俯应？[①] 法云的解释是：

　　　　今所习不然。夫感应理微，非粗心所见。一念生善，能感习果，时非缘不发，是故曾有之善，正招习果，又傍感圣人为生果之缘。[②]

　　一念之善作为习因，固然能够招致习果，但仍须待缘而发；圣人之应，正充当了此"缘"。过去之善正可招致习果，旁可牵引感召圣人出世——换言之，自身曾习之善为因，其所感牵圣人之应为缘，方可共同成就善果。借助因缘理论的框架，法云对众生与佛的感应关系进行了更为清晰的梳理和定位。值得关注的是，法云在此关于机感问题的重重分析，始于"先心有大乘之志，那得言先心有小乘善机"这一问题；而此问题，正是通过将"感应"这一抽象原则与譬喻故事中的具体情节结合起来，才得以凸显。

　　智𫖮在《玄义》中以迹门、本门各"十妙"来解释"妙法"之圆妙所在。在"迹门十妙"中，列"感应妙"为其一，对感应问题

[①]　（刘宋）法云：《法华经义记》，T. 33, No. 1715, 第617页下。
[②]　（刘宋）法云：《法华经义记》，T. 33, No. 1715, 第617页下。

进行了诸多理论探讨。值得注意的是，他对"众生机"与"圣人应"之间关系的理解，正是基于"父子关系"的譬喻：

> 问：众生机，圣人应，为一为异？若一，则非机应，若异，何相交关而论机应？
> 答：不一不异。理论则同如，是故不异；事论有机应，是故不一。譬如父子天性相关，骨肉遗体，异则不可；若同者，父即子，子即父，同又不可；只不一不异而论父子也。众生理性与佛不殊，是故不异；而众生隐、如来显，是故不一，不一不异而论机应也。又同是非事非理故不异，众生得事，圣人得理；又圣人得事，凡夫有理，故论异（云云）。①

"众生机"与"圣人应"之间"不一不异"，就理而论，众生与圣人皆同一法性真如，是故不异；就事而论，二者有"机"与"应"的区分，是故不一。这里，"父与子"的譬喻充当了说明此关系的关键：父与子"天性相关"，有骨肉之连，不可称为"异"；但若称其为"同"，则父即是子、子即是父，也是荒谬。因此，只可以"不一不异"论父子关系。经过智𫖮的解说，"父子关系"与"感应关系"之间，就具备了天然的同构性，形成了密不可分的对照关系。

具体到对"火宅喻"的随文解释中，智𫖮同样在"索车"与"大乘机动"的问题上，体现出最为独特的思考。法云在其解说中简单提到了"障除"与"机发"顺序的先后——参考《文句》的记载，这一问题可用是否除障、是否大机动（"索车"）为标准展开为"四句"②，层次较法云所述更为丰富，可见当时可能不止法云一人关注此问题。智𫖮正是沿着这一方向展开分析：

---

① （隋）智𫖮：《妙法莲华经玄义》，T. 33，No. 1716，第 747 页中。
② （隋）智𫖮：《妙法莲华经文句》，T. 34，No. 1718，第 70 页中。

> 自有不断惑不索车，三藏菩萨是；自有断惑索车，通教菩萨是；自有亦断惑亦不断惑、亦索亦不索，别教菩萨是；自有非断惑非不断惑、非索非不索，圆教菩萨是。
> 又历五味：乳味两意，一、亦断亦不断，亦索亦不索，二、非断非不断，非索非不索；酪味一意，不断不索；生酥备四意；熟酥但三意；醍醐一意。宏纲大统，其义如此。
> 于一一句一一意，复各四句：谓障除机动，障未除机动，障亦除亦未除机动，障非除非不除机动。①

智顗以天台判教理论为基准，分析了"化法四教"——藏、通、别、圆教，以及"五时"——华严时（乳味）、鹿苑时（酪味）、方等时（生酥）、般若时（熟酥）、法华涅槃时（醍醐）中，"断惑"与"大乘机动"的不同情况。在此意义上，以往如法云一般认为唯有断惑离障（出宅）方可"动大乘机"（索车）的认识，便显得僵化和片面。特别是，在"圆教"的意义上，空假相即，圆融互具，迷悟本无区别，只能称其"非断惑、非不断惑""非索、非不索"，早已超越了"障除—机动"的范畴与次第。在此意义上，智顗可以说进一步突破了譬喻叙事框架的限制——他不仅仅是将譬喻中出现的形象简单地转换为对应的义理，对义理之间的关系，也不局限于以故事叙事中呈现的形式来理解，而是对其有进一步的批判和超越。其自身建立的判教结构、诠释体例等，正是在这一方面发挥了作用。

法云的解说，已将"火宅喻"中的大部分情节与"感应"的线索贴合起来，这种思路很大程度上为后人所延续。吉藏解说的特别之处，首先在于，他只从正面理解"机感"的作用，没有再出现众生感缘若尽，则受火宅之苦的说法。其次，在前人的基础上，通过对譬喻次第的阐释，吉藏进一步将"机"的作用提升至宏观结构的高度。如前所述，他将"火宅喻"开为"六譬"，然后以"总—别"

---

① （隋）智顗：《妙法莲华经文句》，T. 34，No. 1718，第 70 页下—71 页上。

"机—教""顿—渐""三——一""教—会教"五对范畴，逐次向下将六譬合为"五双"。这"五双"组合，成为理解相应譬喻间关系的基本原则。其中，"总—别"即第一为"总譬"，余五为"别譬"；在"别譬"中，首先统摄此五者的原则，便是"机教一双"：

> 就别中又开为二：初见火譬，明内起悲心，即是悬知照机；后之四譬，应缘说教，谓机教一双。①

此前道生、法云便已指出，长者现于火宅，便是表现如来俯应众生之机。吉藏将此理解凝练抽象，以"照机"概括之；自救子不得，至三车诱出诸子，再到等授大车并辩此大车不虚，则皆属于"应缘说教"。这样一来，譬喻情节的展开，便正是"机"与"教"间照应关系的展现。

"机教相应"是理解"火宅喻"故事展开逻辑的基本原则。既然譬喻最终的旨归在于"会三归一"，那么作为"一佛乘"前提的"大乘机"便显得尤为重要。历来的注释者，皆以诸子出火宅后向长者索要三车的情节为"大乘机发"，故而吉藏对此情节极为重视，称"索车是一经大宗"②、"第二周譬说意，正在索车"③。为方便叙述，关于"车"的分析留待下节讨论，这里只关注吉藏对"机感"的探讨：

> 问：既其索三，云何赐一？
> 答：既以疑情故索，疑是解津，若有解津，则大机已动，扣佛说一，即是索一，故后赐一也。④

---

① （隋）吉藏：《法华义疏》，T. 34，No. 1721，第 520 页中。
② （隋）吉藏：《法华义疏》，T. 34，No. 1721，第 526 页下。
③ （隋）吉藏：《法华玄论》，T. 34，No. 1720，第 410 页中。
④ （隋）吉藏：《法华义疏》，T. 34，No. 1721，第 527 页中。

为何索求三车是"扣一之机"？道生认为，"索三"只是言辞上的表述，实际正是指向一乘；法云认为，"大乘机发"是由于离于五浊之障，"大乘机发是今日之要，索果本非要也"①，索果（索要三车）的行为本就是次要的。而吉藏则对故事中的人物行为采取了更为直接的理解方式，承认"索三"确实就是索求三车之果，也确实出于疑惑。但这里的"疑"意义重大，他甚至在《玄论》中直接称，"开三显一，本为动执生疑"②——这是说，昔日声闻缘觉执其教为实，故而不会有疑问，也不会有"索求"之意；只有经历法华之教，意识到昔日之教为权（对应于譬喻中诸子出"火宅"后发现实无三车），才会产生疑问。③ 在此意义上，"疑是解津"——存在问题，便意味着解答问题的可能，反而若无疑问，则一乘之教无法开显。在此意义上，"索车"意味着"大机已动"，意味着扣问于佛，请其授以一乘之教。

南北朝时以众生与佛之间"机感"与"应化"关系梳理"火宅喻"的做法，成为后世理解"火宅喻"情节发展的基本方式。唐代窥基的注释中，在此方面未见显著创新，"随机教化""待机垂济"的观念仍屡有所见。将感应问题引入"火宅喻"的诠释，固然是出于当时佛教界的理论兴趣和共识，但譬喻的具体情节，也对与之结合的理论视角提出了新的问题，增进了人们对理论本身的认识。这也正体现了譬喻诠释过程中的创造活力。

第四节 "三车"与"一车"

"火宅喻"中最能体现《法华经》意旨的，无疑是长者以三车

---

① （梁）法云：《妙法莲花经义记》，T. 33，No. 1715，第 618 页下。
② （隋）吉藏：《法华玄论》，T. 34，No. 1720，第 410 页中。
③ （隋）吉藏：《法华玄论》，T. 34，No. 1720，第 410 页中—411 页上。

劝诱诸子出离火宅，直至最终等赐诸子以大白牛车的情节。这一部分内容，也确实是注释者诠释譬喻的重点。关于这段情节的寓意，经文的"合譬"部分有明确的交待：

> 舍利弗！如彼长者，虽复身手有力而不用之，但以殷勤方便勉济诸子火宅之难，然后各与珍宝大车。如来亦复如是，虽有力、无所畏而不用之，但以智慧方便，于三界火宅拔济众生，为说三乘——声闻、辟支佛、佛乘……
>
> 舍利弗！若有众生，内有智性，从佛世尊闻法信受，殷勤精进，欲速出三界，自求涅槃，是名声闻乘，如彼诸子为求羊车出于火宅；若有众生，从佛世尊闻法信受，殷勤精进，求自然慧，乐独善寂，深知诸法因缘，是名辟支佛乘，如彼诸子为求鹿车出于火宅；若有众生，从佛世尊闻法信受，勤修精进，求一切智、佛智、自然智、无师智，如来知见、力、无所畏，愍念、安乐无量众生，利益天人，度脱一切，是名大乘，菩萨求此乘故，名为摩诃萨，如彼诸子为求牛车、出于火宅。
>
> ……
>
> 舍利弗！如彼长者，初以三车诱引诸子，然后但与大车，宝物庄严，安隐第一；然彼长者无虚妄之咎。如来亦复如是，无有虚妄，初说三乘引导众生，然后但以大乘而度脱之。何以故？如来有无量智慧、力、无所畏诸法之藏，能与一切众生大乘之法，但不尽能受。①

根据经文，引诱诸子的三车——羊车、鹿车、牛车，分别譬喻声闻乘、辟支佛乘以及佛乘；佛以三乘为方便引导众生，但最终皆以大乘救度之。然而，看似直白易懂的经文，却引发了佛教史上著名的"三车"与"四车"之争，并直接影响了后世对于"乘"之概

---

① （姚秦）鸠摩罗什译：《妙法莲华经》，T. 09，No. 262，第 13 页中—下。

第四章　从"譬"到"法"：譬喻义学诠释的终端　213

念的理解。这些争论产生的机制，及其背后所体现的譬喻诠释的问题，值得仔细探究。

一　"车体"之辨

尽管经文言明"三车"譬喻三乘，但所谓"乘"又应如何理解？注释者致力于进一步探讨对于"乘"的认识，为其填充具体内容。

1. 道生、法云：以"智"解"乘"

道生在解诸子所索"三车"时，解释道：

> 车者，指二乘尽智、无生智是也。三界内岂无车乎？但不与之名，密欲引行者。故就极处为车耳。大乘者，所以佛处既希微玄绝、难以接粗，以丈六迹得近人，故指丈六浅智为车也。①

这里，道生明确从"智"的方面解释"三车"的本质。他将羊车、鹿车对应于二乘尽智②、无生智③，将牛车——大乘对应于"丈六浅智"。另一方面，对于长者所赐"大白牛车"的种种具体描写，道生则将之解为"表所以大乘妙理，无善而不备矣"④。他在这里所做的诠释工作，仍是直接将譬喻中的意象转化、翻译为义理概念，不过，并未解释何以如此对应。

---

① （刘宋）竺道生：《妙法莲花经疏》，X.27，No.577，第7页上。
② "尽智，既断尽一切烦恼，则知我既知苦，断集，证灭，修道。即断尽烦恼时所生之自信智也。"见丁福保《佛学大辞典》，上海书店出版社2015年版，第2198页下。
③ "无生智，是限于利根罗汉所有之智也，既知断证修之事毕，更无知断证修之事，故云无生。自觉此无生而知我不再知断证修之智也。钝根之罗汉，有更退没而再要知断证修者，则不能具此智。"丁福保：《佛学大辞典》，上海书店出版社2015年版，第2198页下。
④ （刘宋）竺道生：《妙法莲花经疏》，X.27，No.577，第7页上。

法云对"三车"的解释继承自道生，他还在问答部分详细展现了其对"车"的种种可能理解的逐层抉择过程：（1）他首先将"三车"理解为"三乘人果"——长者诱诸子以三车，是"示三乘人果处"①，诸子索要三车，是"三乘人索果"②。（2）果分有为、无为，但无为果无法作为"车体"，因为"二乘车以运载为用，今二种无为，本无运义，故知非是车体，是则二种无为置而不论"③。（3）有为果中，又可分析为"智慧"与"功德"。法云以"境"与"心"的关系来界定二者的区别，"功德之用，寄境修心，智慧之用，用心照境"，"智慧背我而照境，功德向我而修心"④——智慧向外观照，功德向内摄收。二者之中，功德又被判为并非车体，因为法云认为："功德之用无运载故，唯取智慧以为车体。"⑤（4）"智慧"又有多种，法云列出"十智"，于其中抉择：

  智慧众多，复非一条。今据境捡求，不出十智。十智者：一苦智、二集智、三灭智、四道智、五名字智、六法智、七比智、八他心智、九尽智、十无生智。虽有十智，今核论车体，唯取尽智、无生智以当车体，其余八智非正车体。

  虽非正体，得为校具。所以言四谛智非正车体者，本言车在门外，若言四谛智是车体者，七种学人已具四谛智，故不当车体也；复言名字智非正车体者，知法名字是名字智，非唯七学人已有名字智，凡夫有名字智，故知名字智非车体也；法智者，知现在法，名为法智，凡夫及七种学人皆知现在法，故知法智复非车体也；本言比知过去未来法，名为比智，凡夫及七种学人皆能比知过去未来法，故知比智复非车体也；所以言他

---

① （梁）法云：《妙法莲华经义记》，T. 33，No. 1715，第 618 页上。
② （梁）法云：《妙法莲华经义记》，T. 33，No. 1715，第 618 页下。
③ （梁）法云：《妙法莲华经义记》，T. 33，No. 1715，第 619 页上。
④ （梁）法云：《妙法莲华经义记》，T. 33，No. 1715，第 619 页中。
⑤ （梁）法云：《妙法莲华经义记》，T. 33，No. 1715，第 619 页中。

第四章 从"譬"到"法":譬喻义学诠释的终端 215

心智非车体者,外道五通亦得他心智,故知他心智复非车体也。唯有尽智、无生智正是车体。①

筛选智的标准,在于将譬喻中关于"车在门外"的描述,还原于"法",即是否出离之界并证得阿多汉果。如此排除之后,便只剩下"尽智"和"无生智"两种。值得注意的是,他在此展现的据以分析、抉择的标准,来自譬喻中"车"这一具体形象的种种特点,如其"运载为能""在门外"。换言之,他对于喻体——"三乘"的认识,完全是借助譬喻中喻依的特点而构建起来的。两种智是"三车"之体,至于最终长者所赐"大白牛车",他则将之解为"佛果"。②

2. 吉藏:"因—果"与"非因非果"

吉藏在随文解释中,简要地从"三乘圣果"的角度解释三车,确切地说,其中包含"数灭、无为及尽、无生二智"③。不过在解"大白牛车"时,则提到了"因车"与"果车"两个层面。他在《法华玄论》中明确提出,从"因、果"两个角度理解"乘体",才是对"乘"完整的认识:

问:何以为乘体?
答:乘通因果。果乘以万德为体,因乘以万行为体。
……
问:因乘之中,云何本末?
答:六度虽是大乘体,要须波若正观。由波若正观,万行

---

① (梁)法云:《妙法莲华经义记》,T.33,No.1715,第619页中—下。
② (梁)法云:《妙法莲华经义记》,T.33,No.1715,第621页上:"今言'其车高广'者,此即对于昔日止断三界正使尽处,得尽、无生智为果,然此果狭而复短。今日明三乘行人皆成菩萨,受记得佛,然此佛果超出五百由旬之外,即是高义;又傍摄其诸功德智慧,即是广也;是德悉圆,故言'众宝庄校'也。"
③ (隋)吉藏:《法华玄论》,T.34,No.1720,第526页上。

方成。即波若为本，余行为末。此就乘体中自开本末。

……

问：因中之乘，以波若为主；果地万德，用何为宗耶？

答：《论》云：因中名波若，果中名萨婆若。即果乘以萨婆若为主也。是故此经始末，皆叹佛慧。如云"为说佛慧故，诸佛出于世"，乃至多宝所叹平等大慧，即其事也。《摄大乘论》亦言智慧为乘体也。

此是不二二开本末耳。因缘无碍，一一行摄一切行，皆得为因乘本。一一德摄一切德，皆果乘本也。①

乘体通于因果——因即包含万行，果即包含万德。大乘之行，可以"六度"统摄，但以般若为本，因为"般若正观，万行方成"——这种理解，是依《大智度论》说般若波罗蜜"导五波罗蜜，令至萨婆若"的说法而来。② 故而，在"因乘体"中，又以般若为本、其他为末。与般若波罗蜜相应，果中万德，则以萨婆若（sarvajña，一切智）为本，因为"因中名波若，果中名萨婆若"——这也是化用《大智度论》"成佛时，是般若波罗蜜转名萨婆若"③ 的说法。但其依据不止于此，吉藏认为，《法华经》自始至终，皆是赞叹佛慧，故而"智慧"当然是大乘的应有之义。以上仅是从"不二二"的角度对因乘、果乘进行的分别。若从"二不二"的角度，则因缘无碍，任一行中皆可含摄一切性，故皆可作为因乘之本；果乘亦然。

以上将"乘"阐释出了"因"与"果"两个层面。在此基础

---

① （隋）吉藏：《法华玄论》，T. 34，No. 1720，第489页中—下。
② （姚秦）鸠摩罗什译：《大智度论》，T. 25，No. 1509，第272页下："复次，诸余波罗蜜不得般若波罗蜜，不得波罗蜜名字，亦不牢固。如后品中说：'五波罗蜜不得般若波罗蜜，无波罗蜜名字。'又如转轮圣王无轮宝者，不名转轮圣王，不以余宝为名。亦如群盲无导，不能有所至；般若波罗蜜亦如是，导五波罗蜜，令至萨婆若。"
③ （姚秦）鸠摩罗什译：《大智度论》，T. 25，No. 1509，第139页下。

上，吉藏还对二者的关系进一步分析如下：

> 问：法华具明因乘果乘，何者为正？
> 答：辨宗之中，以说斯义明正法。为乘者，此乘非因非果，始是正也。今就方便用者，以果乘为正。所以然者，果是妙极，因未妙极。经题秤为妙法故，宜以果乘为正也，以标此妙极之果，令三乘人及一切众生皆修妙因。趣此妙极之果，然后始得明因乘耳。若发趾即明因乘为正者，竟未标所期，知何所趣耶？如人先知宝所，然后修行趣之耳。以此而推，果为正也。此义文已广明，寻之自见。后见法华论释，尚无二、何况三耶？明无有二乘涅槃，唯有如来大涅槃，名为佛果。故知二乘亦取果乘为正，大乘亦取果乘为正。是以论但举涅槃也。①

"因乘"与"果乘"，是为了论述清晰而划分出的理论范畴。在此基础上，吉藏一方面对此框架进行了反思和超越，认识到"因"与"果"亦非实有，只有意识到乘体"非因非果"，才是对"乘"的正确理解。另一方面，在"方便用"即《法华经》实际教化的层面上，又取"果乘"为正。这是出于对众生教化效果的考虑："果是妙极"，只有鲜明地为众生指明此"妙极"的目标，才能吸引其通过修习种种妙因来达成；反之，若目标不明确，则众生将无所适从。《法华经》以"妙法"为题，此"妙法"就是指佛果。吉藏还援引《法华经论》对经文"舍利弗！十方世界中尚无二乘，何况有三"一句的解释：

> 无二乘者，谓无二乘所得涅槃，唯有如来证大菩提，究竟满足一切智慧名大涅槃，非诸声闻、辟支佛等有涅槃法，唯一

---

① （隋）吉藏：《法华玄论》，T. 34，No. 1720，第489页下。

佛乘故。①

这里论主解"无二乘",就是指"无二乘所得涅槃",亦证明此处的"乘",是就"果"而言的。因此,我们也可理解在《义疏》的随文解释中,吉藏何以用"果"来解譬喻中的"三车"之义——此语境正是立于"方便用"的层面。简而言之,吉藏所理解的"乘体",在不同的语境和层次上包含"果""因果""非因非果"三重涵义,这显然是对前人理解的提升和丰富。

3. 智𫖮:"三轨"论乘

智𫖮对于"车体"的分析,主要集中于对"佛乘"的说明。《文句》中记录了截止到当时理解"佛乘体"的种种方式,除上文已讨论过的法云等人之外,有人从"因"的角度,解"万行为体";有人则是取"果"中的某一方面,如"取有解为体",解"小乘取空慧为车体""大乘以实慧方便为车体",等等。②但《文句》对此皆不赞同:

> 私谓诸师释佛乘之体,而竞指其度,何异众盲触象,诤其尾牙。依天台智者,明诸法实相正是车体,一切众宝庄校,皆庄严具耳,至赐车文中当点出。③

尽管针对经文关于"大白牛车"种种细节的描写,还有更为详细的诠释,但一言以蔽之,智𫖮所理解的"佛乘之体",就是"诸法实相"。

《文句》将大白牛车解为"诸法实相"的做法有其先例——道生在此处提到"表所以大乘妙理,无善而不备矣",可与此相较。不

---

① (北魏)菩提留支译:《妙法莲华经优波提舍》,T. 26, No. 1519,第7页中。
② (隋)智𫖮:《妙法莲华经文句》,T. 34, No. 1718,第71页中。
③ (隋)智𫖮:《妙法莲华经文句》,T. 34, No. 1718,第71页中。

过受随文解释的限制,《文句》中只能找到如是相对概括的说法。但在《玄义》中,对此还有更为详细的说明。在《玄义》"迹门十妙"中的"三法妙"一项,智𫖮利用"真性""观照""资成"三轨,对"大乘体"进行了更为深入的分析:

> 一、总明三轨者:一、真性轨,二、观照轨,三、资成轨。名虽有三,只是一大乘法也。经曰:"十方谛求,更无余乘,唯一佛乘。"① 一佛乘即具三法,亦名第一义谛,亦名第一义空,亦名如来藏。此三不定三,三而论一。一不定一,一而论三,不可思议,不并不别。②

"真性轨"即真如实相,"观照轨"是了知真性的智慧,"资成轨"是指资助观照智慧、启发实相的种种行。三者虽名目不同,但只是"一大乘法"——此"大乘法",即是"第一义谛""第一义空""如来藏",几者之间亦只是名目上的区别。③

根据《玄义》之后的解释,从"因"的角度,诸谛是"真性轨相",诸智是"观照轨相",诸行为"资成轨相";与此相对,种种阶位,则是此三法之果。④ 如此,则"因—果"的向度,便自然包含于以"三轨"解乘的框架之中;或者说,智𫖮通过"三轨"的理论建构,对以往以"因—果"解乘的理解进行了更为本质性的探讨

---

① (姚秦)鸠摩罗什译:《妙法莲华经》T. 9, No. 262,第15页上(《法华经·譬喻品》):"以是因缘,十方谛求,更无余乘,除佛方便。"

② (隋)智𫖮:《妙法莲华经玄义》,T. 33, No. 1716,第741页中。

③ 灌顶在此记录了自己的理解:"私谓一句即三句,三句即一句,名圆佛乘。记中既从如来藏一句出诸方便,此乃别判,例应通开。非一者,数法故。指此'为如来藏',开出三藏中三乘事相方便。非一、非非一,不决定故。指此一句'为第一义空',开出通教三人即事而真。亦一者,一切众生悉一乘故。指此一句'为第一义谛',开出别教独菩萨乘。此诸方便,悉从圆出。故经言:'于一佛乘,分别说三。'"即此义也。(隋)智𫖮:《妙法莲华经玄义》,T. 33, No. 1716,第741页下。

④ (隋)智𫖮:《妙法莲华经玄义》,T. 33, No. 1716,第741页中。

和挖掘。具体而言,"三轨"在"藏、通、别、圆"四教中各有不同的表现和含义,"三轨"各自的作用地位也随情况而不同,详见下表:

表4-6　　　　　　　　　四教×三法示意表①

	历教	真性轨	观照轨	资成轨
藏	(正)声闻、缘觉	正、助之乘,断惑入"真"	无为智慧☆	(无为智慧)助道成乘具
	(傍)菩萨	坐道场断结见"真"	无常观	功德
通	—	即色是空,事中有理,此理即真☆	即空慧	众行
别	—	理	缘修观照☆	诸行
圆	—	不伪名真,不改名性,即正因常住,诸佛所师,谓此法也☆	真性寂而常照,便是观照,即是第一义空	真性法界,含藏诸行,无量众具,即如来藏

注:"☆"符号表示"乘体"。

　　四教中"乘体"各有不同:①三藏教中,作为"观照轨"的无为智慧正为乘体,旁又作为助道"乘具",充当"资成轨",行者借助乘体、乘具断惑入真,此"真"即为"真性轨"。②通教之中以真性轨为乘体,取"即色是空"之理。③别教以"观照"为乘体,这是因为,"慧能破惑显理,理不能破惑,理若破惑,一切众生悉具理性,何故不破?若得此慧,则能破惑,故用智为乘体"②。此教专为菩萨所说,强调"破惑"的功用,"慧"与"理"相较,只有智慧方具有实际破除疑惑的功效——否则的话,皆具理性的众生便不会再存在任何烦恼疑惑。历数十地,智慧"破惑"之功皆如是,故而以此为"乘体"。④在圆教中,一方面,以"真性"为乘体——真性寂而常照,便成就"观照";真性法界含藏诸行,便成就"资

---

　　① (隋)智顗:《妙法莲华经玄义》,T. 33, No. 1716,第742页上—中。·
　　② (隋)智顗:《妙法莲华经玄义》,T. 33, No. 1716,第742页中。

成"，后二者皆以"真性"为本。另一方面，三法在圆教的意义上，又不可以"一""异"论之：

> 三法不一异，如点如意珠中论光、论宝，光、宝不与珠一，不与珠异，不纵不横。三法亦如是，亦一、亦非一，亦非一非非一，不可思议之三法也。①

三法分别对应"第一义谛""第一义空""如来藏"，虽可言以"真性"为体，但三者间圆融相即，不可机械区分。

依照《玄义》，"火宅喻"中"其车高广，众宝庄校"的"大白牛车"，便是"圆教行人所乘之乘"②。这里对于"乘"的理解，并不完全依赖于譬喻"牛车"的形象，而是对其"运载"的特性进行了批判和超越：

> 复次，何必一向以运义释乘？若取真性，不动、不出，则非运非不运。若取观照、资成，能动、能出，则名为运。只动出即不动出；即不动出是动出。即用而论体，动出是不动出；即体而论用，即不动出是动出。体用不二而二耳。……（举例略）③

"乘"的含义未必只可从"运载"方面理解。三轨之中，真性不动不出，不可称其"运"，亦不可称其"不运"；若就观照、资成而言，则能动能出，可名为"运"。圆教之中，前者为体，后二者为用。即用论体，功用上的动、出，其本质为不动不出；即体论用，本质上的不动不出，可以发生动、出的效用。体用相即不二，又可

---

① （隋）智顗：《妙法莲华经玄义》，T. 33，No. 1716，第 742 页下。
② （隋）智顗：《妙法莲华经玄义》，T. 33，No. 1716，第 742 页下。
③ （隋）智顗：《妙法莲华经玄义》，T. 33，No. 1716，第 742 页下。

在方便的层面上有所区分。所谓"乘"的"运载"之义，只有在明了此层次的前提下，方可论及。

智颉对"乘体"的诠释，打破了"智"与"理"、"因"与"果"对立抉择的限制，在"化法四教"的框架内，阐释出了不同解读的合理性；在此基础上，更以"三轨"的理论结构探寻其哲学根源。此外，具体到对譬喻的利用上，他也不再拘泥于完全遵照譬喻中的形象描写。正是在这两方面，他的诠释体现出相较他人的独特之处。

4. 窥基："因内智车"

窥基解羊、鹿二车：

> 此乃以二乘小、中种智为体。若以涅槃为体，应即化城，下言已入，息除众苦，云何不见车后时从父索？若以二乘所得生空、无漏智为车体，彼亦已登，云何言不得？故知虚指二乘所得有漏后得智、世间三昧，名为种智，称二车体；有名不见，亦不登游，不能分别证诸法故。又显彼有假涅槃，说云已入隐，彼有生空菩提智，不能分别法，不与车号、不与登名，惑苦已灭故，智障未断故。彼所证得世间禅定，虚指为车，名得出门，为渐入大乘因，证大涅槃位。故本论云："第一人者，以世间种种善根三昧功德方便令戏，后令入涅槃。"①

窥基以"二乘小、中种智"为"车体"，具体而言，是指"有漏后得智"——即生于根本智/理智之后、照了世间万物的世俗之智。② 引文展现了他排除其他理解的思辨过程：之所以不以"涅槃"为体，是因为如同在"化城喻"中譬二乘涅槃为化城，众人分明已

---

① （唐）窥基：《妙法莲华经玄赞》，T. 34, No. 1723，第 748 页下。
② （唐）玄奘编译：《成唯识论》，T. 31, No. 1585，第 56 页下："缘真如故，是无分别；缘余境故，后得智摄。其体是一，随用分二。了俗由证真，故说为后得。"

入化城、暂息众苦,这与"火宅喻"中出门未见有车、从父索取的情节不相符。他之所以不认同前人将二车解为生空、无漏智的理解,也是因为此二为二乘人实际可以证得的,既然如此,便是已经登车,亦无须再索车。换言之,二车车体,须选择二乘人已得其门而入但尚未证得者——这才符合譬喻中长者空举羊车、鹿车之名,而实未见有此二车的情节。二乘有生空菩提智,已断烦恼障,但仍"不能分别证诸法",所知障未断。于二乘而言,"种智"之名可以成立,却并未实际证得,不能"登游"。将有漏后得智及所得三昧虚指为此,可指引二乘人渐趋大乘。

对于"大白牛车",窥基解为:

> 虽五智慧皆是一乘,今此但取菩提相中种智为体。一切智者宽狭虽殊,三乘共有,其种智者,分别四谛各无量相,非二乘所知,名不共德,故经数言"究竟令得一切种智"①,无分别智导此种智车,义如前牛,非正车体,如……(举例略)此车亦尔,前一大事虽取理智,本智、后智总为一乘,今者唯取后智名车、本智名牛,不说于理,以为车体。②

依据经文中数度出现的"令得一切种智"的说法,窥基判此为牛车车体,因为唯有一切种智,"非二乘所知",是佛的"不共德"。随着转识成智的过程,第八识阿赖耶识转成"大圆镜智",如来于法界事理照见无碍,成就"一切种智"。他还利用牛车的形象,为根本智/无分别智和后得智的关系构建出形象的譬喻:犹如牛车须靠牛来牵引,根本智/无分别智引导后得智,这便是所谓的"了俗由证真";总体而言,两种智共同构成"一乘",但分别而言,"车体"是后得

---

① 《法华经》中共出现12次:《序品》1次,《方便品》4次("五佛章"),《药草喻品》2次,《法师品》1次,《安乐行品》2次,《分别功德品》2次。
② (唐)窥基:《妙法莲华经玄赞》,T. 34,No. 1723,第750页下。

智而非理智。

在"火宅三车喻"中，羊、鹿二车虚指二乘种智为乘体，虽有其名，但实未证得；大白牛车以一切种智为乘体，这样，三车乘体一以贯之，又与譬喻情节紧密贴合。这也反映出，义理与譬喻本身的情节描写，都是影响譬喻诠释的重要因素。

值得注意的是，窥基明确指出，"火宅喻"中以"三车"形象呈现的"三乘"，并不能涵盖"乘"这一概念的所有意涵，而是仅就一特定层面而言：

> 乘有权、实，实有因、果，果有智、理，三种别故。不知权、实，取舍之事不成；不识果、因，能、所趣法不立；不闲理、智，何有菩提、涅槃；智、断不圆，何成道满？所以初周化利，双尽玄宗；中根一闻，渐知权、实，取、舍虽辨，未识取因，故说三车，令识一乘之行，隐果中之觉寂，说因内之智车，秘因位之理乘，遣修生于种智。理渐解故，智未闲故。下根虽再闻权实及与因智，果理犹迷，更彰理有假、真，说本令其取舍，隐果中之智品、藏因位之双严。①

"乘"可在权实、因果、智理三对范畴下讨论。在"三周说法"之中，经过初周法说，利根人于此三重皆已决了；中根之人已明了"权""实"之别，但于"实"中之因尚不明了。"火宅三车"之喻，便是隐去"果"的方面，专门从"因"的方面开显"乘"之含义，譬喻所说之车，是"因内之智车"，说此车的同时，也暗示出"因位之理乘"。但若下根人无法理解前两周说法隐含未显之意，对此前尚未明言的"果""理"有所迷惑，便需第三周说法。窥基在解三车时屡屡提及"化城喻"作为对比，也正在于此义——"三车"之体在于智，而不在于理，那么"理"的含义在何处显露呢？

---

① （唐）窥基：《妙法莲华经玄赞》，T. 34, No. 1723, 第749页上。

便是在第三周"因缘周"中：

> 后化城中以真对化，乃说假择灭以为化城，说大涅槃真如妙理而为宝所，各据一义，名为一乘。①

化城为二乘假择灭，宝所为大涅槃真如妙理。大白牛车与宝所皆喻"一乘"，但其所开显的"乘"的含义，分属于不同的层面。这也体现了他承袭自《法华经论》的看待经中诸譬喻关系的方式：譬喻与譬喻之间，并非完全等价、可相互替代，而是从不同的方面，共同拼凑其对于"一乘"的完整理解。

辛岛静志在《大乘佛教"乘"的概念起源》一文中指出了《法华经》不同译本、写本系统之间所出现的"乘"（yāna）与"智"（jñāna）两词间系统性的替换现象，并推测这是源自俗语"*jāna"（既表示"智"，又表示"乘"）一词在不同地区各自经历梵语化过程后的结果。他进而对"火宅喻"的原始意义进行了如下推测：

> 整个"火宅喻"，可能本来就是基于俗语 *jāna 双关含义的文字游戏：对于索求三种车（*jāna < yāna）的诸子，佛给予平等大车（*jāna < yāna）；佛对寻求三种智慧（*jāna < jñāna）的声闻、辟支佛、菩萨，教导"佛智"（*jāna < jñāna）。与"佛智"可互换的"佛乘"，在《法华经》中并不直接表示一种"乘"。……在第一层出现的 yāna 不表示"道"或"乘"，从其并未与表示"行、驭"（√yā，√ruh，√yuj）等动词搭配也可证明这点（在奥义书、巴利文献中都可与这种词搭配）。……很可能 *buddha-jāna 本来的意思是"佛智"，结果被梵语化为"佛乘"。

"yāna"在第一层中不表示"道"或"乘"，而就是"觉

---

① （唐）窥基：《妙法莲华经玄赞》，T. 34，No. 1723，第 749 页上。

悟"、佛智本身。换句话说，它不是手段，而是要达成的目的，不是"乘"，而是"智"。①

值得注意的是，鸠摩罗什弟子慧观于经文译出不久后写作的《法华宗要序》中，明确提到"虽以万法为乘，然统之有主，举其宗要，则慧收其名"②，即是将"慧"当作"一乘"的核心和宗要。这种认识固然是出自其对经典思想义理的判定，但考虑到其与译者的关系，或许也可推测，梵文本用词中原本意图传递的复杂信息，在经典于中国译出之初未必无人知晓。及至其同门道生的注释中以"智"解"乘"，期间的延续性是不容忽视的。

尽管后世中国的注释者未必仍旧具备如是的历史语言学知识，但是通过对于譬喻本身的细致分析，通过参考和引入其他经典和理论，从现存材料来看，他们中的大多数仍然把"智"理解为"乘"这一概念的核心，把"佛乘"主要理解为"佛智"；即使有些论者并未直接将二者等同，但在经过一定的理论推演之后，也仍将"智"作为填充"乘"具体含义的主要内容。如果辛岛的推测可以成立，那么中国注释者的诠释，便具备了超越"中国佛教"范围的价值，而应在超越国别的佛教传统的意义上被重新评估。另一方面，自经典成立之初，到经文经历传抄和翻译直至被中国读者阅读，譬喻最初的"原始意义"仍可在很大程度上被注释者重新诠释出来，不能不说显示了"譬喻"这种表述形式在保存意义和理解方面的独特价值。由此，我们可以进一步理解"譬喻"与"譬喻诠释"的意义。

二 "三车""四车"之辨

"火宅喻"中，长者以羊车、鹿车、牛车诱导诸子出火宅，后又

---

① Seishi Karashima, "Vehicle (yāna) and Wisdom (jñāna) in the Lotus Sutra—The Origin of the Notion of yāna in Mahāyāna Buddhism", ARIRIAB, Vol. XVIII (March 2015), pp. 163-196.

② （梁）僧祐：《出三藏记集》，T. 55, No. 2145, 第57页上。

赐之以"大白牛车"。若细究之,三车中的牛车,与最终所赐大白牛车,二者是一是异,在譬喻的描写中确实存在含混之处。由于对"车"的含义有不同理解,注释者对这一问题产生了不同的判断,从而,也为经文主旨——"会三归一"的具体含义勾勒出了不同的理解模式。

上一部分提到,道生在解释"车体"时,解羊车、鹿车为二乘尽、无生智,"大车"为佛智。换言之,他没有特别区分"三车"中的牛车与其后长者所赐之大白牛车。通局而观,整个诠释中只存在声闻、辟支、佛三种智。尽管道生没有明确表述,但由此推测,他并未在任何意义上立"菩萨乘"为单独一乘;通过此譬喻开显的"会三归一",只涉及三种智,亦只涉及三种乘。

尽管法云对"车体"的理解承袭自道生,但尽智、无生智不局限于羊车、鹿车,而是也充当了"三车"中牛车的车体。① 与此相对,大白牛车则譬喻佛果。显而易见,三车与大白牛车喻体各有不同。法云在譬喻"索车"的情节中找到了其理解的依据:

> 前文自言:"时诸子等各白父言:'父先所许三种宝车,愿将赐与。'"若言索大,何故求三?故知昔日所许,三种小车;既言父先所许,云何索大?诸子即是三乘人,三乘不一,故言诸也。三种宝车即是羊、鹿、牛车,即譬昔日阿罗汉、辟支佛、大力菩萨三学人究竟果;珍宝大车平等种,无三种差别,即譬今日《法华经》中为众生受记,同得佛果。②

在诸子于长者索要三车、长者赐之以一车的情节中,呈现出

---

① (梁)法云:《妙法莲华经义记》,T. 33,No. 1715,第 618 页上:"'如此种种羊鹿牛车,今在门外可以游戏',此是第二明长者示诸子三车处,内合如来示三乘人果处,三车既在门外,然三乘人尽、无生智在三界外,若同断三界正使烦恼尽,出三界外证尽、无生智,故言示三车处也。"

② (梁)法云:《妙法莲华经义记》,T. 33,No. 1715,第 619 页上。

"今—昔"间的鲜明对比——"三车"为长者昔日所许,"一车"为今日所授。既然一昔一今,二者间便不应有所重叠,今日一车,便应与昔日三车截然不同——这成为判断"牛车"与"大白牛车"并非一车的关键。在如是前提下,昔日三车分别譬喻声闻、缘觉、菩萨三乘——更确切地说,是譬三乘人之果(果中又取其尽、无生智);今日大车,则无三种差别,譬喻《法华经》中三乘人皆得授记、同得佛果。这样,法云便形成了著名的"四车说",立声闻、缘觉、菩萨、佛四乘。这一理解之所以成型,法云于譬喻情节中提取到的"今—昔对比"结构尤为重要——在譬喻叙事所呈现的故事世界中,他捕捉到了其中的"时间性",并将之作为理解譬喻逻辑结构的关键,将"今—昔"当作衡量四车意义的重要指标。这一过程,充分展现了譬喻与解读者间的交互作用。

吉藏明确反对这种"四车"说,认为故事中仅出现了羊、鹿、牛三种车,换言之,"三车"中譬喻菩萨乘之牛车与其后长者所赐之车实为一种:

> 所与之人非一,故云"各赐"也。"等一"者,昔三机偏发,以大车赐菩萨、不赐二乘,故若偏赐;今三病既消、大机并发,等与大车,对昔与偏,故今明等赐。故下文云"不令有人独得灭度,皆以如来灭度而灭度之",即其证也。"不令有人独得灭度"者,不令菩萨独得大涅槃也。"皆以如来灭度而灭度"者,亦令二乘证大涅槃也。①

上文提到,在随文解释中,吉藏以"果"为乘体。吉藏只承认三种果——二乘所证择灭、智慧,以及佛智、大般涅槃,前后唯有三种车,亦唯有三种乘。在此原则下,他对譬喻情节进行了如是诠释:昔日长者诱以三车,此时唯有菩萨发"大乘机",二乘则无此

---

① (隋)吉藏:《法华义疏》,T. 34, No. 1721, 第 527 页中。

机，故而仅赐菩萨大车，二乘则唯许以羊、鹿小车。诸子出门后于父"索车"，吉藏解释，实际索车的唯有声闻、辟支，因为"罗汉、辟支至二果处，觅果不得，故索果也；无有菩萨至佛果处觅佛果不得，故无菩萨索佛果车也"①。由于出宅后众人已除却种种烦恼障碍，皆已发"大乘机"，故而如来皆赐以大车。

在此诠释之中，法云提到的"今—昔对比"的关系仍然存在，但不同于法云，这里并非"昔日三车"与"今日一车"的对比，而是"昔日偏赐"与"今日等赐"的对比。除了《义疏》的随文解释，《玄论》还添加一点——今昔所教之佛乘，有究竟、不究竟的区别：

> 佛乘是有，斯义究竟。但就有之中，说尽不尽故，有究竟、不究竟耳。但昔教说佛乘不具足，今教明佛乘具足。释论云"佛于三藏中，不具说佛功德"……（列举略）②

昔日之教并未将佛乘——更确切地说，是佛果功德——全部显明，故为不究竟、不具足；今教则将此全部开显，这也构成了"今—昔"之间的对比。尽管如此，无论今昔，"佛乘是有"，这一原则是绝对的。

不难发现，吉藏所梳理的情节中，其实已经掺入了经文并未直接提及的、个人出于主观预设所添加的限定和修饰，如称出宅诸子有人其实并未索车。换言之，譬喻本身的故事情节和描写，已不再构成其理解譬喻的首要依据，或至少不是唯一的标准。根据《玄论》对"三车说"的详细解释，除本譬喻之外，支持吉藏理解的经典依据主要来自两个：第一是《法华经·方便品》著名的"五佛章"文句：

---

① （隋）吉藏：《法华义疏》，T. 34，No. 1721，第 527 页上。
② （隋）吉藏：《法华玄论》，T. 34，No. 1720，第 408 页中。

> 舍利弗！如来但以一佛乘故，为众生说法，无有余乘，若二、若三。舍利弗！一切十方诸佛，法亦如是。①

吉藏将这里的"若二若三"理解为序数词，此句便是说，唯有一佛乘（第一乘）为真实，而没有第二乘——声闻乘，更没有第三乘——辟支佛乘。② 当然，他对此文句如此解读，又是由于参考了第二种经典——《法华经论》：

> 如经"舍利弗！十方世界中尚无二乘，何况有三"如是等故。无二乘者，谓无二乘所得涅槃，唯有如来证大菩提，究竟满足一切智慧，名大涅槃，非诸声闻、辟支佛等有涅槃法，唯一佛乘故。③

"譬说"部分以"法说"为本，既然吉藏在"法说"（《方便品》）部分阅读到的原则，是"一佛乘为有，声闻辟支二乘为无"，那么譬说中的"火宅三车喻"中自然亦应唯有三车，其中牛车为有，羊车鹿车为无。这一理解过程，充分体现了文本整体对于理解局部文本的作用——决定"火宅喻"此部分理解的，并不仅仅在于其自身呈现的内容，而是依照诠释者所确立的文本结构，将其他部分的文本同样纳入考量，最终形成贯穿整体的理解原则。

上一章提到，除吉藏之外，窥基同样在诠释中大量利用了《法华经论》，并将之与对譬喻的理解进行了更为紧密的结合。参考《法华经论》的说法，他同样主张"三车说"，立声闻、辟支佛、佛乘三乘，以二乘与佛三种智为乘体。鉴于其论述与前人无显著区别，这里不再详细展开。

---

① （姚秦）鸠摩罗什译：《妙法莲华经》，T. 9，No. 262，第 7 页中。
② （隋）吉藏：《法华玄论》，T. 34，No. 1720，第 389 页上。
③ （北魏）菩提留支译：《妙法莲华经优波提舍》，T. 26，No. 1519，第 7 页中。

智顗在《文句》中，列举了三车、四车等种种异说，但并未急于判断：

> 所以出经，勿信人语。此文引昔佛为声闻说应四谛法，为缘觉人说应十二因缘法，为菩萨人说应六波罗蜜法，今佛说三，数亦如此。①

他总结经文文意，称过去现在诸佛，皆为不同根基人说不同教法——为声闻说四谛、为缘觉说十二因缘、为菩萨说六波罗蜜，如是共计三乘。不过，这里其实并未涉及"三车"中牛车所譬"菩萨乘"与大白牛车所譬"佛乘"是一是异的问题。接下来，他又列其他诸经论中关于"乘"的种种说法，其中有如《华严经》说"声闻、缘觉、菩萨、佛"四乘者，乃至如《菩萨璎珞经》所说"九乘"者。② 异说之间，莫衷一是，因此他总结道："圣说如此，不能融通，互相是非，非法毁人，过莫大焉。"③

那么，如何才是对"三车"与"一车"、"三乘"与"一乘"关系的正确理解呢？他仍然利用四教、五时的框架来分别分析：

> 今约教分别之。若说三乘法门异、而真谛同者，三藏教也；若说三乘法门同、真谛皆同者，通教也；若说三乘三三九乘，若说四乘浅深阶级各各不同、而同入平等大慧者，别教也；若说三乘九乘四乘，一一皆与平等大慧相应、无二无异者，圆教也。

---

① （隋）智顗：《妙法莲华经文句》，T. 34，No. 1718，第71页上。
② （隋）智顗：《妙法莲华经文句》，T. 34，No. 1718，第71页上："《璎珞》第十三云：十方佛说三乘，一乘中又开三合九乘，九乘悉会入平等大慧。"（但这其实是智顗的演绎，《璎珞经》并未直接提到"九乘"的说法，只是说"十方佛……各说三世本"。竺佛念译：《菩萨璎珞经》，T. 16，No. 656，第101页上。）
③ （隋）智顗：《妙法莲华经文句》，T. 34，No. 1718，第71页上。

又历五味分别：乳味但明菩萨乘、佛乘；酪味但明异三乘；生酥味备明三乘、四乘、九乘，各各分齐不相滥；熟酥味唯除异三乘，余如生酥也；醍醐中纯说佛乘，无复余乘也。

若识此意，异说无妨，若不知者，只增诤论耳。①

四教中，三藏教说阿含，其所教法门固然不同于他乘之人，但教法后之"真谛"则同；"通教"为声闻、缘觉、菩萨所共通之大乘初教，三者法门、真谛皆同；"别教"不共二乘、独为菩萨，突出差别；自"圆教"的立场，则种种乘皆与平等大慧相应、无二无别。五时中，第一华严时，声闻缘觉无法受解，唯对菩萨乘、佛乘；第二鹿苑时，唯说小乘法，三乘为异；第三方等时，斥小叹大、弹偏褒圆，明小乘浅见绝不同于佛之智慧，强调各乘区别、不可混杂；第四般若时，说"诸法皆空"来淘汰大小乘不同之偏执，故而驱除了"异三乘"的见解；第五法华涅槃时，会通前四乘之方便，开示悟入佛之知见，故唯有佛乘。四教、五时中，有说三乘者，亦有说四乘、九乘者；可说几者为同，亦可说几者为异。就其入于圆满圆教、最后之醍醐而论，可说"会三归一"，也可说"会四归一"。但种种说法，皆须明了其前提和阶次，方有其意义。因此，不可笼统地称智颛的立场为"三车说"还是"四车说"，或者说，在一定限度下，他二说皆持。

本书关注的重点是，在此分析过程中，经文的譬喻起到了何等作用？不难发现，无论是用以抉择异说的标准，还是疏通抵牾的方式，都与譬喻本身无关，甚至也与经中的其他文句无关，而是智颛自身在众经教中提炼出的判教结构。但另一方面，归根到底，"三车/四车""三乘/四乘"问题的出现，仍在于譬喻中出现了如是的情节，此情节又存在理解上的模糊性。通过将天台判教理论引入譬喻的诠释中，譬喻中的情节，其实也为理论提出了新的问题；由此激

---

① （隋）智颛：《妙法莲华经文句》，T. 34，No. 1718，第71页中。

第四章　从"譬"到"法"：譬喻义学诠释的终端　233

发产生的答案，也进一步丰富了"五时""化法四教"等理论的内容和层次。正是在此意义上，譬喻发挥了其不可替代的作用。

小　结

无论在诠释结构还是在细部引入的概念、视角上，注释者对"火宅喻"的诠释方式，都与其他譬喻没有区别。"三周说法"的框架，本身就预设了譬喻之间的同构性，对"三周"中任一譬喻的理解，都牵连、照应其他譬喻；具体到每一譬喻的构成，大多数注释者也将"开譬—合譬"作为经文诸譬喻的普遍结构。此外，在譬喻具体内容的解释上，不仅在"火宅喻"中，而且在"穷子喻""良医喻"中，注释者也同样引入了感应、佛身论来解释父子间的互动关系。① 在此意义上，"火宅喻"诠释中展现出的诸种现象，对于理解经中其他譬喻的解读过程同样具有代表性。

"火宅喻"这样的譬喻是一个情节完整的故事；但注释者理解它的方式，又不完全等同于阅读故事。"火宅""父子""三车"是构成"火宅喻"的三个基本要素。对于此三者的解读，涵盖了譬喻诠释所涉及的不同方面。对"火宅"的诠释，呈现出注释者理解譬喻中静态意象的方式。相较经文给定的对于其寓意的说明，注释者的创造性价值，主要体现在对经文描写的"火宅"各部分细节的解读上。他们努力为这些细节安置相应的义理概念，这一过程，实际上是在经文原本的譬喻框架内，构建出更多细小的新的譬喻。注释者的创造力，正在于从原本范畴不同的具体事物（"譬"）与义理概念（"法"）之间，发现和创造相似性。以注释者构建的譬喻关系为媒

---

① 菅野博史在考察"穷子喻"解说时指出，吉藏等注释者"利用譬喻中的父子关系，理解佛与众生的关系，将譬喻的内容从佛的教化以及众生根基成熟过程两个角度进行了解释，以此为世尊的教化安排位置"。菅野博史：《中國法華思想の研究》，第706页。

介,"火宅"中诸事物的特性,被用来引导对其所譬之法的理解。对"父"与"子"的诠释,则不仅涉及将"譬"替换为"法",更需要对故事中由二者互动所推动的情节变化进行诠释。所谓"诠释",不仅仅是诠释故事究竟发生了什么,更要诠释情节发生的深层原因。为此,注释者引入"感应""佛身"等理论视角,以此作为梳理故事背后所寓意的众生救度史的线索。

以上两种情况,注释者引入的义理概念本身含义清晰;与此不同,"三车"的喻体("三乘")在经文中已有明确说明,需要诠释的是"乘"的具体含义,或者说,它本身就唯有借助譬喻方可被理解。事实上,作为喻依的"车"的特性,确实是他们构建"乘"之含义的重要来源。围绕"乘"的不同理解,很大程度上取决于其看待喻依——"车"的方式。不同时期,注释者所掌握的经典和理论资源不同,换言之,其解读譬喻的"前见"不同。相较而言,早期的道生、法云,对譬喻本身的内容更为依赖;自智顗与吉藏的时期开始,由于其时诸如《摄大乘论》《十地经论》等经典陆续译出(这些经典中包含有对"乘"这一问题的系统讨论),他们已经不再将譬喻本身作为建立对"乘"之认知的首要依据,而是借助更丰富的经典资源与更复杂的诠释结构,突破了譬喻叙事的限制。其间的对比,也呈现了经典解释历时变化的复杂情况。

通过以上三个方面,我们可以更加清晰地认识到"譬喻"在生发理解方面的特殊作用:在此过程中,譬喻往往充当了谜题的"谜面",激发注释者在浩繁的佛教名相概念中,寻找与其描绘的事物、形象相契合者;将譬喻中种种细节一一转换为"法"之后,"法"与"法"之间实际上也借由譬喻的规定,形成了新的联系方式。这些新的联系方式,有些较为容易理解;但也有一些情况,当"法"被代入譬喻的叙事关系中时,便产生了晦涩难解之处。对"火宅"中"门"的解释困境,对父子间"机感"变化关系的说明,关于"三车""四车"的理解分歧,皆可作为例证。但正是通过理顺这些抵牾之处,人们才得以发现以往靠一般语言形式难以发现的问题,从而实现对其所引入之义理更为深刻的认识。正如吉藏所指出的，"疑为解津"——譬喻在此处的价值，不表现为其直接呈现了什么，而在于它提供了一种"提问""打开"已有成见的可能。

相较于经文的"法说"部分、相较于经中写明的"合譬"内容，经由譬喻诠释获得的理解结果显然更为丰富、深入，而不仅仅是如注释者所预设的原则——"法说""譬说"间只有表达形式的转换，而没有内容上的差别。但有趣的是，这些更为丰富的理解之所以得以显现，又是由于注释者秉持着"法"为"譬"本的原则，采取了"譬—法"转换的诠释方式。看似"浅显易懂"的譬喻，在诠释之下显得复杂深邃，即使不是包罗万象，至少也凝聚了当时关注的多种理论问题。这种文本意义的增殖和扩张，正体现了由义学角度诠释譬喻的价值所在。

第 五 章

譬喻的应用与变形：
中古造像记中的《法华》譬喻

前文考察了高僧撰写的义学注释对于《法华经》譬喻的理解。需要承认的是，这些富有学识、精通佛理的高僧大德相较于广大僧俗信众来说，数量是有限的，在地域范围上，隋代以前，这些义学大德集中于中国南方地区，而隋唐也聚集于若干重要的都市和山林。换句话说，这类材料所呈现的解读，仅仅代表了特定地区、特定群体所拥有的某种理解可能性。在更广泛的地区和群体中，是否存在着解读和理解这些譬喻的其他可能？万幸的是，在存留至今的造像记中，同样涉及了数量可观的对《法华经》譬喻的引用。[①] 造像记是民众进行开窟造像、立寺造塔等宗教实践活动的记录，直接反映着现实中人们参与宗教生活的基本情况。其内对于经典的引用，不仅仅是一个文学修辞问题，更反映了人们究竟如何利用经典资源，来呈现和塑造其自身对于现实处境和宗教生活的认知。通过考察《法华经》譬喻究竟如何被应用于宗教实践的语境，考察其文字呈现

[①] 张鹏、李志鸿等学者曾对这一问题有所探讨，但都仅指出了石刻资料中引用《法华经》譬喻现象的存在，而没有对此进行详细和系统的分析。张鹏：《北朝石刻文学中的用典和比喻》，《咸阳师范学院学报》2015 年第 1 期；李志鸿：《中国北朝石刻上的法华信仰与文化效应》，《早期中国史研究》2012 年第 1 期。

的具体方式及其背后所体现的不同理解，我们可以对经典如何渗透民众的宗教生活，或者反过来说，民众如何从自身的处境出发接受经典，有更加深入和细致的认识。

本章分为三节。第一节、第二节分别对北朝时期造像记中出现的《法华》譬喻进行统计梳理，并分析其利用譬喻的具体方式，从而考察北朝时期《法华》譬喻应用于造像记的不同形式和趋势。第三节分析隋唐时期的造像记，为了避免重复，不再将统计与文本分析分开，只介绍相较之前的变化情况。

第一节　北朝造像记中《法华》譬喻的基本情况

一　统计与分期

佐藤智水、侯旭东将造像记分为 A、B 两种形式。A 型造像记的结构，包括：（1）造像时间，（2）造像者身份，（3）造像者，（4）造像对象，（5）造像题材，（6）发愿对象，（7）祈愿内容。[①] B 型造像记除了包含 A 型所见的基本信息之外，还会在开头另辟一段，阐发对佛教义理、佛的地位与作用、佛与信徒所处的现世的关系、像的意义、觉悟之途等问题的看法。[②] 仓本尚德将 B 类造像记的内容进一步细分为：（1）纪念月日；（2）题；（3）佛法、造像的意义；（4）义邑主导者、像主名，及其履历；（5）发愿、造像的经过；（6）尊像名；（7）像的状况、所立之地；（8）愿望名目；（9）

[①] 佐藤智水：《北朝造像铭考》，《史學雜誌》1997 年第 10 期；侯旭东：《五六世纪北方民众佛教信仰：以造像记为中心的考察》（增订本），社会科学文献出版社 2015 年版，第 103 页。

[②] 侯旭东：《五六世纪北方民众佛教信仰：以造像记为中心的考察》（增订本），第 257—258 页。

供养者名。① 对《法华经》譬喻的引用出现于 B 型造像记中。就目前可以搜集的材料而言，有近四十个碑文中出现了这些譬喻。对所有这些项目的基本统计数据见于下表。

表 5 – 1　　北朝造像记中《法华》譬喻出现时间、阶层情况统计②

	平民（= A）	官吏（= B）	僧尼（= C）	AB	AC	BC	ABC	不详	合计
440—449		1							1
450—459									0
460—469									0
460—479									0
480—489		1							1
490—499									0
500—509		1							1
510—519						1			1
520—529		1	1		1				3
530—539	1		1		1				3
540—549	1	1			4	1			7
550—559	2	2			2		1		7
560—569		4	1		1	1	1		8
570—579	1	1			1			1	4
不详		1						1	2
合计	5	13	3	0	10	3	2	2	38

需要承认的是，统计涉及的总体数量较为有限，更重要的是，考虑到考古遗存的特点——它们归根结底是"还能遗留至今天"的材料——简单地认为这些数据直接代表了当时的情况，并不全然合

---

① 倉本尚德：《北朝佛教造像銘研究》，京都：法藏馆，2016 年，第 42—73 页。
② 统计来源：北京图书馆金石组编：《北京图书馆藏中国历代石刻拓本汇编》，中州古籍出版社 1989 年版；魏宏利编：《北朝关中地区造像记整理与研究》，中国社会科学出版社 2017 年版；《考古》《文博》《考古与文物》《中原文物》至 2018 年的相关论文。

理。然而，它仍然可以被视作在同一采样标准下的同一系统内（"能够存留至今"且"能够被发现"本身就可以构成采样标准）的有效统计。在这里，不是绝对数量本身，而是统计所呈现的数量间的对比关系，仍然具备丰富的意义，值得仔细探究。

从统计来看，在5—6世纪的一百余年间，《法华经》譬喻在石刻铭文中的出现呈现出显著的历时变化。本书按照"单位时间内的出现频次""地理分布""供养人身份阶层""譬喻呈现方式和呈现内容"这四个方面的变化情况，将北朝造像记对《法华》譬喻的应用划分为三个阶段。

1. 开端：440—515年

440—515年，即截止到北魏宣武帝时的七十余年间，《法华经》譬喻文字在造像记中的出现十分少见，目前只发现了四例。时间最早者为凉都高昌时期承平三年（445）的《且渠安周造像功德碑》（亦称《且渠安周造寺功德碑》），然后在四十余年的空白之后，自北魏孝文帝太和年间（477—499）开始，才又出现了对《法华经》譬喻的引用。当然，这种稀缺性的部分原因在于，与后期相比，B型造像记的总数在这一时间段内本身就相当有限。不过，比之南方在罗什译本问世后不久，就出现了不少以诵读、讲经、解释《法华经》而闻名的僧侣和文人，这一数量比例无论从任何方面来看都确实十分有限。

在地理分布上，所有实例均集中于关中地区及其以西，其中新疆一例，甘肃两例，陕西一例。这四个例子无一例外都是纪念建寺开窟的寺碑。

就其施主身份来看，《且渠安周造像功德碑》的施主沮渠安周，是当时退守高昌的北凉残余势力的统治者（北魏于439年平定河西，北凉当时的君主——沮渠茂虔被北魏军队俘获，沮渠茂虔的两个兄弟——沮渠无讳、沮渠安周将残余势力转移至今新疆地区，于442

年占据高昌，直到 460 年被柔然所灭）。① 立于北魏太和十二年（488）的《大代宕昌公晖福寺碑》的施主王遇（钳尔庆）为冯太后宠阉。② 永平二年（509）的《嵩显寺碑》为宣武帝元恪敕赐。永平三年（510）《南石窟寺碑》的施主奚康生，是一名战功显赫的军事将领，在地方和朝廷都有极高声望（最终因卷入胡太后和元叉的政治斗争而未得善终）。③ 总结而言，这四个实例中的施主，无一不是处于国家权力的核心，无一不是高级官员或（地方）统治者。所有石碑中都花费大量笔墨来赞美当政者（皇帝，或皇帝与太后并称的"二圣"）的伟大，这表明了其措辞背后强烈的政治意图。

2. 发展：515—535 年

在此段时期内，即自孝明帝时期（515—528）至北魏末的二十年间，共发现三个实例，即《马鸣寺根法师碑》（523）、《孙辽浮图铭》（524）及《郭法洛等造像记》（526）——其实都集中于孝明帝统治的后半段。不难看出，此时《法华经》譬喻单位时间内出现的频次有所增加。

铭文的形式不再限于寺碑。《马鸣寺根法师碑》和《孙辽浮屠铭》是塔铭，其塔为保存法师、居士身后舍利所建，其内文字主要记录逝者生平，表达对逝者的追思和称颂，在功能上相当于一般的墓志。《郭法洛等造像记》是刻于造像碑上的文字。这表明《法华经》譬喻应用的范围和语境更加多样化。

三个实例中，一例位于陕西，其余两例发现于山东。也就是说，地理分布上开始向东扩展。施主身份更加多样，既有僧人、普通官员，也有地方邑义，没有任何证据表明他们与高层权力相关。

在各种意义上，从这一时期开始，对于《法华经》譬喻的利用

---

① 贾应逸：《〈且渠安周造像功德碑〉与北凉高昌佛教》，《西域研究》1995 年第 2 期。

② 刘东平：《〈晖福寺碑〉相关问题蠡测》，《文博》2013 年第 5 期。

③ 党燕妮：《〈南石窟寺碑〉校录研究》，《敦煌学辑刊》2005 年第 2 期。

都在逐渐向更广泛的人群、更多样的语境渗透扩展。后文也将说明，正是从这一时期开始，有别于经典本身以及僧人注释的对于譬喻的呈现和理解方式开始出现。

3. 繁荣：535—581 年

从东魏到北朝末不到五十年，《法华经》譬喻在造像记中的出现有了爆发性的增长。就可利用的材料而言，在这个时期可以找到 30 个实例，这意味着平均每十年出现六个以上。这种流行的规模，甚至与在僧传等其他传世文献中所显示的南方情况相比，都是十分可观的。

铭文的形式有寺碑，有塔铭，也有造像记。绝大部分的实例发现于山东、河北、河南等地——即大部分位于东魏北齐境内。西魏时期只在陕西省发现四例，北周时只有两例。前一个时期露出端倪的地域变化趋势此时已经完全明显，中国北方东西部地区之间呈现出显著的地域差别。官员不再在立碑建寺等活动中充当主要角色；相反，由地方僧人与民众（有时也包含地方官员）共同协作的"邑义"组织，成为参与修建这些碑铭所记录的寺庙、石窟和造像碑等工程的主力。

总而言之，除了 445 年最早的《且渠安周造像功德碑》之外，连续的引用《法华经》譬喻的文学传统自北魏孝文帝汉化改革期间开始逐渐形成。一开始，这一传统仅限于中国西北地区的一小批政治精英，自北魏孝明帝时代开始，对这些譬喻的使用开始向东部扩展，并渗透进更多阶层和语境中。至北中国分裂为东西两个政权时，东魏北齐境内对这些譬喻的利用已经全面超越了西魏北周，这不仅仅体现在数量和参与人群的悬殊对比上，也体现在文字呈现方式和意义的创新上（详见下节）。

二　相关历史背景

以上只是对材料中基本数据和信息的概括和分析。要理解这些数据所呈现的意义，还需要联系更多相关的史实。

首先，关于目前发现的最早出现《法华经》譬喻的《且渠安周造像功德碑》。这篇碑文的作者是"中书郎中夏侯粲"，但其内容显然是经过沮渠安周本人授意的，因为碑文中已清楚写明，"爰命史臣，载籍垂训"。北凉的沮渠家族以崇敬佛法而著称——其中最著名的事例，当属其对昙无谶译经事业的赞助。沮渠安周在这方面亦不例外。池田温曾在吐鲁番盆地出土的写经残卷中，整理出四例跋文中署名"沮（且）渠安周"的写经，分别为"持世经世第一""佛说菩萨藏理卷第一""十住毗婆沙覆卷七"以及"佛华严经卷二八"。① 这四种经典均译出于五世纪初，除最后一种为佛陀跋多罗译于建康之外，前三种均为鸠摩罗什所译。有鉴于此，其熟知同样译自鸠摩罗什的《妙法莲华经》也就不足为奇了。

值得注意的是，北凉是北魏佛教的重要源头之一。北魏太延中（439），北魏太武帝灭北凉，"凉州平，徙其国人于京邑，沙门佛事皆俱东，象教弥增矣"②。凉州的高僧、工匠被徙往平城，大大促进了平城佛教的繁荣。在经历太武帝灭佛之后，来自北凉的僧人昙曜积极致力于恢复佛法，并主持修建了云冈石窟最早的五个洞窟。③ 不过有趣的是，在《且渠安周造像功德碑》之后，出现了一个长达四十余年的空档，直到北魏孝文帝太和年间才出现了其后继者——《大代宕昌公晖福寺碑》。如果对比二者的文字，不难看出它们在词汇以及对词汇的组织方面呈现出了惊人的一致。无论是时隔四十余年仍然保持延续性这一事实，还是这四十余年的空白本身，都十分值得思索。

当然，完全可以质疑，这四十余年的空档，仅仅是由于其他当时存在的铭文没有留存至今，或至少尚未被发现。不过，与此对照，尽管在目前发现的实例中，"释迦多宝二佛并坐"这一出自《法华

---

① 池田温著，谢重光译：《高昌三碑略考》，《敦煌学辑刊》1988年第1、2期。
② （北齐）魏收：《魏书·释老志》，中华书局1974年版，第3032页。
③ 马世长、丁明夷：《中国佛教石窟考古概要》，文物出版社2009年版，第35页。

经》的形象最早见于有"西秦建弘元年（420）"墨书题记的炳灵寺第169窟中，① 但直到云冈石窟第二期（465—494）开始，"二佛并坐"的形象才遍布于云冈石窟（其中最早的带有纪年题记的图像出现在489年②）——这中间同样存在着几十年的空档。特别值得注意的是，《大代宕昌公晖福寺碑》的施主宕昌公王遇，同样是营建云冈石窟第9、10窟这对云冈最巧丽双窟的主持者。③ 而"二佛并坐"的形象，同样出现在了这对双窟之中。这二者之间的对照，恐怕不能仅仅以巧合解释。不过，比之文字上对《法华经》引用频次的稀疏，"二佛并坐"的图像显然受欢迎得多，二者之间普及程度上的反差极为显著。如果说对于经中譬喻的引用说明了人们对于经文内容和义理具备了一定程度的认识，那么，截止到北魏宣武帝时，持有此认识的人可以说还相当稀少。这不是说当时北方人对《法华经》一无所知——相反，从图像资料来看，他们对此的接受时间相当早，范围也很广泛。只不过，他们对其的接受，或许并不那么立足于对具体文字内容的理解，而首先是以更简单直观的图像为载体的。

　　北魏分裂之后日益明显的新趋势——东西部间的不平衡，邑义地位的凸显，与佐藤智水、仓本尚德等所统计的整个北朝造像记中所显现的趋势一致。无论是从整体造像数量，还是邑义的规模和范围来看，东魏北齐都远远超越了西魏北周。④ 东晋南北朝时期的邑义，本身就有不少只是为从事造像、造塔等一次性活动而临时结成（当然也有邑义在造像之外还从事其他佛教活动，后者一般存续时间较长，组织也比较严密），⑤ 谈论造像与佛教邑义之间究竟孰因孰

---

① 共三幅，分别位于第11号、第13号和第24号壁画。
② 太和十三年，第17窟明窗东壁。Eugene Y. Wang, *Shaping the Lotus Sutra: Buddhist Visual Culture in Medieval China*. Seattle and London: University of Washington Press, 2005, pp. 24–25.
③ 马世长、丁明夷：《中国佛教石窟考古概要》，第37页。
④ 佐藤智水：《北魏造像铭考》，《史學雜誌》，86编10号，1977年。仓本尚德：《北朝仏教造像铭研究》，第117—130页。
⑤ 郝春文：《中古时期社邑研究》，新文丰1995年版，第130页。

果，无异于陷入了无尽的循环论证之中。重要的是，通过如是的组织形式，佛教的信仰方式和实践方式在民间得到了扩散。而具体到本书所关注的对《法华经》譬喻的援引，可以看到，佛教经典中一些特定的语言表述和思想内容，在此过程中也得到了传播。前人学者常常引用《魏书·释老志》中的一段材料，来说明"邑师"在此过程中发挥的"化导"作用，并指出这本身就是自北魏起朝廷针对民众教化政策的一个方面："太宗践位，遵太祖业。亦好黄老，又崇佛法。京邑四方，建立图像，仍令沙门敷导民俗。"① 郝春文通过详细的数据统计，注意到有邑师的邑义不过占有僧尼的邑义的30%左右，而大约84%的邑义中有僧人，其中不少只是作为邑义的普通一员、作为施主参加的。② 尽管"邑师"的作用或许不像前人描述得如此之大，但不可否认的是，大部分邑义仍是在寺院或僧人的影响下建立起来的。通过斋讲、唱导等方式，僧人或依托寺院、或在游方过程中向士庶宣讲佛教。

《高僧传·唱导第十》结尾的议论部分这样描述僧人的唱导："唱导者，盖以宣唱法理，开导众心也……至中宵疲极，事资启悟，乃别请宿德，升座说法。或杂序因缘，或傍引譬喻。"③ 特别值得注意的是这里请宿德"升座说法"的内容——"因缘"与"譬喻"。按照慧皎的说法，因缘与譬喻都是"事"，能够在人们昏沉疲怠时启发觉悟。关于这一点有实例保留至今：《续高僧传》记载北齐僧人释道纪曾编撰《金藏论》，向士女广为宣讲。④ 这部论在日本、韩国以

---

① 坂輪宣敬：《中国の石窟における法華経の造型表現について》，野村耀昌编，《法華経研究Ⅵ》，第285页。塚本善隆等学者也将佛教结社及相关活动直接归因于邑师的化导。见塚本善隆《龍門石窟に現れる北魏佛教》，《支那佛教史研究——北魏篇》，京都：弘文堂，1942年。高雄義堅：《北魏佛教教團の發達》，《中國佛教史論》，京都：平樂寺書店，1952年，第25—36页。

② 郝春文：《中古时期社邑研究》，第144、149页。

③ （梁）释慧皎撰，汤用彤校注：《高僧传》，第521页。T. 50，No. 2059，第417页下。

④ （唐）道宣：《续高僧传》，T. 50，No. 2060，第701页上。

及敦煌文献中都有所保留，实际上是汇编各种因缘故事的类书。① 从中，我们可以看到当时宣讲活动中对于佛教故事的偏好。而《法华经》中类似"火宅三车喻"这样的譬喻，具有生动的人物形象和故事情节，同样有可能在宣讲唱导等活动中被僧人利用。这或许可以解释自东魏北齐开始《法华经》譬喻在造像记中的频繁出现。

第二节 《法华》譬喻在北朝造像记中的呈现方式

随时间发生变化的不仅仅是数量、施主身份和地域分布范围，还有文字表述的方式。正如上一章所提到的，在中国的解经传统中，《法华经》譬喻的基本叙事结构通常被理解为由"开譬"和"合譬"两部分组成，譬喻故事中每个符号及其所代表的义理概念间的对应关系被事无巨细地进行了解说。在如是的基础上，我们或许会设想其传播过程只会是对一种原型的简单复制。但是，实际情况远比设想复杂得多。仔细分析这些譬喻在造像记中究竟如何呈现，有助于我们推断出人们对这些譬喻的真正理解。

一 火宅喻

在《法华经》诸譬喻中，"火宅喻"在造像记中最为常见。正如上一章提到，我们可以在整个故事中提炼出三个核心要素：（1）父子关系，其中作为父亲的佛兼具智慧与方便——既有洞悉真相的

---

① 宫井里佳：《金藏論と中国北朝末期の仏教》，《佛教學評論》2010年第7期，第63—83页。此传统在唐及以后仍然延续，关于唐以后讲经文中因缘譬喻的运用，可参看朱凤玉《羽153v〈妙法莲花经讲经文〉残卷考论——兼论讲经文中因缘譬喻之运用》，《敦煌吐鲁番研究》第十三卷，2013年，第47—61页。范晶晶：《"缘"：从印度到中国——一类文体的变迁》，追溯了自印度到中国佛典、乃至俗文学中"因缘譬喻"这类文体的运用和变迁。《中国比较文学》2017年第2期。

智慧，又有实施救赎的能力和手段；而作为诸子的众生则欠缺智慧。（2）火宅，象征众生的基本处境。（3）用以救度众生的"车"。造像记中的具体文字，就围绕这些因素展开，并随时间发生变化。

1. 基本类型：遵照经典

第一阶段的几个实例，展示了"火宅喻"最初是如何在造像记中呈现的：

觉滞寝于昏梦，拯弱丧于炎墟。①

是以神曦腾曜，镜重昏于大千；三乘肇唱，拯沈黎于炎宅。②

慧鼓既振，普天闻般若之音；颓网更开，率土悟火宅之□。③

是以至觉垂悲，拯彼沉溺，阐三圣之□□□□□火宅……（颂）□□九区，慧镜长幽。三乘既驾，六应斯流。④

这样的表达方式在整个北朝时期的造像记中都非常常见，只不过在后期行文中变得更加丰富和精致：

真空虚湛，现丈六于大千；遂现寂寥，表三垂（乘？）于火宅。⑤

虽形言幽绝，诞迹三千，慈悲内发，欲济危拔苦，演十二

---

① 445 年《沮渠安周造寺功德碑》，校注（校注 =《汉魏六朝碑刻校注》，以下略）3：89 - 91。
② 488 年《晖福寺碑》，拓（拓 =《北京图书馆藏中国历代石刻拓本汇编》）3：17；关中（关中 =《北朝关中地区造像记整理与研究》）17。
③ 509 年《嵩显寺碑》，关中 47。
④ 510 年《南石窟寺碑》，拓 3：130 - 131；关中 50。
⑤ 551 年《邑子七十六人等造像记》，韩伟、阴志毅：《耀县药王山佛教造像碑》，《考古与文物》1996 年第 2 期。

而晓群情，喻三车以运诸子，权应归空，潜神真境。①
……

一般而言，B 型造像记开头阐述对佛教和造像活动的认识——即仓本尚德对 B 型造像记所分第③部分的一段（详见上节），可以再细分为以下内容（未必每条造像记都包含以下全部内容）：（1）终极的真理（"玄宗""至韵"……）超言绝象，唯有佛可了知，但仍能通过经典、图像等多少有所呈现；（2）回顾佛陀的救度史，即佛陀的大致生平、说法过程，乃至佛教传至中国的历史；（3）造像的意义，一般会褒奖功德主具备了种种智慧和功德，认识到某某佛教教义，有时也会回顾诸如"优阗王造像"等的佛教造像史，来说明造像如何有助于弘扬佛法、启人觉悟。以上这些对"火宅喻"的引用，基本都出现在第（2）部分，这也符合《法华经》中"火宅喻"原本的作用——它以譬喻的形式，浓缩了佛教化救度众生的完整过程。

尽管《沮渠安周造像功德碑》与其他后来的实例中间有四十多年的断层，这一百多年以来，文字的呈现方式仍然保持着惊人的一致性和延续性。虽然个别碑文已经被破坏，我们无法得知其确切的文字表述，但大致可以确定的是，在以上的实例中，对"火宅喻"的援引都是用来表达佛和世间众生的关系。一方面，众生深陷无知和困惑（文中常常使用"沉""溺"等词来形容）；"火宅"被用来形容他们的悲惨处境——这里的"火宅"明显是用作暗喻的，因为与经典以及注释不同，这里并看不到"火宅"（包括所有的细节）和其所指代意义间的明确对应关系。另一方面，佛陀出于慈悲，利用"三乘"救济众生，这里，"三乘"被用作双关，因为在铭文中，它既可以被"唱"，也可以被"驾"。总结而言，从某种意义上说，上文提到的"火宅喻"故事的三个要素，基本都可以在这些铭文中

---

① 557 年《刘碑寺造像碑》，拓 7：61；萃（萃 =《金石萃编》）33。

找到，并且与经文所载差别不大。

2. "父子关系"的变化

从第二阶段开始，对"火宅喻"的援引出现了如下的新形式：

（法师）识火构之弗康，☐化城之丕止。☐能☐☐三乘，机御十地。①

（孙辽）善能开化，方便导物。闻其善者，欣若身已；见其恶者，引出火宅。②

有大沙门生禅师，游三空以归真，泛法流而御世，控三车而徽踪，秉常乐以系轨。③

（造像施主）念八倒而不返，愍九居于火宅。☐法☐于世界，济三有于苦海。④

这些实例全部出现于中国北方东部地区。尽管"火宅"仍然意味着现世困境，我们仍然很容易从中辨别到一个重要变化：在这里，不是佛陀而是一些佛教僧侣或居士充当了将无知众生从火宅中救出的角色。很多学者把父子关系视作《法华经》的核心特征，并认为其中存在着清晰的等级，在这个等级中，诸子被描绘成愚蠢的，完全依赖于他们的父亲；而父亲，则是唯一拥有智慧的存在。⑤ 但是在这里，我们看到了阅读、理解和应用经文的不同可能性。在这些铭文的叙述中，中国本土现实生活中的一些佛教徒完全可以而且已经像如来一样明智而强大，他们成功地承担起了"控三乘"而救众生

---

① 523 年《马鸣寺根法师碑》，拓 4：132；琼（琼 =《八琼室金石补正》）卷 15。

② 524 年《孙辽浮图铭》，拓 4：168；校注 6：147。

③ 535 年《嵩阳寺碑》，拓 6：27；校注 7：136；萃 30。

④ 570 年《刘氏造像记》，百品（百品 =《北朝佛教石刻拓片百品》）1：88。

⑤ Jan Nattier, "Gender and Hierarchy in the Lotus Sūtra", Stephen F. Teiser, Jacqueline I. Stone, eds., *Readings of the Lotus Sūtra*, New York：Columbia University Press, 2008.

出火宅的角色。即使作者本人并非有意造成这样的后果，但至少，通过这样的描述，如来的一些功能实际上被现实社会中的某些本土佛教徒所接管。这一变化的意义不可低估。

如是变化的实质，是将"火宅喻"中的"父子关系"这一元素进行改写，用某些本土的佛教徒来替换作为父亲的"佛"的角色。并不能说如是的替换违背了"经文本身"的意旨，毕竟，在诸如《法师品》等处，佛亦首肯在如来灭度后，若有人能受持、读诵、解说《法华经》，这样的人就是"大菩萨"，是真正能够承持、传播正法的"法师"（dharma-bhāṇaka），他们对众生讲传《法华经》，实际上就是在"行如来事"：

> 药王！若有人问："何等众生，于未来世当得作佛？"应示："是诸人等，于未来世必得作佛。"何以故？若善男子、善女人，于《法华经》，乃至一句，受持、读诵、解说、书写，种种供养经卷……是人一切世间所应瞻奉，应以如来供养而供养之。当知此人是大菩萨，成就阿耨多罗三藐三菩提，哀愍众生，愿生此间，广演分别《妙法华经》。何况尽能受持、种种供养者？
>
> 药王！当知是人，自舍清净业报，于我灭度后，愍众生故，生于恶世，广演此经。若是善男子、善女人，我灭度后，能窃为一人说《法华经》，乃至一句；当知是人则如来使，如来所遣，行如来事。何况于大众中广为人说？①

向众生传播正法的法师，是"如来使，如来所遣"，其所行之事，也就是如来所行之事，此人也值得获得与如来一样的供养和尊崇。这在某种程度上为转化"火宅喻"中的"父子关系"提供了可能性。② 但这里，我们需要反思我们在"火宅喻"和《法师品》之

---

① （姚秦）鸠摩罗什译：《妙法莲华经》，T. 9, No. 262，第30页下。
② 感谢哈佛大学东亚系安倍龙一教授对此的启发。

间构建的这种联系：事实上，如果不是阅读到了造像记中存在着这样的表述，那种潜藏于文本中的将二者联系起来理解的可能性，可能并不会进入我们的视野。因此，重要的问题变为，当时的人们以本土法师替代如来之位置来改造"火宅喻"的这一选择本身，以及做出这一选择背后的原因。很有可能，正是由于当时法师化导民众的实践，以及地方邑义组织的日益发展所带来的僧俗之间更加紧密的关系，为这种改造提供了灵感。

3. "火宅"的变化

自第三阶段开始，出现了以下的表述：

> 藉此丹襟，凭兹胜力，炎宅罢游，化城谁息。标心云在，济彼含识。①
> ……□□实相，由其功也；火宅不浇而自灭，因兹业也。②
> 剖刊朝篆灵像一千，功成侧侣，广车状苦，化为大城，其称矣。③

这里，出离火宅既不需要如来，也不需要本地法师，而仅仅依靠造像、修井等功德，即可"炎宅罢游""火宅不浇而自灭"。侯旭东在总结 B 型造像记的内容时，注意到其中盛行这样一种观念：尽管佛法幽深难解、众生难以了知，唯有依赖佛之启悟，而佛又早已灭度，但造像可以反映佛之真容，乃至重现宣法圣地，故而目睹佛像，便可"启悟""洗惑""发心"。④ 这一背景有助于理解这里讨

---

① 538 年《张敬造像记》，大村西崖《支那美术史·雕塑篇》，日本写真制版所 1915 年版，图版 256。

② 540 年《廉富等凿井造像记》，鲁迅（鲁迅 =《鲁迅辑校石刻手稿》）2：2：283。

③ 541 年《贠光等造像记》，拓 6：81。

④ 侯旭东：《五六世纪北方民众佛教信仰：以造像记为中心的考察》（增订本），第 258—277 页。

论的现象。尽管对"启悟""洗惑"等词的理解尚可商榷——本书倾向于认为这并不意味着目睹佛像便可直接达到"无上正等正觉"那个意义上的觉悟，但至少可以确定的是，造像、立塔等营建活动被赋予了某种重要的解脱意义。而通过将这些活动编织进"火宅喻"的叙事中，那种模糊的通行观念获得了更为清晰的表达，其意义得到了最为直观的凸显。考虑到当时邑义在造像、建寺、立塔等活动中发挥的重要作用，以及其组织本身就是以这些活动为中心，这样的改造显然是适应现实需要的。

在《廉富等凿井造像记》中出现的"火宅不浇而自灭"的说法尤其值得注意，因为它实际上已经改变了经典中所描述的救赎模式：不再是把人们从危险的火宅之中救出，而是设想了一种新的模式——解脱来自宅中之火的熄灭，而且是"不浇而自灭"。换句话说，重点不在于从某个充满痛苦危险的境地中逃出，而是将这个境地本身转化为良性。① 尽管在经文中，"火宅喻"中的人物致力于"出火宅"——"入"与"出"的对比显得更为重要；但在这里，人们发现了新的、经文中没有明言的关注点——火本身的"燃"与"灭"，而由之所带来的，是整个救赎模式的改变。

4. "车"的变化

尽管目前只找到一例，但第三阶段出现的以下表述，仍然值得注意：

> 光饰侔青鸟之莲，珍华夺白牛之驾。②

以上语句出现于寺碑中描写寺院建筑的段落中。这里首先值得

---

① 类似的表达还可见于西魏大统十一年（545）《秦僧寿造像记》："上为皇祚永隆，万邦宁晏。又为七世父母、所生父母、师徒眷属、智识、檀越、化主并诸邑子等，使三途八难之苦，变为鹿野之琚；火灾之宅，变为双林之苑。"关中184。

② 557年《高叡定国寺碑》，拓7：61。

注意的,是"青鸟"与"白牛"的并列而举。"青鸟"在中国传统神话中与西王母密切相关,二者的并列,显示出来自不同源头和文化背景的符号如何在人们对语言的实际运用中相互融合,形成新的形象和意义。更加值得注意的是,尽管出现于"火宅喻"中的"大白牛车",几乎成为"一佛乘"最通行和最著名的象征符号,但这里,白牛车在经文中的那种教理含义却是次要的。白牛车首先作为一个象征华丽、巧饰的形象而出现,至少就字面意义来看,整个句子直接形容寺院建筑的壮观和精美。这种应用当然也可以理解,毕竟在《法华经》中,确实有不少笔墨用来描写大白牛车的殊胜与华丽。这并不是说碑文的写作者不知道白牛车的教理含义;重要的是,对于究竟如何利用、利用哪些经文中的因素来置于新的语境中,他做出了有目的和有意识的选择。

将牛车作为奢侈、华丽的象征这种表述是十分值得注意的,因为这背后还体现了中国社会物质文化方面的新趋势。上溯自秦汉时代,牛车就被认为不适宜"贵者"使用①,历史文献中记载的例外情况,只是为了表现经济状况的窘迫或是不得体的行为。② 正是在魏晋南北朝时期,乘坐牛车在贵族与王室中间变得越来越普遍。学者提出了许多说法来解释这一变化,③ 但这里值得强调的一个最为根本的问题,是在考古记录中观察到的牛车车厢的改进。根据对魏晋南

---

① 《晋书·舆服志》:"古之贵者不乘牛车,汉武帝推恩之末,诸侯寡弱,贫者至乘牛车。"《晋书》第三册,中华书局1974年版,第756页。

② 《史记·平淮书》西汉初年事"自天子不能具钧驷,而将相或乘牛车"(《史记》第四册,中华书局1959年版,第1417页);《后汉书·朱浮传》"自宗室诸王、外家后亲,……至或乘牛车,齐于编人"(《后汉书》第四册,中华书局1965年版,第1143页)。

③ 如刘增贵《汉隋之间的车驾制度》,载蒲慕州(主编)《台湾学者中国史研究论丛·生活与文化》,中国大百科全书出版社2005年版,第161—217页;朱大渭、刘驰、梁满仓、陈勇:《魏晋南北朝社会史》第五章《车船舆乘与交通》,中国社会科学出版社1998年版,第200—202、207页;刘磬修:《魏晋南北朝社会上层乘坐牛车风俗试论》,《中国典籍与文化》1998年第4期;高玉国:《晋代牛车在社会生活中的作用与地位探析》,《德州学院学报》2002年第1期;等等。

第五章 譬喻的应用与变形：中古造像记中的《法华》譬喻

北朝墓葬中发现的牛车陶俑模型的分析，在这段时期内，牛车车厢的形状发生了从方形到长方形的变化，这使得其空间比同时代的马车扩大了许多，这就可以为凭几等简单的家具提供空间，使得乘坐更为舒适。而且由于与马车相比，乘坐牛车更为平稳，所以更复杂的装饰成为可能。① 牛车物质形态的变化，很容易使人想起《法华经》中对白牛车的描写：

> 尔时长者各赐诸子等一大车，其车高广，众宝庄校，周匝栏楯，四面悬铃；又于其上张设幰盖，亦以珍奇杂宝而严饰之，宝绳绞络，垂诸华缨，重敷绾綖，安置丹枕。驾以白牛，肤色充洁，形体姝好，有大筋力，行步平正，其疾如风；又多仆从而侍卫之。②

二者之间的重叠无论是偶然的巧合，还是存在一定的因果关系，至少可以确定的是，只有以这样的物质基础为依托，本土中国人才有可能在头脑中设想、接受"华丽的牛车"这样的形象和表达。

另外一个巧合是，在这一时期，牛车成为卤簿的一部分，这一变化除了可见于《晋书·舆服志》等文献之外，也特别显示于墓葬中。③ 特别是在北齐墓葬壁画中，分别以"牛车"与"鞍马"为核心，每个队伍各有一定数量仆役携带仪式物品随行的仪仗组合，成为稳定、规律的模式，其规模显示出墓主人的地位和身份。④ 牛车的

---

① 张振刚：《三国两晋南北朝墓葬出土牛车俑群的初步研究》，硕士学位论文，四川大学，2007年，第59—60页。臧卓美：《试论魏晋南北朝隋唐墓葬出土的牛车》，《南京晓庄学院学报》2016年第3期。

② （姚秦）鸠摩罗什译：《妙法莲华经》，T. 9, No. 262，第12页下。

③ 张振刚：《三国两晋南北朝墓葬出土牛车俑群的初步研究》，硕士学位论文，四川大学，2007年，第63—74页；郑岩：《魏晋南北朝壁画墓研究》，文物出版社2002年版，第62页。

④ 张涵烁：《略论北朝墓室壁画中牛车鞍马题材》，《北方民族考古》第二辑，科学出版社2015年版，第231—249页。

礼制性应用显示了人们对于应该如何看待"牛车"这种物品形成了新的常识：它不再是贫穷的象征、"贵者不乘"，相反，此时它用来象征威严和身份。当这种认知借用佛教的语言表达出来，就是"珍华夺白牛之驾"。

二 其他譬喻

从第二阶段开始，《法华经》的其他譬喻在造像记中也陆续出现（第三阶段更多），但远远不如"火宅喻"常见。例如，《郭法洛等造像记》引用"穷子喻"，来赞颂如来对众生的救度——"舍妙入尘，诱行穷子"；与此相对，众生则沉溺于迷惑和无明，甚至能意识到如来者都极为稀少——"季俗荒迷，识觉者鲜"。① 这就把"穷子喻"故事中最为核心的矛盾问题——"子不识父"精炼地概括了出来。这种父与子、如来与众生之间的对比关系，与上文提到的"火宅喻"文字呈现的第一种情况有异曲同工之妙，都是用来解释如来与众生之间的救度关系。

在《邑义五百人造像记》中，引用了"化城喻"来阐明如来教说的次第：

> 至于化动十方，回□三□，吞□大海，□纳须弥，虽神照冥通，至德潜衍，莫不称根□弥□□物□□□□之□，□真实之相。因化城以暂止，演众妙于鹫山。及慧日□□，法□□□□五□□三千。②

尽管碑文太过涣漫不清，有不少文字已经难以识读，但仍然可以发现，这里描述了一个如来说法的序列：从来源于《维摩诘经》

---

① 526年《郭法洛等造像记》："凡夫道知其踪，舍妙入尘，诱行穷子；季俗荒迷，识觉者鲜。"关中116。
② 543年《邑义五百人造像记》，鲁迅2：2：343。

第五章 譬喻的应用与变形：中古造像记中的《法华》譬喻

的"芥子纳须弥"典故开始，中间有一些难以辨认的部分，"因化城以暂止"之后是"演众妙于鹫山"，最后"及慧日□□"，指佛的涅槃（文字缺失的部分很可能是"潜晖"之类的表达，这在当时的造像记中极为常见，用来指佛涅槃之事）。如是的顺序安排很容易使人想起当时义学僧人热衷讨论的"判教"问题。尽管限于文字的漶漫，这一猜测难以最终证实，更加难以确认这里具体是受到哪种判教思想的影响，但至少可以肯定，这里明确体现了一种为如来的不同教说安排次第的认识。这里的"化城"，显然代表着教说的某一阶段——如果参考经文内容和注释，应是声闻缘觉代表的"小乘"。"鹫山"所演佛法可能是指《般若经》，也可能是《法华经》，那么，这个序列就变成"小乘—般若—涅槃"，或是"小乘—法华—涅槃"。不过，这一序列本身并非本书所讨论的重点；重要的是，"化城喻"在其中所起的作用——当人们用"化城"来指代"小乘"，这不仅仅是一种文学修辞，而更意味着，人们对于小乘的认识本身就是借助于这一譬喻，它本身成为人们理解佛教次第的思想资源和认识工具。

其他譬喻，如"医王喻""衣珠喻""髻珠喻"等，也偶有所见，其出现时间均在第三期，仍是在表达如来与众生之间的救度关系。[①] 但就它们的出现频率而言，绝不能与"火宅喻"相提并论。就目前所及的材料而言，只有"药草喻"从未在铭文中出现。这或许仅仅是因为涉及这一譬喻的碑文尚未被发现或未被保存至今，但也有可能，这本身就说明了其普及程度的有限。这也说明，当时人们对于《法华》譬喻的利用，具有明显的选择和偏好，这一现象本身及其背后的原因，都值得仔细探究。

---

① 550年《杜文雍十四人等造像记》："夫大觉秉不测之智，非感莫应其形；真如蕴无穷之说，非圣孰宣其旨。故投药随机，崎岖济物，哀彼沉沦，系珠之信。"拓6：162；鲁迅2：2：475。

562年《彭城寺碑》（魏收作）："得宝□于□身，□金珠于额上。日者□骖北迈，化作维城。"拓7：113。

三　譬喻的组合

在许多情况下，譬喻以组合的形式出现。组合的模式相当稳定和有限。有些是《法华经》范围内的譬喻，如（a）"火宅喻"与"穷子喻"的组合：

> 是以八相同纷，开重关于幽夜；三轮晒辙，阐神机于己路。使游子归衢，轻车迅驾，炎宅止烦，水池修渌。①

以及（b）"火宅喻"与"化城喻"的组合：

> 识火构之弗康，□化城之丕止。②
> 炎宅罢游，化城谁息。③

在这些实例中，不同的譬喻被有机地结合在一起，形成完整的叙述。这本身就说明了将《法华经》中的譬喻贯通理解的可能性。这样的组合当然有可能是人们自发地、无意识地形成的，但是，这不能解释为何在"化城喻"之前出现的"药草喻"并没有进入这个组合，更重要的是，为何这样的组合模式会被不断重复。事实上，在《法华经》注释中，譬喻之间的组合问题，确实为义学僧人所重视（见第三章）。以"三周说法"的判释结构为前提，"譬说周"的"火宅喻""穷子喻"，"因缘周"的"化城喻"，皆以"法说"为本；不同的注释者，以不同的方式为这三者间构建起了情节、结构上一一呼应的关系。正是通过这种方式，并不紧密相邻的譬喻，被绑定为统一的整体。

---

① 543 年《朱永隆等七十人造像记》，拓 6：124。
② 523 年《马鸣寺根法师碑》，拓 4：132。
③ 538 年《张敬造像记》，拓 6：50。

第五章　譬喻的应用与变形：中古造像记中的《法华》譬喻　257

很有可能，造像记中出现的表达，是由义学僧人主导的理论动态，单向向下影响了民间对此问题的表述方式和理解方式。如果考虑到不少注释文献，尤其是以"义记""疏"等命名的文献，本身就往往是僧人讲经的记录（当然也经过了整理和修订），① 这一设想完全是符合情理的。通过讲经的实践，义学僧人的思想完全有可能向更为广泛的群体和阶层传播，尽管其中的过程可能比我们想象得更为曲折。只不过，我们也不可忽视另外一种可能性：我们在不同材料中间观察到的类似现象，可能都隶属于一个更广泛的潮流，但这二者之间并无直接的因果关系。在此意义上，直接用义学僧人的注疏去解释造像记中观察到的现象将会造成一定危险，因为这意味着用一种声音去替代另一种声音。

比上文更为常见的组合形式，是（c）"火宅＋苦海"与"三车＋舟船"的组合：

　　济时以道，拯手垂衣。苦海扬□，火宅炎盛。多途汲引，升此究竟。②

　　以一生过隙，四马不追，幻化须臾，身命非我。故能急访牛车，去此火宅；骤觅䒳舟，仙登彼岸。③

　　树影教以视惑，骤三车如入焚。室驱迷子，以出火□。泛宝船于欲海，拯横流于长津。舟车并济，驭四众如向□门。④

　　悲河鼓浪，六度之船并浮；炽宅扬烟，三乘之辙俱转。⑤

----

①　牟润孙：《论儒释两家之讲经与义疏》，《注史斋丛稿》，中华书局1987年版，第239—302页。
②　564年《道政四十人等造像记》，拓7：138。
③　547年《郭神通造像记》，常叙政、李少南：《山东省博兴县出土一批北朝造像》，《文物》1983年第7期。
④　565年《柴季兰等四十余人造像记》，拓7：160。
⑤　573年《临淮王造像碑》，孙新生：《山东青州北齐〈临淮王像碑〉》，《文物》1999年第9期。

> 设三车于火宅，欲度六道于沧波。①
> ……

依靠三车出离火宅，依靠舟船渡过苦海，二者之间形成了工整的对照。通过这种对照，"三乘"与"六度"这两个佛教中的重要术语被以巧妙的方式联系了起来。"苦海"和"舟船"这对常常用来象征"充满痛苦的人世"和"解脱痛苦的途径"的符号，在佛教文献中极为常见，最早在阿含经中即有零星所见。只不过，直到般若类经典特别是《金刚经》中，它们才吸引了来自印度、中国的不同学派义学僧人的注释和讨论。② 而考虑到般若类经典在当时中国的盛行情况，人们熟知这些符号不足为奇。

如是的组合形式不仅出现北朝保存的造像记中，南方同样可见：

> 可以驱车火宅，翻飞苦海，瞻三途而勿践，历万劫而不衰者，其毗尼之谓欤。(《南齐安乐寺律师智称法师行状》)③
> 救烧灼于火宅，拯沈溺于浪海。(梁武帝《为亮法师制涅槃经疏序》)④

以《弘明集》《广弘明集》中保存的资料为限，除完全忠实于经典的情况外，在以上所有出现于造像记的相对于经典原本譬喻的变形与延伸中，唯有此组合形式在南方亦有所见。并且，北方现存最早实例（564）早于南方。当然，材料保存的状况并不必然代表历史上的实际起源情况，但至少，这说明了南北方所共享的言说和理

---

① 574 年《智度等造像记》，拓 8：59。
② Yoke Meei Choong（宗玉嬿），"Divided Opinion among Chinese Commentators on Indian Interpretations of the Parable of the Raft in the Vajracchedikā", Chen – kuo Lin/ Michael Radich, eds., *A Distant Mirror: Articulating Indic Ideas in Sixth and Seventh Century Chinese Buddhism*, Hamburg University Press, 2014. pp. 419 – 470.
③ （唐）道宣：《广弘明集》，T. 52, No. 2103, 第 269 页上。
④ （唐）道宣：《广弘明集》，T. 52, No. 2103, 第 242 页下。

解方式，甚至也多少可以帮助我们推测造像记中所保存的话语方式，究竟由何种阶层创造和主导。

第三节 隋唐时期譬喻应用的继承与变化

隋唐时期，中国佛教无论在思想义理还是信仰实践方面，都较前期有了长足的发展和繁荣。反映在造像记等应用类文本对《法华经》譬喻的运用上，也出现了不同于此前的新变化。

就笔者的调查范围而言，目前所见隋唐时期利用《法华》譬喻的 B 类造像记，其中标明施主身份的，只有极少数个案涉及一般庶民的参与，并主要出现于隋代至初唐。① 事实上，在隋唐时期保存至今的造像记、塔铭、寺碑等资料中，《法华》譬喻是经常被引用的内容，只不过，这背后参与资助的，多数为僧尼、官员（及其家族）乃至帝王；这些铭文的撰写者，更是无一例外从属于这类人群，其中多有明确署名，甚至不乏名士大家。较之东魏北齐以来造像立碑活动中地方民众的广泛参与，隋唐时期的情况确实有所变化。不过，这绝不意味着普通民众对于《法华》譬喻的熟知和接受程度，反较之前降低；只不过，他们的认知情况有可能不再以如是形式表现。

北朝时期，在《法华经》诸譬喻中，对"火宅喻"的利用占绝对优势，相对于原典出现的变形和延伸，也主要围绕此譬喻展开；而在隋唐时期，除"火宅喻"之外，"化城喻"的出现同样非常频繁，其次为"穷子喻"，"衣珠喻""髻珠喻"亦有所见。此前未见的对"药草喻"的利用，也在此时出现：

---

① 开皇三年（583）《佛弟子□□□一百人等造像记》，开皇十三年（593）《诸葛子恒等造像碑》，久视元年（700）《王二娘造石浮屠并像记》。甘肃省古籍文献整理编译中心：《中国金石总录》（数据库）。

□香□馥，定水澄清，□三草而布慈云，警四生而擂法鼓。①

"三草"的提法，承袭自经典注释中各家对"三草二木"问题的反复解说，这无疑体现了来自义学注释的影响。不过，对"医师喻"的明确利用则尚未找到明确实例。

相较而言，对"火宅喻"与"化城喻"的援引最为常见。不同于原典既定形式的变化，也发生于这两个譬喻。

一 "火宅喻"的改造

隋唐时期对"火宅喻"的利用，大部分仍遵照经典。在此基础上的变化和延伸，主要包括以下几种情况。

1. "火宅喻"的各种组合

有（a）"火宅喻"与"化城喻"的组合，如：

识化城之非有，悟火宅之无常。②

也有（b）"火宅"与"苦海"的组合：

愍火宅居之正燎，飞辔高骧；济苦海之波澜，杨舻□□。③
识苦海之难□，知法舡之运已，早觉火宅以□焰……④
……

由太宗李世民所作、褚遂良书，立于弘福寺的《大唐三藏圣教

---

① 开元六年（718）《幽栖寺尼正觉浮屠铭》，《全唐文》卷988；琼卷49。
② 垂拱三年（687）《张文珪造像碑铭》，琼卷40。
③ 《阳信令元某释迦象铭》，《琼》考其在贞观十七年（643）后。
④ 天宝十三年（754）《兴国寺碑》，《山左金石志》卷12，《中国历代石刻史料汇编（书同文）》（数据库）。

序》，或许是其中最为著名者：

> 湿火宅之干焰，共拔迷途；朗爱水之昏波，同臻彼岸。①

上一节提到，如是组合在南北朝时便已颇为通行；隋唐延续了前期传统，成为文人学僧经常利用的语汇，不仅保存于铭文、寺碑中，也见于其他类型的文献。《广弘明集·历代王臣滞惑解》中记魏徵"策有百条"，其中一条，提到佛之教化行迹，也出现了此种表述：

> 出诸子于火宅，济群生于苦海。②

即使这里所记未必为魏徵原话，也至少代表了转述者当时所通行的语汇与表述方式。

（c）除此以外，唐代同样常见，同时也是此前尚不显著的新组合形式，是"火宅"与"法雨"的组合。如：

> 若夫梵帝难名，霭慈云于火宅。③
> 大道□一，法门不二，梵雨洒滋，火宅销炎。④

接上引《圣教序》，于同一碑上，李治所作《圣记三藏经序》有：

> 重昏之夜，烛慧炬之光；火宅之朝，降法雨之泽。⑤

---

① （唐）道宣：《广弘明集》，T. 52，No. 2103，第 258 页下。
② （唐）道宣：《广弘明集》，T. 52，No. 2103，第 127 页上。
③ 久视元年（700）《王二娘造石浮屠并像记》，琼卷 45。
④ 天宝六年（747）《王迴山造浮图颂》，琼卷 57。
⑤ （唐）道宣：《广弘明集》，T. 52，No. 2103，第 258 页下。

上文分析已经提到，在经文"火宅喻"的叙事中，"入—出"的结构构成了故事矛盾的核心；但通过与"法雨"的意象结合，解决"火宅"之困的方式，不再是"出离火宅"，而是直接以法雨将火宅之焰浇灭。就其修辞效果而言，这就使得对众生的救度不再强调"出离"现世，而是立足于改造现世本身。这种解脱模式的改变，其萌芽在更早的东魏时便已出现（详见上节），但只找到一个孤例（《廉富等凿井造像记》）；更重要的是，在那一例中，使得"火宅不浇而自灭"的并非其他，而是特指造像的功德，这就与唐代的情况有了显著区别。通过将"法雨"融入"火宅喻"的叙事，人们形成了对佛之教化与众生解脱过程的新的描述和理解方式，这种描述方式的流传和推广，也意味着如是理解成为这些碑文书写者所代表的知识阶层的共识。

2. 对"父子"角色的替换

上文提到，北朝时造像记中出现了将佛救诸子出宅、驾驭三车的角色替换为本地法师、居士的现象。这一现象在隋唐时期依然存在，但已极为稀少。如敦煌莫高窟第 148 窟功德记碑即著名的《李府君修功德碑》中有：

> 若僧政沙门释灵悟法师……戒珠圆明，心镜朗彻，学探万偶，辩折千人。出火宅于一乘，破空遣相；指化城于四坐，虚往实归。①

在称法师以一乘引导众生出火宅的基础上，这里还利用了"化城喻"，称化城同样可由法师指引，二者的作用一致，都是变相地赞

---

① 776《李府君修功德碑》，P3608、P4640、S6203；《西陲石刻录》；张维《陇右金石录》。转引自郑炳林《敦煌碑铭赞辑释》，甘肃教育出版社 1992 年版，第 9—13 页；苏莹辉：《敦煌莫高窟现存石刻考略》，《台湾"中央图书馆"台湾分馆馆刊》第 2 卷第 1 期，1995 年 9 月。

颂其业已具备了如佛一般教化众生的能力和成就。不过在中原地区，笔者尚未见到类似实例。①

3. "宅"与"车"关系的变化

按照经文的叙事，诸子在出离火宅之后，方得长者赐车；在高僧大德的注释中，也十分强调先出宅、后索车赐车的顺序，因为在"出宅"之后，才有"大乘机发"（见上章第三节）。但在唐代文士笔下，如是的先后顺序也被改造：

> 又造《涅槃经》二部、《法华经》十部，缮写既毕，晨夕授持，足使不往雪山，悬睹八字；未离火宅，已驾三车。②
> 重迦文之妙典，火宅之内驾驭三车；舍内外之财……③

此二例的语境，皆为追叙逝者生平。其特别之处在于，不同于经文中先出宅、后登车的顺序，这里强调，不须出离火宅，而是就在火宅之内，便可"驾驭三车"，这就打破了经文原有的叙事模式。照其表述，不出火宅而驾三车之所以可能，是依靠逝者本人对于佛教经典的修持（第一个例子明言是靠《法华经》）。

"火宅喻"浓缩了佛教化救度众生的完整过程，关于此，高僧大德写作的注释中已经展开了详尽的讨论。但对于现实生活中的人来说，更为切身的问题是，面对现世无佛的"末法"时代，面对自身

---

① 一些学者在考察《法华》譬喻于诗文中的运用时，提到"火宅三车喻"在唐诗中也用来"赠予他人、赞颂功德"，但笔者考察其所举实例，发现皆不能成立。如其所举李商隐"漫夸鹙子真罗汉，不会牛车是上乘"一句，并非夸赞任何人，而是批判小乘罗汉不识佛乘的局限性；齐己"持经功能如是，任驾白牛安稳行"，其实是赞颂《法华经》的作用；皆如此类。项波：《"法华七喻"在唐诗中的运用》，《韶关学院学报》（社会科学）2008 年第 2 期。张海沙：《佛教五经与唐宋诗学》，中华书局 2012 年版，第 235—237 页。

② 648《河南任道墓志铭》，《总录》。

③ 749《段常省塔铭》，《金石萃编补略》卷二，《中国历代石刻史料汇编（书同文）》（数据库）。

生于五浊之世、尚未出离的现实，应如何理解自身的处境？如何获得修行和解脱上的指望？这里对"火宅喻"的改造，体现了人们对此问题的回应：通过诵持佛典，无须"长者"——佛赐车，同样可以"驾驭三车"；并且，驾驭三车也无须出离"火宅"——三界，这就以更加直接的形式，肯定了在现世中获得觉悟的可能性。如是的表达并不违背经典。事实上，《法华经》中反复申明，如来灭度之后，若能读诵、受持此经，"斯人则为顶戴如来"①，即明确此经具有与如来同等的地位和作用；同时也数度肯定此经在启人觉悟方面的意义：

> 阿逸多！若我灭后，诸善男子、善女人，受持读诵是经典者，复有如是诸善功德，当知是人已趣道场，近阿耨多罗三藐三菩提，坐道树下。②

通过对"火宅三车喻"的改造，经中的如是思想被浓缩于直观的形象中，人们也借此表述，形成了对于自身修行、解脱历程的更为清晰、更为贴近自身情况的积极认知。这正体现了运用经典内容过程中的现实关照。

二 "化城喻"的改造

作为《法华经》中同样经常被利用的一个譬喻，除遵循经典的用例之外，"化城喻"在隋唐时期，也出现了不同于以往的新变化。

1. "化城"作为堂皇华丽之标尺

按照经文，"化城"为导师于险道中途为鼓励行人而设，尽管其中舒适安稳，却终究虚假非实，只是"化作"，行人须由此继续出发，直至真实"宝所"。换言之，化城的舒适美好，是为了进一步衬

---

① （姚秦）鸠摩罗什译：《妙法莲华经》，T. 9, No. 262, 第 45 页中。
② （姚秦）鸠摩罗什译：《妙法莲华经》，T. 9, No. 262, 第 45 页下。

托其"虚假非实",这才是经文的重点。但在一些用例中,此重点却发生了偏转:

> 层阁步檐,飞丹列紫,如化城之壮丽,譬□囿之□高……①
> 方之雁塔,有似飞来,譬以化城,还疑涌出。②
> ……

这里提到"化城",并不强调其虚假不实、应及时抛却,而只是取其美好壮丽之意,以此称赞建筑之功。如是的呈现方式也不乏为名家大士所利用。例如,白居易曾受岑参临终托付"六七十万钱",他将之用于寺院修缮,完成之后,他这样称赞此工程:

> 譬如长者坏宅,郁为导师化城。③

这里的"长者坏宅"不强调其烈焰灼烧之危,"导师化城"也不强调虚妄非真之意,二者的对比,主要是用来形容建筑由衰朽到精美的转变。另一方面,二者又明确使人回想起经典出处,这就使得其意义保持着与经典的连续性。由于"化城"毕竟由"导师"所化,其所描述的建筑便不仅仅具备了物理意义上的精美壮丽,同时也蕴含着超越的、精神方面的意义。在此意义上,建筑由衰朽到焕然一新的转变,也被赋予了佛教解脱论方面的价值。其他用例亦是如此。将"化城"用于对建筑的描述,其实也是通过这种方式,构建起现实营建活动与"导师"——佛之间的联系,从而,其所营建的建筑便不仅仅是物理空间,而更被赋予了超越性的意义。

2. "化城"作为临终目标

无论在经典还是在经典注释中,都强调"化城"与"宝所"之

---

① 开元十二年(724)《开业寺石佛堂碑》,琼卷24。
② 开元二十四年(736)《齐州神宝寺碣》,琼卷55。
③ 白居易:《白居易集》卷六十八,中华书局1999年版,第1441页。

间的对比——二者一权一实,"化城"只是供行人暂时休息之处,并非真实;真正值得追求的,唯有真实不虚的"宝所"。同样,唯有一佛乘真实,小乘涅槃只是权宜。尽管这一理解贯彻于对"化城喻"大部分的引用中,但仍有一些实例,于此发生变形。如:

悠悠大道,无识无真,睹慈□善,登□化城。①
爰有精进,式谢先灵,近□奇塔,长登化城。②

此二例皆出现于碑文最后的韵文部分,表达对逝去亲人乃至对长官、皇帝的祈愿。祈愿以"长登化城"作结——不是"暂居",而是"长登"——足以说明"化城"在作者、施主心中的意义——与其说如原典一般,将之作为取宝路上的权宜之计,不如说,对个体来说,它被当作了非常值得期许的最终归宿。这未必是由于碑文制作者或施主不了解经文原本的意旨,而更有可能是个人结合自身情况所作出的自主选择。一些墓志也透露出了如是的趋势:

轻以身心,勤于施舍,乘羊自乐,出火宅而游四衢。③

这里对"火宅喻"的化用,显然对于经文内容十分熟稔;墓主当然明了三车之别,却主动做出了"乘羊自乐"的选择。

尽管《法华经》的通篇内容(尤其是前半部分),旨在引导读者"会三归一",即明了"三乘"之权,会于"一佛乘"之实;尽管当时的中国佛教,无论在思想义理还是在修行实践方面,大乘经典都占据了绝对主流,以至于在人们的印象中,"大乘佛教"几乎成为中国佛教徒不言自明的前提和价值取向,然而,以上的实例告诉

---

① 583 年《佛弟子□□□一百人等造像记》,《总录》。
② 705 年《真空造石浮屠铭》,《总录》。
③ (五代周)《邢彦褒墓志铭》,《金石萃编(续补)》卷 44,《中国历代石刻史料汇编(书同文)》(数据库)。

我们，在知晓"大乘"的情况下，仍有一些人，刻意选择"羊车"、选择"化城"。或许对于个体来说，他们虽爱好佛法，但比起无与伦比的"一佛乘"，他们更乐于取小乘"自乐"，认为这是更为适于自身能力和情况的目标。这种个人的选择，在"正统"的义学作品中很少看到，但同样反映了当时普通人的精神价值取向。

小　　结

造像记是对造像、立塔、修寺等营建活动的记录和歌颂，其中即使涉及对佛教义理的理解，最终也是为了更深刻地展现其营建活动的意义。因此，这些内容没有必要表达得过于艰涩高深，仅仅是某一地区、某一群体范围内基本常识的反映。《法华经》譬喻在造像记中的出现，最早见于凉都高昌时期，在北魏孝文帝汉化改革时期开始被上层统治者利用，经过北魏晚期的发展，在东魏北齐境内全面扩散到各个阶层、群体。在隋唐时期，更是成为人们习以为常的语汇，出现于各种体裁和场景。这一过程，实际上反映了来自印度的佛教经典，逐渐渗透进入并参与构建了人们关于佛教基本常识的具体过程。

造像记所反映的宗教实践活动对经典内容的应用，有延续，也有仅凭经典本身而意想不到的变化，其理解方式也与前几章所讨论的经典注释有显著区别。这种理解上的参差和差异，很容易使人回想起学者关于中国佛教"分层化特征"的论述。[1] 那么，在对于中国佛教的分层分析中，究竟何种分析模型更有助于理解本书所观察到的现象？这就需要考虑造像记这类材料的特点：一方面，从参与群体来说，造像记及其背后的宗教实践活动涉及僧俗两界各个阶级，亦不乏学识渊博、精通佛理的高僧大德参与其中；另一方面，造像

---

[1] Erik Zürcher, *Buddhism in China：Collected Papers of Erik Zurcher*, p.276.

记之间又存在显著的相互借鉴、抄袭的现象，因而无法简单地将其文字所呈现的理解与认知方式，直接归属于其上署名的个人或群体。在此意义上，"精英"与"民众"、"义理"与"信仰"的二分法，都显得不足以契合语境——将经典注释归属于"精英佛教""义理佛教"固然无误，但我们却不能将造像记简单地归于二分法中的另一方。

相较而言，万志英（Richard Von Glahn）分析中国宗教现象时利用的"通俗宗教"（vernacular religion）与"经典宗教"（classical religion）框架，或许能够有所启发。尽管前者含有属于"普通民众"之意味，但根本上来说，二者并不是以阶层为区分，而是强调，前者植根于本土和地区历史，更接近日常生活。① 二者之间的差异，在于究竟是以生活实践为中心，还是以宗教经典本身为中心。造像记就是这样一种更为贴近本土现实生活的实用性文本。较之义学僧人写作的经典注释，造像记涉及的人群，无论是其设计者、资助者，还是撰写者，其目的皆不在于经典本身，而是希望通过造像、修寺、立塔等活动，回应自身现实生活的期许。他们对于经典内容的利用，归根结底是借此描述和塑造自身的宗教实践与生活。正是在此意义上，其所呈现的对于经典内容的诠释，可以构成对经院主义注释作品的有益补充。

造像记对于《法华》譬喻的利用，惰性与创造性并存。惰性体现在，多数造像记的行文与用词，呈现出显而易见的延续性和相似性，抄袭与借鉴一直伴随着造像记的生产。这种抄袭过程，实际上

---

① [美] 万志英（Richard Von Glahn）：《左道：中国宗教文化中的神与魔》，廖涵缤译，社会科学文献出版社 2018 年版，第 13—14 页。脱离中国宗教语境，关于"通俗宗教"概念本身的讨论，可见 Leonard Norman Primiano, "Vernacular Religion and the Search for Method in Religious Folklife", *Western Folklore*, Vol. 54, No. 1, *Reflexivity and the Study of Belief* (Jan., 1995), pp. 37–56; Marion Bowman, Ulo Valk, "Introduction: Vernacular Religion, Generic Expressions and the Dynamics of Belief", *Vernacular Religion in Everyday Life: Expressions of Belief*, Routledge, 2012。

也是经典内容不断传播,逐渐成为人们脑中常识的过程。但另一方面,回应于不同的现实处境与实践要求,人们也对譬喻进行了仅凭经典无法设想的改造。在经典注释中,注释者严谨地将譬喻中的一切细节、一切故事情节都转换为义理概念,尽管不同注释者转换义理的方式有所不同,由经文给定的喻依,却不会发生结构性的变化。与此不同,造像记中出现的《法华》譬喻,已经并非完整地具备叙事性的故事,而是围绕譬喻的核心元素,被压缩为单一的形象或符号。在此基础上,人们不仅能够在譬喻的喻体中引入其所关注的现实问题,如将"长者"原本的喻体——佛替换为本地法师、造像活动等,甚至可以大胆地改变喻依本身的结构(如改逃出火宅为"浇灭火宅"、改变宅与车的内外关系等),从而,产生超越经典的意义变化。

　　经过如是的过程,最终,"火宅""化城"等譬喻在佛教徒的语汇中显得如此普遍,以至于人们未必需要专门回溯经典中对这些譬喻的完整表述,而是直接将其作为常见词汇使用。事实上,无论是在佛教经典中还是在中国传统典籍中,寓言类的譬喻都很容易生成成语和习语,它们作为高度浓缩的寓言,已经可以纳入语言学所谓"常规隐喻"的范畴。[1] 理查德·罗蒂将这一过程概括为"隐喻的字面化"(literalization),即,如果一个隐喻符合大众口味,"这个句子就有可能被重复、流行起来、到处流传"。"它会要求……在语言游戏中惯常的地位,从而不再是一个隐喻。一旦隐喻的新鲜感老旧了,你就得到浅白易懂、本义的透明语言。"[2] 字面化,意味着进入大众的词汇表,人们借此来描绘现实。具体到本文所讨论的《法华经》譬喻,对于中国的受众而言,这些譬喻在佛教徒中间经历了由

---

　　[1] 邓晓凌、赵毅、彭博:《庄子寓言的认知隐喻研究》,四川大学出版社 2020 年版,第 100 页。"常规隐喻"是相对于"新颖隐喻"而言,其语义如同直接的字面本义一样已经凸显、清晰地为人所知,无需头脑进行额外的理解加工。

　　[2] [美] 理查德·罗蒂:《偶然、反讽与团结》,徐文瑞译,商务印书馆 2019 年版,第 35、225 页。

"新颖"到"常规"的历时变化,这意味着什么?对于这些出自印度佛典的譬喻来说,这意味着进入大众的或至少是进入广大佛教信众的基本词汇表,从仅为个别精英僧侣所领会的小众话语向公共话语转变;另一方面,这一过程的背后,又意味着无数个体对其的接受与创造。

来自《法华经》的譬喻,为人们提供了描述、看待自身处境和宗教实践的方式,在将其利用于实用性文本的过程中,譬喻本身的形态和意义也发生了变化。对经典内容的理解,并非只有僧人注释中所展现的方式;出于不同的目的和问题意识,对经典的阅读和利用可以呈现不同的结果。这也正体现了经典接受过程中的复杂性和丰富性。

第 六 章

譬喻的图像诠释：
敦煌经变画中的《法华》譬喻

对经文内容的不同诠释和理解方式，不仅仅可以通过文字呈现，其他媒介同样不可忽视。这其中，以图像方式对经典进行的视觉呈现意义不可小觑。佛教又被称为"像教"，正如北朝以来造像记中反复提到的"经像训世"理念所示，从佛教甫一传入中国，图像就在佛法的传播过程中扮演着不可或缺的角色。具体到本书所关注的话题，自隋代开始，敦煌莫高窟等处就陆续出现了以图像形式表现的《法华经》譬喻。在此过程中，《法华经》的数个譬喻并非一开始就全部出现于图像，而是经历了逐步选择和发展的过程；图像的具体呈现方式，也随时间有所变化调整。在佛典浩渺繁复的文字当中，哪些内容被选择呈现于图像，又是以何种方式呈现，这本身就体现了某种特定的理解方式和诠释立场。前几章中就注释材料所讨论的问题，即对譬喻"整体"的划定（包括譬喻与其他范畴之间的认知结构，以及各譬喻之间的开合结构），以及对具体譬喻的解读方式，同样值得在此提出。

前辈学者的大量基础性工作为回答这些问题提供了可能。从最早对法华经变进行研究的松本荣一开始，贺世哲、施萍婷等数代中外学者，在考订图像题材、厘清图像发展的历史进程等方面做了大量的基础性工作（见绪论）。在此基础上，图像背后的思想意涵亦越来越为学者所关注。① 在此之中，工程最为浩大的，当属汪悦进的《塑造法华经》。这部专著最基本的问题意识，在于借助对图像及其历史背景的分析，还原支配图像制作的当时人们的"想象世界"——这个"想象世界"不仅仅涉及《法华经》，还涉及其他领域的种种经验。尽管作者探索问题的手段以及由此达成的具体结论值得商榷，这一问题本身以及问题背后关于经典与图像关系之间的预设（即仅凭经典文本并不能帮助我们解释图像中的所有现象）的价值却仍然值得重视。近些年来，随着图像题材比定进一步精确化，一些原本被归为"法华经变"的图像被剔除出去，这也使得我们有必要从重新划定的材料范围出发，再次审视这一问题。

　　本章内容分为三节。前两节按照时间顺序，分别梳理隋、唐两代敦煌地区的《法华经》譬喻图像，考察其背后所体现的对于经文内容的诠释和理解方式。之所以将范围限定在敦煌，固然是受材料保存状况所限，但也是因为，这里难得地呈现出特定地域范围内历时发展的完整序列。尤其难能可贵的是，这里还保留了其他多种形式的物质遗存，这使得我们可以收集来自不同角度的"碎片"拼凑当时的情况。因此第三节，将结合敦煌遗书中的相关材料，考察图像对经文的诠释方式如何塑造和影响人们对"佛教"以及自身生活处境的理解。这些影响有时已远超过经典自身的范围，这也将帮助我们进一步认识经典阐释和理解过程的复杂性。

---

① 如郭祐孟《敦煌隋代法华主题洞窟初探》[《兰州大学学报》（社会科学版）2006年第4期]，以南北朝的义学传统解释石窟的图像结构；张海亮、张元林：《关于敦煌法华经变穷子喻图像的几个问题》（《敦煌研究》2012年第4期），通过穷子喻图像与其他图像的布局和组合，认为义学注疏对穷子喻的解读方式影响了经变中相关图像的呈现；张元林：《北朝—隋时期敦煌法华图像研究》（甘肃教育出版社2017年版），以南北朝时的禅修理论、佛性思想与天台宗的判教理论解释北朝至隋敦煌法华艺术的呈现方式，等等。

第六章　譬喻的图像诠释：敦煌经变画中的《法华》譬喻

第一节　故事一种：隋代的"火宅喻"图像

出自《法华经》的图像，最早出现的是"释迦、多宝佛二佛并坐"，这一图像题材可谓遍布北朝石窟寺，特别是在北魏太和年间（477—500）达到高潮。经文叙事内容最早被表现于画面的，是《观世音菩萨普门品》，从隋代开始，敦煌便出现了这种新的艺术表现形式。[①] 不仅仅是《普门品》，在隋代第420、419窟中，还出现了表现《譬喻品》中"火宅三车喻"内容的图像。这些图像以何种方式传达经文的意义？如是的方式又体现了对于相关内容的何种理解？要回答这些问题，首先需要对相关图像的基本情况作一梳理。

一　莫高窟第420、419窟"火宅喻"图像基本情况

1. 基本描述

敦煌莫高窟第420、419窟位于莫高窟南区中段上层，两窟毗邻，均建于隋代，前者略早于后者。

第420窟主室平面方形，覆斗形顶，西、南、北壁各开一龛。主室窟顶藻井画斗四莲花井心，垂角幔帏铺于四坡，四坡画法华经

[①]　吉村怜、赵声良等学者认为，成都万佛寺出土的南朝《观世音菩萨普门品》经变为目前该经变的最早实例，但对于所谓"元嘉二年石刻画像"的年代及题材判定，学界尚存争议。见吉村怜《法华经普门品变相——刘宋元嘉二年石刻画像内容》，贺小萍译，《敦煌研究》1996年第4期；《南朝法华经普门品变相——论刘宋元嘉二年铭石刻画像的内容》，小泽亨子译，《东南文化》2001年第3期。赵声良：《成都南朝浮雕弥勒经变与法华经变考论》，《敦煌研究》2011年第1期。李静杰：《四川南朝浮雕佛传图像考察》，载龙门石窟研究院编《石窟寺研究（第1辑）》，文物出版社2010年版，第100—118页。

变及涅槃经变。①

窟顶西坡与北坡表现《大般涅槃经》中的画面。按照下野玲子的解读，西坡绘制了《涅槃经》开头《寿命品》中五十二类众生于佛涅槃之际来集的场景，画面自左向右展开。② 贺世哲认为西坡左侧表现的是《法华经·序品》与《方便品》中菩萨行施供养的画面，叶佳玫、郭祐孟还将每一小画面都与《法华经》中的具体经文一一对应起来。③ 本书的考虑是，解读存在分歧的这些画面，缺乏经典归属的明显特征标识，而布施供养诸佛的描写，也是佛经中极为常见的内容，故而若无榜题，其实难以判断其究竟应该对应于哪部经典。若非先入为主的判断，从画面来看，我们其实难以观察到明显可将整坡画面分割开来的标识。但另一方面，值得参考的是，在北坡上，大部分空间绘涅槃经变，在右端安排《法华经》内容时，中间就绘制了灵鹫山和草木，在空间上将左右明显地区隔开来④，这就说明画师在并置来自不同经典的画面时，不会完全不加以提示和处理。因此，本书倾向于接受下野氏的解释，将整个西坡画面全部视为表现《大般涅槃经·寿命品》的内容。

北坡除了右端部分，占据最中心空间的是涅槃图及涅槃后的荼毗之事。在其周围，还以小图表现了四天王、四众最后供养等

---

① 对于第 420 窟窟顶四坡所绘图像究竟应视为"法华经变"还是"法华经变与涅槃经变"，学界存在不同看法，后文将详细辨析。

② 下野玲子：《敦煌莫高窟第 420 窟法華変相図に関する試論》，《會津八一記念博物館研究紀要》第 6 号，第 39—52 页。

③ 见贺世哲主编《敦煌石窟全集 7：法华经图卷》，上海人民出版社 2000 年版，第 23 页；贺世哲：《莫高窟第 420 窟窟顶部分壁画内容新探》，《敦煌研究》1996 年第 4 期；叶佳玫：《敦煌莫高窟隋代四二〇窟研究》，台湾大学艺术史研究所硕士学位论文，1996 年；郭祐孟：《敦煌隋代法华主题洞窟初探》，《兰州大学学报》（社会科学版）2006 年第 4 期。

④ 下野氏在其论文中指明了这点。下野玲子：《敦煌莫高窟第 420 窟法華変相図に関する試論》，《會津八一記念博物館研究紀要》第 6 号，第 39—52 页。

场景。① 北坡右端一角绘制的是出自《法华经》的内容。其中，紧接涅槃经变的一侧最下绘灵鹫山，按照"灵鹫"之名，将山体画成鸟形，这在敦煌仅此一例。它与其上的草木一起，形成了一块明显的空间间隔，从而与左侧的画面隔离开来。右隅下部是延续东坡《观世音菩萨普门品》的四个画面，上部绘并坐于多宝塔内的释迦牟尼佛与多宝佛。按照郭祐孟的解释，这表现的是观音将璎珞分赠二佛，故而也可视作《普门品》的延续。考虑到同样绘于隋代的第303窟普门品经变中，也绘制了观世音菩萨向释迦、多宝二佛分献璎珞的画面，这种理解的可能性是很高的；不过，由于画面漫漶，难以判断图中人物是否确实手捧璎珞，这一解释难以最终确证。

东坡整坡绘《观世音菩萨普门品》，横卷式，分上、中、下三幅，表现观世音菩萨三十二应身说法，画面有一小部分延伸至北坡右端。

南坡绘《法华经·譬喻品》中著名的"火宅三车喻"（图1、图2）。画面中，呈"Z"型曲折的两组建筑占据了几乎整个坡面。建筑屋顶为青色，有红色火焰喷出。右侧的建筑群外，坡面右上与右下角落绘两个小的佛说法图，这可能是表现《譬喻品》中"火宅喻"之前佛为舍利弗说宿业因缘，并对其授记的情节。② 建筑曲折的围墙之内，还有一佛说法图，推测是表示佛为弟子说譬喻，而视线顺围墙方向而下，恰好是一白衣居士形象的人支颐安坐室内，其下有僮仆侍立，表现"多有田宅及诸僮仆"的长者。这样的安排也暗示出佛与长者之间的对应关系。右侧的建筑中，尽管围墙、屋顶

---

① 见下野玲子《敦煌莫高窟第420窟法華変相図に関する試論》（《會津八一記念博物館研究紀要》第6号，第39—52页）及郭祐孟《敦煌隋代法华主题洞窟初探》[《兰州大学学报》（社会科学版）2006年第4期]。对于北坡左侧画面的理解，二者稍有不同，但出自《涅槃经》是毫无疑问的。

② 郭祐孟：《敦煌隋代法华主题洞窟初探》，《兰州大学学报》（社会科学版）2006年第4期。可以观察到，在整个南坡的几个佛说法图中，只有右上角的佛像，头光、发色以及伞盖形制与其他都不同，笔者怀疑这可能表示舍利弗来世将成的"华光如来"。

绘满火焰，屋内的人物却浑然不觉，或交谈，或嬉戏。两组建筑的中间，分上下两层绘朝向不同的两组三车。其中，中部的三车，形制各不相同，一车上为尖顶伞盖，一车为人字坡顶，最下一车为圆顶伞盖，车上有小儿安坐，队伍行进方向向左。三车之右，白衣长者坐于床上作讲说状。上部并列的三车，形制均为人字坡顶，行进方向向右。下与上两组，应是分别表现了长者以三车劝诱诸子出离火宅以及长者等赐牛车的情节。中央下层以山石草木将画面与其上的画面分隔开，并列三个小的说法图，并且其位置自右向左逐次升高，有可能是分别与羊车、鹿车、牛车对应，表示佛授以声闻、辟支佛、佛乘。① 左侧的建筑中，除挣扎扭曲的人形，建筑内外绘有种种野兽虫蛇、黑色的鬼形，屋顶上还落有鸟类。野兽或追逐孩子，或分食尸肉，气氛恐怖慌乱。这些形象，只在经文的偈颂部分有详细描写。

2. 单品经变还是多品经变

如同其他三坡的画面，南坡的"火宅喻"画面有较为清晰的叙事顺序，即大致分三层，总体自右向左排列——这完全符合展开画卷的观看顺序。传统解释认为第420窟顶的经变包含了《法华经》中《序品》《方便品》《譬喻品》《见宝塔品》以及《普门品》的内容。但如果将西坡过去认为是表现《序品》《方便品》的画面划归为《涅槃经》，这一问题就需重新考虑。首先，就题材判定而言，关于究竟应把这四坡的图像看作"法华经变+涅槃经变"，还是"引涅槃入法华的'法华经变'"② 的问题，本书倾向于认为答案是前者。我们可以这样复盘分歧发生的逻辑顺序：学者首先辨识出了显而易见出自《法华经》的内容，然后，对于那些并不能在《法华

---

① 下野玲子：《敦煌莫高窟第420窟法華変相図に関する試論》，《會津八一記念博物館研究紀要》第6号，第39—52页。
② 张元林：《北朝—隋时期敦煌法华图像研究》，第132—169页；Eugene Y. Wang, *Shaping the Lotus Sutra: Buddhist Visual Culture in Medieval China*, pp. 20 – 24。

第六章 譬喻的图像诠释：敦煌经变画中的《法华》譬喻

经》中找到对应的内容，采取了两条不同的路径解决——一条路径是，直接承认那些内容表现的就是其他经典（即《涅槃经》）；另一条路径，则是努力发挥自身的诠释，将之"解释为"与《法华经》相容。直观地从画面来看，除了因为东坡空间不足，《普门品》的画面延续到了北坡，使得在北坡出自《法华经》与《涅槃经》的内容共存一坡之外（且二者之间还明确绘制了空间区隔），这四坡画面各自保有相对的独立性，没有必要牵扯"谁引入谁"的关系。或者说，除了强烈的主观预设，没有任何证据迫使我们需要进行这样的理解。

其次，北坡的灵鹫山与二佛并坐图像，说其出自《序品》与《见宝塔品》固然不错，但且不说这里出现的二佛有可能也可归入《普门品》，即使是将这两个画面单独看待，其象征功能亦大于叙事功能。与其说其仅限于表现了《序品》与《见宝塔品》两品，不如说其作为"灵鹫会"与"虚空会"发生的处所，是整部《法华经》的象征。考虑到二者左侧《涅槃经》的图像刚刚结束，以这两个符号标示《法华经》经变画面的开始，再合适不过。如此一来，经过一番剔除，真正以图像叙事表现了经文内容的，就只有《譬喻品》中的"火宅三车喻"与《普门品》。

第419窟的情况亦是如此（图3）。第419窟平面方形，窟顶前部为人字坡顶，后部为平顶，只在西壁开一龛。前部人字坡顶上，西坡上二行画《法华经·譬喻品》中的火宅喻，下一行画萨埵太子本生。东坡上三行画须达拏太子本生，下一行画萨埵太子本生。西坡的火宅喻，画面结构与第420窟所见类似，只是比起第420窟建筑群左右对称的布局，这里，左侧燃烧的建筑群占据了坡面大部分空间，其内绘种种野兽、鬼形，对应于经文偈颂部分的描写；右侧的院落则只绘两栋单体建筑。车辆同样绘于左右两组建筑中间，其中，上层的三车朝右；下层则只绘一牛车，车辆朝左，车前三人伏地拜谢，三人所对处，白衣长者及侍从安坐于亭内。这里的三人很可能分别代表了三乘之人，画面仍是表现长者等赐诸子牛车的情节。

二　图像体现的理解方式

从经文文字到图像的"跨越"和"转化",需要提取和选择文字中那些可以表现于图像的因素,还需要考虑如何将这些因素以合适的视觉形式呈现,这实际上就是一个对经典文字的诠释过程,也必然包含着对经文内容的特定理解方式。在对"火宅喻"的图像呈现中,我们同样可以发现这一过程的轨迹。在探讨经文的注释文献时,我们考察"具体譬喻的意义被如何诠释",以及"譬喻在何种结构、何种意义上被认知",而这些问题,在考察图像时同样适用。

关于第一个问题,首先值得考虑的是,图像的创作者如何对经文中的内容进行选择,因为这种选择本身就意味着对"经文中哪些具体信息值得被关注和呈现"进行价值判断。第420、419窟中的火宅喻图像值得我们关注的是,两窟都十分忠于文本,将经文长行、偈颂部分的差别忠实地呈现了出来——如上文所述,在画面中分绘于左右的两组"火宅"之中,只有左侧的火宅,出现了偈颂中提到的豺狼、野干、恶鬼于火宅中肆虐的恐怖场景。在忠于文本方面,第420窟甚至走得更远。在坡面分为三层的火宅喻图像中,不仅仅完成了叙事,还利用分层构图上下之间的垂直排列,表现了譬喻中"喻"与"法"之间的对应关系。"火宅喻"中的三个核心要素——父子关系(佛与众生)、三车(三乘)、火宅(三界),除了"火宅"与"三界"之间的对应实在难以表现,长者与佛、三车与三乘之间的对应都被尽力表现了出来。换句话说,画面希望传达的,不仅仅是"喻"中的故事情节,还力图如同文字一般,揭示其所寓指的"法"。

这种忠于经文文字的努力,本身就代表了一种选择和诠释立场。不过,图像毕竟有区别于文字的独特性,这又为不同的理解方向提供了可能。例如,第419窟的画面中一共出现了四辆车。贺世哲在其研究中提醒我们注意其与当时义学"三车说"与"四车说"争论

图1 莫高窟第420窟 窟顶 南坡 隋

数字敦煌 https://www.e-dunhuang.com/cave/10.0001/0001.0001.0420

图2 莫高窟第420窟 窟顶南坡 火宅三车喻情节位置示意图

作者制

图 3 莫高窟第 419 窟 窟顶前部 人字坡 西坡 隋

敦煌研究院编:《敦煌石窟艺术 莫高窟第四二〇窟、第四一九窟(隋)》(江苏美术出版社 1996 年版)图版 165

图4　莫高窟第159窟　南壁　法华经变　中唐

贺世哲主编：《敦煌石窟全集7：法华经图卷》（上海人民出版社2000年版），第94页

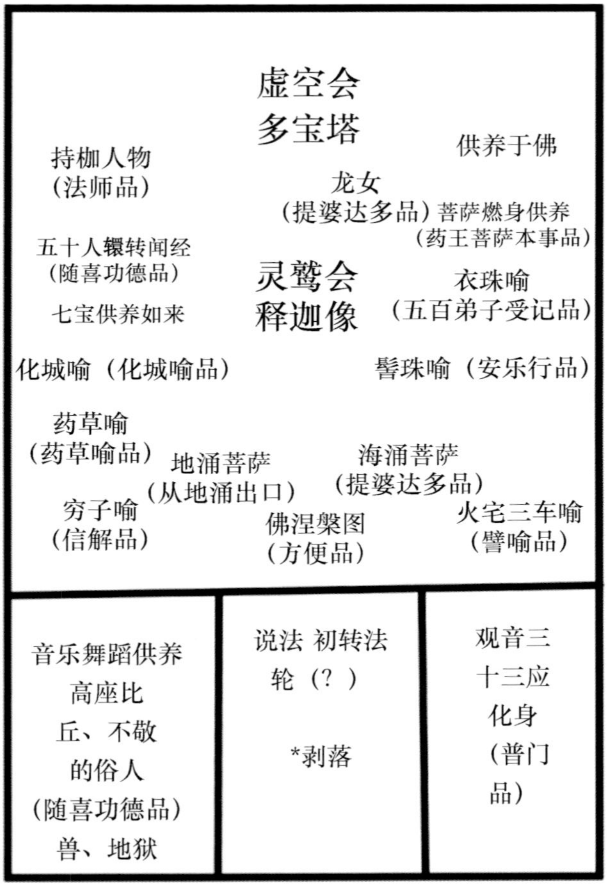

```
┌─────────────────────────────────────────────┐
│                    虚空会                    │
│                    多宝塔                    │
│     持栁人物                    供养于佛     │
│     (法师品)                                 │
│                   龙女                       │
│              (提婆达多品) 菩萨燃身供养       │
│     五十人辗转闻经            (药王菩萨本事品)│
│     (随喜功德品)                             │
│                   灵鹫会      衣珠喻         │
│     七宝供养如来  释迦像      (五百弟子受记品)│
│                                              │
│   化城喻（化城喻品）        髻珠喻（安乐行品）│
│                                              │
│     药草喻                                   │
│     (药草喻品)  地涌菩萨   海涌菩萨          │
│                (从地涌出口) (提婆达多品)     │
│     穷子喻                    火宅三车喻     │
│     (信解品)      佛涅槃图    (譬喻品)       │
│                   (方便品)                   │
├──────────┬──────────────┬──────────────────┤
│音乐舞蹈供养│              │  观音三         │
│高座比     │说法 初转法   │  十三应         │
│丘、不敬   │轮（？）      │  化身           │
│的俗人     │              │  (普门         │
│(随喜功德品)│  *剥落       │  品)           │
│兽、地狱   │              │                 │
└──────────┴──────────────┴──────────────────┘
```

图 5　莫高窟第 159 窟 南壁 法华经变内容布局示意图

参考下野玲子《敦煌莫高窟唐代法華経変相図の再検討—第 23 窟壁画の位置付け—》，《會津八一記念博物館研究紀要》8 号，第 45—56 页

图 6　莫高窟　第 154 窟　法华经变　中唐

敦煌研究院编：《敦煌石窟艺术　莫高窟第一五四窟》（江苏美术出版社 1994 年版）图版 48

图 7　莫高窟第 231 窟　法华经变　中唐
敦煌研究院编：《敦煌石窟艺术 莫高窟第一五四窟》图版 149

图8 莫高窟第85窟 法华经变 晚唐
敦煌研究院编:《敦煌石窟艺术 莫高窟第八五窟 附第一九六窟》(江苏美术出版社1994年版) 图版36

图9 莫高窟第231窟 法华经变"火宅喻"与涅槃图 中唐
敦煌研究院编:《敦煌石窟艺术 莫高窟第一五四窟》图版151(截取)

图 10　莫高窟第 61 窟　法华经变 "火宅喻" 与涅槃图　五代
敦煌研究院编：《敦煌石窟艺术 莫高窟第六一窟》（江苏美术出版社 1995 年版）图版 62（截取）

图 11　莫高窟第 23 窟　药草喻图像　盛唐
数字敦煌 https：//www.e-dunhuang.com/cave/10.0001/0001.0001.0023

图 12　莫高窟第 159 窟　药草喻图像　中唐
贺世哲主编：《敦煌石窟全集 7：法华经图卷》，第 99 页

图 13　莫高窟第 231 窟　药草喻农耕图像　中唐
敦煌研究院编：《敦煌石窟艺术　莫高窟第一五四窟》图版 150（截取）

图 14　莫高窟第 85 窟　药草喻农耕与云雨图像　晚唐
敦煌研究院编：《敦煌石窟艺术　莫高窟第八五窟　附第一九六窟》图版 36（截取）

图 15　上海图书馆藏敦煌写经 上图 063 五代磁青纸金字《妙法莲华经》第二卷卷首
上海图书馆、上海古籍出版社编：《上海图书馆藏敦煌吐鲁番文献（2）》（上海古籍出版社 1999 年版），第 46 页

图 16　苏州瑞光寺塔 唐五代碧纸金书《妙法莲华经》卷首（苏州博物馆藏）
《中国书法》2014 年第 17 期，第 96—97 页

图 17　日本 金刚峰寺 金书《妙法莲华经》卷首（12 世纪）
Tanabe, W. J., *Paintings of the Lotus Sutra* (New York: Weatherhill, 1988), Plate 103

图 18　日本 百济寺 金书《妙法莲华经》卷首（12 世纪）
Tanabe, W. J., *Paintings of the Lotus Sutra*, Plate 82

间的关系。① 关于这一问题，可以从两个角度思考：从创作者原本的意图来说，画面中出现的四辆车，其实代表了两个不同的时刻——无论是两组车不同的朝向，还是周围人物的动作，都明确说明了这一点（在第 420 窟中，我们甚至可以看到上面一组车内没有人，而下面一组车上坐了人，这就更清楚了）。这种异时同图的表现手法，在当时的佛教故事画中非常常见。把两个不同时刻的内容加合在一起计算，不能说明任何问题。但另一方面，从观者的观看体验来看，由于两个时刻的图像毕竟在空间上被并列在一起，这种视觉呈现是否有可能或多或少地给人留下"共有四车"的印象？这一可能提示我们注意到图像在影响和塑造人们对于经典内容理解方面所发挥的作用，这种作用发生的方式和逻辑与文字决然不同，但同样不可忽视。

关于第二个问题，即"火宅喻在何种意义、何种结构上被认知"，则需要对火宅喻图像出现的背景进行进一步的思考。

《法华经》中现存的最早被以经变这种艺术形式呈现的内容，是《普门品》。综合前辈学者的研究成果，经过一番整理和剔除之后，可以认为，在此之后出现的，就是表现"火宅喻"的图像——这与以往设想的敦煌隋代就已出现"多品"法华经变的发展路径有所不同。除《普门品》之外，"火宅喻"在这种艺术体裁中率先出现的情况也是可以理解的，因为正如上一章对北朝造像记的统计研究所表明的，在《法华经》的诸种譬喻中（实际上也是在所有可判明的对《法华经》的引用中），"火宅喻"确实在造像记中出现最早、数量最多，范围也最为广泛。可以推测，"火宅喻"确实是当时人们最为熟知的关于《法华经》的内容之一。

不过，图像与造像记中出现的这两个高度相关的现象之间并不必然存在直接的因果关系，而更有可能是同一历史趋势反映在不同媒介中的结果。可以进一步推测，是什么原因造就了这些结果？或

---

① 贺世哲：《敦煌石窟全集 7：法华经图卷》，第 17 页。

者更具体地说,"火宅喻"究竟如何为人所知? 前辈学者已经指出,第420、419窟所见的这种横卷式的画面布局,在中国的佛教艺术中,承袭自北魏以来佛本生故事和佛传故事画的余绪。① 同时,其在石窟中所处的位置——窟顶坡面,在敦煌北朝以来的石窟中也往往用来绘制各种佛教故事画。对经文内容如是的视觉呈现方式,实际上也体现了当时人们理解"火宅喻"这类譬喻的特定角度和方式。第419窟窟顶"火宅喻"绘制的背景直观地说明了这一问题——在那里,"火宅喻"与萨埵太子本生、须达拏本生故事这些莫高窟中常见的故事画一起绘于窟顶。从画面来看,画师对这三种题材的处理方式是一样的,这说明,"火宅喻"也被当作了一个佛教故事。第420窟窟顶的画面组合同样与此不矛盾,实际上,西坡和北坡的《涅槃经》图像,同样可以作为广义的佛传故事画理解——只是其题材取材自大乘的《大般涅槃经》罢了。有学者用南北朝时的判教思想,特别是天台宗"五时八教"的判教理论理解第420窟窟顶的画面组合,认为其是"法华涅槃时"的反映,出自两种经典的画面共同体现了"众生皆具佛性"的思想。② 图像的设计者之所以创设如是的画面组合,是由于受到当时判教思想的影响,这是很有可能的;不过,画面题材的义理根源,并不影响其在呈现方式上被当作故事。至于是否可以肯定统摄所有画面的思想就是"佛性思想",则是一个更为复杂的问题,因为这一方面为创作者预设了一种"命题作文"式的创作机制(即,先确立"中心思想",再寻找表达"中心思想"的画面材料);另一方面预设了存在这样一个(或一些)精通义理、有能力如学者所描述的那样将画面情节抽象提炼、重新组合,从而阅读到画面并未直接表现的背后"深意"的"观者"。然而,这种预设恰恰是不能不证自明的。我们只能说,"佛性思想"之于第420

---

① 施萍婷、贺世哲:《敦煌壁画中的法华经变初探》,《中国石窟·敦煌莫高窟》,文物出版社1987年版,第179页。

② 张元林:《北朝—隋时期敦煌法华图像研究》,第186—192页;郭祐孟:《敦煌隋代法华主题洞窟初探》,《兰州大学学报》(社会科学版)2006年第4期。

窟的画面组合，至多在"小明通过'华盛顿砍樱桃树'的故事明白了'诚实'的道理"那个意义上成立。

《法华经》中的"火宅喻"具有生动的故事情节，因而，它也被拿来与其他本生、因缘一起，作为能够唤起人们兴趣的佛教故事，讲述给大众。回想《高僧传·唱导第十》结尾议论部分对唱导的描述，其中提到"至中宵疲极，事资启悟，乃别请宿德，升座说法，或杂序因缘，或傍引譬喻"[①]。上一章曾经推测，"火宅喻"等《法华经》中出现的譬喻故事，因其生动有趣的情节，很有可能也被用来在讲经、唱导等场合发挥吸引兴趣、启发觉悟的作用。而在图像资料中观察到的现象，进一步加强了这一推测的可信度。简单说来，人们怎样理解那些本生、佛传等佛教故事，就怎样理解"火宅喻"。

这反过来又帮助我们推测截止到隋代时大众究竟以怎样的方式接触到《法华经》中的内容，或者说，他们所接受的《法华经》是何种面貌。很有可能，大多数人所认知的《法华经》并非今日我们所阅读到的、以标准化的文字形式呈现的二十八品（或二十七品）的形式——事实上即使在今天，除非专业的学者或僧侣，一般信众也难以说出《法华经》二十八品的全部内容。在识字率不高、经典传播成本极大的写本时代，这就更难以实现了。当人们提到《法华经》，他们所知道的内容，除了"多宝塔""观世音菩萨"这样的崇拜对象（甚至对这二者都未必知道其经典出处），可能也就限于在各种法会上听到的"火宅喻"这样的故事，以及《法华经》的名号本身了。在他们的认知中，"火宅喻"这样的譬喻就不仅仅是《法华经》的一个组成部分，而就是《法华经》的全部。在此意义上，譬喻的重要性不仅是在学理意义上的，而更是历史真实的。

[①] （梁）释慧皎撰，汤用彤校注：《高僧传》，中华书局1992年版，第521页。

第二节　图像中的譬喻开合：唐以来经变画中的《法华》譬喻

在初唐时期（618—704）绘制有《法华经》内容的诸洞窟中，无一例外没有再出现"火宅喻"。从初唐开始，敦煌莫高窟的法华经变出现向心式布局的端倪，即以作为礼拜对象的佛为中心，周围分布人物画面。以绘于第331窟东壁窟门上部的图像为例，画面中心为多宝塔内的释迦佛与多宝佛，周围分三行描绘参会的人物。这其中有经文《序品》提到的"释提桓因与两万天子"、四大天王、天龙八部，《提婆达多品》中的转轮圣王、海涌菩萨，《从地涌出品》中的地涌菩萨，《妙音菩萨品》中的妙音菩萨，《普贤劝发品》中的普贤菩萨。类似的布局也见于第202、335窟等。不过，这些人物不但分别象征了其所出自的各品内容，更作为一个整体，共同构成了盛大热闹的说法场面。与之前所见的《普门品》、"火宅喻"图像不同，这里的图像，叙事性并不突出。巫鸿曾经区分用以讲述故事的叙事性的故事画，以及以一个偶像（佛或菩萨）为中心的对称式组合，将前者概括为"情节式"构图，后者为"偶像式"构图。[①] 二者无论在创作逻辑、表现形式上，还是在目的功能上都不相同。这种区分启发我们，如果不执着于为不同时期出自同一经文的图像预设唯一的线性发展历程，初唐未出现"火宅喻"图像的情况反倒不难理解：很有可能，这种以多宝塔中说法的二佛为中心的布局，代表了与隋代出现的"火宅喻"变相截然不同的发展起点。

直到盛唐时期（705—781）的莫高窟第21窟中，包括"火宅喻"在内的譬喻画面才在以佛像为中心的"向心式"法华经变中出

[①]　巫鸿：《何为变相？——兼论敦煌艺术与敦煌文学的关系》，《礼仪中的美术：巫鸿中国古代美术史文编》，生活·读书·新知三联书店2005年版，第346—389页。

现，并在中唐即吐蕃占领时期（781—848）形成画面表现的定式。在这种新的艺术形式之下，这些譬喻如何呈现？其呈现方式又在何种程度上体现了对于相关内容的理解？本节将通过梳理此段时期内的材料，对这些问题进行探讨。

一 "法华七喻"在向心式法华经变中的呈现

1. 盛唐时期（705—781）：多种譬喻画面的初创

敦煌唐前期绘多品法华经变的只有第23窟和第331窟两个。[①]其中，只有第23窟出现《法华经》的譬喻。第23窟修建于盛唐天宝年间，全窟东、南、北壁，以及窟顶南坡均绘法华经变。主室北壁中间绘灵鹫会，南壁中间绘虚空会，两会和谐对称。

关于壁画内容，贺世哲识读为11品，下野玲子识读为14品。[②]后者更多地考虑到了与吐蕃占领时期及之后已经定型化了的法华经变之间的延续性，借助后期已经确定题材内容的画面比定第23窟的内容，颇为值得参考。

北壁中心为经文《序品》描写的灵鹫山说法。下方图像大范围剥落，但中央及略向右部分可见残存的佛像头部。说法图周围、左右及上方有彩色云气，云上有头光呈宝珠形或圆形的菩萨，这可能是《从地涌出品》中提到的地涌菩萨。灵鹫山说法场面中云上的菩

[①] 过去认为唐前期敦煌表现多品内容的法华经变分别为第331窟东壁，第217窟南壁，第103窟南壁，第31窟窟顶，第23窟南、北壁及窟顶。经过下野玲子及之后施萍婷、张元林等学者的辨别和剔除，现仅保留第23窟和第331窟，其他之前认为是法华经变的，很有可能是佛顶尊胜陀罗尼经变（施萍婷、范泉认为二者皆非）。见下野玲子《莫高窟第217窟南壁经变新解释》，牛源译，《敦煌研究》2011年第2期（原文发表于《美术史》第157期，2004年10月）；施萍婷、范泉：《关于莫高窟第217窟南壁壁画的思考》，《敦煌研究》2011年第2期；张元林：《也谈莫高窟第217窟南壁壁画的定名——兼论与唐前期敦煌法华图像相关的两个问题》，《敦煌学辑刊》2011年第4期。

[②] 下野玲子：《敦煌莫高窟唐代法華経変相図の再検討—第23窟壁画の位置付け—》，《會津八一記念博物館研究紀要》2006年第8号，第45—56页。

萨群，在吐蕃时期及之后成为定型，而第 23 窟北壁出现的当是现存最早的实例。说法图右上部分描绘了一个小型说法图。周围有菩萨及比丘或立或坐，表现《序品》中世尊所见诸菩萨的种种修行。[①]说法图右下方，实地调查可见羊车、鹿车、牛车，以及燃火的房屋瓦葺，屋外还有一人头戴冠巾、坐于床座，应该是教说诸子的长者。这些元素，在隋代所见的火宅喻图像中即已存在，在吐蕃时期及其之后，也是法华经变火宅喻场景的主要构成要素。

说法图左侧上部，画大片云雨，其下为青绿色的田地，田地上长有若干花草。肩挑麦捆的农夫冒雨走在田间，一农夫赶牛耕地。两农夫之下，还有一对夫妇带着垂髫小儿围绕一锅捧碗吃饭。根据榜题，这表现的是药草喻。

之下以山峦分割，绘造塔供养画面。塔前一人跪地拜佛，一人起舞，六人席地而坐，手持乐器。右侧还有四个幼儿嬉戏。这一素材有可能是来自《方便品》中对造塔供养的描写。

再下方绘两栋瓦葺建筑，内有穿着广袖衣物的数名贵人。榜题表明画面是表现来自《信解品》的穷子喻：

父知子□……□凡我所有□□宅舍人民。[②]

同样的表现形式，吐蕃时期之后的实例还有五代第 61 窟南壁，同样绘宏大屋舍以及居士打扮的长者以及穷子。关于"穷子喻"，后代定型化的描绘方式，是表现其在屋舍门外倒地被人抱起、扫除畜圈、横卧草庵的画面。不过，第 23 窟绘有屋舍和居士打扮的长者，但无法确认穷子以及畜圈等要素。实际上，如果没有榜题的话，很

---

① 下野特别注意到，其上方有一人自额间放光，光照一仰卧人物。下野氏认为，这表现的是《序品》中释迦如来眉间白毫放光，照东方万八千世界，其内有菩萨"处林放光，济地狱苦，令入佛道"。不过除了"放光"这一情节，其他似乎较难对应。
② 下野玲子：《敦煌莫高窟唐代法華経変相図の再検討—第 23 窟壁画の位置付け—》，《會津八一記念博物館研究紀要》2006 年第 8 号，第 45—56 页。

难明白画面的主题。当然，也有可能在下方大幅剥落的部分本来绘制了穷子、家畜等内容。

东壁入口左侧，上部城墙内立三名俗人，城外有背物以及枕肘卧地的人物。类似的表现，可见于五代第61窟，其中也有城郭、背负行李的行人、枕肘休息的人物，那里的画面可确定表现的是化城喻。吐蕃时期的第159窟没有绘城郭，但也绘有背负行李之人以及横卧休息人物，这是共通的。因此，这里的画面很可能也表现化城喻。此画面之下，有三组高座上说法的比丘图像。类似的图像在第159、61窟也存在。根据第61窟题记，画面出自《随喜功德品》，表现"五十人辗转闻经"。东壁中央入口上方，有被俗人用石头追打、平伏礼拜的比丘，这表现的是《常不轻菩萨品》。入口右侧，绘有面向佛塔自燃其臂的菩萨、佛涅槃以及火中菩萨坐像，表现《药王菩萨本事品》。

南壁以二佛并坐多宝塔为中心。右侧下方绘《普门品》。左侧上半，绘有占据较大面积的屋宅。过去认为，这里描绘的是化城喻，但仔细观察，屋宅庭院中的人物，有人瘫倒在地，右侧有人似乎煮食着什么，屋内还有人相对而坐。门外，则有人对骑马人物平伏礼拜。在吐蕃时期第231窟中，也绘有类似的画面，即庭院内也有人瘫倒、屋内人则相对而坐，院门外有人牵马、有人对其平伏，而在那里，榜题点明是来自《如来寿量品》的"良医喻"。再下方的壁面剥落严重，难以识别。

在盛唐第23窟中，除衣珠喻与髻珠喻之外，"法华七喻"中的其他五喻皆已出现。在具体画面情节的表现上，其与后世之间的关系不可忽视。不过，除"火宅喻"与"穷子喻"大致围绕灵鹫说法图左右相对、"药草喻"又位于"穷子喻"图像上方，这样的位置布局与后世有明显的延续性之外，其他两个譬喻的位置似乎尚未呈现出任何规律。这体现出画面整体布局尚未完全成熟的发展状况。

2. 吐蕃时期（781—848）：空间逻辑的定型

吐蕃占领期的法华经变仅存六铺，分别位于第144、154、159、

231、237、472窟。除第144窟之外，其他五窟的法华经变中皆出现了譬喻故事的画面。"法华七喻"在此期全部出现，无论是在具体内容的表现方式上，还是譬喻在画面中的位置和布局，都已形成了高度成熟的定型化模式。这里从第159窟的法华经变入手，分析画面的呈现方式和布局逻辑，再以此为引导兼而论及其他窟。

第159窟（图4、图5），窟顶覆斗形，西壁开一龛。法华经变绘于主室南壁最西侧，下绘屏风三扇，分别绘《随喜功德品》《妙庄严王本事品》以及《普门品》。同一壁面紧接着还绘观无量寿经变一铺以及弥勒经变一铺，其下同样各绘三扇屏风。

经变的中轴线上，以《序品》交代的灵鹫会释迦说法为中心，释迦佛座前新出现了宝池、莲花，象征释迦净土。[1] 灵鹫会上部，是代表虚空会的华丽多宝塔。二者作为画面的中心，是经变中最为醒目的部分。这种布局从此之后也成为法华经变的定式。画面最下部、灵鹫说法图的正下方，绘佛涅槃图。《方便品》偈颂部分提到，佛出于对无明众生的慈悲，出世说法，并"示之以涅槃"[2]，这正是世尊所施的"方便"，这里的涅槃图正可对应这一内容。盛唐的第23窟北壁，最下方已经剥落，我们无法判断灵鹫说法图下是否同样绘有涅槃图；但从剩余的空间来说，安排这一画面似乎有些勉强。这样的话，敦煌向心式法华经变中加入涅槃图，应是始于此时。

经变底部涅槃图两侧，结构对称的两个院落占据了画面左右两角，院落墙壁朝上部的灵鹫说法图方向收缩，引导观者的视线朝向画面中心。其中，右下角的院落绘数朵黑烟，屋内有孩童嬉戏，院落内鬼形、野兽奔突其中；院落之外，上部画羊车、鹿车向火宅行进，下部画一大牛车离开火宅。整个画面表现了"火宅三车喻"的情节。左下角表现的则是"穷子喻"。宽大的院落中，着广袖衣物的人物或于屋内宴坐，或于廊下交谈。院墙之外的最下方，长者与三

---

[1] 贺世哲：《敦煌石窟全集7：法华经图卷》，第90页。

[2] （姚秦）鸠摩罗什译：《妙法莲华经》，T. 9, No. 262，第8页上、10页上。

名侍从骑马外出，应是表现外出寻找儿子；其上院门外，一男子晕倒在地被人抱起，表现穷子不知其父，因父亲派人追赶，惊恐倒地。院落左下角，以男子躺在草庐中，表现儿子受雇养马。

左侧穷子喻画面之上，一农夫驱牛耕地，左侧妇人立于门前；两小儿席地而坐，举手招呼，其图像素材与第23窟所见的《药草喻品》画面如出一辙，只不过，这里连云雨都没有仔细描绘，只是将画面大致要素简略地复制而已。再之上，是"化城喻"画面：青色的山峦之间，有人背负行李、有人侧卧休息，最上的山坡上，一黑衣导师作指点引导状。这幅画面剥落不清，但也可判断未画化城，仅表现了取宝人行进的艰难画面。

说法图右侧，火宅喻之上，绘耸立的山峰与锯齿状的河岸。山前河边狭窄的空地上，四名战士正在激战。这表现的是《安乐行品》中的"髻珠喻"。其中，左侧骑红马、挥军旗进攻的，是转轮圣王的大军；右侧眼见面临绝境、骑于白马上勉强回弓射箭以及持盾抵抗的，是小国军队。寥寥数笔，再现了战争中激烈紧张的情绪。此画面之上，画一座夯土板筑高墙院落，前有小河环绕，大门前还有小桥。这表现的是《五百弟子受记品》中的"衣珠喻"。院落门口，表现的是愚夫自亲友家出来，其肢体扭曲滑稽，似酒后之人勾肩搭背；画面下方，绘愚夫浪迹他国，穷困潦倒之时，再遇友人。

至此，"法华七喻"中的前六喻，即火宅喻、穷子喻、药草喻、化城喻、髻珠喻和衣珠喻，平均分布在画面的左右下半部，即灵鹫山说法图的左右两侧。而《药王菩萨本事品》《随喜功德品》《法师品》的内容，则被安排在了剩余的画面上半部分。

我们应如何理解几个譬喻图像之间的联系，如何理解其顺序安排？如果从经文文字的角度出发，任何人都会感到，如是的顺序其实不是很适宜观看——例如，在"化城喻"之后，需要跨越整个画面，还需要上下寻找一番，才能看到经文中接下来出现的"髻珠喻"。但如果不执着于从经文出发理解图像，如是安排的合理性反倒显而易见：从画面整体来看，左右大致对称的结构一目了然，具体而言，建筑结构对应建筑结构，因此两个都可以安排进建筑内发生的故事——"火宅喻"和"穷子喻"对称地分布于画面左下与右下两角；山水对应于山水，于是两个可以在此类场景安排的故事——"化城喻"与"髻珠喻"，分列于中心说法图的左右。其余占据空间不大的画面不须强求对称，却恰好使画面在大致稳定的结构中保有灵活和动感。①

从图像绘制的角度讲，这种逻辑不难理解。毕竟，这种左右大致的对称和平衡，对于向心式布局的图像来说，是形成美观、舒适的观感所确实需要的。巫鸿曾将这种基于画面整体设计出发的逻辑概括为"视觉的、空间的逻辑"，从而与那种基于叙事性的"时间逻辑"相区别。②"空间逻辑"的概念，对于解释我们在法华经变中观察到的现象同样非常有帮助。不过，就"如何呈现一个故事"这一问题而言，与"空间逻辑"相对立的可以是"时间逻辑"，但若问题涉及"如何呈现出自同一经文的若干故事"，"时间逻辑"的概念便显得有些狭隘，或许可以进一步扩展为"文字的、线性的逻辑"。回到这里所讨论的具体个案，实际上在"空间逻辑"即"对称"的首要原则之下，画师仍然尽量按照经文的顺序，将品目相近的譬喻安排在了一起。文字逻辑与空间逻辑相互交织，共同引导着图像的制作。

如是的构图原则可以帮助我们理解同一时期以及之后的法华经变。同一时期绘于第154窟南壁的法华经变（图6），总体呈横长方形。作为画面中心的灵鹫山说法图之下，中心仍为涅槃图，其左右

---

① 这种构图原则早已有前辈学者在研究其他图像时指出。如胡同庆《莫高窟第一五四、二三一窟经变画研究》，《敦煌石窟艺术 莫高窟第一五四窟》，江苏美术出版社1994年版，第11—27页；巫鸿在《何为变相？——兼论敦煌艺术与敦煌文学的关系》一文中探讨敦煌"劳度叉斗圣变"时，提到了其图像制作中使用的"对立结构"（oppositional composition），道理与此类似。见巫鸿《礼仪中的美术：巫鸿中国古代美术史文编》，第366页。

② 巫鸿：《礼仪中的美术：巫鸿中国古代美术史文编》，第346—389页。

各绘两组建筑，左侧围绕两组建筑，分别绘火宅喻和穷子喻，右侧则表现系珠喻和髻珠喻。

又如，同样是这一时期的第 231 窟主室南壁的法华经变（图 7），是典型的松本荣一所谓的"の"字型布局。① 中轴线上说法图之下绘涅槃图，再之下绘一进扁长方形院落，围绕此院落绘火宅喻。其左侧自下而上是穷子喻、药草喻以及化城喻。右侧最下绘三组城墙，围绕其表现了城池之间相互攻防激战、调兵遣将、论功行赏的情景，这样的表现形式也成为以后"髻珠喻"的定式。这之上绘蜿蜒的山水，其上绘一立有屏风的屋舍——"衣珠喻"的故事在这两个场景中展开，屋内表现愚夫酒醉，山水间表现愚夫流落他国。在此画面之上又绘一进院落，围绕其展开"良医喻"，画面中元素与此前的第 23 窟类似。正是在第 231 窟中，"法华七喻"全部在经变中得到呈现。虽然内容更加丰富，导致表现每一喻图像的具体位置发生了变化，但追求对称的空间逻辑仍然是一贯的。建筑仍然与建筑相对，只是在将"火宅"挪至中轴线底部之后，右下角用来与左下角"穷子喻"屋舍对应的建筑中，填充了"髻珠喻"的故事；山水仍然对应山水，而这里，左右两边分别安排了"化城喻"中对旅途的描绘，以及"衣珠喻"中愚夫流落他国的情景，甚至左侧再往上的"化城"，也与右侧愚夫饮酒的屋舍和"良医喻"中的院落遥相呼应。总之，一旦空间框架确定，画师需要考虑的，只是如何将故事内容安排进这些场景之中。

3. 归义军时期（848—1036）：延续与补遗

归义军时期的法华经变现存二十一铺，半数以上是历任归义军节度使、节度府官吏以及高级僧侣营建的"功德窟"，而且都是大窟。除绘于宋代的第 76 窟分八扇屏风分别表现八卷《法华经》内容，以及宋代第 55、454 窟的法华经变布局类似"弥勒三会"之外，

---

① 松本荣一：《敦煌画の研究》，東方文化學院東京研究所，2000 年，第 134 页。

绝大多数的法华经变画面布局都延续了此前向心式经变的定式。①

例如，建于862—867年、都僧统法荣主持修建的功德窟——第85窟窟顶南壁（图8），绘制的法华经变布局构图与第159窟大同小异。约建于951—957年、曹氏第四任归义军节度使曹元忠及其夫人翟氏的功德窟——第61窟，其南壁的法华经变布局则与第231窟如出一辙。为避免冗余，我们无须再对这些画面的具体细节进行描述，而只须参考上文总结的布局逻辑进行理解即可。其与吐蕃占领时期所绘经变的区别只在于，由于希望尽可能多地表现经文各品内容——第85窟实际涵盖了二十四品内容，第61窟则涵盖了二十三品，可谓敦煌法华经变涵盖内容之最，画师不得不在原有故事场景之间的间隙，再安排更多细小的人物画面，表现《普门品》《法师功德品》等情节。这些见缝插针填补的画面十分简单，很难读懂，为了便于理解，几乎每一幅画面旁都有榜题。这样一来，几个原本位置固定的譬喻故事之间，就另外被插入了一些表现其他品内容的小画面。尽管如此，画面背后的空间逻辑仍未改变：画面左右建筑、布景之间的基本对称布局是保持稳定的，新插入的细小人物和画面，并不影响这种对称结构；或者反过来说，只有在这些不影响整体对称之处，才有填入新画面的余地。

二 视觉逻辑下《法华》譬喻的开合结构

当我们梳理任何经文的义学注释或是讲经记录，都不难发现，对经文的科判永远是其至关重要、必不可少的内容。"科判"的工作，首先意味着将经文视为一个具备理解上的一贯性的统一整体，而整体内的各个部分，通过某种可被理性把握的原则或逻辑有机地联系起来，共同参与了这个统一整体的构成。实际上，如是的工作同样存在于经变画面的制作过程中。一铺向心式布局的经变画，毫无疑问是一个力图呈现整部经文的"整体"，为了形成这一整体，同

---

① 贺世哲：《敦煌石窟全集7：法华经图卷》，第106—109页。

样需要利用一定的原则和逻辑,安排每一局部内容,并为局部之间构造合理的联系。在此意义上,如是的工作可与"科判"相比照,尽管其逻辑未必与以文字形式表达的注释相同。

第一部分的梳理可以帮助我们认识这种图像结构的逐步成型过程。自盛唐第 23 窟——这同时也是中唐以后盛行的向心式多品法华经变可以追溯到的最早源头之一——开始,所谓"法华七喻"中除"系珠喻"与"髻珠喻"之外的另外五喻,就已经被有意地从其所在各品芜杂的文字内容中挑选出来,呈现于画面。更为重要的是,火宅喻与穷子喻的画面,已经呈现出围绕灵鹫说法图左右相对的结构,而药草喻画面,则被绘于穷子喻上方,三者之间的相对位置和布局,与后世法华经变的联系是显而易见的。至中唐时,"法华七喻"全部出现,七喻画面之间的位置也相对固定,其布局显现出一贯的空间逻辑——即追求故事布景上的左右大致对称。这一逻辑一直为后世沿用,即使晚唐及之后,七喻之间又插入了更多新内容,其总体布局结构亦未发生大的变化。而这一过程背后,还有诸多值得追索之处。

1. 作为有机整体的《法华》譬喻

可以观察到,在向心式布局的法华经变中,《法华经》中的诸种譬喻,是最早被从丰富的经文中挑选而出、呈现于画面的内容之一;并且,除了画面中心的说法图,它们也是最早在整体画面中固定下位置和布局的内容之一,甚至可以说,它们充当了经变画面至关重要的"骨架"。这说明,在某种程度上,画面的设计者已经充分意识到"譬喻"在整部经文中的独特性,意识到"法华七喻"在整个《法华经》中相对独立的地位,并且能够将其作为相互关联的整体进行理解——这体现在,这些譬喻被有意地从其所在各品芜杂的文字内容中挑选出来,并在空间上被集中到一起,按照特定的空间逻辑,进行了有意的布局规划。这种对譬喻的独立性和整体性的认识,固然有可能仅仅是由于其在经文中的体裁和表现方式确实有独特之处,但更为合理的推测是,这种认识很可能并非凭空出现,而是受到了来源于义学领域的一些基本观念的影响。在第三章中，我们详细梳理了自"三周说法"的科判框架产生以来，"譬喻的整体性"如何作为一个严肃的学理问题而被诸高僧大德讨论，特别是自世亲《法华经论》开始，作为整体的"法华七喻"究竟如何理解和阐释。可以肯定的是，截止到窥基的注释中，"法华七喻"作为一个次第清晰的整体，已经被表述为一个无须多言的基本常识。事实上，现存的敦煌讲经文等文献也表明，窥基的注释，也确实为当地讲经活动所利用。① 通过种种途径，发源于义学僧人间的一些基本观念被传播到更广阔的媒介，这是不无可能的。

但是，与义学著作不同的是，注释中虽然点出了譬喻之间的联系与理解上的一贯性，但任何阅读这些著作的人，都会明白这些譬喻仅仅是《法华经》中的"一部分"内容。而对于一铺经变来说，画面上所呈现的内容，便是其所包含的全部——事实上，不是所有人，或更确切地说，仅有一小部分人，有能力了解《法华经》经文二十八品的全部内容。在此意义上，那些首先被固定于经变画中的譬喻画面，就显得更为重要了。实际上，在敦煌保存的其他类型资料中，也可以发现类似的趋势。其中尤为值得注意的，是伯希和收藏的一份被判定为《妙法莲华经讲经文》的写本（P.2305）。这份讲经文的主要内容是《提婆达多品》② 中国王向仙人求法的故事。其中写到国王随仙人修行过程中，偶遇兽王，并与之展开对话，向其解释自己求得妙法正教的志趣：

> 大王报兽王曰："我非是今生修种。悟解累劫之中，厌幻（患）此身，曾于三界上下，六道循寰，生死往来，不得出离者，皆因贪财爱色之所拘系。我虽于大内，窃闻《妙法莲华经》

---

① 黄国清：《敦煌伯 2305 号〈妙法莲华经讲经文〉的讲经体例与思想特色》，《新世纪宗教研究》2007 年第 3 期。

② 梵、藏本不别分此品。此段内容罗什译本缺，隋《添品法华》补译后增入《见宝塔品》。

第六章　譬喻的图像诠释：敦煌经变画中的《法华》譬喻　　293

是南阎浮提众生病之良药。又说此经驾白牛三车，诱火宅之诸子；普将（降）法雨，沃润三根；脱穷子弊垢之衣，系亲友醉中之宝。所以捐舍国位，委正（政）太子，不乐大内娇奢，岂爱深宫快乐！……"①

国王在向兽王解释自己求学《法华经》的决心时，对此经的内容进行了概括。值得注意的是，这里用以概括经文全部内容的，就是"火宅三车喻""药草喻""穷子喻"以及"衣珠喻"这四个譬喻，除此之外再无其他。尽管目前尚未发现直接讲述相关譬喻内容的讲经文等资料，但如是的概括，已经足以提示我们认识到这些譬喻在人们接受《法华经》过程中所起到的至关重要的作用。一方面，可以设想，这篇讲经文所面对的听众，不太可能毫无准备地接受这些对譬喻内容高度凝练的概括；换言之，除非听众此前就已经对这些譬喻的情节相当熟悉，否则骤然出现以短短几字概括的数个譬喻，是相当奇怪和不合时宜的——这就从侧面说明了这些譬喻在当时的普及程度。另一方面，以数个譬喻概括《法华经》内容这一选择本身，就透露出《法华经》在当时被认知和接受的一般方式——如果说大众了解关于《法华经》的任何内容，那么其所最先了解的很可能就是这些譬喻；或者说，在大多数人的头脑中，这些譬喻就是《法华经》的全部。这一点，与上一节所考察的隋代情况一脉相承。

2. 譬喻间的开合

这些经变的设计者将《法华经》中的譬喻理解为相互关联的整体，这其中不无来自义学的影响。但另一方面，在这里，譬喻之间的开合关系，或更具体地说，《法华》譬喻中究竟选择哪几喻作为"整体"中的"整体"，譬喻与譬喻之间又如何组合联系，仅靠义理层面上的考量并不能完全解释。我们首先将唐至五代法华经变中各个譬喻的出现情况统计于下表：

---

① 黄征、张涌泉校注：《敦煌变文校注》，中华书局1997年版，第709页。

表6-1　　　　唐至五代《法华》譬喻出现于莫高窟的情况①

	火宅 （譬喻品）	穷子 （信解品）	药草 （药草喻品）	化城 （化城喻品）	衣珠 （五百弟子）	髻珠 （安乐行品）	医师 （寿量品）
隋	419，420						
初唐							
盛唐	23	23	23	23			23
中唐	154，159，231，237，472	154，159，231，237，472	159，231	159，231	154，159，231	154，159，231	231
晚唐	12，85，138，144，156，196，232	12，85，138，144，156，196，232，459	12，85，138，468	12，85，138，144，196	144	12，85，138，144，156，196	85
五代	4，6，61，98，108，146，261	4，6，61，98，108，146，261，396	6，61，98	6，61，98，108	98，108	61，98	6，61

从表格可以看出，仅有少数洞窟绘制了全部的"法华七喻"，但反过来说，绘制《法华经》中除七喻之外的譬喻就更是罕见。参考上列数据，最常绘制于经变画中的譬喻是"火宅三车喻"及"穷子喻"，在中唐至五代的作品中，只有两个例外，二者在绝大部分情况下成对相伴出现。"衣珠喻"和"良医喻"，则是出现频率最少的，分别只有六例和五例。对于将何种譬喻绘制于画面，人们有不同的选择，那么，是何种机制在背后支配着这种选择？

以画面业已成熟定型的中唐时期为例。几个洞窟中，绘制譬喻数量最少的是第237和第472窟，均只绘"火宅喻"和"穷子喻"，故事叙事围绕矩形的院落展开，沿中轴线左右对称。其次，是第154

---

① 根据施萍婷、贺世哲《敦煌壁画中的法华经变初探》《莫高窟内容总录》（《中国石窟·敦煌莫高窟5》）及相关论文制作。

窟，绘制了"火宅喻""穷子喻""衣珠喻"和"髻珠喻"四个譬喻（图6）。这铺经变的画面呈横长方形，即横向空间大于纵向空间，因此，这四个譬喻被并列在画面下部，分别安排在四组矩形建筑周围，即是说，从布局上看，仍是四组建筑沿中轴线左右对称的结构。第159窟出现了除"良医喻"之外的六个譬喻（图4），底部"火宅喻"与"穷子喻"的对称关系依旧，其余故事沿其上添加，布局依前所述，呈现出建筑对应建筑、山水对应山水的对称结构。出现全部"法华七喻"的第231窟中（图7），这种譬喻故事布景之间的对称关系依旧，只是将"火宅喻"的宅院安排在了中轴线底部，而右侧用来与左侧"穷子喻"院落对称的建筑结构中，填充进了"髻珠喻"的情节。

由此可见，对于绘制于经变画中的譬喻的选择，首先遵循的是一套空间逻辑：在保证围绕中心说法图大致对称的基础上，画师将适当的譬喻故事安排进这些对称的布景中；在空间允许的情况下，画师可以逐次添加新的仍旧大致对称的布景，安排故事画面，或者，在其间绘制一些不影响大致对称结构的体量较小的人物画面。不过，画师对于将何种譬喻安排进相应布景的选择，也并非随机和偶然。这一方面需要参考经典中对故事情节的描述，另一方面，在若干故事皆可安排入某一类布景的情况下——例如，根据已知实例，"火宅喻""穷子喻""髻珠喻"等故事，皆可发生在建筑物周围，那么当画面空间仅允许绘制对称的两组建筑时，为何往往选择"火宅喻"和"穷子喻"绘入画面呢？或许最直接的回答是，二者按照经文文字顺序是最先出现的两个譬喻，同时，也"最为重要"。但值得注意的是，这种对不同譬喻重要性的判定，恰恰并非凭空出现，而很有可能是受到来自义学等其他方面的影响。无论是考虑其在经文中出现的顺序，还是其在义理方面的重要性，这都是基于语言文字的逻辑。换句话说，在为经变画中的譬喻划定"整体"的选择过程中，空间逻辑是主导和前提，但文字逻辑仍旧发挥着不可忽视的作用。

这样的交互作用甚至进一步突破了经典本身的内容，为譬喻与譬喻之间建立起与其他材料中所见截然不同的联系方式。最突出的例子当属"火宅喻"与"穷子喻"画面之间的联系。正如前文的分析，在二者的图像呈现中，必不可少的是建筑布景之间的对照关系，而除此以外的人物、车马等不影响整体结构的因素，则可以相对自由。于是在中唐第 231 窟的法华经变中（图 7），我们可以观察到，按照经典文字应属于"火宅三车喻"中的"三车"，实际上非常靠近"穷子喻"画面中表现穷子暂为长者养马情节的马厩。同一时期的其他窟也有类似的情况：在第 154 窟中，牛车在位置上已经接近"穷子喻"画面中表现长者宅院的大门口（图 6）；第 472 窟中，不仅"三车"接近"穷子喻"中长者的宅院，"火宅喻"中的长者，也被绘制坐在了"穷子喻"中"穷子"所居的马厩旁边。这种情况在如是的布局前提下是难以避免的，毕竟，一方面，画师需要保证两个故事的"发生地"——宅院在空间上相对接近，以使得整个经变画保持对称；另一方面，还需按照经典中所描述的情节，将有些场景绘于宅院内，有些则绘于宅院外。"火宅喻"中接引诸子出离火宅的"三车"、赐诸子牛车的"长者"，"穷子喻"中强拉穷子的"仆人"以及不识其父昏厥倒地的"穷子"等，当然需要绘于宅院之外，但如此一来，这些元素在空间上就难免显得极为接近，乃至交错在一起。

问题在于，对于大多数人来说，他们的头脑中并不存在一部以今日所见的标准形式呈现的完整的《法华经》。尽管学者出于研究目的，完全可以将图像与经文一一对照，在一铺法华经变中清楚地区分出哪些图像因素归属于"火宅喻"，而哪些属于"穷子喻"，但如是的过程，并不能代表当时普通人对于如是画面的认知。在很可能缺乏"对照指南"的情况下，这种视觉呈现上的混杂会在人们的理解中造成何等影响呢？晚唐第 98 窟的法华经变中的一条榜题极能说明问题：

尔时长者语穷子言，羊车、鹿车、牛车今在门外，汝等出

第六章　譬喻的图像诠释：敦煌经变画中的《法华》譬喻　　297

来，皆当以（予）汝。①

晚唐至五代第85窟的法华经变中，画师于"火宅喻"和"穷子喻"的两组宅院外分别各绘了一组三车，在后者的羊车与鹿车之间，也有一条类似的榜题：

穷子蒙放从地而起，欲往贫里，以求衣食，弃车而去。②

即直接将"火宅三车喻"与"穷子喻"混为一体，联而叙之。对于这一现象，贺世哲、杨懿恭、张海亮等学者试图从义理角度理解。他们征引智𫖮、吉藏等人对《法华经》的注释，注意到了其中对二者的义理含义特别是具体情节之间一一对应关系的解释，并以此来说明如是画面安排及榜题的含义和意图。③ 正如本书第三章的分析，注释者在"火宅""穷子"等譬喻之间构建的一一对应的关系，实际上本自"三周说法"的诠释框架；若全而论之，可以一一对应的，不仅仅是"火宅喻"与"穷子喻"，还可包括"化城""系珠"等喻，而作为对应关系根本的"法说"部分，更是不可忽视。如是说来，经变画中仅有"火宅""穷子"被联系起来的现象，从义学角度未必能够完全解释。鉴于注释与经变画毕竟都以经文为依据，在经变画中观察到的现象，特别是某些譬喻被联系起来的现象，在义学注疏中恰好有能够对应之处，这不足为奇；但如果我们力图还原当时理解发生的真实情况，就有必要意识到，在注释和图像两类

---

① 转引自贺世哲《敦煌石窟论稿》，甘肃民族出版社2004年版，第185页。
② 敦煌研究院编：《敦煌石窟艺术 莫高窟第八五窟 附第一九六窟》，江苏美术出版社1994年版，图19。
③ 贺世哲：《敦煌壁画中的法华经变》，《敦煌石窟论稿》，第135—224页；杨懿恭：《唐代敦煌法华经变研究》，华梵大学东方人文思想研究所硕士学位论文，1996年；张海亮、张元林：《关于敦煌法华经变穷子喻图像的几个问题》，《敦煌研究》2012年第4期。

材料中观察到的（或许）相关的现象，并不必然意味着二者之间存在因果关系，而当我们用前者去解释后者，也意味着我们有可能面临掩盖其他理解方式的风险。

事实上，这样的解释难以触及以下两个事实：第一，这种为本来按照经典应是独立场景的画面建立叙事联系的努力，并不局限于"火宅喻"与"穷子喻"，① 甚至不局限于法华经变，而是亦可在同时代的其他经变中发现。② 如果认为"火宅喻"和"穷子喻"画面的联结是由于义学注释中提出的一些见解，那么其他类似的现象又如何解释呢？第二，上引榜题出现的时间，是在晚唐及之后，即是说，先有中唐时布局方式的形成以及由此而来的画面间的接近和交错，后有榜题以文字叙述的形式将二者联系起来。即使假设类似的榜题可能在中唐的几个石窟中已经存在，只是未保留下来，我们仍可向前追溯——实际上，早在盛唐第 23 窟中，"火宅喻"与"穷子喻"已经显现了大致对称并列的布局。无论如何，基于视觉的图像布局和呈现方式总是在前的，时间上如此，逻辑上亦如此。

总结而言，先有基于空间逻辑的画面布局，然后画师添加榜题，试图解释如是布局之下的画面之间的联系。这种解释的努力本身，就意味着新的理解方式以明确的文字形式呈现出来。其实，这一问题本来并不复杂：任何人只要阅读上引两条榜题，直接获得的信息，都是"故事被叙述为如是样态"。也就是说，无论是在画面上，还是在榜题的文字中，如果说"火宅喻"和"穷子喻"呈现出一种联结或融合，这种融合都是基于故事叙事的——这就与注释中基于故事背后义理（"法"）的那种联结方式有所区别，二者在思考方式上是完全不同的。此间的差别，正可进一步帮助我们认识到当一种经典

---

① 例如在第 85 窟中，一榜题将"穷子喻"与一般包含在"药草喻"中的耕作图像联系了起来。

② 实际上巫鸿在唐代的劳度叉斗圣变中也发现了类似的现象。见氏著《何为变相？——兼论敦煌艺术与敦煌文学的关系》，《礼仪中的美术：巫鸿中国古代美术史文编》，第 388 页。

通过不同媒介被阐释、理解的过程时，完全有可能呈现出不同的理解结果。

第三节　譬喻图像的"潜台词"：宗教生活中的应用

上面两节考察了隋唐时期敦煌法华经变中对《法华经》譬喻的呈现方式，以及背后所体现的区别于义学注释等材料的理解方式。通过考察可以发现，图像媒介中基于视觉的空间逻辑，是产生新理解的重要源头。不过，即使如此，也并不能解释《法华》譬喻图像中的所有现象。任何生活于现实社会的个体，接受信息的途径都绝非单一的，经变图像的制作，同样不仅包含着经典与视觉逻辑的交互作用，也不可避免地受到来自当时当地社会生活各个领域经验的影响。反过来说，这些图像也有可能为公众的话语体系和思想世界提供新的素材，影响和塑造其对自身生活实践的认知。尽管难以还原这一过程的完整图景，但单就本书所关注的《法华经》譬喻而言，仍然可以在敦煌保存的其他类别资料中寻找到一些蛛丝马迹，使我们通过零星碎片对此作一管窥。由于材料极为零星，难以组织为条理分明的连续叙述，这里只能对这些现象分别加以描述，希望通过这些来自不同角度的碎片，帮助我们认识到，最初发源于佛教经典的内容，究竟如何渗透到民众的实际宗教生活，并由此获得更为丰富的理解可能性。

一　"火宅"与"涅槃"

在中唐以来已经定型的向心式法华经变中，"火宅喻"的图像总是围绕着中轴线上出自《方便品》的佛涅槃图。如果对照经文的文字顺序，我们可以将之理解为所谓"の"字型顺序，即从上至下、从中间到两边，中心说法图代表《序品》，之下的涅槃图表现《方便品》，旁边（或下方）的"火宅喻"图像表现《譬喻品》，以此类推。但图像毕竟不同于文字，其传递信息的机制和效果，也与文字截然不同。除对照经文进行理解之外，仍然值得追问的是，除此之外，如是的图像还为我们呈现了什么？

在《方便品》的诸多内容之中，画师选择涅槃图来表现佛的"方便"，这本身就值得考虑。这种表现固然与经文有所对应：

> 是故舍利弗！我为设方便，说诸尽苦道，示之以涅槃。我虽说涅槃，是亦非真灭，诸法从本来，常自寂灭相。佛子行道已，来世得作佛，我有方便力，开示三乘法。一切诸世尊，皆说一乘道，今此诸大众，皆应除疑惑，诸佛语无异，唯一无二乘。①
>
> ……
>
> 诸法寂灭相，不可以言宣，以方便力故，为五比丘说。是名转法轮，便有涅槃音，及以阿罗汉，法僧差别名。从久远劫来，赞示涅槃法，生死苦永尽，我常如是说。②

在中唐第 231 窟（图 7、图 9）及晚唐第 85 窟、五代第 61 窟等窟中，这种对应就更明显了，因为中轴线上除佛涅槃图之外，还在左右两侧各又绘制一小的佛说法图。右侧的说法图中，绘制了两头鹿，显然是表现鹿野苑为五比丘说法。而关于左侧的那幅说法图，在第 61 窟中（图 10），可见佛头顶放光，光线与顶上另外七个极小的坐佛相接，由此可以判断，这应该是表现"一切诸世尊，皆说一乘道"。但若细究之，经文所谓的"示之以涅槃"，并不必然意味着佛自身的涅槃；实际上，无论是此句前半"涅槃"所对应的"尽苦道"，还是之后偈颂中"涅槃法"这一表达，都说明将"涅槃"理

---

① （姚秦）鸠摩罗什译：《妙法莲华经》，T. 9，No. 262，第 8 页上。
② （姚秦）鸠摩罗什译：《妙法莲华经》，T. 9，No. 262，第 10 页上。

解为一个概念（即"苦集灭道"中的"灭"——佛教的解脱目标）更为稳妥。当然，"涅槃的概念"太过抽象，难以用图像表达，因此用佛的涅槃图来表现，这是完全可行的；但问题在于，画师如何想到利用这种具象方法？甚至，为何一定要选择表现此段偈颂的内容？

最为直接的答案来自图像传统。事实上，敦煌现存最早的"火宅喻"图像出现于莫高窟隋代第420窟窟顶，而在与其相对的北坡，画面中心正是出自《大般涅槃经》的佛涅槃图。这样的配置，很有可能潜移默化地影响着其后的图像绘制。事实上，甚至在敦煌存留的其他文献中，我们也可以观察到这种影响的痕迹。在两种临圹文中，我们可以发现这样的表达：

> 盖闻无余涅槃，金棺永□，有生死火宅恒燃。但世界无常，历二时如运转，光阴迁易，驰四想以奔流。电光飞而蹔（暂）耀，荨（等）风烛以俄消然。（S. 5957）

> 盖闻无余涅槃，金棺永寂；有为生灭，火宅恒然。但世界无常，光阴迁变，故有二仪运转，四相奔流，明阇（暗）交迁，辰昏递谢。入校技而蹔响，飘炬烛以摧明。似上苑之秋花，荨（等）祇园之叶落。（P. 2341 V.）

两段临圹文皆出自应用性的"文样"合集，其中，S. 5957 中提到曹议金的两位夫人，故而可以大致推测其写作时间。[①] 根据二者文字上明显的承袭关系，P. 2341 中的文字应该也同样大致在此段时间内写作。上引两段文字位于临圹文的开头，表达对世间无常、光阴飞逝的感慨，以及对逝者的哀思。这里，最为值得关注的是开头的一组对比。如果说"无余涅槃"与"有为生死"之间的对比，尚可以视作仅仅出自佛教的一般常识，不需要任何背景也有可能想到，那么"金棺"与"火宅"这两种如此具体的形象之间的对比，则难

[①] 郑炳林、杜海：《曹议金节度使位继承权之争》，《敦煌学辑刊》2014年第4期。

以设想是凭空出现的。事实上，在一铺又一铺法华经变中，都重复着涅槃图与火宅图之间的对照，而在更早的第 420 窟中，更是直接绘制了"四天王托举金棺"。从时间上来看，图像中"火宅图"与"涅槃图"之间的对照，显然早于文字的出现；加之文字中高度具象化的表达，这都使我们倾向于认为，很有可能，隋以来图像的表现方式影响了如是文字的出现。

正因这类实用性文字高度套路化，我们才正可从中观察到出自经典的内容究竟如何被应用于仪式和宗教生活。"涅槃"与"火宅"的对照关系，固然可以通过对经典的分析间接地推导出来，但在经变图像中，二者却以极为直观、形象的方式直接呈现。如是的图像不仅是经典内容的表达，更以区别于经典文字的视觉化的方式，为当时人们的思维图景提供了新的素材（尽管其过程可能更为迂回）。当人们在丧葬仪式中，借用如是的语汇表达对人生和时间的认识，这种叙述方式实际上也塑造着人们对于自身生活的基本认知。这里，"火宅"的经典出处已经显得不再重要，甚至也确实未必为人所知；重要的是，经由这一过程，原本写于经文中的内容，逐渐成为普通人的常识，并在其生活和实践中发挥着作用。

二 "药草喻"与农耕图

在"法华七喻"中，"药草喻"无论在经文中还是在图像表现上，都是比较特别的一个。与经文中的其他六喻不同，"药草喻"是唯一没有出现人物和故事情节的譬喻。此譬喻的长行部分，说如同三千大千世界一时雨水等降，无论何处的何等植物，皆随其根性得以滋润生长结实；如来亦以一味法普为不同根性之人讲说，众生随其根性信受。而在偈颂部分出现的"三草二木"段落，更为各家义学注释所重视，并借此丰富了自家的修行阶位理论。[1] 或许是这种体

---

[1] 详细梳理可见黄国清《〈妙法莲华经〉"三草二木"段的解读——文献学与义理学的进路》，《世界宗教学刊》2005 年第 6 期。

裁和内容上的特殊性，使得其被呈现于图像的情况也与其他六喻不同。在其他六喻的图像中，画面保留了叙事性，画师往往选择譬喻故事中标志性的人物和场面，依照情节描述将其安排于布景之中。换句话说，即使图像在传承过程中有所变异，画面所见的内容，基本仍可以与经文内容大致对应。但在"药草喻"中，在其他画面中用以充当表现核心的人物和故事情节，在经文文字中无法找到。然而我们仍然看到，画面中最受瞩目的，还是于田间牵引耕牛耕作的农夫，以及田地旁悠游宴坐的人物。换句话说，其画面在构成上，显得与其他画面类似，都是以"人"为核心；但若以经文内容为参照，则会发现，其与经典相距甚远：按照经文，构成"药草喻"的重要要素之一——云雨，仅仅充当了画面的布景；另一要素"草木"，更是毫不突出——如果说在盛唐第23窟的法华经变中，绘于田间及山野间的零星植物还可以勉强视作与"草木"对应的话，在中唐及以后（图12-14），这一要素索性在画面中失去了踪影。

值得注意的是，在第23窟的"药草喻"图像旁，自下而上分三块写有榜题（图11）：

（下）譬如三千大千世界所生大卉木、小根小茎小枝小叶、中根中茎中枝中叶、大根大茎大枝大叶，一云所雨洽温生长。

（中）草木譬□木□□。云雨譬如来说法。

（上）慧云含润，电光晃曜，雷声远震，令众悦豫。其雨普等，四方俱下，干地等温，药木并茂。①

榜题应自下而上阅读。最下的一块榜题，概括浓缩了《药草喻品》中最开始引入"药草喻"的如是内容：

迦叶！譬如三千大千世界，山川溪谷土地所生卉木丛林及

---

① 敦煌研究院编：《中国石窟·敦煌莫高窟》，第235页。

诸药草，种类若干，名色各异。密云弥布，遍覆三千大千世界，一时等澍，其泽普洽。卉木丛林及诸药草，小根小茎、小枝小叶，中根中茎、中枝中叶，大根大茎、大枝大叶，诸树大小，随上中下各有所受。一云所雨，称其种性而得生长华果敷实。虽一地所生，一雨所润，而诸草木，各有差别。①

"药草喻"中喻依的核心意象在这里已经全部出现。因此在中间的一块榜题中，直接阐明喻体与喻依间的对应关系。而最上的榜题，实际上就是《法华经·药草喻品》偈颂中的一部分（除结尾两句与经文不同）。而正是紧接其下，出现了唯一可与农耕多少有所关联的内容：

譬如大云，起于世间，遍覆一切；慧云含润，电光晃曜，雷声远震，令众悦豫。其雨普等，四方俱下，流澍无量，率土充洽。山川险谷，幽邃所生，卉木药草，大小诸树，百谷苗稼，甘蔗蒲萄，雨之所润，无不丰足。②

在经文中，这固然只是殊不起眼的一个片段，完全不能代表"药草喻"内容的全貌；然而，这却是难得与人类活动有所关联的内容，可以方便画师如其他画面一般以人物为中心呈现画面。如此一来，"药草喻"的画面就并不如其他六喻的画面一般，基本呈现了譬喻的大致内容，而只能算作是与之有关的一幅"插画"或"装饰画"罢了，其完整内容，需要借助榜题才能补全。在画面的承袭过程中，创作的初衷恐怕被进一步模糊，以至于到晚唐时的第85窟中（图14），"云雨"已经与原本为"药草喻"画面核心的农夫耕作图分开，后者与"穷子喻"的大宅连接起来，成为"穷子喻"画面的一部分。

---

① （姚秦）鸠摩罗什译：《妙法莲华经》，T. 9，No. 262，第 19 页上。
② （姚秦）鸠摩罗什译：《妙法莲华经》，T. 9，No. 262，第 19 页中。

第六章　譬喻的图像诠释：敦煌经变画中的《法华》譬喻　　305

但无论如是图像呈现方式的初衷为何，更为值得考虑的是，画师对画面呈现内容的选择，本身就是对特定内容的强调，和对未选择内容的省略和遮蔽。即使最初的选择动机可能极为简单机械，但仍然值得追问的是，从经文到画面的如是诠释，将会带来何等的观看体验？是否有可能在任何意义上为来自经典的"药草喻"增添新的理解方式和认识视角？

当然，最为容易想见的一个答案是，如是的呈现拉近了经典内容与现实生活的距离，或者说，使经典中的教说真正进入了日常生活的语境。"药草喻"强调如来教说的普遍性和平等性，那么，有什么比将之呈现在当时人们最习以为常的生产生活背景中更符合这一意旨呢？当然，如是的理解也仅仅是一个推测。遗憾的是，事实上关于类似的画面究竟如何被人接受，我们难以找到直接的证据。不过，敦煌遗书中一种《法华经讲经文》（俄罗斯藏符卢格编365号）中的片段，或许能从侧面帮助认识这一问题：

> 即问净明德佛，何以偏为大众说《法花经》？答：喻如草木，须得天雨时为灌溉，方能滋茂；若以井水，终不得盛。声闻菩萨亦复如是，须闻《法花经》，方速修行，而取佛道；未闻余者，终不精进矣。
>
> 欲得园林速长成，直须频遇天甘雨；欲得善芽疾长满，直须勤听《法花经》。
>
> ……①

这篇讲经文的主要内容出自《药王菩萨本事品》，不过，中间却经由日月净明德佛之口，借助"草木"与"天雨"的关系来称赞《法华经》的殊胜。"草木"与"天雨"，是构成"药草喻"的核心，这里，虽然与"药草喻"的表达略有不同，特别是加入了"井

---

① 黄征、张涌泉校注：《敦煌变文校注》，第723页。

水"来作为"天雨"的对比,但二者之间的关系仍然是显而易见的。这种改造,体现了出自经典的譬喻被应用于宗教生活过程中的灵活性。更为值得注意的是,韵文部分"欲得园林速长成,直须频遇天甘雨"一句的表达,暗示出作者头脑中关于"草木"的印象,可能并非野外随意的植物,而是以农业为背景的:"园林"显然不同于任意的山野,而"频遇天甘雨"这样的表达,更是显示出了对作物生长周期和在此过程中持续的降水需求的特别关注,这些都只能在以农业社会为基本背景的思维模式下才可能出现。

这当然并不意味着图像与讲经文中所见的现象之间有必然的因果关系,但至少,我们可以将之视作出身于同样地域、同样社会文化背景之下的受众,在接受、消化来自《法华经》中的内容时,在不同媒介中留下的痕迹。任何人在接触新事物时,都不可避免地受到来自社会文化背景、自身生活经验等因素构成的前见的影响,在这里,影响"药草喻"的"前见",是人们最习以为常的农业生活。而当以此前见主导的理解在图像制作、讲经等活动中呈现出来,"药草喻"的含义和理解方式实际上已经因此变得更为丰富和多样。正是通过这一过程,出自经典的内容真正渗透到了人们的日常生活。

小　　结

本章讨论了经变图像中所体现出的对于《法华》譬喻的理解方式和诠释立场。这一问题与"现今保留于石窟的图像究竟被如何使用"的问题,尽管不直接相关,但对此仍有必要考虑。有不少学者意识到,按照莫高窟的建筑布局,光线难以穿透窟前建筑、前室,最终到达后室的壁面。即使窟内燃灯(然而现在难以找到燃灯的痕迹),在这种条件下,普通人实际上也难以看清壁面图像,特别是画面中的细节和榜题，而要看到窟顶的绘画，就更困难了。① 因此，设想这些壁画被大量的人群观看，乃至直接利用这些经变画来讲经、转变，似乎并不现实。从诸多功德记、造像记来看，开窟造像、"庄严道场"的首要目的在于"功德"（无论此功德是为逝者、在世亲人还是为统治者），那么从某种意义上来说，当工程完工，"积累功德"的目的便已经完成。②

当我们讨论图像呈现方式背后的理解和诠释方式，我们所针对的并非某一铺画或某一特定的画师或观众，而是在讨论这背后所代表的某一时段、某一地区的普遍趋势。尽管不能说某一窟某一铺经变对某甲造成了何种影响，但毫无疑问，图像制作过程中的模仿和抄袭，使得任何一个单独的作品都承袭了普遍的共性。即使石窟中的壁画可能无人实际观看，但可以确定的是，当时寺院中同样普遍绘制经变画，而在那里，人们观看到的极有可能也是与保留于石窟的壁画相类似的图像。③ 这些共性甚至不仅仅局限于"壁画"这种媒介。实际上，在中国保留至今的写经中，有少量于卷首绘制了针对本卷内容的经变画，从中可以发现，这些图像从整体布局，到内容的选择、情节的具体表现方式上，同样与在壁画中所见有着千丝万缕的关系。例如，在上海图书馆保存的敦煌写经中，就有五代时

---

① Robert Sharf: "Art in the Dark: the Ritual Context of Buddhist Caves in Western China", David Park, Kuenga Wangmo, Sharon Cather ed., *Art of Merit: Studies in Buddhist Art and its Conservation*, London: Archetype Publications, pp. 38–65. 巫鸿：《何为变相？——兼论敦煌艺术与敦煌文学的关系》，《礼仪中的美术：巫鸿中国古代美术史文编》，第 346—389 页；胡同庆：《莫高窟第一五四、二三一窟经变画研究》，《敦煌石窟艺术莫高窟第一五四窟》，江苏美术出版社 1994 年版，第 11—27 页。

② 罗伯特·沙夫（Sharf）特别强调石窟艺术的非实用性和非观看性，甚至认为敦煌绝大部分石窟的本质是为逝者追福的纪念性佛堂。尽管我们未必认同将石窟的性质局限于"丧葬"，但仍然需要承认，这些石窟确实不适合作为面向公众的大型仪式场所。

③ 关于佛寺中法华经变记载的文献整理，可参看坂轮宣敬《中国仏寺等における法華経変相》，中村瑞隆编：《法華経の思想と基盤》，京都：平樂寺書店，1980 年，第 463—470 页。

期磁青纸金字银线七卷本《妙法莲华经》（上图063），其中第二卷卷首的经变画中，同样可以发现"火宅喻"与"穷子喻"围绕两组建筑展开，这两组建筑又围绕中心的佛说法图对称（图15）；类似的对称结构还可以在苏州瑞光寺塔心发现的《妙法莲华经》写卷中找到，只不过两组建筑改为沿矩形画框的对角线对称（图16）。甚至在日本的一些写经中，"火宅喻"中对"火宅"的表现方式（内绘野兽、鬼怪、禽鸟蛇虫等）仍让人回想起莫高窟壁画中的类似图像，"药草喻"也仍以农夫牵牛耕作来表现，只是云上绘雷神布雷兴雨（图17、18）。当然，这种价值不菲、装饰华丽的写经，很有可能主要目的仍是做功德，而非用于实际阅读。但至少，我们可以借此认识到，出自同一经典的主题在不同介质、不同背景的材料中，完全有可能共享类似的表现方式。在充分意识到图像传播和接受过程迂回性和复杂性的基础上，我们仍然可以在宏观的意义上，讨论这背后的"理解"和"阐释"问题。

前几章讨论过的在注释材料中涉及的问题，包括"在何种层面上认识'譬喻'""譬喻之间的开合结构"以及"如何理解具体的譬喻"等，图像中同样有所回应，并随时间发展出越发丰富和成熟的模式。在隋代时，敦煌壁画中仅出现了"火宅喻"图像，从其表现方式、窟内布局来看，它与其他佛教本生、因缘故事没有区别，同样被作为一种"故事"来对待。而在以盛唐为开端，并在中唐定型化了的向心式法华经变中，以固定结构呈现于画面的《法华》譬喻，则进一步呈现出统一性和完整性；更值得注意的是，这种完整性是依靠视觉的、空间的逻辑而实现的，这与义学注释中那种基于文字的、理性的逻辑有所区别，但同样是一种不可忽视的理解和诠释经典内容的方式。这种空间逻辑除了将譬喻呈现为有机的整体，还进一步突破经典本身，为譬喻之间创造了新的叙事联系。一方面，这些新联系有可能恰好与义学注释殊途同归；另一方面，我们同样需要意识到，表面相似的结果背后，是全然不同的思考方式。

值得注意的不仅仅是经典与视觉逻辑之间的交互作用，影响人们理解的种种生活经验、文化与社会环境,同样是需要考虑的一个维度。尽管受材料和学力所限,这里只能讨论一些零星片段,但亦足以提醒我们,一方面,人们的日常生活经验、社会文化背景等,影响着其接受经典并将其呈现于图像的方式和角度;另一方面,经典经由图像,又完全可能为人们的思维图景、想象世界提供新的素材,这些素材和语汇在不断的应用中,也参与构建了当时人的基本常识,影响其对自身生活的叙述和认知。当然,不同媒介、不同理解方式之间相互影响、激发和回应的过程,无论将之设想得多么复杂都不过分。现有材料或许只能呈现关于这一过程的一些极为微小的碎片,但重要的是,这些碎片提示我们,发源于印度的佛教经典,究竟经历了何等迂回曲折、复杂多样的过程,才逐渐渗透进入了普通民众的精神世界。

结　　语

一　《法华》譬喻在中古中国的接受与诠释历程

　　无论从篇幅还是内容来说，"譬喻"都是《法华经》不可忽视的一大特色，也是理解《法华经》不可回避的问题。本书考察了发源自印度的《法华经》譬喻，自南北朝至隋唐时期在中国社会不同人群、不同语境、不同媒介中被逐渐接受和诠释的历程。对于譬喻的理解涉及三个基本问题——"譬喻的认知结构""不同譬喻之间的联系与整体性""具体譬喻的诠释与呈现"，以此三问题为轴，我们可以梳理出《法华》譬喻的接受与诠释历程。

　　关于第一个问题——"譬喻的认知结构"，高僧大德书写的注释作品，从经典自身的结构特征出发给出了解答。从道生指出《法华经》前半部分"三说—三授记"的结构特征，到法云时代通过更为细致严密的科判，提出分别针对"三根"的"三周说法"框架，注释者不断思考"譬喻"作为一种教说方式的作用与限度，以及其与其他范畴之间的关系。"三周说法"之名目的成立，基于鸠摩罗什译本反复出现的"因缘譬喻言辞"这一词汇组合；此组合的出现，实际上是罗什出于自身对印度正理知识的理解，在翻译过程中对经文表达做出的整合，这里的"譬喻"，指正理/因明意义上的"喻例"，突出其普遍的逻辑意义。但"三周说法"的理解，却相较译文原初意图表达的意义发生了扭转，在"法—譬"对举的前提下，更为突出"字面语言"与"譬喻性语言"间的对比和转化。譬喻以"法"为根本，是对"法"的具体呈现，这成为注释传统理解《法华》譬喻的首要原则。

"三周说法"的注释框架明确表明,"譬喻"构成了《法华经》教说的重要环节,但并非全部。从内容来看,经中每一譬喻的前后,显然还有其他题材的文字;从认知结构来看,"譬说"以"法说"为根据,并不是孤立存在的。这代表了严格遵循经典的注释作品中的理解方式。与此不同,无论在造像记还是经变画中,其中业已呈现的内容,便是其所包含的全部——无论是在造像记中单独出现的"火宅喻""化城喻"等譬喻,还是隋代出现于敦煌的"火宅喻"图像,抑或是盛唐以来首先被固定于经变画中的譬喻画面,人们在接收这些信息时,并不需要在脑中预设二十八品《法华经》的完整背景;相反,《法华经》中的整体思想意旨,反倒浓缩于这些譬喻而传播。换言之,在这些材料及其背后所体现的开窟造像等地方宗教实践活动中,《法华》譬喻是独立的、自足的,乃至可以代表《法华经》的全部。

关于第二个问题,在中国注释传统中,譬喻之间的关系在"三周说法"的框架下建立,即在"三周"的"法说"与"譬喻"、"譬喻"与"譬喻"之间,构建出局部——严密对应的关系。自《法华经论》在中国译出以后,又出现了理解譬喻关系的另一方案——"七种譬喻"和"十种无上",从不同的角度将散落于经典的譬喻整合为一个有机整体。尽管智𫖮、吉藏时便已知晓并引述了这种说法,但直到在窥基的注释中,这种理解才全面影响了对于譬喻的实际解读。这两种方案,前者强调譬喻之间的同质性与同构性,后者则只有在各个譬喻依其不同特质各自发挥作用的前提下才能成立。不过,无论哪种解释,被纳入整体的譬喻都已经不再是经文原初呈现的那个情节完整的故事,而是将其原本连贯的"故事线"拆解了开来。

造像记中也存在譬喻之间的组合,但碍于其表达方式,我们无法获知其对譬喻间关系的具体理解。但经变画中对于譬喻的描绘方式,则明确了构建譬喻间关系的另一方式。对于由哪些譬喻构成画面整体的选择以及譬喻与譬喻之间联系的方式，首先是基于一套以追求视觉对称为核心的空间逻辑，在此前提下，在画面顺序的具体选择和安排上，语言文字的逻辑也发挥了作用。两种逻辑的交互作用，甚至进一步突破了经典本身的内容，为譬喻之间建立起其他材料不可想象的新的叙事连接，如莫高窟第85、98窟出现的"火宅喻"与"穷子喻"两个故事的叙事融合现象。尽管这与注释中的某些现象有所重合，但生成这种现象的背后逻辑，却截然不同。

对于前两个问题的解答，最终落实于第三个问题——对单个具体譬喻的呈现。《法华》注释中对譬喻的解释，秉持"法—譬"严格转换的原则，力图将譬喻中的一切——包括一切形象、细节，一切故事情节——都转化为"法"。这实际上是一个以经文给定譬喻为框架，引入义理概念构建更多新譬喻的过程。这一诠释工作，一方面赋予譬喻以无穷深意，使其成为凝结当时思想议题的结晶；另一方面，以譬喻为指引，概念与概念之间形成新的联系，从而开启了对义理的新的理解可能。

注释作品中理解上的创造性，体现在依照经文给定的喻依，引入恰当的义理概念作为喻体，以发现二者间的相似法。但在造像记、经变画等材料中，首先，譬喻摆脱了必须依赖于"法"的限制，可以仅以喻依中的关键符号、形象出现。其次，喻依本身也不局限于经典所示形态，人们回应于自身所处社会文化语境，利用自身的认知资源，出于不同的实践目的，可以改造喻依的呈现方式，通过这种改造，对于譬喻意义的理解也就与以往不同。这些不同的理解，未必如注释所呈现一般精致系统，但同样不可忽视。

总之，任何人只要试图理解《法华经》中的譬喻，都不可避免地需要对以上讨论的三个问题有所思考。经典注释、造像记、经变画这三种材料中，分别呈现了对于这些问题的不同解答方式。这些不同的理解，一定程度上体现出不同阶层之间的差异——一般认为，经典注释由少数富于学识的高僧大德撰写，而造像记与经变画，则涉及更广泛的地方民众；但事实上，二者也并非完全隔绝，特别是，义学高僧绝非不参与开窟造像等功德营建活动。或许更为妥帖的理解是，经典注释以经典本身为核心，对"经典"的理解是其起点，也是其归宿；造像记与经变画，则直接面向宗教实践、面向日常生活，其对经典内容的利用只是手段，目的在于回应人们的现实问题和需要——当然，不同人群或许只接触到其中一种，这种情况同样常见。将这两个层面结合而观，才可理解《法华》譬喻渗透进中国社会的复杂过程。

二 引申讨论

1. 对"譬喻诠释"的反思

对于理解譬喻的解释学意义，《法华经》的个案极为珍贵。通过这一个案，我们可以观察到历史上宗教的实际参与者、实践者，究竟如何诠释宗教经典中的譬喻。从宏观认知结构到具体譬喻的分析，其在中国社会的诠释历程全方位地呈现出人们理解、诠释譬喻的具体面貌。以这些真实存在的"历史范例"为参照，我们可以进一步反思以往对于"譬喻"问题的理解。

学者业已意识到，"譬喻"或"隐喻"绝不仅仅是一个修辞问题。例如，保罗·利科认为隐喻创造了新的意义，通过突破常规语言限定下的日常视角，创造看待事物间关系的新的联系方式，隐喻提供了对于现实的新理解，这种理解不可被其他途径替代。[1] 乔治·拉可夫则从认知心理学的角度强调，隐喻在最基底的层面上构建了人的概念和认知，它通过发挥强调、遮蔽的作用，赋予经验、认识对象以新的理解一贯性。[2] 具体到《法华经》，在这部经典中，本身缺乏直接的理论论述性文字，在此情况下，人们对于"法华思想"的汲取，很大程度上正是来自对其中譬喻的理解。在此过程中，譬喻是理解得以生发的前提和源头，而不是相反。

---

[1] Paul Ricoeur, *The Rule of Metaphor*, pp. 79–86.

[2] George Lakoff and Mark Johnsen, *Metaphors We Live By*, pp. 4, 233–236.

利科认为，隐喻中浓缩了文本解释所面临的全部问题，在此意义上，《法华》譬喻诠释过程中展现的种种现象，便可看作解决这些问题的真实范例。中国的诠释者，或者力图突破譬喻的字面限制，发掘其中的"深远佛意"，或者打破其在经典文本语境中的局限，以之回应现实的实践需要，这何尝不是利科所谓的从"事件"到"意义"，从"语义"到"指涉现实""指涉人"的过渡呢？[①] 通过本书的梳理，我们甚至可以观察到不同人群、不同实践语境中，人们各自实现这种过渡和跨越的具体途径和步骤。

《法华》譬喻诠释过程中展现的种种现象，不仅仅是在某种程度上为利科等人的理解方向提供佐证。在此基础上，我们还可对此前未有条件深化涉及的一些问题有更加细致的思考：例如，现代隐喻研究者强调隐喻的不可翻译性，认为如是的操作将不可避免地导致意义的损减。不过有趣的是，在《法华》义学注释中，却生动地展现出如果一定要对譬喻进行"翻译"，并且是极其严格地毫无遗漏地翻译，将会产生的有趣效果——尽管一些无法明言的意义损减不可避免（但我们无法凭借鲜明的外部标准判断其究竟为何），但对于文本思想与相关义理概念的理解，在经过此道工序之后，仍旧得到大大丰富。当然，这里的"翻译"，绝不是替换譬喻、回复到譬喻完全不存在的状态——这很大程度上就是现代隐喻研究意义上的"不可翻译性"之所指；相反，中国的注释者恰恰是以譬喻作为诠释的指引，其"翻译"工作，实质上是利用一定的诠释规则，在譬喻原有叙事框架的基础上构建一连串新的譬喻。简言之，中国注释者进行的"翻译"，不是抹杀譬喻，而是增添譬喻，但最终，其工作以概念义理的直接表述作结，而不再停留于譬喻性语言。这一现象提示出，譬喻的"翻译"可以有更为丰富的理解可能，这种可能，蕴含于对"翻译"动态过程本身的考察之中。关于"隐喻性语言"与"字面

---

① Paul Ricoeur: *Interpretation Theory, Discourse and the Surplus of Meaning*, pp. 8 – 22.

语言"之间相互转化的诠释张力,未来还有更多深入探讨的空间。

具体到中国的譬喻诠释,同样有不少问题留待解决。其中最重要的问题是,《法华》譬喻诠释中所呈现的原则方法、诠释特点,是针对这部经典所独有,还是具备更广泛的意义?更具体地说,在中国佛教范围内它是否独一无二?又是否在中国传统思想中有其渊源?或者,相较于中国本土对"譬喻"的认识,《法华》譬喻是否促成了某些理解方式上的改变?诚然,在某种意义上,《法华经》的情况独一无二,因为除此以外,我们很难再找到一部经典,如此缺乏直接的理论性文字,而是倚重于譬喻传达思想,同时又在社会上受到极大重视,吸引人们以种种方式对其进行解说和诠释,因此得以为后人存留丰富的材料以供观察。尽管如此,以上这些,仍旧是我们探讨譬喻诠释时不可回避的问题。限于篇幅与精力,本书未能对这些问题进行探讨,希望在未来的研究中,可以沿此方向,继续深入考察。

2. "分层结构"下的佛教经典

在中古时期僧传中,对佛教经典的翻译("译经")以及围绕经典的理解("义解"),往往被排列于最前,事实上也占据最大篇幅。[1] 现代佛教研究同样开始于对佛教经典的研究,直至今日,"经典"仍被有意无意地视为理解佛教的"根本"。[2] 不过,随着学术研究的深入发展,学者早已意识到这类材料的局限性。正如许理和的总结:

> 我们常见的材料(指经典、注释、僧传——引者注)所呈现的中国佛教,是中古佛教"大传统"的代表。它由僧侣中比例极小、非常有文化的精英所传承;他们的理论和教义代表了

---

[1] Erik Zurcher, *Buddhism in China: Collected Papers of Erik Zurcher*, p. 261.

[2] Gregory Schopen: "Archaeology and Protestant Presuppositions in the Study of Indian Buddhism", *Bones, Stones, and Buddhist Monks: Collected Papers on the Archaeology, Epigraphy and Texts of Monastic Buddhism in India*, Honolulu: University of Hawaii Press, 1997, pp. 1–22.

最为复杂精致的佛教；他们与世俗机构特别是皇家紧密相连；他们活动于数量有限的非常富有、通常是由国家资助、位于首都的寺院。那么大量的"小传统"——佛教生活的地方表现，它们远离经典、论著、渊博的大德、壮观的仪式——又如何呢？在这些下层，我们能发现什么？①

许理和反对将中国佛教视为同质的整体，反对将之当作边界清晰的、独立于其他类型中国宗教的传统。②他暗示，同样自认为信仰"佛教"，精英僧侣与地方民众所谓的"佛教"可以截然不同，甚至后者未必有独立的"佛教"认同，对于后者来说，"经典、论著"可能与其距离非常遥远。不过本书的考察明确表明，来自经典的内容，可以以迂回的方式逐渐渗透进民众的宗教实践活动与日常生活，作为通行语汇，构建人们对于佛教的基本常识。这种现象固然在意料之中，不过值得考虑的是，在此过程中，我们究竟应如何理解经典在不同阶层、不同语境中所呈现出的不同面貌？

这里首先应该避免的一种倾向，是无视地方社会接受经典过程中的主动性和创造力，强行以少数高僧大德书写的义学著作，解释广大信众在其他宗教实践语境中创造的不同类型的材料。不可否认，义学注释与造像记、经变画等材料中存在某些重合的理解方式，但其间的差异同样不可忽视。某种意义上，这种差异对于理解佛教、佛教经典在中国社会中的意义，反倒更为重要——正如乔纳森·史密斯（Jonathan Smith）所言，这种同一宗教"标签"下不同传统间的多样性，往往是宝贵的思考契机。③

---

① Erik Zurcher, "Perspectives in the Study of Chinese Buddhism", *Buddhism in China: Collected Papers of Erik Zurcher*, p. 266.
② Erik Zurcher, "Perspectives in the Study of Chinese Buddhism", *Buddhism in China: Collected Papers of Erik Zurcher*, p. 276.
③ Jonathan Z. Smith, "Scriptures and Histories", *Method & Theory in the Study of Religion*, Vol. 4, No. 1/2 (1992), pp. 97–105.

在承认多样性的前提下，我们还须考虑这样一种预设，即认为只有义学角度经院主义式的解读，才是对于经典唯一"正确"的理解，而其他则是相对于这种"思想精华"的"扭曲""堕落"。① 诚然，相较而言，注释中理解经典的方式，更为精致，更为系统，更容易符合学者的智识偏好；但比起争论孰者更"正确"，不同理解在历史上真实地存在，并真实地影响和塑造着人们的思想世界，这一事实本身，或许更有价值——毕竟，即便是相较经典文本已有所偏离、变形的理解，也不可能因其"不符合经典"便被抹杀；相反，其在民众间的利用与传播是已然的事实。

由此，我们甚至可以对"经典"本身的意义有更进一步的思考。比较宗教学之父马克斯·缪勒（Max Muller）对于世界各大宗教的比较，实际上就是建立在比较其"神圣经典"（sacred canon）的基础上的。他对此的界定是：

> 人们或许以为，只有那些宣告是经由天启，或者由神明直接传达给人类导师的书（book），才能算作"神圣"。但很快就会发现，就算真有这种情况，也十分稀少。这种宣告一般是在后代才提出或形成的……因此我们认同，凡是宗教共同体一般视作为神圣、视作构成宗教中最高权威，因而可以用来决定信仰、道德、仪式纷争的，都是神圣经典（sacred canon）。②

乔纳森·史密斯注意到，这里缪勒对于"圣典"的定义，是功

---

① 肖本（Schopen）曾批判，佛教研究伊始确立的那种以"经典"定义佛教的倾向，实际上源自"新教徒的偏见"。Gregory Schopen, "Archaeology and Protestant Presuppositions in the Study of Indian Buddhism", *Bones, Stones, and Buddhist Monks: Colleeted Papers on the Archaeology, Epigoaphy and Fexos of Monastic Buddhism in Indic*, pp. 1 – 22.

② F. Max Muller: "Forgotten Bibles" (1884), reprinted in idem, *Last Essays, Second Series: Essays on the Science of Religion*, London: Longmans, Green, 1901; 转引自 Jonathan Z. Smith, "Religion and Bible", *Journal of Biblical Literature*, Vol. 128, No. 1 (Spring, 2009), pp. 5 – 27。

能性的，而非本质性的，"是后在的对于书的使用，而不是前在的启示，标示了其神圣性"①。换言之，正是宗教共同体的相应实践，才使得一种文本不仅仅是"书"，而是成为"圣典"。在此基础上，他进一步提出，诸如圣经（Bible）这样的神圣经典，不是实体性名词，当然也不是静止的单数；它不仅仅是世纪初，或9世纪、19世纪的文献，更是至今仍在不断形成的主体。② 所谓"不断形成"，既指文本本身在历史上不断被增补、编订、结集的过程，也包括共同体中的注释者，为其划定的新的阅读方式，以及对文本"整体性""完整性"的诠释。在此意义上，注释者既是文本的"阅读者"，同样也是"生产者"。③

我们同样可以从这一角度理解《法华经》。就其成立史而言，《法华经》在印度经历了层累的书写历程，其传入中国之后，翻译与写本传抄的过程也不断塑造着其形态。不过，这仅仅是文本本身发生的变化；不仅如此，对于这部分阶段成立、其自身并不自然呈现连贯的可理解性的经典，不同身份的诠释者给出了理解其整体性的不同方案。以往研究最为关注者，当属义学僧人在注释中为之划分的科判结构和判教体系。但需要考虑的是，注释者所判释的这种逻辑层次清晰、结构完整的二十七/二十八品《法华经》的图景，未必存在于所有人的头脑中。中古时期极其有限的识字率以及写本制造和传播的成本，都限制了其可能性；况且，即便在文本资料极易获得的今日，除非专业的学者或僧侣，一般信众也难以设想《法华经》二十八品的全部内容。从现代学术研究的角度，学者可以通过与经

---

① Jonathan Z. Smith, "Religion and Bible", *Journal of Biblical Literature*, Vol. 128, No. 1 (2009), pp. 5–27.

② Jonathan Z. Smith, "Scriptures and Histories", *Method & Theory in the Study of Religion*, Vol. 4, No. 112 (1992), pp. 97–105.

③ Tomoko Masuzawa, "Reader as Producer: Jonathan Z. Smith on Exegesis, Ingenuity, Elaboration", Willi Braun ed., *Introducing Religion: Essays in Honor of Jonathan Z. Smith*, Routledge, 2014, pp. 326–339.

典的对照,判断应用于民众宗教实践的材料中,只呈现了《法华经》的"一部分"甚至于相对经典发生了变形;但对于接受此信息的民众来说,这就是其所认知的关于《法华经》的全部。

依托于不同的实践群体,人们头脑中关于《法华经》的图景可以截然不同,可以是"本门—迹门""三周说法",也可以只是《普门品》、"火宅喻",甚至是业已变形的"火宅喻"。佛教经典在渗透进中国社会的过程中被不断诠释、塑造,生成各式各样的认知形态,但又在不同的群体、阶层间,维持着隐约的连续性。本书所讨论的《法华经》譬喻在中国社会的诠释历程,正可作为理解此过程的一个鲜明个案。

附　中古时期《法华》重要注释作品简介

自鸠摩罗什译本《妙法莲华经》译出以来，中国僧人对其的讲说与注释一直经久不衰。为方便正文阅读，这里对论文涉及的中古时期不同时段、不同学派中具有开创性、代表性的注释作品，进行一简要介绍。

竺道生：目前现存最早的《法华经》完整注释作品，是罗什门下东晋竺道生的《法华经疏》，其对于《法华经》的解释方式在很多方面为后世奠定了基础。在经典定位（判教）上，道生提出"四种法轮"，将会三归一的《法华经》视为"真实法轮"，置于"无余法轮"即《涅槃》之下。[①] 在解释体例上，《经疏》以随文解释为主，但此之前，每一品有对此品相对于全经位置、意义的说明，这类似于后来注释中的"来意"。[②]《经疏》将全经判为三大段：从《序品》至《安乐行品》的十三品，"明三因为一因"；《涌出品》至《嘱累品》的八品，"辨三果为一果"；《药王品》至《普贤品》

[①]（刘宋）竺道生：《妙法莲花经疏》，X.27，No.577，第1页中："……是以大圣示有分流之疏，显以参差之教。始于道树，终于泥曰，凡说四种法轮：一者善净法轮，谓始说一善，乃至四空，令去三涂之秽，故谓之净。二者方便法轮，谓以无漏道品得二涅槃，谓之方便。三者真实法轮，谓破三之伪，成一之美，谓之真实。四者无余法轮，斯则会归之谈，乃说常住妙旨，谓无余也。"

[②]　菅野博史：《中國法華思想の研究》，第33页。

六品,"均三人为一人",① 即将经文理解成从"因""果""人"三个视角来建立一乘思想。道生认为《法华经》"以大乘为宗",所谓"大乘",他理解为:"平等大慧,始于一善,终乎极慧是也。"②

法云:时间上稍晚于竺道生《经疏》的是梁代法云讲说的《法华义记》。法云认为《法华经》"以因果为宗",将全经判为两大部分:除去《序品》,以《安乐行品》为界,此前为"开三显一,以明因义";《从地涌出品》之后,则为"开近显远,以明果义"。③ 在法云看来,"因—果"这对范畴是理解《法华经》一乘思想的核心,法华一乘之"妙",就在于其从因、果两个角度来看,都"体广、位高、用长"。④ 此外,《义记》还用权智、实智来解释"三乘"与"一乘"的关系,即佛以权智对持有三种根机的三种人,分别说以三乘;以实智说教一、理一之一乘。三机、三人最终要转向一机、一人;三乘是权智,一乘是实智;三乘为假,一乘真实。⑤ 在判教上,法云持三教五时的判教说,判《法华》为渐教第四时,不及常住教——《涅槃》究竟。⑥

智顗:陈末至隋的智顗以《法华玄义》解释经题,通过对经题的阐释来展开对经文义理的整体理解;以《法华文句》释解经文章句。他完全继承了法云对于经文的基本科判方式,并在法云"因—

---

① 品目指罗什译本二十七品。 (刘宋)竺道生:《妙法莲花经疏》,X.27,No.577,第1页下。

② (刘宋)竺道生:《妙法莲花经疏》,X.27,No.577,第1页中—下。

③ (梁)法云:《妙法莲华经义记》,T.33,No.1715,第574页中。

④ (梁)法云:《妙法莲华经义记》,T.33,No.1715,第691页下:"今因体广、位高、用长者,会三为一,收束万善,故言体广。不止界内,无碍道中行,出于界外,行菩萨道,故言位高。无碍伏惑,不止四住,进伏无明,故用长。今因三义妙也。今果三义妙者,体广、位高、用长。体备万德,众善普会,故言体广。位至宝所,故言位高。断五住惑,神通延寿,利益众生,故言用长。今果三义故妙。即是一乘因果之法妙也。"

⑤ 菅野博史:《中國法華思想の研究》,第226页。

⑥ 李幸玲:《光宅法云〈法华经义记〉的诠释观点》,《台大佛学研究》第十六期,2008年12月,第127—170页。

果"相对的基础上,进一步提出"本迹二经"的分判:《安乐行品》之前为"迹门",以《方便品》为中心;《从地涌出品》到经末为"本门",以《如来寿量品》为中心;本、迹各有二门,各有序、正、流通三分。同样的,对于《法华》相对于他经之"粗",之所以为殊胜"妙法"(妙圆)的理由,也以"本""迹"各"十妙"来解释。从"因果"到"本迹",体现了更具哲学思辨性的对于"诸法实相"的关注。① 在注释体例上,《玄义》以"释名,辨体,明宗,论用,判教"共"五章"("五重玄义")来解释经题,展开对佛经总体思想义理的说明;《文句》以"因缘释、约教释、本迹释、观心释"这"四释"来对佛经章句进行解释。值得一提的是截止到此时,《法华经论》业已译出,《经论》中引入"佛性"思想对经文进行解释的做法,在《玄义》《文句》中也多有出现,这在此前道生、法云的注释中是未曾见到的。不同于以往判教,智颢把法华与涅槃合为一个阶段,即第五时,并称最高的"圆教"。

吉藏: 几乎与智颢同一时代的吉藏,著有《法华玄论》《法华义疏》《法华游意》《法华统略》等多部《法华》注释书,还有针对《法华经论》的《法华论疏》。吉藏与智颢不乏书信往来交流,其解经体例也有与智颢相通之处。如《玄论》与《义疏》,同样分别侧重通过解释经题来阐发经文整体思想,以及对经文文句的随文解释。《玄论》分六重:弘经方法、大意、释名、立宗、决疑、随文释义,其中最后一项不是经文每句都解释,而是从中选择重要的主题,表明吉藏的见解。② 《义疏》中每品解说的项目不定,但多有"来意门""释名门""通别(同异)门"等项,在经文详细科判的基础上说明一品的来意、品名的意义,解说经文字句用语。吉藏对《法华经》的科判方法基本仍延续前人,但在其晚年写作的《法华统略》中,还比照《华严经》"七处八会"的结构,提出了"四处七会"

---

① 李四龙:《南北朝〈法华经〉注疏体例之演变》,《宗教研究》2015 年秋。
② 菅野博史:《中國法華思想の研究》,第 294 页。

的分判方式。① 在判教上，吉藏同样反对"五时""四宗"的判教方式，认为"诸大乘经显道无二"②。特别是明确认为《法华经》也说佛性与佛身常住，故而与《涅槃经》有同样的价值。③ 在《法华游意》中，还将《法华经》的教说方式视为"显教菩萨、显化声闻"和"正开方便、正显真实"。④

窥基：唐代窥基的《法华玄赞》，是一部既有自身唯识学派特色又影响广泛的《法华经》注释作品。这部注释重视依据经文广引经论来阐述意义，尤其是援引与唯识学说较能相容的经论来进行注解，同时重视语言文字的训诂解释，对佛教术语详加解释。⑤《玄赞》以"六门"来料简全经："叙经起之意""明经之宗旨""解经品得名"围绕经题，对全经的精神进行解释；"彰品之次第"梳理全经各品的结构脉络；"显经品废立"对不同传本品目的差异进行义理和文献学的说明；最后是"释经之本文"。窥基认同前人通行的科判方式，但除此以外，他还提出了一种围绕"境—行—果"范畴的科判方式：第一品《序品》为经文序分，经文后八品为流通分，中间全为正宗分，分别明一乘之境、行、果；具体而言，从《方便品》到《劝持品》，明一乘境；《安乐行品》到《从地涌出品》，明一乘行；《如来寿量品》到《常不轻菩萨品》，明一乘果。在解释经文内容时，时常可见窥基引入唯识学的特色理论，如以五姓各别说来诠释闻法会

---

① （隋）吉藏：《法华统略》，X. 27，No. 582，第 445 页中—下。一会《无量义经》；二会《方便品》至《法师品》；三会《见宝塔品》至《分别功德品》格量偈；四会《提婆达多品》；五会《从地涌出品》至《常不轻菩萨品》；六会《如来神力品》；七会《药王菩萨本事品》以下。一、二会"有处"，三至五会"空处"，六会"亦空亦有处"，七会"还至有处"。

② （隋）吉藏：《法华义疏》，T. 34，No. 1721，第 518 页下。

③ （隋）吉藏：《法华玄论》，T. 34，No. 1720，第 366 页上："此经明众生有佛性，即是正因；假万行为一乘，即是缘因；故因义具足。开近迹是无常，显妙本为常住，故果义究竟。此义后当说之。故不应言此经明义犹未了也。"

④ （隋）吉藏：《法华游意》，T. 34，No. 1722，第 645 页上—中。

⑤ 黄国清：《窥基〈妙法莲华经玄赞〉研究》，博士学位论文，"中央大学"中国文学研究所，2005 年，第 34 页。

众的根机差别、以"三性"来解释一乘,等等。①窥基将当时佛教分为八类("八宗",即小乘六宗、大乘二宗),其中,《法华经》与《华严》、无著学说等并列为"理应圆实宗"。②

从道生到窥基对《法华经》的注释,可以说分别代表了不同时期、不同学派对《法华经》进行理解的种种方向与可能,其各自开创的解经体例,引入的不同概念、视角与解释范式,不仅为各自学派所沿用和发展,也在一定时期内对当时的解经实践产生了深远影响,乃至占有主流地位。

---

① 黄国清:《窥基〈妙法莲华经玄赞〉研究》,第 107—108 页。
② (唐)窥基:《阿弥陀经通赞疏》,T37, No. 1758,第 329 页下。

参考文献

一 原始文献

（西汉）司马迁：《史记》，中华书局1959年版。
（西晋）竺法护译：《生经》，T. 3，No. 154。
（西晋）竺法护译：《修行道地经》，T. 15，No. 606。
（西晋）竺法护译：《正法华经》，T. 9，No. 263。
（姚秦）鸠摩罗什译：《成实论》，T. 32，No. 1646。
（姚秦）鸠摩罗什译：《大智度论》，T. 25，No. 1509。
（姚秦）鸠摩罗什译：《妙法莲华经》，T. 9，No. 262。
（姚秦）鸠摩罗什译：《摩诃般若波罗蜜经》，T. 8，No. 223。
（姚秦）鸠摩罗什译：《十住毗婆沙论》，T. 26，No. 1521。
（姚秦）竺佛念译：《菩萨璎珞经》，T. 16，No. 656。
（后秦）佛陀耶舍、竺佛念译：《佛说长阿含经》，T. 1，No. 1。
（北凉）昙无谶译：《大般涅槃经》，T. 12，No. 374。
（北魏）菩提留支译：《妙法莲华经优波提舍》，T. 26，No. 1519。
（刘宋）求那跋陀罗译：《杂阿含经》，T. 2，No. 99。
（刘宋）僧伽跋摩译：《杂阿毗昙心论》，T. 28，No. 1552。
（刘宋）竺道生：《妙法莲花经疏》，X. 27，No. 577。
（刘宋）竺道生：《注维摩诘经》，T. 38，No. 1775。
（刘宋）范晔：《后汉书》，中华书局1965年版。
（梁）法云：《妙法莲华经义记》，T. 33，No. 1715。
（梁）僧祐：《出三藏记集》，T. 55，No. 2145

（梁）僧祐：《出三藏记集》，苏晋仁、萧鍊子点校，中华书局1995年版。

（梁）僧祐：《弘明集》，T. 52，No. 2102。

（梁）慧皎：《高僧传》，T. 50，No. 2059。

（梁）慧皎撰，汤用彤校注：《高僧传》，中华书局1992年版。

（陈）月婆首那译：《胜天王般若波罗蜜经》，T. 8，No. 231。

（北齐）魏收：《魏书》，中华书局1974年版。

（南北朝）慧影抄撰：《大智度论疏》，X. 46，No. 791。

（隋）阇那崛多、阇那笈多译：《添品妙法莲华经》，T. 9，No. 264。

（隋）阇那崛多译：《大法炬陀罗尼经》，T. 21，No. 1340。

（隋）法经等：《众经目录》，T. 55，No. 2146。

（隋）吉藏：《法华论疏》，T. 40，No. 1818。

（隋）吉藏：《法华玄论》，T. 34，No. 1720。

（隋）吉藏：《法华义疏》，T. 34，No. 1721。

（隋）吉藏：《法华统略》，X. 27，No. 582。

（隋）吉藏：《法华游意》，T. 34，No. 1722。

（隋）智𫖮：《妙法莲华经玄义》，T. 33，No. 1716。

（隋）智𫖮：《妙法莲华经文句》，T. 34，No. 1718。

（唐）道宣：《续高僧传》，T. 50，No. 2060。

（唐）玄奘编译：《成唯识论》，T. 31，No. 1585。

（唐）窥基：《妙法莲华经玄赞》，T. 34，No. 1723。

（唐）窥基：《阿弥陀经通赞疏》，T37，No. 1758。

（唐）栖复：《法华经玄赞要集》，X. 34，No. 638。

（唐）湛然：《法华文句记》，T. 34，No. 1719。

（唐）湛然：《法华玄义释籤》，T. 33，No. 1717。

（唐）智昇：《开元释教录》T. 55，No. 2154。

（唐）房玄龄等：《晋书》，中华书局1974年版。

（宋）志磐：《佛祖统纪》，T. 49，No. 2035。

（清）董诰等编：《全唐文》，中华书局1983年版。

（清）王昶：《金石萃编》，中国书店 1985 年版。

（清）王言：《金石萃编补略》，《中国历代石刻史料汇编（书同文）》（数据库）。

（清）陆增祥编：《八琼室金石补正》，上海古籍出版社 2020 年版。

（清）阮元：《山左金石志》，《中国历代石刻史料汇编（书同文）》（数据库）。

失译：《别译杂阿含经》，T. 2，No. 100。

Kern, H. and Nanjio, B., eds., *Saddharmapuṇḍarīka*, *Bibliotheca Buddhica X*, St. Petersburg, 1908.

Dutt, N. ed., *Saddharmapundarkasutram with N. D. Mironov's Readings from Central Asian MSs.* (= Bibliotheca Indica, CCLXXXVI), Calcutta, 1953.

Watanabe, S. （渡邊照宏）ed., *Saddharmapundarika Manuscripts Found in Gilgit. Part one – two*, Tokyo：The Reiyukai, 1972 – 1975.

Toda, H. ed., *Saddharmapuṇḍarīkasūtra Napalese Manuscript.* (Kˊ) (x – xvii). Tokushima：Tokushima Daigaku, 1980.

Toda, H. ed., *Saddharmapuṇḍarīkasūtra：Central Asian Manuscripts Romanized Text*, Tokushima：Kyoiku shuppan Center, 1983.

Karashima, S. & Wille, Klaus, eds., *Buddhist Manuscripts from Central Asia*, *The British Library Sanskrit Fragments*, Vol. I, Tokyo 2006.

二 现代中文研究

北京图书馆金石组编：《北京图书馆藏中国历代石刻拓本汇编》，中州古籍出版社 1989 年版。

陈四海：《隐喻、意义与认知：分析哲学视野中的隐喻问题研究》，科学出版社 2019 年版。

邓晓凌、赵毅、彭博：《庄子寓言的认知隐喻研究》，四川大学出版社 2020 年版。

丁敏：《佛教譬喻文学研究》，《中华佛学研究所论丛》8，（台北）东初出版社1996年版。

段晴、张志清主编：《中国国家图书馆藏西域文书：梵文、佉卢文卷》，中西书局2013年版。

敦煌文物研究所编：《中国石窟·敦煌莫高窟》，文物出版社1987年版。

敦煌研究院编：《敦煌石窟艺术 莫高窟第八五窟 附第一九六窟》，江苏美术出版社1994年版。

敦煌研究院编：《敦煌石窟艺术 莫高窟第一五四窟》，江苏美术出版社1994年版。

敦煌研究院编：《敦煌石窟艺术 莫高窟第六一窟》，江苏美术出版社1995年版。

敦煌研究院编：《敦煌石窟艺术 莫高窟第四二〇窟、第四一九窟》，江苏美术出版社1996年版。

范姜冠闳：《光宅法云〈法华经义记〉研究》，硕士学位论文，"国立政治大学"中国文学系，2014年。

范晶晶：《缘起——佛教譬喻文学的流变》，中西书局2020年版。

甘肃省古籍文献整理编译中心：《中国金石总录》（数据库）。

韩焕忠：《天台宗判教研究：对〈法华玄义〉的一种诠释》，博士学位论文，中国人民大学，2003年。

郝春文：《中古时期社邑研究》，（台湾）新文丰出版公司1995年版。

贺世哲主编：《敦煌石窟全集7：法华经图卷》，上海人民出版社2000年版。

贺世哲：《敦煌石窟论稿》，甘肃民族出版社2004年版。

侯旭东：《五六世纪北方民众佛教信仰：以造像记为中心的考察》（增订本），社会科学文献出版社2015年版。

黄宝生译：《摩诃婆罗多》，中国社会科学出版社2005年版。

黄宝生译：《奥义书》，商务印书馆2010年版。

黄宝生译：《梵语文学读本》，中国社会科学出版社 2010 年版。

黄宝生：《梵汉对勘入楞伽经》，中国社会科学出版社 2011 年版。

黄国清：《窥基〈妙法莲华经玄赞〉研究》，博士学位论文，"中央大学"中国文学研究所，2005 年。

黄征、张涌泉校注：《敦煌变文校注》，中华书局 1997 年版。

姜南：《基于梵汉对堪的法华经语法研究》，商务印书馆 2011 年版。

蒋忠新编注：《民族文化宫图书馆藏梵文〈妙法莲华经〉写本：拉丁字母转写本》，中国社会科学出版社 1988 年版。

蒋忠新：《旅顺博物馆藏梵文法华经残片：影印版及罗马字版》，旅顺博物馆 1997 年版。

鲁迅：《鲁迅辑校石刻手稿》，上海书画出版社 1986 年版。

罗良清：《西方寓言文体和理论及其现代转型》，中国社会科学出版社 2015 年版。

罗宗涛：《敦煌讲经变文研究》，博士学位论文，"国立政治大学"中国文学研究所，1972 年。

龙国富：《妙法莲华经语法研究》，商务印书馆 2013 年版。

马世长、丁明夷：《中国佛教石窟考古概要》，文物出版社 2009 年版。

毛远明（主编）：《汉魏六朝碑刻校注》，线装书局 2008 年版。

牟润孙：《注史斋丛稿》，中华书局 1987 年版。

孙晶：《印度六派哲学》，中国社会科学出版社 2014 年版。

上海图书馆、上海古籍出版社编：《上海图书馆藏敦煌吐鲁番文献（2）》，上海古籍出版社 1999 年版。

束定芳：《隐喻学研究》，上海外语教育出版社 2000 年版。

束定芳主编：《隐喻与转喻研究》，上海外语教育出版社 2011 年版。

王月秀：《智𫖮佛性论研究》，博士学位论文，台湾清华大学，2012 年。

魏宏利编：《北朝关中地区造像记整理与研究》，中国社会科学出版社 2017 年版。

巫鸿：《礼仪中的美术：巫鸿中国古代美术史文编》，生活·读书·新知三联书店 2005 年版。

吴汝钧：《〈法华玄义〉的哲学与纲领》，（台北）文津出版社 2002 年版。

徐孟志：《〈法华经讲经文〉与〈法华经〉注疏之比较研究》，硕士学位论文，玄奘人文社会学院中国语文研究所，2004 年。

颜娟英主编：《北朝佛教石刻拓片百品》，"中央研究院"历史语言研究所 2008 年版。

杨懿恭：《唐代敦煌法华经变研究》，硕士学位论文，华梵大学东方人文思想研究所，1996 年。

姚卫群编译：《古印度六派哲学经典》，商务印书馆 2003 年版。

叶佳玫：《敦煌莫高窟隋代四二〇窟研究》，硕士学位论文，台湾大学艺术史研究所，1996 年

印顺：《华雨集 3》（印顺法师佛学著作全集 12），中华书局 2009 年版。

张海沙：《佛教五经与唐宋诗学》，中华书局 2012 年版。

张元林：《北朝—隋敦煌法华图像研究》，甘肃教育出版社 2017 年版。

张振刚：《三国两晋南北朝墓葬出土牛车俑群的初步研究》，硕士学位论文，四川大学，2007 年。

郑炳林：《敦煌碑铭赞辑释》，甘肃教育出版社 1992 年版。

郑岩：《魏晋南北朝壁画墓研究》，文物出版社 2002 年版。

朱大渭、刘驰、梁满仓、陈勇：《魏晋南北朝社会史》，中国社会科学出版社 1998 年版。

朱封鳌（校释）：《妙法莲华经文句校释》，宗教文化出版社 2001 年版。

朱封鳌：《中国佛学天台宗发展史》，汉语大词典出版社 1996 年版。

［日］大村西崖：《中国美术史》，陈彬龢译，浙江人民美术出版社 2014 年版。

〔日〕木村泰贤：《梵我思辨：木村泰贤之印度六派哲学》，释依观译，（台湾）商务印书馆 2016 年版。

〔日〕平川彰、尾山雄一、高崎直道编：《法华思想》，林保尧译，（台北）佛光文化 1998 年版。

〔古希腊〕亚里士多德：《修辞术·亚历山大修辞学·论诗》，颜一和、崔延强译，中国人民大学出版社 2003 年版。

〔美〕理查德·罗蒂：《偶然、反讽与团结》，徐文瑞译，商务印书馆 2003 年版。

〔美〕万志英（Richard Von Glahn）：《左道：中国宗教文化中的神与魔》，廖涵缤译，社会科学文献出版社 2018 年版。

曹树明、姜春兰：《从〈妙法莲华经〉看鸠摩罗什的翻译特征》，《广东海洋大学学报》2008 年第 2 期。

常叙政、李少南：《山东省博兴县出土一批北朝造像》，《文物》1983 年第 7 期。

陈源源：《〈妙法莲华经〉释文音韵研究价值初探》，《江南大学学报》（人文社会科学版）2008 年第 4 期。

陈源源：《同经异译佛经人名管窥——以法华经异译三经为例》，《西南交通大学学报》（社会科学版）2008 年第 3 期。

党燕妮：《〈南石窟寺碑〉校录研究》，《敦煌学辑刊》2005 年第 2 期。

范晶晶：《"缘"：从印度到中国——一类文体的变迁》，《中国比较文学》2017 年第 2 期。

方广锠：《敦煌遗书中的〈妙法莲华经〉及有关文献》，《中华佛学学报》1997 年第 10 期。

方广锠：《我国佛教研究之展望》，《中国社会科学院院报》2003 年 8 月 14 日第 3 版。

方立天：《略论中国佛教的佛身观》，《五台山研究》1998 年第 2 期。

高玉国：《晋代牛车在社会生活中的作用与地位探析》，《德州学院学报》2002 年第 1 期。

顾伟康：《论中国民俗佛教》，《上海社会科学院学术季刊》1993 年第 3 期。

郭祐孟：《敦煌隋代法华主题洞窟初探》，《兰州大学学报》（社会科学版）2006 年第 4 期。

韩伟、阴志毅：《耀县药王山佛教造像碑》，《考古与文物》1996 年第 2 期。

贺世哲：《莫高窟第 420 窟窟顶部分壁画内容新探》，《敦煌研究》1996 年第 4 期。

黄国清：《再论〈妙法莲华经〉之"十如是"译文》，《中华佛学学报》2000 年第 13 期。

黄国清：《〈妙法莲华经〉"三草二木"段的解读——文献学与义理学的进路》，《世界宗教学刊》2005 年第 6 期。

黄国清：《敦煌伯 2305 号〈妙法莲华经讲经文〉的讲经体例与思想特色》，《新世纪宗教研究》2007 年第 3 期。

贾应逸：《〈且渠安周造像功德碑〉与北凉高昌佛教》，《西域研究》1995 年第 2 期。

菅野博史：《中国佛教初期的机与感应思想——以道生、僧亮为中心》，《宗教研究》2009 年。

姜明泽：《"三因佛性"说论述》，《中国佛学》2015 年第 37 期。

李静杰：《北朝后期法华经图像的演变》，《艺术学》2004 年第 21 期。

李静杰：《敦煌莫高窟北朝隋代洞窟图像构成试论》，李治国主编：《2005 年云冈国际学术研讨会论文集（研究卷）》，文物出版社 2006 年版，第 365—393 页。

李静杰：《北朝隋代佛教图像反映的经典思想》，《艺术考古》2008 年第 2 期。

李静杰：《四川南朝浮雕佛传图像考察》，龙门石窟研究院编：《石窟寺研究（第 1 辑）》，文物出版社 2010 年版，第 100—118 页。

李四龙：《民俗佛教的形成与特征》，《北京大学学报》（哲学社会科学版）1996 年第 4 期。

李四龙：《南北朝〈法华经〉注疏体例之演变》，《宗教研究》2015 年秋。

李幸玲：《光宅法云〈法华经义记〉的诠释观点》，《台大佛学研究》2008 年第 16 期。

李志鸿：《中国北朝石刻上的法华信仰与文化效应》，《早期中国史研究》2012 年第 1 期。

刘东平：《〈晖福寺碑〉相关问题蠡测》，《文博》2013 年第 5 期。

刘磐修：《魏晋南北朝社会上层乘坐牛车风俗试论》，《中国典籍与文化》1998 年第 4 期。

刘增贵：《汉隋之间的车驾制度》，蒲慕州（主编）《台湾学者中国史研究论丛·生活与文化》，中国大百科全书出版社 2005 年版，第 161—217 页。

施萍婷、范泉：《关于莫高窟第 217 窟南壁壁画的思考》，《敦煌研究》2011 年第 2 期。

释圣严：《中国佛教以〈法华经〉为基础的修行方法》，《中华佛学学报》1994 年第 7 期。

圣凯：《论中国早期以〈法华经〉为中心的信仰形态（上）（下）》，《法音》2002 年第 7、8 期。

苏莹辉：《敦煌莫高窟现存石刻考略》，《台湾"中央图书馆"台湾分馆馆刊》第二卷第 1 期，1995 年 9 月。

孙新生：《山东青州北齐〈临淮王像碑〉》，《文物》1999 年第 9 期。

王宝坤：《〈大乘大义章〉之法身观及其思想史意义》，《西部学刊》2014 年第 11 期。

梶山雄一：《佛教知识论的形成（上）》，《普门学报》2003 年第 15 期。

吴丹：《慧远的"法身"思想及意义——以〈大乘大义章〉为中心》，《法音》2009 年第 1 期。

项波：《"法华七喻"在唐诗中的运用》，《韶关学院学报·社会科学》2008 年第 2 期。

严耀中：《论隋以前〈法华经〉的流传》，《上海师范大学学报》1997 年第 1 期。

赵声良：《成都南朝浮雕弥勒经变与法华经变考论》，《敦煌研究》2011 年第 1 期。

张海亮、张元林：《关于敦煌法华经变穷子喻图像的几个问题》，《敦煌研究》2012 年第 4 期。

张涵烁：《略论北朝墓室壁画中牛车鞍马题材》，《北方民族考古》2015 年第二辑。

张凯：《〈大乘大义章〉中慧远法身思想探析》，《五台山研究》2013 年第 4 期。

张丽香：《中国人民大学博物馆藏和田新出〈妙法莲华经〉梵文残片二叶》，《西域研究》2017 年第 3 期。

张元林：《也谈莫高窟第 217 窟南壁壁画的定名——兼论与唐前期敦煌法华图像相关的两个问题》，《敦煌学辑刊》2011 年第 4 期。

郑炳林、杜海：《曹议金节度使位继承权之争》，《敦煌学辑刊》2014 年第 4 期。

朱凤玉：《羽 153v〈妙法莲花经讲经文〉残卷考论——兼论讲经文中因缘譬喻之运用》，《敦煌吐鲁番研究》第十三卷，上海古籍出版社 2013 年版，第 47—61 页。

朱冠明、段晴：《梵汉本法华经语词札记》，《古汉语研究》2005 年第 2 期。

朱庆之：《梵汉法华经中的偈、颂合偈颂（一）（二）》，《汉语史研究集刊》2000 年、2001 年。

张鹏：《北朝石刻文学中的用典和比喻》，《咸阳师范学院学报》2015 年第 1 期。

臧卓美：《试论魏晋南北朝隋唐墓葬出土的牛车》，《南京晓庄学院学报》2016 年第 3 期。

［日］池田温：《高昌三碑略考》，谢重光译，《敦煌学辑刊》1988

年第 1、2 期。

［日］吉村怜：《法华经普门品变相——刘宋元嘉二年石刻画像内容》，贺小萍译，《敦煌研究》1996 年第 4 期。

［日］吉村怜：《南朝法华经普门品变相——论刘宋元嘉二年铭石刻画像的内容》，小泽亨子译，《东南文化》2001 年第 3 期。

［日］菅野博史：《日本对中国法华经疏的研究》，张大柘译，《世界宗教研究》2000 年 2 期。

［日］下野玲子：《莫高窟第 217 窟南壁经变新解释》，牛源译，《敦煌研究》2011 年第 2 期。

三 英文研究

Abbott, T. R., *Vasubandhu's Commentary to the Saddharmapundarika-sutra: a Study of its History and Significance*, Ann Arbor, Mich.: University Microfilms International, 1985.

Bowman, M., Valk, U., *Vernacular Religion in Everyday Life: Expressions of Belief*, London and New York: Routledge, 2012.

Bronner, Y., *Extreme Poetry: The South Asian Movement of Simultaneous Narration*, New York: Columbia University Press, 2010

Burnouf, E., *Le Lotus de La Bonne Loi, Traduit Du Sanscrit, Accompagne D'Un Commentaire Et de Vingt Et Un Memoires Relatifs Au Buddhisme (new edition)*, Carolina: Nabu Press, 2012.

Cole, A., *Text as Father: Paternal Seductions in Early Mahayana Buddhist Literature*, Berkeley and Los Angeles, California: University of California Press, 2005.

Davidson, J. L., *The Lotus Sutra in Chinese Art: A Study in Buddhist Art to the year 1000*, New Haven: Yale University Press, 1954.

Fogelin, R. J., *Figuratively Speaking*, Oxford: Oxford University Press, 2011.

Gerow, E., *Indian Poetics*, Otto Harrassowitz: Wiesbaden 1977.

Karashima, S., *The Textual Study of the Chinese Versions of the Saddharmapuṇḍarīkasūtra: in the Light of the Sanskrit and Tibetan Versions*, Tokyo: The Sankibo Press, 1992.

Karashima, S., *A Glossary of Dharmarakṣa's Translation of the Lotus Sutra* (《正法华词典》), Tokyo: Meiwa Printing Company, 1998.

Karashima, S., *A Glossary of Kumarajiva's Translation of the Lotus Sutra*, Tokyo: Meiwa Printing Company, 2001.

Kern, H. trans., *The Lotus of the True Law. Sacred Books of the East*, Vol XXI, 1994.

Kim, Y. H., *Tao Sheng's Commentary on the Lotus Sutra: A Study and Translation*, Albany: State University of New York Press, 1990.

Lakoff, G. & Johnsen, M., *Metaphors We Live By*, London: The University of Chicago Press, 2003.

Lopez, D. S. Jr. ed., *Curators of the Buddha: The Study of Buddhism under Colonialism*, Chicago: The University of Chicago Press, 1995.

Lopez, D. S. Jr., *The Lotus Sūtra: A Biography*, Princeton: Princeton University Press, 2016.

Orthany, A. ed., *Metaphor and Thought*, Cambridge: Cambridge University Press, 1993.

Ormiston, G. L. & Schirift, A. D., eds., *The Hermeneutic Tradition: From Ast to Ricoeur*, Albany: State University of New York Press, 1990.

Ricoeur, P., *Figuring the Sacred: Religion, Narrative and Imagination*, Minneapolis: Fortress Press, 1995.

Ricoeur, P., *Interpretation Theory: Discourse and the Surplus of Meaning*, Fort Worth, Texas: The Texas Christian University Press, 1976.

Ricoeur, P., *The Rule of Metaphor*, London and New York: Routledge, 2004.

Schopen, G., *Bones, Stones, and Buddhist Monks: Collected Papers on* the *Archaeology*, *Epigraphy and Texts of Monastic Buddhism in India*, Honolulu: University of Hawaii Press, 1997.

Schopen, G., *Figments and Fragments of Mahāyāna Buddhism in India: More Collected Papers*, Honolulu: University of Hawaii, 2005.

Tanabe, W. J., *Paintings of the Lotus Sutra*, New York: Weatherhill, 1988.

Teiser, St. F. & Stone, J. I., eds., *Readings of the Lotus Sūtra*, New York: Columbia University Press, 2009.

Tsukamoto, K., *Source Elements of the Lotus Sutra—Buddhist Integration of Religion, Thought, and Culture*, Tokyo: Kosei Publishing Company, 2007.

Vidhhbhūsana, S. C., *A History of Indian Logic: Ancient, Mediaeval and Modern Schools*, Delhi: Motilal Banarsidass. Print, 1988.

Wang, E. Y., *Shaping the Lotus Sutra: Buddhist Visual Culture in Medieval China*, Seattle and London: University of Washington Press, 2005.

Waston, B., trans., *The Lotus Sutra*, New York: Columbia University Press, 1993.

Williams, P., *Mahāyāna Buddhism: The Doctrinal Foundations* (2nd ed.), New York: Routledge, 2008.

Winternitz, M., *History of Indian Literature*, Vol. II, Part 1 (*Buddhist Literature*), trans. Bhaskara Jha, Delhi: UPASNA Printers, 1987.

Yuyama, A., *A Bibliography of the Sanskrit Texts of the Saddharmapundarikasutra*, Canberra: Centre of Oriental Studies and Australian National University Press, 1970.

Yuyama, A., *Eugene Burnouf: The Background to his Research into the Lotus Sutra*, Tokyo: The International Research Institute for the Advanced Buddhology, Soka University, 2000.

Zilberman, D. B., *Analogy in Indian and Western Philosophical*

Thought, The Netherlands: Springer, 2006.

Zürcher, E., *Buddhism in China: Collected Papers of Erik Zurcher*, Jonathan A. Silk ed., Leiden: Brill, 2013.

Choong, Y. M. （宗玉媺）, "Divided Opinion among Chinese Commentators on Indian Interpretations of the Parable of the Raft in the Vajracchedikā", Chen-kuo Lin/ Michael Radich eds., *A Distant Mirror: Articulating Indic Ideas in Sixth and Seventh Century Chinese Buddhism*, Hamburg: Hamburg University Press, 2014. pp. 419–470.

Jaini, P. S., "The Vaibhāsika Theory of Words and Meanings", *Bulletin of the School of Oriental and African Studies*, Vol. 22, No. 1/3 (1959), pp. 95–107.

Kajiyama, Y., "The Saddharmapuṇḍarīka and śūnyatā Thought", *Journal of Oriental Studies*, vol. 10, 2000, pp. 72–96.

Karashima, S., "A Trilingual Edition of the Lotus Sutra – New editions of the Sanskrit, Tibetan and Chinese Versions (1) ~ (4)", ARIRI-AB vol. VI – IX (2003–2006).

Karashima, S., "Vehicle (yāna) and Wisdom (jñāna) in the Lotus Sutra—the Origion of the Notion of yāna in Mahāyāna Buddhism", ARIRIAB vol. XVIII (2015).

Karashima, S., "The Tristubh – Jagatī Verses in The Saddharmapuṇḍ arīka", ARIRIAB vol. XVIIII (2016).

Masuzawa, T., "Reader as Producer: Jonathan Z. Smith on Exegesis, Ingenuity, Elaboration", Willi Braun ed., *Introducing Religion: Essays in Honor of Jonathan Z. Smith*, London and New York: Routledge, 2014, pp. 326–339.

McGovern, N., "The Contemporary Study of Buddhism", *The Oxford Handbook of Contemporary Buddhism*, Oxford Handbooks Online, 2017.

Mochizuki, K., "How Did the Indian Masters Read the Lotus Sutra?", *Journal of Indian and Buddhist Sutdies*, Vol. 59, No. 3, March 2011.

Primiano, L. N., "Vernacular Religion and the Search for Method in Religious Folklife", *Western Folklore*, Vol. 54, No. 1, Jan. 1995, pp. 37–56.

Ricoeur, P., "On Biblical Hermeneutics", *Semeia 4*, 1975.

Sharf, R., "Art in the Dark: The Ritual Context of Buddhist Caves in Western China", David Park, Kuenga Wangmo, Sharon Cather, eds., *Art of Merit: Studies in Buddhist Art and its Conservation*, London: Archetype Publications, pp. 38–65.

Smith, J. Z., "Religion and Bible", *Journal of Biblical Literature*, Vol. 128, No. 1 (Spring, 2009), pp. 5–27.

Smith, J. Z., "Scriptures and Histories", *Method & Theory in the Study of Religion*, Vol. 4, No. 1/2 (1992), pp. 97–105.

四 日文研究

坂本幸男編:《法華経の中国的展開》,京都:平樂寺書店,1972年。

本田義英:《佛典の内相と外相》,京都:弘文堂,1934年。

布施浩岳:《大智度論に見える法華経の理解》,《福井博士頌壽紀念東洋思想論集》,福井博士頌壽紀念論集刊行會,1960年。

布施浩岳:《法華経成立史》,東京:大東出版社,1934年。

倉本尚德:《北朝仏教造像銘研究》,京都:法藏館,2016年。

池田澄達:《法華経長者窮子の譬喻について》,《印度哲学と仏教の諸問題:宇井伯寿博士還暦記念論文集》,東京:岩波書店,1951年,第33—45页。

大村西崖:《支那美术史·雕塑篇》,日本寫真製版所,1915年。

荻原雲来:《漢訳対照梵和大辞典》,鈴木学術財団,1979年。

渡边宝阳:《法华经『因缘. 譬喻. 言辞』考》,《日莲教学研究所纪要》28 期, 2000 年, 第 1—22 页。

渡邊楳雄:《法華經を中心にしての大乘經典の研究》, 京都: 臨川書店, 1989 年。

法華経原典研究會編:《漢梵法華経索引》, 東京: 靈友會, 2003 年。

高雄義堅:《北魏佛教教團の發達》,《中國佛教史論》, 京都: 平樂寺書店, 1952 年, 第 25—36 页。

宮井里佳:《金蔵論と中国北朝末期の仏教》,《佛教学评论》(불교학리뷰, 2010 年第 7 期, 第 63—83 页。

和野训:《竺法護訳経における述作について》,《印度学佛教学研究》第 44 卷第 2 号, 1996 年 3 月。

橫超慧日編:《法華思想》, 京都: 平樂寺書店, 1986 年。

菅野博史:《中國法華思想の研究》, 東京: 春秋社, 1994 年。

江島惠教等編:《藏梵法華経索引 = Tibetan – Sanskrit word index to the Saddharmapundarikasutra》, 東京: 靈友會, 1998 年。

金倉圓照編,《法華經の成立と展開》, 京都: 平樂寺書店, 1970 年。

久保継成:《法華経菩薩思想の基礎》, 東京: 春秋社, 1987 年。

那须円照:《『倶舍論』における言語観》,《パーリ学仏教文化学》, 2012 年 26（0), 41—62。

平岡聰:《法華経成立の新解釈—仏伝として法華経を読み解く》, 東京: 大蔵出版社, 2012 年。

平岡聰:《法華経所収のジャータカの帰属部派》,《印度學佛教學研究》第 61 卷第 2 号, 2013 年 3 月, 第 199—206 页。

平井俊榮:《法華文句の成立に關する研究》, 東京: 春秋社, 1985 年。

平井俊榮:《嘉祥大師吉藏の基礎的研究—著述の前後關係をめぐつて》,《印度學佛教學研究》, 1966 年 14 卷 2 号, 第 685—693 页。

勝呂信靜:《法華経の成立と思想》, 東京: 大東出版社, 1993 年。

石田智宏：《法華経の梵語写本発見・研究史概観》，《東洋文化研究所所報》，2006年第10期。

松本荣一：《敦煌画の研究》，東方文化学院東京研究所，1937年，2000年（复印）。

松森秀幸：《唐代天台法華思想の研究——荊渓湛然における天台法華経疏の注釈をめぐる諸問題》，京都：法藏館，2016年。

下野玲子：《敦煌莫高窟第420窟法華変相図に関する試論》，《會津八一記念博物館研究紀要》第6号，第39—52页。

下野玲子：《敦煌莫高窟唐代法華経変相図の再検討—第23窟壁画の位置付け—》，《會津八一記念博物館研究紀要》8号，第45—56页。

岩本裕，《インド佛教と法華経》，東京：第三文明社，1974年。

鹽入良道：《印度における法華経解釋の一端》，《印度學佛教學研究》，第4卷第2号，1956年3月。

野村昌耀編：《法華経信仰の諸形態》，京都：平樂寺書店，1976年。

伊藤瑞叡：《法華経成立論史：法華経成立の基礎的研究》，京都：平樂寺書店，2007年。

伊藤瑞叡等編：《梵文法華経荻原．土田本總索引》，東京：勉誠社，1993年。

真田有美，清田寂雲：《ペトロフスキー本法華経梵本の研究——序偈でより法師品まで》，《西域文化研究4　中央アジア古代語文献》，京都：法藏館，1961年，第119—170页。

真田有美：《西域梵本法華経について》，《西域出土梵本法華経》，京都：本田博士還暦紀念梵本法華経刊行會，1949年，第22—45页。

真田有美：《西域梵本法華経の一寫本に就いて》，《石濱先生古稀記念東洋學論叢》，大阪：石濱先生古稀紀念會，1958年，第54—61页。

真野龍海：《訓釈詞（nirukti ニルクテイ）について》，《佛教文化學会紀要》，2001 卷（2001）10 号。

中村瑞隆編：《法華経の思想と基盤》，京都：平樂寺書店，1980 年。

塚本启祥：《梵文法華経写本の研究》，《法華文化研究》，1987 年第 13 期。

塚本啓祥，《法華経の成立と背景：インド文化と大乘佛教》，東京：佼成出版社，1986 年。

塚本善隆：《龍門石窟に現れる北魏仏教》，《支那佛教史研究——北魏篇》，京都：弘文堂，1942 年。

佐藤哲英：《法華玄義の成立過程に關する研究》，《印度學佛教學研究》，1958 年 6 卷 2 号，第 312—322 页。

佐藤智水：《北魏造像銘考》，《史学杂志》86 编 10 号，1977 年。

索　　引

A

阿波陀那　31
阿含经　37,61-63,258
阿赖耶识　223
阿难陀伐罗弹那　47
《阿毗昙心论》　179
《安乐行品》　10,33,74,130,136,
　　223,287,320-323
暗喻　47,48,247
奥义书　34,35,50,105,225

B

《八千颂般若经》　2
八曲仙人　38,47
般若空观　55
《斑斓探幽》　49
保罗·利科　22,23,109,313
彼得洛夫斯基　7
变文　20,293,305
布莱克　23
布奴夫　1-3,6,7,22

布施浩岳　11,14

C

曹元忠　290
长者穷子喻　32,52,53,59
《常不轻菩萨品》　285,322,323
陈那　46,47
成立史　1,10,11,13,14,21,28,156,
　　175,318
《成唯识论》　179,222
《出三藏记集》　51,58,180,185,226
褚遂良　260
纯粹佛教　2
《从地涌出品》　10,130,282,283,
　　321-323

D

《大般涅槃经》　48,104,135,192,
　　274,280,301
大乘　1,6,13,21,54,55,79-81,86,
　　89,97,101,102,111-114,116-
　　120,125,129,131,132,137,138,

142,145,148,153,154,186－188,196,200－202,205－213,215－219,222,223,228,229,232,234,263,266,267,280,321,323,324

大乘佛教　2,3,5,6,12,13,27,65,225,266

《大代宕昌公晖福寺碑》　240,242,243

《大法炬陀罗尼经》　80

大谷探险队　7－9

《大森林奥义书》　34

《大智度论》　14,77－79,87,124,179,198,202,216

道安　58

德国探险队　7

第八识　223

阇那笈多　51,55

阇那崛多　51,55,80

多宝　216,242,275,281,282,285,286

多宝佛　272,275,282

E

二佛并坐　242,243,272,277,285

F

法称　46

《法华传记》　20

《法华经》　1－3,5－7,9－22,27－33,39,43,50－70,78,79,81,83,84,90－94,96,106,107,109－115,120,121,125,126,130,131,135,136,138,143,154－159,175,188－190,193－196,198,202,203,206,211,216,217,223,225,227,228,236,238－245,247－249,252－256,259,263,264,266,267,269－272,274－277,279,281,283,289,291－294,296,297,299,305,306,310－313,315,318－324

《法华经论》　15,89,110－112,114－116,118,120－122,124－127,129,130,132,135,136,156,200,217,225,230,292,311,322

《法华经疏》　16,68,91,160,320

《法华论疏》　68,89,115,116,118,122,123,125,322

法华七喻　1,33,109,136,138,157,263,283,285－287,289,291,292,294,295,302

《法华统略》　68,322

《法华文句》　16,68,86,87,94,96,97,101,321

《法华玄论》　16,68,94,96－100,105,121,147,182,200,210,211,215－217,229,230,322,323

《法华玄义》　16,68,193,321

《法华玄赞》　17,86,130,323

《法华义记》　68,90－92,95,105,321

《法华义疏》　4,16,30,68,86,87,96,104,105,119,125,130,143－146,148,149,158,161,171－174,176,

索　引　345

178,179,181,184,190,194,195,
200,201,210,228,229,322,323
《法华游意》　68,322,323
《法华宗要序》　185,226
法荣　290
法身　56,57,89,116,117,137,144,
178,193,197-202
《法师品》　51,138,223,249,287,322
法说　68,69,80,88,90-97,99-
103,105,107,108,125,136-141,
143-151,153-155,157,159,161,
163,198,206,224,230,235,256,
297,311
法云　16,68,85-88,90-98,101-
103,105,115,119,120,124,136-
147,149-151,153,156,160-163,
167,168,171-174,176,178,180,
183-185,190,191,195,198,199,
205-211,213-215,218,227-
229,234,310,321,322
梵/我　35,36
方便　28,31,54,61,64,68-74,76,
78,80,83-89,91,93,96,102,106,
108,111,113,115,117,118,120,
122,123,125,127,130,132-134,
137-140,144,148,150,151,154,
159,162,163,188,198,199,201,
210,212,217-219,222,223,229,
230,232,245,248,274,276,284,
286,299,300,304,320,322,323
《方便心论》　46

佛乘　32,53,65,87,89,111,112,
114,117,119,131,144,162,194,
196,210,212,217-219,225,226,
229-232,252,263,266,267,276
《佛垂般涅槃略说教诫经》　179,180
佛身　77,132,197-199,202,233,
234,323
佛性　192-194,197,200,201,272,
280,322,323

G

感应　202-209,211,233,234
《高僧传》　67,94,185,197,244,281
高原求水喻　52,53,138
观世音菩萨　275,281
《观世音菩萨普门品》　273,275
观心　173,174,322
观音　12,128,275
灌顶　16,68,219
《广弘明集》　258,261
规则理趣　44
《郭法洛等造像记》　240,254

H

《弘明集》　3,34,258
《弘赞法华传》　20
互动理论　23
《华严经》　231,322
化城喻　52,53,58,64,74,91,113,
114,119,121,123,125,127,132,
135-137,139,140,145,153,154,

222,224,254-256,259,260,262,264,266,285,287-289,294,311

化导 201,244,250

化法四教 209,222,233

欢增 47

《晖福寺碑》 246

会三归一 55,56,59,119,145,210,227,232,266,320

火宅三车喻 2,29,31,39,52,224,230,245,263,264,273,275,277,286,293,294,296,297

火宅喻 32,33,43,44,52,58-61,104,107,108,114,118,120,127,130,131,136,137,139-146,148,149,151,153,159,160,162,163,167,168,172-175,182,188,189,194-199,201-204,208-211,221,223-226,230,233,245-252,254-256,259,260,262-264,266,272,273,275-282,284,285,287-289,291,294-301,308,311,312,319

霍格森 1,2,6,22

J

吉藏 4,16,30,68,70,85-91,94-101,103-106,110,115,116,118-126,129,130,132,135,143-151,153,156,158-161,163,168,171-174,176,178-182,184,190,191,194,195,198,200,201,209-211,

215-218,228-230,233-235,297,311,322,323

吉尔吉特 6-8,10-12

偈颂 12,15,31,51,61,62,73-76,83,102,119,137,139,145,148,150,151,160,173,175,176,178,182,192,198,203,204,276-278,286,300-302,304

髻珠喻 33,52,53,113,120,126,130,136,255,259,285,287-289,291,295

菅野博史 16,68,79,91,108,163,202,203,233,320-322

《见宝塔品》 51,276,277,292,322

讲经文 19,244,292,293,305,306

解释循环 28

《金藏论》 244

尽智 133,213-215,227

经变 18,19,28,271-276,279,280,282-286,288-293,295-299,302,303,306-308

经变画 29,271,277,281,288-292,294-297,306-308,311-313,316

《经疏》 162,191,192,195,203,320,321

鸠摩罗什 15,31,32,39,51,59,60,62,67,69-71,76,77,79,80,83,84,87,93,102,103,119,139,140,143,162,172,175,179,180,182,183,185,189,191,197-199,202,206,212,216,219,226,230,242,

249,253,264,286,300,304,310,320

沮渠安周 239,242,246,247

句义 40

《俱舍论》 107,134,179

K

科恩 6-8,71,72

科判 67,68,70,93,96,101,103,105,127,136,139,142,145,151,157,168,176,178,205,290-292,310,318,321-323

窥基 17,86-90,126-135,156,158,161,162,167,168,173,174,176,178-183,187,188,190,196,211,222-225,230,292,311,323,324

L

老子少父喻 52,53

勒那摩提 110

《楞伽经》 80

《李府君修功德碑》 262

李世民 260

李治 261

理查兹 23

《廉富等凿井造像记》 250,251,262

良医喻 52-54,65,126,136,193,202,233,285,289,294,295

了因 193,194,277

灵鹫山 274,275,277,283,287,288

灵验记 20

龙树 83,84

论式 31,40,41,43,47,82-84,103,106

论支 43,46

M

马克·琼森 26

马克斯·缪勒 317

《马鸣寺根法师碑》 240,248,256

《弥兰陀王问经》 36,63

《妙法莲花经疏》 158,160,162,183,190,197,203,204,213,320,321

《妙法莲华经》 1,31,32,39,51,54,59,60,62,69,70,76,78,84,93,102,119,139,140,162,172,175,182,183,189,191,197,199,206,212,219,230,242,249,253,264,286,292,300,304,308,320

《妙法莲华经文句》 17,87,94,97,101-103,143,150,151,153,154,158,172,173,176,181,184,186,190,192,193,199,208,209,218,231,232

《妙法莲华经玄义》 126,193,208,219-221

《妙法莲华经玄赞》 87,88,127-134,158,161,174,176,180-182,187,190,196,222-225

《妙法莲华经义记》 85,87,92-94,97,173,176,180,184,190,191,

198,199,214,215,227,321

《妙法莲华经优波提舍》 55,89,
110-113,133,217,230

明喻 47,48,304

《摩诃婆罗多》 35,38,47

莫高窟 18,262,271,273,274,276,
280,282-284,288,293,297,301,
303,306,308,312

《牟子理惑论》 3,33

N

那先比丘 36,37

南条文雄 7,72

尼泊尔 1,6-11,51,71,72

尼柯耶 37,61-63

《涅槃经》 193,263,274,276,277,
280,323

P

判教 17,209,232,255,272,280,
318,320-323

譬喻 1-5,22,27-40,43,44,46-
52,54-61,63-91,93,95,97-
100,103-123,125-133,135,136,
138-145,148-151,153-163,
167,168,172,174,175,178,180,
182,183,186-189,191,194-200,
202,204-213,215,218,219,221-
230,232-245,247,254-256,
258-260,263,264,267-272,275,
277-283,285-288,290-297,
299,302-304,306,308,310-315,
319

譬喻量 44-46

《譬喻品》 2,31,39,74,91,104,105,
108,111,115,116,130,131,139,
140,151,158-160,163,207,273,
275-277,300

譬喻说 32,68,69,77,88,90,97,99,
101-103,105,136

平冈聪 13,64

婆罗多牟尼 47

婆薮盘豆 110

菩萨乘 59,219,227,228,231,232

菩提留支 80-82,89,111-113,
133,217,230

《普门品》 273,275-277,279,282,
285,286,290,319

普贤 12,128,282,320

七喻 29,55,109,110,115,116,118,
120,125,126,129-131,133,135,
139,156,157,291,294

憍底利耶 44

乔达摩 40

乔纳森·史密斯 316,317

乔治·莱考夫 23,26

Q

且渠安周 239

《且渠安周造像功德碑》 239,241,
242

穷子喻 2,32,33,52,53,59,108,

114,118,121,125,127,130,131,
136,137,139,140,142-145,151,
153,154,163,202,233,254,256,
259,272,284-289,291,293-298,
304,308,312

求那跋陀罗　60,62,64,65,80-82

R

人天乘　195
日月灯明如来　33
日照喻　52,54
《如来寿量品》　74,130,285,322,323
入海求宝喻　52,56,58,59

S

萨埵太子本生　277,280
三草二木　119,126,131,132,195,
260,302
三轨　193,218-222
三界　43-46,52,55,60,116-118,
138,167,168,171,174,176,178,
183-185,187,190,194,197,199,
204,205,212,213,215,227,264,
278,292
三千世界磨尘喻　52,53
三千世界微尘喻　52,53
三周说法　67,68,70,88,90,91,93-
103,105,106,108,109,120,121,
125,136,138,140,142,144,145,
148-151,153,155-161,224,233,
256,292,297,310,311,319

色身　198
僧伽罗刹　58
舍利弗　69,84,85,89,91-94,101,
111,137,139,145,154,162,189,
196,207,212,217,230,275,300
《生经》　57,58
生盲之人喻　52,54,56,63
声闻　54-56,58,64,65,70,85,87,
89,91,94,102,108,111,112,114,
118,119,121,130-132,138,140,
190,193,194,196,211,212,217,
220,225,227-232,255,276,305,
323
《胜天王般若波罗蜜经》　80
圣言量　45
《诗镜》　48
实叉难陀　80-82
《实利论》　44
世亲　15,55,110,292,307
输洛伽体　51,54
顺世论　81,82
说一切有部　13,64
四大　91,92,94,108,171,174,190,
194,282
四释　173,322
《随喜功德品》　285-287
《孙辽浮图铭》　240,248

T

triṣṭubh(triṣṭubh-jagatī)偈颂　12
檀丁　48,49

陶器喻　52,54
《提婆达多品》　282,292,322
《添品》　51,54,57
《添品法华经》　12
《添品妙法莲华经》　51,55

W

王遇　240,243
唯识学派　135,323
《维摩诘经》　254
《魏书·释老志》　242,244
魏徵　261
温特尼茨　36
《文句》　68,86-88,97,101-103,126,143,144,150,151,153,154,167,173,178,180,192,193,208,218,219,231,322
无漏　118,132,134,190,196,206,207,222,223,320
无生智　94,117,133,138,213-215,227,228
五时　209,231-233,280,321-323
五姓　132,196,323
五义　123,124,173
五蕴　174
五重玄义　173,322
《舞论》　47

X

系珠喻　53,113,123,125,130,136,137,139,140,145,153-155,289,291
相似法　48,52,175,182,312
辛岛静志　8,10,11,14,225
《信解品》　2,32,74,108,130,140,151,153,202,284
修多罗　31,123,124,128,129
《修行道地经》　58
须达拏太子本生　277
须菩提　32,53,92,140,142,143,151
许理和　4,315,316
《序品》　33,51,73,111,115,123,125,127,223,276,277,282-284,286,299,320,321,323
《续高僧传》　244
《玄论》　96,98,105,120,126,146,200,211,229,322
《玄义》　68,126,207,219,221,322
《玄赞》　86-88,126,127,133,156,161,173,179,180,196,323

Y

亚里士多德　22,23
药草喻　52,53,62,63,113,114,119,121,125,127,131,136,156,195,255,256,259,284,285,287,289,291,293,294,298,302-306,308
《药草喻品》　7,51,54,55,59,63,74,119,121,130,131,195,223,287,303
《药王菩萨本事品》　54,285,287,305,322

耶若伏吉耶　34

一切智　212,216,217,223,230

一切种智　223,224

伊藤瑞叡　9,11

衣珠喻　52,53,255,259,285,287,289,293-295

医师喻　53,54,113,120,128,130,260

《遗教经》　179,180

《义记》　85-87,92,95,101,120,124,136,137,143,160,163,167,172,178,180,184,191,192,321

《义疏》　86-88,126,167,178,200,201,218,229,322

邑师　244

邑义　240,241,243,244,250,251,254

因明　31,46,47,82,83,106,310

因三相　47

因缘　31,32,60,64,65,67-71,73-90,93,99,100,103,106,107,136-138,140,145,149-151,153,154,162,173,194,205,207,212,216,219,225,231,244,256,275,281,308,310,322

因缘说　68,69,88,90-93,95-97,99,101-103,105,136,149,153

隐喻　22-27,107,269,313,314

应身　61,199-202,204,275

映射　27,59

有部　134,173

有漏　111,117,133,135,206,207,222,223

瑜伽行派　132,134

喻词　48

喻体　23,47,48,52,63,105,160-162,171,173,175,180,182,183,187,188,215,227,234,269,312

喻依　47-49,52,53,62-64,160-162,171,173,175,178,180,182,188,215,234,269,304,312

元恪　240

原始八品　55,57,83,156,175

原始佛教　2

缘觉　54,58,64,65,85,94,118,190,211,220,228,231,232,255

缘因　192-194,323

月婆首那　80

云冈石窟　242,243

《韵光》　47

Z

《杂阿含经》　60-62,64,65

造像记　28,29,236-239,241,243,245-248,250,251,254-259,262,266-269,271,279,307,311-313,316

翟氏　290

《遮罗伽本集》　40,44,46

遮诠　35,105

《正法华经》　51,55-59,71,75

正理　40,43,44,50,81,83,84,107,

245,310

《正理经》 40,41,43,44,46,83

正理派 40,44-46,83

正理学说 34,39,40,46,66,83

正因 192,193,195,198,204,205,220,302,323

智颉 16,17,85,86,89-91,95,103,105,106,115,124,126,130,143,144,150,156,158,160,161,163,168,171-174,176,181,184-186,191-194,198,199,207-209,218,219,222,231,232,234,297,311,321,322

中亚 6-10,51

中亚写本 7-11,72

众护 58

竺道生 16,68,91,158,160,162,183,190,197,198,203,204,213,320,321

竺法护 51,54-58,71,74,76,106,158

庄严 47,49,66,79-82,128,212,218,286,307

最胜喻 52,54

后　　记

本书是在笔者博士学位论文的基础上修改完成的。这项绵延几年的"大工程",可以算得上自己目前的人生中最可称道的大成就了,因此在书籍出版之际,请先允许我厚脸皮地为自己小小鼓掌一下。

我深知,这部论文得以完成,有赖于各位师长、亲友的帮助。衷心地感谢我的导师李四龙老师,从最初论文的选题开始,李老师就不厌其烦地与我耐心讨论,帮助我理清思路和方向。在论文的写作过程中,大到论文框架,小到具体的字句表述,李老师都与我反复商定、严格把关。不仅如此,在为人处世方面,李老师也谆谆教诲、耳提面命,发人深省。

北大哲学系佛道教教研室的姚卫群老师、周学农老师、王颂老师、程乐松老师为我的博士学位论文提出了富有价值的意见和建议,不仅如此,在诸位老师的课程中,我深深体会到了学术与思辨的魅力与乐趣,为学生生涯留下了美好的回忆。

参与博士学位论文开题、答辩等环节的清华大学李静杰老师、中国政法大学俞学明老师、北京师范大学徐文明老师、北大考古文博学院李崇峰老师等前辈学者,毫无保留地在我设计选题、论文写作、答辩、后期修改等各个阶段提出了很好的建议,甚至热心地提供资料供我学习参考,衷心感谢。

感谢访学哈佛大学期间哈佛－燕京学社的慷慨资助和热情帮助,书中的许多资料皆是在此期间获得。特别感谢罗柏松(James Robson)教授在此期间作为导师给予我的指导,论文中的一些问题意识之所以形成,就来自与教授的讨论。此外,哈佛东亚系的安倍龙一教授、Melissa McCormick 教授也对论文的具体章节内容给出了富有启发性的建议。

感谢国家社会科学基金对书籍出版的大力资助,感谢中国社会科学出版社的韩国茹老师作为我的责任编辑,在本书校对、出版等各个环节所做的大量耐心细致的工作。

感谢我的家人和朋友们,一直以来包容我的各种不成熟和坏毛病,在我间歇性情绪低落时热情地鼓励我、督促我。掐指一算,今年居然恰好是我与爱人相识的第十年,十年过去,我们仍然觉得彼此十分可爱,这很不错。我愿将本书(顺便)当作我们十年的一个小小纪念,鼓励自己未来继续努力变好变强,努力成为家人和朋友的可靠后盾。

我有两只猫,花丸和姐姐,都是收养回来的流浪土猫。每当我陷入自我质疑时,它们毫无心机的悠闲身姿都提醒我——至少是我让两只小猫咪不再饥肠辘辘地在街头游荡,我还是能做一点好事的。不过说实话,个人还是希望自己的价值不止于此。例如本书,我倾注心血、丝毫不敢对付了事,就是诚挚地希望它能够确实或多或少地增进一点读者对于《法华经》、对于中国佛教的认识,而不是反而给阅读它的人带来理解上的负担和累赘。如此,便也算不辱没自己在燕园度过的漫长时光。当然,这只是个人的期许,实际效果是否确实如愿,还有待学界评验。

林健
2021 年 10 月